全国商务人才培训认证丛书
全国客户服务职业资格认证培训教材

客户服务实务

(第2版)

全国商务人才职业测评办公室
全国客户服务考评委员会 组织编写

李先国 曹献存 主编

清華大学出版社
北京

内容简介

本书以客户服务技巧为核心，围绕客户服务基础理论知识与技能两条主线展开，全面介绍了客户服务的方法、技巧以及现代化的客户服务手段，做到了理论与实践、科学与技能、现在与未来的有机结合。本书内容丰富、通俗易懂，而且引用了大量真实、生动的案例，便于读者阅读、理解与借鉴。

本书是参加全国客户服务职业资格认证考试的必备参考书，对从事客户服务工作的工作人员来说，也是一本不错的参考用书。

图书在版编目(CIP)数据

客户服务实务/李先国，曹献存 主编. —2 版. —北京：清华大学出版社，2011.6（2025.1重印）
(全国商务人才培训认证丛书)
ISBN 978-7-302-25261-0

Ⅰ. ①客… Ⅱ. ①李… ②曹… Ⅲ. ①客户—商业服务—技术培训—教材 Ⅳ. ①F719

中国版本图书馆 CIP 数据核字(2011)第 065479 号

责任编辑：崔 伟 郭 旭
封面设计：周周设计局
版式设计：孔祥丰
责任校对：成凤进
责任印制：宋 林

出版发行：清华大学出版社
网 址：https://www.tup.com.cn，https://www.wqxuetang.com
地 址：北京清华大学学研大厦 A 座 邮 编：100084
社 总 机：010-83470000 邮 购：010-62786544
投稿与读者服务：010-62776969，c-service@tup.tsinghua.edu.cn
质 量 反 馈：010-62772015，zhiliang@tup.tsinghua.edu.cn
印 装 者：三河市人民印务有限公司
经 销：全国新华书店
开 本：185mm×260mm 印 张：23.25 字 数：580 千字
版 次：2006 年 12 月第 1 版 2011 年 6 月第 2 版 印 次：2025 年 1 月第 18 次印刷
定 价：69.00 元

产品编号：041840-03

再版前言

《客户服务实务》一书于2006年11月由清华大学出版社出版，出版发行5年来，该书除了应用于全国客户服务职业资格认证考试外，还成为许多高校经济管理类专业的教学用书及指导广大工商业者经营用的工具书，受到社会各界的广泛好评。

随着我国经济成功经受住了国际金融危机的考验，中国经济在国际上的地位日益重要，中国市场成为全球最重要、最具有活力和潜力的巨大市场。与此同时，客户服务已经与国际接轨，服务的竞争也成为企业之间竞争的重要方面，并得到了迅速发展。为了更好地反映客户服务发展的成果，更有效地指导企业实践，我们决定对此书修订再版。

这次修订保留了原书的基本框架，结合客户服务发展的需要，主要在以下几个方面进行了修订：

(1) 对案例进行了更新。编写、采用了一些近几年甚至今年刚刚发生的客服实例或更有代表性的案例，使之对企业、对客服人员有更强的参考价值。

(2) 增加了客户服务礼仪、客户服务创新两章内容。礼仪是客服的基础，客服人员服务技巧中最重要的是礼仪。而随着服务竞争的升级，服务模式的创新成为许多企业服务制胜的法宝。

(3) 对所保留章节的部分内容进行了修改。修改后内容更充实、更实用，语言表达更准确和精练。

(4) 进一步强化了客户投诉的处理技巧。客户的抱怨和投诉并不可怕，可怕的是不能有效地化解。修订后，处理客户投诉的方法与技巧更加丰富灵活，案例也更具说服力。

我们相信再版此书，不仅会使原有读者得到新的知识和启迪，而且会使今后的读者获得更加全面、系统的知识，以进一步提高客户服务技能。

本书再版过程中得到了清华大学出版社、全国客户服务考评委员会的帮助与指导，在此深表感谢！

编　者

2011年2月

前　言

客户是企业利润的来源，是企业的生命线。客户服务作为现代商业策略的重要支柱，是企业成败的关键！

短短几年时间，客户服务已经渗透到社会的各行各业，除了传统的工商企业重视客户服务外，电信、银行、电力、航空、自来水等垄断性较强的行业也越来越重视客户服务。因为在市场经济快速发展的今天，每个企业的管理者都面临着这样一个现实：产品差异性愈来愈小，促销手段也很雷同，竞争对手愈来愈多，而客户的要求千变万化。如何在竞争中脱颖而出，建立核心优势，赢得市场回报，方法只有一条：关注客户、关注客户需要，创新客户服务模式；而垄断性行业往往是客户满意度低、投诉率高的行业，如何降低投诉、提高客户满意度已经是企业发展的第一要务，甚至关系到社会的和谐发展。

企业对客户服务的普遍重视，标志着我国客户服务时代已经到来，然而，由于我国客户服务与管理起步较晚，客服人员的服务技能水平亟待提高，所以，加强客户服务人员的素质技能培训已成为企业面临的一个重要课题。

面对当前客户服务和管理领域的现状和需求，我们出版此书。本书共分九章，涵盖了客服人员所需的服务技能以及现代化的客户服务手段。具体内容如下。

第一章：客户服务基础。主要介绍客户分类、客服人员的职业要求、客服意识等客户服务的基本内容。

第二章：客户服务礼仪。客户服务工作是企业面向社会的一个窗口，它直接与客户交流，每位客户代表的礼仪表现、个人形象，便是企业在社会公众中的形象。本章主要介绍礼仪基础、接待礼仪、电话服务礼仪及名片的使用。

第三章：客户服务中的沟通技巧。服务过程本身就是一个与客户沟通的过程，通过本章的学习，可以了解如何有效地与客户进行沟通，创造无限的商机。

第四章：客户服务技巧。着重介绍接待客户不同环节的服务技巧，提高服务技能，让客户满意，提升个人及企业的业绩。

第五章：不同类型客户的服务技巧。不同类型的客户对服务的要求是不一样的，通过这一章的学习，可以轻松应对各种各样的客户。

第六章：客户服务创新。客户服务领域发展至今已经有很多服务模式，如个性化服务、顾问式服务等，都被证明是非常成功的。本章将介绍如何通过创新服务模式为客户提供合适的、针对性强的优质高效服务。

第七章：客户投诉的处理技巧。客户投诉或抱怨是客户对商品或服务品质不满的一种具体表现。通过本章的学习，有助于化解投诉，将投诉化为促进企业发展的一个契机，把坏事变为好事。

第八章：处理客户服务压力的技巧。客户服务从业者往往要承受巨大的压力，本章介绍如何学会放松、缓解压力，提高工作效率。

第九章：网络时代的客户服务。通过本章学习，可以掌握网络时代所必需的客服技能，运用先进的网络技术服务客户，保持长期的竞争优势。

本书在编写时，突出理论与实践的结合，语言简练，深入浅出，通俗易懂，具有较强的知识性、技能性、实战性和运用中的工具性等特点。既可以用作自学、培训、高校教材，也可以作为从业者的工具书。

本书在编写过程中广泛参阅、吸收了中外专家学者的研究成果，在此一并表示感谢。由于编者水平有限，加上时间仓促，难免存在诸多不足，恳请广大读者批评斧正。

编　者

2006年9月

目　　录

第一章

认识客户服务

当前市场的竞争越来越激烈，越来越残酷，国内的很多企业都非常关注战略问题、成本问题、技术问题、人才问题，而往往忽略了客户服务这个企业长期生存的命脉。事实上，开发市场最有效、成本最低的一种方法就是提供优质的客户服务。企业如果丧失了客户，就失去了生存的基础，所以给客户提供卓越而周到的服务是企业发展的重要策略，企业必须重视客户服务。

第一节　客户服务的含义

一、服务

经济学领域研究服务概念最早可追溯到亚当·斯密时代，而服务营销学界对服务概念的研究大致是从 20 世纪五六十年代开始的。区别于经济学界的研究，市场营销学者是把服务作为产品来进行研究的。

1960 年，美国市场营销协会(AMA)最先给服务下的定义为：“用于出售或者是同产品连在一起进行出售的活动、利益或满足感。”

这只是从狭义上来理解服务。狭义的服务概念实质上体现了传统的市场营销对服务的理解。这种观点认为服务是市场营销 4P 组合要素之一——产品的组成部分。按照这种理解，产品并不单纯指产品实体本身，而应从 3 个层次上理解：核心产品、有形产品和附加产品，这就是产品的整体概念。对服务的狭义理解就是将服务看作附加产品，认为服务是产品的延伸部分或附属部分。

为了将服务同有形商品区分开来，自 20 世纪 70 年代以来，西方市场营销学者从产品特征的角度探讨服务的本质。对于大多数服务而言，无形性、差异性、同步性和易失性是被公认的4个最基本特征。然而，现代企业向市场所提供的产品既可能是有形产品，也可能是无形产品，或者是二者的混合物。从现实经济活动来看，服务通常是与有形产品结合在一起进入市场的，因此，在商品交换的过程中很难把服务从有形产品中分离出去。

菲利普·科特勒认为，按照服务在有形产品中大致所占的比重，可以把市场上的产品分成5种：① 纯粹的有形产品；② 伴随服务的有形产品；③ 有形产品与服务的混合；④ 主要服务伴随小物品和小服务；⑤ 纯粹服务。因此，要想严格地把有形产品同无形服务区分开来显然是十分困难的。正如亚当·斯密所言："似乎没有任何标准可以清楚地划分出两大部门(指产品和服务)的界线。"每一行业都渗透着服务，它们的区别只是在于所包含的服务成分的多少。在人们传统的观念中，服务是服务行业特有的，只有服务行业才会研究服务质量问题，而制造业主要是搞好生产，用不着去关心销售和服务，因为产品有人"统购包销"。然而，在市场经济条件下，服务与有形产品之间的区分是越来越困难了，除了个别产品之外，几乎所有的产品都包含服务的成分。服务不再是服务行业特有的，制造业中也存在着服务。今天的制造公司需要与服务公司一样注重管理其服务，越来越多的制造型企业将重点放在服务的管理上。同时，制造业与服务业之间的界线也开始变得模糊起来。例如，飞机引擎的检修业务就存在这一问题。如果空中客车公司为客户检修自己飞机的引擎，那么这一业务就属于制造业的一部分，隶属于制造业。然而，如果飞机引擎检修业务是由专业从事这一服务的公司来承担，那么这一业务就属于服务业。

因此，无论在制造业领域还是服务业领域，服务都已经成为一种至关重要的竞争手段，而且是形成巨大竞争优势的潜力。也就是说，服务已成为一个新的利润增长点。

二、客户的内涵

服务的价值完全取决于客户的需要，为了清楚地了解客户的需求，必须先了解客户，认识客户。客户是企业的利润来源，是企业的发展动力，很多企业将"客户是我们的衣食父母"作为企业客户管理的理念。而到底什么是顾客，什么是客户呢？在西方的论著中，"顾客"(customer)和"客户"(client)是两个不同的概念。尽管顾客与客户都是购买和消费企业产品的人或组织，但两者最大的区别在于顾客只是"没有名字的一张脸"，可以由任何人或机构来提供服务，客户则主要由专门的人员来提供服务，而且客户的资料很详尽地掌握在企业的信息库之中。从这个意义上讲，客户与供应商之间的关系比一般意义上的顾客更为亲近和密切。在客户管理营销时代，一个非常重要的管理理念就是要将顾客视为"客户"，而不再是"一张没有名字的脸"。不过，在单独使用"顾客"和"客户"的概念时，本书并没有在含义上作太大的区分，完全视行文需要而定。

关于客户的定义很多，以下提法对于认识客户也许有所帮助。

(1) 客户是本办公室最重要的人——不论他是否亲临。

(2) 不是客户依靠我们，而是我们依靠客户。

(3) 客户不是我们工作的障碍，而是我们工作的目标。我们不是通过为他服务而给他恩惠，而是他给我们为其服务的机会而给予我们恩惠。

(4) 客户不是我们要争辩和斗智的人。从未有人会取得客户争辩的胜利。

(5) 客户是把他的欲望带给我们的人。我们的工作是为其服务，使他和我们都受益。

(6) 客户是上帝。

(7) 客户是我们的衣食父母。

(8) 客户是企业的救世主。

(9) 客户是企业存在的理由。

(10) 客户是企业的根本资源。

这些定义从不同的层面讲述了客户的含义。其中谈论较多的是企业与客户的本质关系。事实上，客户的定义还不止这些。在营销时代，服务成为一种品牌，我们还需更深层次地了解客户并服务好客户，以服务为中心，构筑我们的营销体系。

我们往往比较容易理解购买我们产品的客户，实际上，客户不仅仅是购买我们产品的人，也是我们生产的首道工序，是我们方方面面需要理顺的服务关系。这样说来，每一道工序的每一个人都是上帝，都有做上帝的权利，也都有维护自身权利的责任和义务。

客服人员必须对客户负责，提供良好的服务，特别是产品质量层面的服务，必须做到最好。这个过程中的PR(公共关系)对每一个从业人员的素质、教养、文化等方面的要求都极为严格。我们必须具有良好的沟通能力，并分享成果，达成共识，相互促进。

客户具有否决权，对于一切自己不满意的产品，具有否定的权利和帮助修正的义务。生产过程中的这种服务与否决，是一种责任心的体现，是一种爱岗敬业、追求完美品质的行为。在这种关系互动、技术水平互进的过程中，人人都是客户，人人都是上帝，相互满意，何乐而不为!并且随着深度的提高、人际关系的融洽、产品合格率的提升，形成了我们共同的成就，这是一种“双赢”的结果。这种工作关系，其实就是内部客户的工作满意。而产品在这一过程中，只不过是一个载体，一个中间物。企业人员有共同的理念、行为与价值。拿破仑·希尔有句管理名言，“上司如何对待下属，下属就如何对待顾客”，也正说明了这一企业服务理念。美国旗诺百货的企业组织结构是一个“倒金字塔”型，强调企业内部员工的层层服务意识。从这个意义上讲，管理就是服务。

以下是理解客户内涵的几个要点。

(1) 客户不一定是产品或服务的最终接受者。对于处于供应链下游的企业来说，他们是上游企业的客户，可能是一级批发商、二级批发商、零售商或物流商，而最终的接受者是消费产品或服务的个人或机构。

(2) 客户不一定是用户。处于供应链下游的批发商、零售商是制造商的客户，只有当他们直接消费这些产品或服务时，他们才是上游生产商的用户。

(3) 客户不一定在公司之外，内部客户日益引起企业的重视，它使企业的服务无缝连接起来。因为人们习惯于为企业之外的客户服务，而把企业内的上、下流程中的工作人员和供应链中的上、下游企业看做是同事或合作伙伴，从而淡化了服务意识，导致服务内外脱节、落实困难。

因此，在现代客户管理理念的指导下，个体的客户和组织的客户都统称为客户，因为无论是个体或是组织都是接受企业产品或服务的对象，而且从最终的结果来看，“客户”的下游还是客户。因此，客户是相对于产品或服务提供者而言的，他们是所有接受产品或服务的组织和个人的统称。

三、客户分类

从不同的角度，客户群可以划分为不同的类型，下面介绍几种常见的分类方法。

(一) 从市场营销的角度出发，可划分为 4 种类型

1. 经济型客户

这类客户希望投入较少的时间和金钱得到最大的价值。因此，他们往往只关心价格，这次可能在这家商店购买该产品，因为它便宜；下一次就会在另一家商店购买另一个品牌，因为促销价更便宜，他们是“便宜”的忠诚客户。由于他们只购买便宜商品，所以销售给他们的商品利润要比其他客户低，但是因为他们是客户，企业对他们的服务一点都不能少。

2. 道德型客户

这类客户觉得在道义上有义务光顾社会责任感强的企业，那些在社区服务方面具有良好声誉的企业可以拥有这类忠诚的客户。

3. 个性化客户

这类客户需要人际间的满足感，诸如认可和交谈。

4. 方便型客户

这类客户对反复比较后再选购不感兴趣，方便是吸引他们的重要因素。方便型客户常常愿意为个性化的服务额外付费。例如，有送货上门服务的商场、快餐店常常吸引他们。

(二) 从管理的角度来看，可划分为 4 种类型(如表 1-1 所示)

表 1-1　客户层次分类表

客 户 类 型	比　重/%	档　次	利润贡献率	目　标　性
头顶客户(关键客户)	5	高	80%	财务利益
潜力客户(合适客户)	15	中	15%	客户价值
常规客户(一般客户)	80	低	5%	客户满意度
临时客户(一次性客户)	–	低	–	客户满意度

1. 头顶客户

头顶客户又称关键客户。他们除了希望从企业那里获得直接的客户价值外，还希望从企业那里得到社会利益，如成为客户俱乐部的成员等，从而得到一定的精神满足。他们是企业比较稳定的客户，虽然人数所占比重不高，但对企业的贡献却高达80%左右。

2. 潜力客户

潜力客户又称合适客户。他们希望从与企业的关系中增加价值，从而获得附加的财务利益和社会利益。这类客户通常会与企业建立起一种伙伴关系或者“战略联盟”，他们是企业与客户关系的核心，是合适客户中的关键部分。

3. 常规客户

常规客户又称为一般客户。企业主要通过让渡财务利益增加客户的满意度，而客户也更倾向于从企业那里获得直接好处，获得满意的客户价值。他们是经济型客户，消费具有随机性，讲究实惠，看重价格优惠。这类客户是企业与客户关系的最主要部分，可以直接决定企业短期的现实收益。

4. 临时客户

临时客户又称一次性客户。他们是从常规客户中分化出来的。这些客户可能一年中会向企业订购一两次货，但他们并不能为企业带来大量收入。实际上，当本企业考虑以下因素时(如将他们列入客户记录所花的管理费，寄邮件费用以及库存一些只有他们可能购买的商品的费用)，这些客户可能最令人头痛。

(三) 根据客户的性质，可划分为4种类型

(1) 政府机构及非营利机构。主要指各级政府、学校、医院等事业单位和各种非营利的协会等。

(2) 特殊公司。如与本企业有特殊业务的企业、供应商等。

(3) 普通公司。

(4) 交易伙伴及客户个人。

(四) 根据客户的分布，可划分为两种类型

1. 外部客户

外部客户是指本组织以外的组织或个人。在一般情况下，客户满意就是指外部客户满意。客户满意的管理战略，其立足点也是针对外部客户的。

2. 内部客户

在一个组织中，人与人之间、部门与部门之间、过程与过程之间往往会形成一种供方与客户的关系。提供产品者就是供方，接受产品者就是客户。不要以为内部客户就不是客户。对于企业管理体系来说，只有一个环节连一个环节，一个过程接一个过程，这样紧密相连不出问题，才能使其有效地运转，也才能保证最终产品或服务的质量，从而使外部客户满意。

(五) 根据客户在服务链中所处的位置，可划分为两种类型

1. 中间商客户

中间商客户是处于产品或服务流通链中间的客户，是为了转卖或出售并谋取利润的个人或组织购买者。主要包括批发商、零售商、租赁公司和代理商等。

2. 最终客户

最终客户是指产品或服务的最终使用者。

在现代市场营销中，产品往往要经过相当多的流通环节才能到达最终消费者手中。例如，根据一般商品的流通形式，可划分为生产商、批发商、零售商和消费者。

作为产品或服务使用者的最终客户对产品或服务质量最有发言权，他们的判定、取舍和选择具有权威性。一旦失去了他们的支持，不论其他客户的满意程度如何，都是没有意义的。在一般情况下，所谓客户满意，本质上就是指最终客户的满意。

除以上介绍的5种外，其他还有：

(1) 按客户的地理位置分类，可分为华南地区客户、华东地区客户、东北地区客户、西北地区客户、西南地区客户等。

(2) 按合作领域分类，可分为全球性客户、全国性客户、地区性客户和行业性客户。

(3) 按客户成交状况(即销售流程)分类，可分为待识别客户、潜在客户、销售机会客户、订单客户、成交客户等。

……

客户分类是客户服务与管理中最基本的部分，分类越合理，服务和管理的效果就越好。

四、客户服务

随着市场经济的发展，竞争日趋激烈，企业力图在产品上寻求某种竞争优势的努力越来越困难，尽可能地为客户提供周到满意的服务逐渐成为企业竞争的焦点。许多企业已设立了客户服务部门。客服部不只是处理客户的抱怨与申诉，更需积极扮演为客户服务的角色。其角色也由以往仅对客户购买的不良产品进行处理转换到主动了解客户的需求，为客户服务，妥善处理客户问题与抱怨，积极地进行客户满意度调查，追求客户的更大满意度。所以，不论是制造业还是服务业，为了满足客户的需求、让客户满意，一定要做好“客户服务”。

客户服务就是为客户提供服务，对此，学术界主要有3种看法。

科特勒认为：“服务是一方能够向另一方提供的基本上是无形的任何行为或绩效，并且不导致任何所有权的产生。它的生产可能与某种物质产品相联系，也可能毫无联系。”也就是说，服务可能以实体产品为依托，也可能与实体产品没有任何关系，只是一种技术或者智力付出；服务是一方向另一方的付出，这种付出可以使接受者满意；服务不会产生物权，但会产生债权。

与科特勒同时代的莱维特却给客户服务下了另一个定义。他认为，客户服务是“能够使

客户更加了解核心产品或服务的潜在价值的各种行为和信息”。因此，客户服务是以客户为对象，以产品或服务为依托的行为；客户服务的目标是挖掘和开发客户的潜在价值；客户服务的方式可以是具体行为，也可以是信息支持或者价值导向。

管理专家认为，客户服务是一种活动、绩效水平和管理观念。把客户服务看做一种活动，意味着客户服务是企业与客户之间的一种互动，在这种互动中，企业要有管理控制能力；把客户服务看作绩效水平，是指客户服务可以精确衡量，并且可以作为评价企业的一个标准；把客户服务看作管理理念，则是强调营销以客户为核心的重要性和客户服务的战略性，其运行基础就是供应链一体化。因此，他们将客户服务定义为：客户服务是一个过程，它以低廉的费用给供应链提供重大的增值利益。该定义说明，对客户服务的看法已趋于一种过程专业化导向，其中包括供应链管理概念。

综合上述 3 种观念并结合客服实践，可以得出以下结论：客户服务就是所有跟客户接触或相互作用的活动，其接触方式可能是面对面，也可能是电话、电传等非面对面方式，而其活动包括为客户介绍及说明产品或服务、提供相关资讯、接受客户的询问、接受订单或预订、运送商品给客户、商品的安装及使用说明、接受并处理客户的抱怨及改进意见、商品的退货或修理、服务的补救、客户资料的建档及追踪服务、客户的满意度调查及分析，等等。

就最广泛的意义而言，任何能提高客户满意程度的因素，都属于客户服务的范畴。

客户服务意味着“客户”认为提供服务方应当做什么或没做什么，而不是你实际做了什么或没做什么。客户需要的不仅是产品和服务，他们还需要你好好地对待他们。所以，服务的质量，通常会决定客户会不会再次合作。

五、客户服务人员

客户服务要由服务人员来做，客户服务人员不单纯是指客户服务部或客服中心的这些人，它的定义有一个很广的外延，还包括销售人员、产品维修人员、生产人员、收银员……企业里的每一个人都是客户服务人员，他们的区别只是有些是做外部客户服务，有些是在做内部客户服务。企业要始终贯彻全员客户服务的思想。当然本书所讲的客户服务人员主要是指客服部门和销售人员，有时根据行文需要也会涉及其他人员。

六、客户服务的重要性

不久前，一篇有关客户服务的文章说，1988 年刚刚担任 EMC 公司业务与客户服务部副总裁的迈克·鲁特格斯，第一次为到 EMC 工作感到后悔。他不得不一次又一次地向客户道歉。

当时 EMC 公司正濒临破产，原因是 EMC 送交客户手中的磁盘驱动器出了问题。鲁特格斯作为高科技调解专家加盟了这家公司，但现在，他遇到的这个问题已经将公司推向了危险的边缘。自从设备出了问题后，EMC 用户手中所有造价高昂的计算机都无法继续使用了——因为 EMC 设备中存储的数据无法被读取，也就是说，企业的“心脏”停止了工作。鲁特格斯决定想个办法终止这场悲剧，他给客户提供了两种选择：接受 EMC 新的存储系统或接受老对手 IBM 的系统——由 EMC 付费。

很多客户选择了 IBM。在 1989 年的那个季度，EMC 运送的存储系统绝大多数都是最大竞争对手 IBM 的产品。虽然公司内部有人开始对公司的命运感到怀疑，但客户已经认识到 EMC 是个非常负责任的企业，在鲁特格斯制定了严格的质量控制体系后，很多老客户又开始购买他们的产品了。

鲁特格斯说："这件事使我认识到客户服务的力量。"1992 年，因为在客户服务方面的执著努力，EMC 的销售额开始直线上升，鲁特格斯也因处理此事得力而出任公司的 CEO。目前，EMC 对外宣称，其客户定制率已经达到惊人的 99%!

这个故事让我们认识到一个道理——

一旦客户对你产生了信任，而你又努力维持这种关系的话，不管发生了什么事，他们都会追随在你左右，这就是客户服务的力量。

在开发市场时，最有效且成本又最低的途径之一就是提供优质的客户服务。众所周知，做生意必然需要客户，因此，客户服务自始至终都很重要。各类商家都已经意识到，在今天激烈的市场竞争环境中，只提供一种产品或者一项服务是不够的。今天的客户不同于以前的客户，甚至与 5 年前的客户也不一样。他们很清楚应该怎样传递产品，也明白如果对自己得到的服务不满意，还有其他能提供更多更好服务的卖方可以选择。他们也知道如果把自己的不满表现出来，可能会得到更加积极的结果。

客户服务如今很流行，人们都在谈论它的重要性，都希望在市场上获得服务。客户服务已成为商业运作链条中的重要一环。在许多情况下，正是客户服务使得当前的商业活动能够顺利地进行。客户服务人员还经常起到扭转局面的作用。

客户服务已不仅仅是售后服务人员或服务型企业关心的事，拥有持续竞争优势的企业都是凭借在战略层面即以深邃的客户需求先见能力而傲视群雄的。

管理大师彼得·德鲁克有 3 个最著名的问题：你的业务是什么？谁是你的客户？客户认知的价值是什么？其中两个问题与客户有关。这也充分说明了客户在企业经营活动中的重要性。

具体来说，客户服务对现代企业的重要性表现在以下几个方面。

1. 全面满足客户的需求

服务能为购买者带来有形和无形的利益。从本质上来说，客户购买商品并不是为了商品本身，而是为了商品所能带来的效用，即商品的使用价值。人们购买电视机并不是为了买这个物品实体，而是为了其效用，即能用它欣赏电视节目。因此，与其说客户购买的是商品，不如说客户购买的是商品所能带来的效用。而服务就是效用的重要组成部分。由于生活水平的提高，人们对服务的要求越来越高，使得服务内容花样翻新，更加丰富。现代生活的节奏不断加快，也使人们越发需要服务提供的诸多便利，以节约时间、提高效率。而且，伴随着科学技术的迅速发展及其在产品生产中的广泛应用，产品的技术含量越来越难以掌握，产品说明书、操作使用说明等难以满足客户的需求，故要求企业提供安装、调试、培训指导等方面的服务。因此，全面地满足客户的需求，是以客户为导向的企业必然重视服务的原因之一。

2. 扩大产品销售

企业和销售人员可以通过提供各种服务来密切买卖双方的联系，更好地实现销售目标。企业和销售人员提供优质的全方位的服务，可以使客户获得更多的便利，以满足客户的需求。这不但可以吸引客户，而且还有利于树立良好的企业形象，以增强客户购买本企业产品的信心，从而扩大产品的销售量。另外，企业和销售人员还可以在销售中及时为客户提供各种信息，使客户增长消费知识，了解市场信息和商品信息，掌握商品的使用方法，以便于购买商品。

3. 塑造企业品牌

靠什么才能使品牌在激烈竞争的市场上独树一帜呢？不同的企业可能有自己不同的答案。有的企业认为是产品质量。的确，产品质量是企业树立品牌的基础。但在今天，仅仅靠优良的产品质量已不能吸引更多的客户，因为，在商品日益丰富的今天，质量不是客户作出购买决策的唯一依据，况且各企业之间产品质量的差距正在逐步缩小、日趋一致，质量优势会随着科技的发展而逐渐减弱。

也有的企业认为是价格，于是让利促销的价格战此起彼伏，愈演愈烈。但是，价格竞争的手段只能奏效一时，而企业却要为此饱尝恶果。研究表明，假如某产品有40%的销售利润，如果为争取顾客而给予10%的折扣，那么销量必须增加33%，才能补偿失去的利润；若折扣为20%，则销量必须翻番，利润才能与原先持平。

那么，再没有别的办法了吗？如果市场上的所有企业都提供同样高质量的产品，又都向顾客提供同样的让利折扣，都是同样的广告投入，那么一家企业如何才能脱颖而出呢？那就在于塑造一个强势品牌并长久管理它！但塑造并管理好一个品牌的最薄弱的环节在哪里呢？大量成功企业的实践证明，是客户服务，即增值销售。对于购买周期较长的产品来讲，更是如此。客户服务可以说是21世纪企业塑造强势品牌，从而获得竞争优势、保持长期发展的最有效手段。

4. 提高企业竞争力

客户光顾企业是为了得到满意的服务，不会在意那些一般的服务。

什么是一般的服务？就是他有你有我也有，这种服务只具有一般的竞争力。譬如，别的企业搞“三包”服务，你也提出“三包”；别人有服务礼貌用语，你也有服务礼貌用语；别人通过了ISO9000认证，你也通过了认证。当你发现你的竞争对手和你是一样的时候，那你就没有了竞争优势。那什么才是具有竞争力的服务呢？就是你有别人没有，或者你的最好，别人的一般。企业如果能做到这一点，就获得了优于他人的超强竞争力。要让客户把企业的美名传播出去，就需要有非常出色的客户服务。

有一个成功的企业家曾写下这样一个颇具哲理的等式：100-1=0。其寓意是：职员一次劣质的客户服务带来的坏影响，可以抵消100次优质服务产生的好影响。类似这样的例子不胜枚举。在传统的卖方市场条件下，平庸的客户服务司空见惯，久而久之，交易双方对此习以为常。然而，在21世纪服务经济社会的今天，消费者变得挑剔、精明，其消费行为也日趋成熟，平庸的服务再也不能赢得消费者手中的货币选票，优质服务正成为企业走向成功的一把金钥匙。海尔集团总裁张瑞敏在推行顾客服务工程后深有感触地说："市场竞争不仅要依靠名牌产品，还要依靠名牌服务。"

让我们以专家语录互勉：

- 做令顾客疯狂的服务。只有疯狂的服务才会使顾客疯狂地为你做宣传。
- 不管你的客户是谁，你都能得到与所提供服务价值相对等的报偿。

5. 提高企业的经济和社会效益

企业的一切生产经营活动都是为了满足客户的需求，从而获得利润。客户是企业生存和发展的支柱，企业的利润完全来自于客户。客户盈门，企业门庭若市，企业的经济效益就好；反之，企业就难以实现自己的经济效益。而企业要想更好地满足客户需求，首先必须吸引客户购买企业的产品，所以完善销售服务是吸引客户的重要内容。随着客户对销售服务的需要日益迫切，销售服务对提高企业经济效益的作用也越发显得举足轻重。故企业为吸引客户，在提高产品质量、增加产品功能的同时，将不断丰富服务内容、改善服务质量，以更好地满足客户的需求，这也符合社会主义生产目的的要求，从而有利于提高社会效益。因此，搞好服务可以将企业的经济效益和社会效益有机地结合起来。

中国台湾的王永庆是著名的台商大王，被誉为华人的经营之神，他一生之所以能够取得如此辉煌的成就，其中一个重要的原因就是他能够提供比别人更多更卓越的服务。王永庆15岁的时候在台南一个小镇上的米店里做伙计，深受掌柜的喜欢，因为只要王永庆送过米的客户都会成为米店的回头客。他是怎样送米的呢？到顾客的家里，王永庆不是像一般伙计那样把米放下就走，而是找到米缸，先把里面的陈米倒出来，然后把米缸擦干净，把新米倒进去，再把陈米放在上面，盖上盖子。王永庆还随身携带两大法宝：第一个法宝是一把软尺，当他给顾客送米的时候，他就量出米缸的宽度和高度，计算它的体积，从而知道这个米缸能装多少米；第二个法宝是一个小本子，上面记录了客户的档案，包括人口、地址、生活习惯、对米的需求和喜好等。用今天的术语来说就是客户资料档案。到了晚上，其他伙计都已呼呼大睡，只有王永庆一个人在挑灯夜战，整理所有的资料，把客户资料档案转化为服务行动计划，所以经常有顾客打开门看到王永庆笑眯眯地背着一袋米站在门口说："你们家的米快吃完了，给你送来。"然后顾客才发现原来自己家真的快没米了。王永庆这时说："我在这个本子上记着你们家吃米的情况，这样你们家就不需要亲自跑到米店去买米，我们店里会提前送到府上，你看好不好？"顾客当然说太好了，于是这家顾客就成为米店的忠诚客户。后来，王永庆自己开了一个米店，因为他重视服务、善于经营，生意非常好，后来生意越做越大，成为著名的企业家。

王永庆的故事给了我们重要的启示：服务可以创造利润、赢得市场；卓越的、超值的、超满意的服务，才是最好的服务。

第二节 客户服务的分类与内容

一、客户服务的分类

客户服务的方式多种多样，内容也很丰富，依照不同的划分标准可以对客户服务进行不同的分类。

(一) 按服务的时序分类，可分为售前服务、售中服务和售后服务

在传统的制造业中，“客户服务”的范围相当狭窄，主要是指货品运送，货品安装和使用说明，以及客户问题的处理，如维修、退货、更换等。

随着企业竞争的加剧，追求客户的满意度就显得更为重要，企业界也纷纷扩大客户服务的范围与功能。所以，依时序把客户服务分成以下 3 个阶段。

1. 售前服务

售前服务主要包括客户需求调查，产品或服务设计与提供，配销系统或服务流程的规划与设计等。

2. 售中服务

售中服务主要包括订单的处理、产品的生产和运送、服务的提供等。

3. 售后服务

售后服务主要包括产品的安装、使用说明，提供教育培训，客户的跟踪服务，客户管理等。

(二) 按服务的性质分类，可分为技术性服务和非技术性服务

1. 技术性服务

技术性服务是指与产品的技术和效用有关的服务，一般由专门的技术人员提供。主要包括产品的安装、调试、维修，以及技术咨询、技术指导、技术培训等。

2. 非技术性服务

非技术性服务是指与产品的技术和效用无直接关系的服务。它包含的内容比较广泛，如广告宣传、送货上门、提供信息、分期付款等。

(三) 按服务的地点分类，可分为定点服务和巡回服务

1. 定点服务

定点服务是指通过在固定地点建立或委托其他部门设立服务点来提供服务。如生产企业在全国各地设立维修服务网点。设立零售门市部也属于为客户提供定点服务。

2. 巡回服务

巡回服务是指没有固定地点，由销售人员或专门派出的维修人员定期或不定期地按客户分布的区域巡回提供服务，如流动货车、上门销售、巡回检修等。这种服务适合在企业的销售市场和客户分布区域比较分散的情况下采用。因其深入居民区，为客户提供了更大的便利而深受欢迎。

(四) 按服务的费用分类，可分为免费服务和收费服务

1. 免费服务

免费服务是指不收取费用的服务，一般是附加的、义务性的服务。售前服务、售中服务、售后服务的大部分工作都是免费的。

2. 收费服务

收费服务是除产品价值之外的加价，只有少数大宗服务项目才收取费用。这类服务一般也不以赢利为目的，只为方便客户，因此收取的费用也比较合理。

(五) 按服务的次数分类，可分为一次性服务和经常性服务

1. 一次性服务

一次性服务是指一次提供完毕的服务，如送货上门、产品安装等。

2. 经常性服务

经常性服务即需多次提供的服务，如产品的检修服务等。

(六) 按服务的时间长短分类，可分为长期服务、中期服务和短期服务

二、客户服务的主要内容

客户服务的内容非常丰富，企业不同、产品不同，服务的方式和具体内容也会存在很大的差别。在这里主要从售前服务、售中服务、售后服务3个方面来分析。

(一) 售前服务的内容

售前服务一般是通过进行广泛的市场调查，研究分析客户的需求和购买心理的特点，在向客户销售之前，采用多种方法吸引客户的注意和兴趣，激发客户的购买欲望而提供的一系列服务。随着市场上的产品日益丰富，企业之间的竞争不断加剧，客户选择商品的范围扩大了，对商品及企业的要求也随之提高。要在纷繁复杂的商品中使客户对自己企业的产品产生兴趣及购买欲望，售前服务无疑在其中担当重要的角色，因而成为企业之间竞争的重要一环。尤其是在企业试图研发新产品时，售前服务更为关键。企业对产品的研制和设计必须建立在充分了解市场需求、把握需求发展的动态和趋势的基础上，而要掌握这一系列情况，必须依赖广泛而深入的市场调查。只有掌握了翔实的资料和充足的信息，才能保证研究分析的准确性。新产品刚刚投放市场时，对客户来说是生面孔，这时更要依赖售前服务，通过广告宣传等手段使客户了解新产品并对之产生兴趣。因而新产品要迅速地开拓并占领市场，更加离不开售前服务的有力支持。售前服务的方式可谓五花八门，如雨前送伞、提供试用品等一系列活动。售前活动的目的十分明确，即以提供服务方便客户为手段，刺激客户对商品产生购买欲望。基于这样的目的，各企业可依据具体情况选择和开拓服务的内容和方式。最常见的售前服务主要有以下几种。

1. 广告宣传

广告已成为人们生活中的一个重要组成部分。打开电视，会看到广告；阅读报纸，会发现几乎整版的广告；走在路上，一辆行驶而过的公共汽车上也有广告……广告在人们的生活中几乎无处不在。好的广告制作精良、设计巧妙，给人以艺术上的享受，从而丰富了人们的文化生活。不仅如此，广告宣传实际上是一种售前服务的方式。它通过向客户传送有关产品的功能、用途特点等信息，使客户了解产品并能诱发客户的购买欲望，还有利于扩大企业的知名度，树立企业的良好形象。因此，企业必须高度重视广告宣传。但需要注意的是，企业在选择广告媒体时，应依据目标客户的特点来进行，实现最佳的广告媒体组合。同时，企业还要注意广告的制作，制作精良的广告会让人们当作艺术品来欣赏，并留下深刻的印象；而制作粗糙的广告则只会让人厌烦，即使留下深刻的印象，也必然是负面的。当然，广告若平淡无奇，更是难以引起人们的注意。此外，广告的投放时间和频率也是关系广告成败的重要因素。

2. 布置销售环境

客户在购买商品时不但重视产品本身和销售人员的服务，对销售环境的要求也不断提高，希望能在舒适、卫生的环境中购买商品。销售场所的环境卫生、通道设计、铺面风格、招牌设计、内部装饰、标识设置、灯光色彩、商品摆放、营业设备等因素综合而成的购物环境会给客户留下不同的印象，由此引发客户不同的情绪感受，这种情绪将在很大程度上左右客户的购买决策。比如一件商品放在一个舒适并令人赏心悦目的环境中会让人感到身价倍增，而且客户会因良好的购物环境而心情舒畅，比较有可能作出购买决策。如果同样一件商品零乱地与其他商品摆放在一起，且周围的环境只能用“脏、乱、差”来形容，产品在客户眼中必然会贬值，客户恨不得马上离开，更不用说购买商品了。销售环境的布置还对树立企业形象有着重要的作用，它最直接地体现出企业的经营管理状况。因而，它作为售前服务的一种方式，应该得到企业的充分重视。

3. 提供多种方便

客户购买商品不只是看重产品实体本身，还非常重视由此享受到的便利服务。你越是为客户考虑得周到，客户便越有可能购买你的商品。而且，由于竞争的压力，现代人的生活节奏不断加快，人们的闲暇时间越来越少。如何在越来越少的闲暇时间里获得最大限度的休息和放松，成为人们要思考的问题之一。相应的，人们对销售主体所能提供的方便条件也就越发重视，从而成为人们作出购买决策时要权衡的一个重要因素。因此，销售主体应尽可能地为客户提供方便，如工厂为客户提供技术培训、免费咨询指导，商店设立问讯处、服务台、试衣室、休息室、储蓄所，为客户免费供应开水等。一方面让客户感到舒适方便，另一方面也节约了客户的采购时间，提高了采购效率。

4. 开设培训班

随着新技术的出现及其在产品中的广泛运用，出现了许多技术含量高的新产品。这些产品结构复杂，操作方法相对较难掌握，对使用者的知识水平等方面要求较高。让客户拿着产品说明书和操作手册按图索骥般地查找学习，一是未必能够学会，二是即便能够学会，也未必有足够的时间和耐性去学习，从而很可能丧失购买信心。因而，企业应为客户开设各种培训班，提供技术咨询和指导。通过参加培训班，客户掌握了有关技术，可能会对产品产生兴趣，有助于激发客户的购买欲望，促进产品的销售。开设培训班不仅能吸引较多客户，还能够扩大企业的知名度，树立企业的良好形象。因此，企业进行此类投资，如果得当，可收到一举多得的效果。

5. 开通业务电话

企业能直接触及的市场领域毕竟是非常有限的，只能在有限的地区设立分销处或派遣销售人员，对有些地区则鞭长莫及，由此丧失了许多销售机会。开通业务电话、提供电话订货等服务，可以使企业的触角伸到原本未进入或难以进入的市场，挖掘潜在客户，扩大企业占据的市场份额，并增加产品的销量，抓住更多的销售机会。

6. 提供咨询

客户在购买商品之前一般都会尽可能多地搜集商品信息和资料，在此基础上权衡得失，从而作出购买决策。一般来说，客户不会购买不甚了解的商品。为了向客户介绍商品的性能、质量、用途，向潜在客户宣传介绍商品，回答客户提出的疑难问题就显得尤为重要。企业应派遣有专业知识的人员在销售场所开设咨询服务台，或在外出销售时为客户提供各种咨询服务，以加深客户对商品的了解，并增强客户对商品和销售人员的信任。

7. 社会公关服务

企业协助举办大型歌舞晚会或体育比赛、赞助希望小学、为灾区人民捐款捐物、创办社会福利机构等都属于社会公关服务。这类服务所资助的领域往往都是人们关注的焦点，其社会影响很大，能大大提高企业的知名度和美誉度。企业也可通过举行记者招待会、产品展销会等活动来销售、介绍产品，扩大影响。

售前服务的方式不拘一格，且发展和创新的空间无限。企业应不断创新，以适应整个市场的变化和消费者的需求。当然，企业在求新求奇的同时也要注意“度”的问题，不要让人觉得荒诞，或只求轰动一时的效应，而忽视了企业的长期发展。总之，有效地运用售前服务这一手段，有利于消除客户的心理顾虑，增强客户的购买信心，从而达到促进商品销售的目的。

(二) 售中服务的内容

售中服务是指在销售过程中所提供的服务。主要包括以下几项内容。

1. 向客户传授知识

销售人员在向客户销售产品的同时，必须向客户介绍有关产品的性能、质量、用途、造型、品种、规格等方面的知识。一方面，这是客户作出购买决策的客观要求，即客户在决定购买时，必须了解有关知识，以此作为权衡和考虑的依据；另一方面，销售人员详细地向客户介绍产品，有利于营造良好的销售氛围，形成和谐的人际关系，因此也有促进销售的作用。

2. 帮助客户挑选商品，当好参谋

客户在购买产品时心态不仅受自身因素，如客户的需求、社会地位、文化程度、购买习惯、消费知识和经验等的影响，而且更重要的是受外部因素的影响。外部因素包括商品的价格、质量、用途、广告、购物环境等。其中，客户对商品知识的了解，绝大部分是从销售人员的现场介绍中获得的。

当客户向销售人员询问商品的价格、质量、性能、用途及优缺点时，销售人员如能根据客户的需求心理进行介绍，正确地引导客户，当好参谋，就能使客户按理想的方式来权衡利弊，从而有利于促成交易的最终实现。

销售人员在帮助客户选购商品时，一定要设身处地地为客户着想，放弃自身的习惯和爱好，依据客户的特点和想法因势利导。

3. 满足客户的合理要求

在销售过程中，客户必然会提出许多要求，其中有一些是比较合理的。销售人员应尽最大努力满足客户的这些合理要求，提高客户的满意度，增强客户对销售人员的信任，从而促成交易。满足客户的合理要求还会增加客户的重复购买率，并提高企业的声誉。

4. 提供代办业务

售中服务不仅对普通消费者非常重要，而且也受到中间商、生产企业这类客户的重视。向这类客户提供的售中服务主要包括代办托运、代购零配件、代办包装、代办邮寄等。

这些服务为客户带来了更大的便利，不仅可以吸引更多的客户促成交易，密切产需关系，而且还能增强客户的信任感，提高企业的竞争力，甚至与客户达成长期的合作伙伴关系。

5. 操作示范表演

操作示范表演能让商品现身说法，真实地体现出商品在质量、性能、用途等方面的特点，引发客户的兴趣，并激起客户的购买欲望。这种方式还能使销售人员的说法进一步得到证实，更有说服力，增加客户的信任。

(三) 售后服务的内容

售后服务是指在商品出售以后所提供的服务。售后服务既是一种促销手段，又是扩大企业影响、树立企业良好形象的方法，必须予以足够的重视。它不仅是一种强有力的促销手段，而且承担着“无声”宣传员的义务。而这种无声的宣传比那些夸夸其谈的有声宣传要高明得多，它是客户最可信赖的广告。

售后服务不限于行业，也不拘泥于一种形式，它有着广泛的内容和未被开拓的领域。就当前发展来看，主要包括以下几个方面。

1. 送货上门

对购买较笨重、体积庞大、不易搬运的商品或一次性购买量大、自行车携带不便或有特殊困难的客户，有必要提供送货上门服务。其形式可以是自营送货，即用企业自己的设备送货，也可以采取代管送货的形式，由企业代客户委托有固定关系的运输单位统一送货。送货上门服务对于企业来说并不是很困难的事，但却为客户提供了极大的便利，从而提高客户的重复购买率。

2. 安装服务

随着科学技术的发展，商品中的技术含量越来越高，一些商品的使用和安装也极其复杂，客户依靠自己的力量很难完成，因此就要求企业提供上门安装、调试的服务，保证出售的商品的质量，使客户一旦购买就可以安心使用。这种方式解决了客户的后顾之忧，大大方便了客户。

3. 包装服务

商品包装也是客户服务中不可缺少的项目。商品包装不但使商品看起来美观，而且还便于客户携带。许多大中型和有声望的企业在包装物上印刷本企业的名称、地址、标识，起到了广告宣传的作用。

4. 维修和检修服务

企业若能为客户提供良好的售后维修和检修服务，就可以使客户安心地购买、使用商品，从而减轻客户的购买压力。有能力的企业应通过在各地设立维修网点或采取随叫随到的上门维修方式为客户提供维修服务。企业也可抽样巡回检修，及时发现隐患，并予以排除，让客户放心、满意。

5. 电话回访和人员回访

客户购买商品以后，企业应按一定频率以打电话或派专人上门服务的形式进行回访服务，及时了解客户使用产品的情况，解答客户提出的问题。

6. 提供咨询和指导服务

客户在购买产品后，可能还不熟悉产品的操作方法，或不了解产品一旦出现故障应如何予以排除。因此，企业应为客户提供指导和咨询，帮助客户掌握使用方法和简单的维修方法。

7. 建立客户档案

建立客户档案的目的是为了与客户保持长期的联系。通过这种方式，一方面可以跟踪客户所购买的商品的使用和维修状况，及时主动地给予相应的指导，以确保商品的正常使用；另一方面还可以了解到客户的喜好，在出现新产品后，及时地向可能感兴趣的客户推荐。除此之外，销售人员还可以利用客户档案，以上门拜访、打电话、寄贺年卡等形式，与客户保持长期的联络，提高客户的重复购买率。

8. 妥善处理客户的投诉

无论企业和销售人员的售后服务做得如何尽善尽美，有时总难免会招致一些客户投诉。企业和销售人员应尽可能地减少客户的投诉，但在遇到投诉时，要运用技巧，妥善处理，使客户由不满意转变为满意。

三、客服工作项目及分配

客户服务，不只是客服部门的事情，不同的项目会涉及不同的部门。下面简单列出一些客户服务的项目以及相关的权责部门。

(1) 消费者需求调查，客户的需求分析，以及相关的市场调查——业务部门、营销部门、客户服务部门。

(2) 提供有关商品与服务的资讯给消费者，以及相关的营销活动——业务部门、营销部门、客户服务部门。

(3) 接受客户的订货、下订单或服务的预约，以及与客户的沟通，了解他们需求的内容——业务部门、营销部门、客户服务部门。

(4) 与客户充分沟通商品或服务的项目、提供方式、送货时间——业务部门、客户服务部门。

(5) 货品的生产、运送，所订服务的提供——生产部门、业务部门、服务提供部门。

(6) 从商品或服务的订购到商品的运送及服务提供期间的双方沟通，尤其是有关货品的生产，服务的进行状况与进度的了解——业务部门、客户服务部门。

(7) 货品的运送、安装及使用说明，服务提供过程中客户的配合方式的说明——业务部门、技术部门、服务提供部门。

(8) 对客户提供有关产品的使用及相关技术的教育培训——客户服务部门、技术部门。

(9) 相关的售后服务，如修理、维护保养，更换或退还，服务内容的变更——业务部门、技术部门、客户服务部门。

(10) 收款、收据或发票的处理、错误账目的更正——业务部门、财务部门、客户服务部门。

(11) 客户投诉的接受、判断与处理——客户服务部门、业务部门。

(12) 客户意见分析，客户满意度的调查与统计分析，以及相关资信回馈——客户服务部门、业务部门。

(13) 客户资信的建档、管理，以及跟踪服务——客户服务部门。

(14) 对客户提供咨询，资信与资料的提供，以及更多相关的服务——客户服务部门、业务部门。

从以上客户服务项目的简单分析中可以了解到，客户服务部门、营销部门及生产部门等之间要密切配合，才能把客户服务工作做好。此外，这些客户服务工作的进行也有其先后顺序。当然，首先是客户需求的提出，接着才是针对客户的需求进行分析与了解以及货品的制作或服务的提供，最后才是客户满意度调查，客户资料的建档及跟踪服务，等等。

四、客户服务的精髓

(1) 如果希望赢得客户，并想长期留住客户，秘诀在于让他们感到满意，不论是产品还是个人服务，都应让客户满意。

(2) 企业要做的事只有一件：像朋友一样，帮助客户购买他们需要的东西，而不仅仅是将产品卖给他们。记住，帮助客户解决了问题，就等于为自己解决了问题。

(3) 不要忘记客户购买的动机，在于拥有产品后的满足感，而不是产品本身有多么好。产品好坏只是客户内心用于评价的一个重要因素，而不是全部。

(4) 客户只愿意购买两种产品：一种是使他感到满意的产品；另一种是为他解决实际问题的产品。这两方面同样重要。因为满意的感觉来自服务，问题的解决来自商品。

(5) 只有给客户“可靠的关怀”与“贴心的服务”，把客户当作朋友，他们才可能频繁地购买该企业提供的产品。

(6) 不论身在何地，也不管在什么时候，所有的员工都代表企业的形象，因为客户对企业的印象，来自于他所经历的某位或某几位员工带给他的切身感受。

(7) 提供让客户感到满意的服务，是每一位员工的责任；而奖励那些令客户感到满意的员工，则是管理层的责任。

(8) 客户是否愿意下次光临，不依赖于他本人，而依赖于员工能不能让他这一次满意而归。当时做好最重要，客户当时不满意，事后工作再细致周到，也于事无补。

(9) 一个企业成功最重要的因素在于员工和客户。让员工满意，企业就会拥有满意而归的客户；满意的客户又会为企业带来更多的客户。

(10) 如何才能够帮助客户作好选择呢？就是帮他买东西，而不是向他卖东西，真心实意地为他解决问题。这样做才能长期维持与客户的关系，培养“忠实”客户。

(11) 要获得客户的满意和忠心，只有一个办法，就是先找出他们的需要，然后找出他们心中期望的满足方式，尽最大可能去满足其需要。

第三节　客户服务人员的职业要求

一、服务质量

服务质量既是服务本身特性的总和，也是客户感知的反应，服务质量由服务的形象质量、职能质量和真实瞬间构成。

1. 形象质量

形象质量是指客服人员在客户心目中形成的总体印象。企业形象在很大程度上取决于服务人员的外在形象，如果客服人员的外表看起来很职业化，客户就会觉得这家公司有一定的实力，信任感增加。反之，如果服务人员的外表看起来不怎么样，那么企业就难以给客户留下好印象。

2. 职能质量

职能质量是指服务推广的过程中客户所感受到的客服人员在履行职责时的态度、行为、穿着、仪表等给客户带来的利益和享受。职能质量完全取决于客户的主观感受，难以进行客观的评价。

3. 真实瞬间

真实瞬间则是服务过程中客户与企业客服人员进行服务接触的过程。这个过程是在特定的时间和地点，企业向客户展示自己服务质量的时机。真实瞬间是服务质量展示的有限时机。时机一旦过去，服务交易结束，企业也就无法改变客户对服务质量的感知；如果在这一瞬间服务质量出了问题也就无法补救。真实瞬间是服务质量构成的特殊因素，这是有形产品质量所不包含的因素。

在服务质量的这 3 个构成要素中，职能质量起着举足轻重的作用，职能质量是服务质量的核心内容，职能质量的好坏将直接影响服务质量的高低。

二、优质客户服务的标准

企业常说要为客户提供优质的服务，那什么样的服务才算得上优质服务呢？

1. 对客户热情，尊重和关注客户

优质服务首先是个态度问题，要求对客户热情，要尊重和关注客户。这个要求相对而言比较简单，但绝对是首要问题。可是这样一个简单的态度问题，却是几乎所有企业都需要改进的问题，到今天为止，客户对于企业服务投诉最多的问题依然是服务态度问题。因此，优质客户服务首先要求客服人员能够持续地始终如一地热情对待客户，尊重和关注客户。

2. 帮助客户解决问题

客服人员解决问题的能力是客户服务的根本，要做到优质服务，企业就必须帮助客户解决问题，因为作为客户，当然希望服务人员有很好的服务态度，但他更希望问题能得到解决。因此才会有客户在投诉时这样说："你光说对不起有什么用？现在先告诉我你怎样解决我的问题？"所以客服人员必须牢记：在客户服务中，帮助客户解决问题永远是第一位的。

3. 迅速响应客户需求

客户的问题一般都会得到解决，但解决问题的快慢给客户带来的感受却有天壤之别。作为客户，在享受服务的时候，一般更加关心服务的效率。他们希望得到高效快捷的服务。不是明天，而是马上！因此，在客户服务中，服务的响应速度是考评服务质量的重要指标。特别是在产品同质化的今天，你能够提供的服务，你的竞争对手同样可以提供，而这时，客户关心的就是服务的响应速度。

从客服人员的角度来说，对客户的要求给予积极主动的响应，是优质客户服务的标准之一。

4. 始终以客户为中心

有时客户利益会与企业的利益发生冲突，甚至客户会提出一些看似不太合理的要求，这是考验企业和服务人员的服务观念的时候——是不是能够始终以客户为中心？是不是始终关注他的心情、他的需求？这是非常重要的。始终以客户为中心不能只是一句口号，或者是贴在墙上的服务宗旨，始终以客户为中心应该是一种行动，是带给客户的一种感受。比如：为客户倒上一杯水，真诚地向客户表示歉意，主动帮助客户解决问题，在客户生日时主动寄上一张贺卡或者打电话问候，在客户等候时为客户准备书刊杂志以消磨时间等。很多企业都有以客户为中心的理念，如海尔的“真诚到永远”。

5. 持续提供优质服务

提供一时的客户服务并不难，而始终保持稳定的服务质量则非常困难。让客户感受到一名客服代表的良好服务并不难，而想让客户在整个服务过程中都能够感受到每一位服务代表的热情服务就变得很难。特别是在客户需求发生波动的时候，客服代表在超负荷的压力下很难持续保持高昂的工作情绪和热情的笑容。让客户每一次都能感受到同样好的服务，正是优质客户服务所追求的目标。持续提供优质的服务，这是整个优质客户服务过程中最难获得的一种能力，而服务的标准化、一致性，是持续提供优质服务的根本保证。

当一个企业能够持续地提供优质的服务时，它就能够逐步获得一种服务品牌的竞争优势，而这种优势是其他企业很难模仿的。当一名客服代表能够为他的客户持续地提供优质的服务时，他就能够逐步获得客户的信任，客户关系将会变得更加稳定和牢固。

6. 设身处地为客户着想

你是时刻替企业考虑，希望尽快息事宁人呢，还是作为客户的帮助者出现？这是衡量你的服务是不是优质服务的一个关键。注意，你的立场会立刻被客户感知，并形成印象。客户需要帮助的时候，如果你能够设身处地为客户着想，能够站在他的角度去思考问题，给他提供解决方案，你就离优质服务又近了一步。

设身处地为客户着想是做到始终以客户为中心的前提。作为一名客户服务代表，能够经常进行换位思考是非常重要的，设身处地为客户着想意味着必须站在客户的角度去思考问题，理解客户的观点，知道客户最需要的是什么，最不想要的是什么，只有这样，才能为客户提供优质的服务。

7. 提供个性化服务

当大家都在努力提供优质服务的时候，你的服务如何脱颖而出？大多数情况下，客服代表所提供的服务是一种标准化的服务，这时就会出现这样的回答："对不起，这是我们的规定""对不起，我们要按照程序办理"……作为客户，他们有着各自不同的观点和期望值，对于服务的要求是不同的。如果客服代表针对不同的客户提供相同的服务，客户就不会满意——现在客户需要的是一种个性化的服务，客户总是希望自己得到特殊的对待。惠普公司根据客户的不同要求，提供不同级别的服务响应制度；中国移动通信公司根据客户每月的话费额，按照市场的"二八法则"将客户分成不同等级，通过客户服务经理为其提供个性化的服务……因此，你只有提供不同凡响的个性化、快速响应和超值的服务，才能令客户欣喜并留下深刻印象。

三、决定客户服务质量的因素

决定客户服务质量的因素主要包括 5 个方面。

1. 作可以兑现的承诺

我们可以做到的事情我们要明确地告诉用户，做不到的事情，不要随便承诺给用户，否则万一没有做到，以后很可能失去这个客户，可以对客户说："我们会尽力去做，但不能保证您最终的结果！"但是一定要尽心去做，这么说并非敷衍，对于确实不是客服工作人员能完全保证的因素，我们的心意一定要传递给用户。记得有一次，一个用户想要修理一款 CDMA 的手机，本身此款机已经不生产了，当时他所在的城市没有大型的维修点，小的维修点没有他手机上的配件，用户投诉，客服连续给用户联系了近两个星期，每天都跟客服中心主管联系，催促配件是否到货，但由于厂家当时也没有此配件，一直也没能解决了，最后在客服的争取下，给工程师发邮件，特例给用户处理了。虽然用户依然没能马上解决此问题，但客户对客服的用心还是很满意的，他说：我虽然对这款手机依然不满，但你的服务我认可！

2. 熟悉自己的业务

对于产品的业务一定要非常精通！对于你的产品了解得越多，越能针对用户的需求给予更多他想知道的信息。因为每个用户的需求是不一样的，有的用户喜欢便宜实惠的东西，你就不要给他介绍贵的，一定要围绕实惠去讲产品；而有的用户就喜欢贵的、有品味的东西，你就给他介绍高端的产品，总之，千人千面，这方面需要多动脑子，多总结经验方可熟练用之。

3. 永远保持热情

当有人问你：某某产品如何啊？如果你只是说：挺好的！那么这笔交易恐怕就做不成了！作为一个专业的客服人员，要有一定的销售气质，当用户问：某某产品如何啊？马上迸发出热情来，"这个产品非常某某(产品特点)，具有某某功能，可以给某某好处！"用户如果有兴趣，就要继续介绍，并询问用户需要什么样的产品！针对他的需求介绍更好的产品给他！可以说热情就是销售的灵魂，有热情不一定会销售成功，但没有热情一定会失败！

4. 学会换位思考

要记住，客户永远是对的。无论用户的需求多么离谱，让你觉得意外，或者不可思议，你都要想办法满足他！因为他才是你生意继续的保障，才真的是你的衣食父母！著名的成功学大师陈安之在年轻的时候曾销售汽车，很长时间，一辆车也没有卖出去。有一天，一对夫妇来看车，看了之后说：太贵了！陈安之马上开出一辆车，对着这对夫妇说，我开车跟您一起去看车，帮您杀价！结果转了一圈回来，这对夫妇决定要买陈安之所在店里的车了！陈安之说："您不是觉得贵吗？为什么又决定买了呢？"这对夫妇说："你们行的车的确很贵，但是因为你为我们着想，你的服务非常好！我们愿意买你的车！"由此可见热情之重要。

5. 始终保持冷静

在某些用户说不文明的语言或者对你所在店铺实施攻击的时候，请一定保持冷静，这个时候，你要对自己说，他不是在骂你，可能是对产品不满了，或者是服务令他不满了(这可是处理投诉高手的心得哦！)，这么想你的情绪就不会因用户而愤怒了。

四、客户服务人员的基本素质

要提高服务质量，提供优质服务，客户服务人员的素质是关键。客服人员应具备的基本素质主要包括两个方面：一是外在的职业化塑造，也就是一个客服人员呈现出来的职业形象；二是客服人员内在的品格素质。

(一) 客服人员的职业形象

1. 客服人员标准的职业形象

一个企业的形象很大程度上来自服务代表的外在形象。作为客户，如果一开始不了解站在他面前的客服人员究竟具备什么能力，他通常会通过客服人员的外在形象来判断这个客服人员是不是很职业化。

作为客服人员要想让自己良好的印象跃升为卓越的形象，最起码要有下列5项特质：建立能做事、会做事、敢做事的能力形象；待人诚实守信，给人值得信赖、安全的感觉；善于沟通，表述清楚，让人感觉亲切、温和；做事有干劲，对人热忱、积极；在与人相处的过程中，能突显爽直、愉悦的开朗个性。

良好的体态和姿势对客服人员来说也很重要：使人显得更年轻、热情而有活力，也会使音质优美，因为空气能完全不受限制地进出肺部，故讲话声音洪亮、和谐。

2. 标准的服务用语

作为客服人员，应掌握自己常用的客服语言。

- 迎客时说“欢迎”“欢迎您光临”“您好”等。
- 感谢时说“谢谢”“谢谢您”“多谢您的帮助”等。
- 听取客户意见时说“听明白了”“清楚了，请您放心”等。

- 不能立即接待客户时说“请您稍等”“麻烦您等一下”“我马上就来”等。
- 对在等待的客户说“让您久等了”“对不起，让您等候多时了”等。
- 打扰或给客户带来麻烦时说“对不起”“实在对不起，给您添麻烦了”等。
- 表示歉意时说“很抱歉”“实在很抱歉”等。
- 当客户向你致谢时说“请别客气”“不用客气”“很高兴为您服务”等。
- 当客户向你道歉时说“没有什么”“不用客气”“很高兴为您服务”等。
- 当听不清客户问话时说“很对不起，我没听清，请重复一遍好吗”等。
- 送客时说“再见，一路平安”“再见，欢迎下次再来”等。
- 当要打断客户的谈话时说“对不起，我可以占用一会儿您的时间吗”等。

这些通常被认为是服务用语，其实只能称之为礼貌用语。什么是服务用语呢？

服务用语是那种能够让客户感觉到你是一名服务人员的语言。当你用标准的服务用语跟客户交流的时候，客户就会觉得：哦!原来我是客户，原来你是为我提供服务的。

优雅大方的外在形象，美妙悦耳的声音，加上专业、标准的服务用语，一定会让人倍感亲切和温馨，让客户感觉到你是在为他提供服务。

3. 专业的服务技巧

标准的职业形象和服务用语，其主要作用是给客户一个良好的印象。这是比较浅显的层面，一般的服务人员也容易做到，而从根本上决定你的服务质量和服务水平的，还是专业的服务技能。专业的服务技能包含很多方面，比如专业知识、沟通的技巧、服务的技巧、投诉的处理技巧等。这些技巧(除专业知识外)在后面的内容中有详细的介绍。

4. 标准的礼仪形态

最后应该具备的一项是标准的礼仪形态。礼仪形态包含服务人员的站姿、坐姿、肢体语言，还有职业化的微笑等。很多服务代表在上岗之前，都要经过商务礼仪方面的培训：如何递交名片、如何收取客户的名片、如何与客户交谈等，这些都是服务代表必须掌握的技巧。

综上所述，对于标准的职业形象、服务用语、服务技能、礼仪形态，如果一个服务代表能够把这 4 个方面都做得很出色的话，肯定会给客户这样的感觉：“哇，真的很不错，真是个职业化的服务人员!”这就是很好的职业化形象，是一个优秀服务代表外在呈现出来的东西。

(二) 客服人员的品格素质

客服人员外在呈现出来的东西，必须有一种内在的东西作支撑，而这种内在的东西就是品格素质。那么，客服人员究竟需要具备哪些品格素质呢？

1. 注重承诺

“言而无信，不知其可”，没有人愿意和不讲信用的人打交道。日常交往中都是如此，何况对待客户呢？诺言就是责任，说到就要做到。

2. 宽容为美

有时，我们可能会面对一些“不讲理”或脾气暴躁的客户，这时要能够理解他：因为他很生气，如果我是他的话，可能也会很着急；把问题解决了就好。

3. 谦虚诚实

对待客户要谦虚、诚实，这是很容易理解的。相对而言，诚实更重要。一个人的谎言可能侥幸维持，但公司不是你一个人，谎言迟早会被戳穿，这样只会激怒客户。是什么样就是什么样，在解决问题的过程中与客户真诚交流，更能为公司留住客户。

4. 同理心

我们都听说过同情心，但是服务过程中更需要同理心。什么是同理心呢？就是要站在客户的角度去思考问题，以真正理解客户的想法和处境。

5. 积极热情

积极热情的态度会传递给周围每一个人，会营造出一种温馨融洽的氛围，客户也会对你顿生好感。谁也不愿意和痛苦写在脸上的人交往，客服人员必须牢记：客户永远喜欢与能够给他带来快乐的人交往。

6. 服务导向

在客户服务人员所必备的品格素质中，很多人都认为注重承诺最重要，也有人觉得谦虚诚实最重要。其实，这些都不是最重要的，最重要的是另外一种品格素质——服务导向。服务导向是一种乐于为别人提供帮助的意愿，而这和工作没有直接关系。

日常生活中我们可能都遇到过问路者，这时候你的回答是没有任何功利、没有任何企图的，因为你并不认识向你问路的人。当你不知道答案的时候往往会对别人作出解释，为什么呢？你会由于不能向别人提供帮助而感到愧疚，怕别人误解自己不愿提供帮助，所以一定要解释一下为什么不能帮忙，这就是我们所说的服务导向。服务导向对于一名服务人员来讲是非常重要的，而且是可以培养的，只不过有些人的服务导向尚有待激发。

(三) 扎实的专业知识

对企业的产品和服务项目要有深入的了解和认识。

1. 产品知识

产品知识包括硬件部分、软件部分、使用知识、交易条件、周边知识等，以及有形的、无形的特点、价格价值、顾客利益等。

客服人员要熟悉产品和服务的特点，以及能为客户带来的好处。

2. 服务项目

客服人员要熟知企业能够提供的售前、售中、售后服务项目，并能很好地提供服务。

3. 业务规则

客服人员对关于行业和业务上的问题及其解决方案要有深入的了解，知道客户的业务特点，会用他们的术语。

4. 流行事件

客服人员要对外部世界有一定的兴趣，对行业现状、发展和趋势保持开阔的视野。

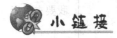

小链接

自行车模型

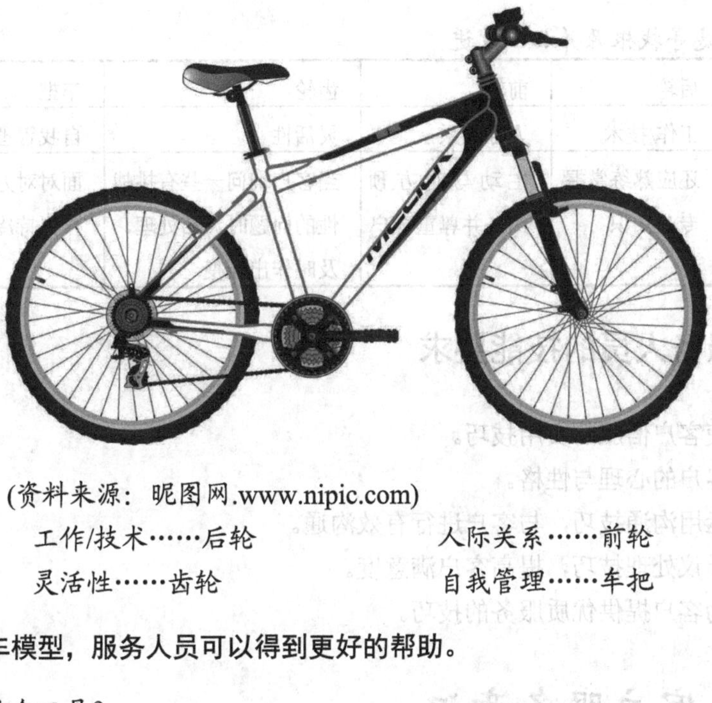

(资料来源：昵图网.www.nipic.com)

工作/技术……后轮　　人际关系……前轮
灵活性……齿轮　　自我管理……车把

通过自行车模型，服务人员可以得到更好的帮助。

如何使用这个工具？

1. 掌握自行车模型的4个部分

自行车构造	前轮	后轮	齿轮	车把
素质要求	人际关系	工作/技术	灵活性	自我管理
能力要点	耐心，有礼貌，能设身处地为客户着想；有良好的沟通技巧、对人友善	掌握技术性的工作技巧，对产品知识的了解，对规定和程序的认识	根据顾客的需要，愿意及有能力在工作与人际关系方面灵活改变	正面积极地处理与客户的交往，控制自我情绪反应的意愿和能力

2. 分析产生忧虑的原因

4种忧虑	害怕犯错误	害怕失败	害怕遭到拒绝	害怕受到伤害
产生根源	工作/技术	人际关系	灵活性	自我管理
须减弱的思维模式	我必须总是对的	我必须总是赢	每个人都应该喜欢我	我总在舒适区
须增强的思维模式	我要充实自己的知识	我是自信的	我是有用的	我要去适应
转换思维	成长和学习	双赢	自我价值的实现	愿意去适应

3. 对照忧虑寻找根源并加以改进

自行车构造	后轮	前轮	齿轮	车把
素质要求	工作/技术	人际关系	灵活性	自我管理
能力要点	还应熟练掌握专业知识	主动与对方预约，并尊重客户	当客户询问一些有挑战性的问题时灵活处理，及时作出应变	面对对方的压力，自己一直保持冷静，微笑服务

五、客户服务人员的技能要求

(1) 掌握使客户信服的实用技巧。

(2) 把握客户的心理与性格。

(3) 灵活运用沟通技巧，与客户进行有效沟通。

(4) 把握异议处理技巧，提高客户满意度。

(5) 掌握为客户提供优质服务的技巧。

第四节　客户服务意识

一、客户服务工作面临的挑战

从不同的行业来看，客户服务工作主要面临以下挑战。

1. 同行业竞争的加剧

客服工作所面临的一个巨大挑战是来自于同行业的竞争。

如果本企业的产品性能优越、外观时尚，交付系统快速而便捷，不断降低产品价格以期获得竞争优势，不断作出延长产品保修期的承诺，不断加大市场的宣传力度，不断采取新的营销举措，但竞争对手同样也在不断改进自己的产品和服务。在这种竞争状况下，产品的同质化现象非常严重，行业间的技术壁垒不复存在，这就导致企业对客户服务的重视程度越来越高。

2. 客户期望值的提升

很多企业和工作在一线的服务代表都会感觉到，我们一直致力于提升服务质量和产品质量，但我们的产品价格却随着行业竞争的加剧而不断下调。总之，客户得到的越来越多，而客户的满意度却没有相应提升，我们受理的客户投诉在悄悄地增长，而客户的要求也变得越来越难以满足。为什么会出现这种情况呢？原因就在于客户对服务的期望值越来越高，同时客户的自我保护意识也在加强。那么导致客户期望值提高的原因又是什么呢？这当然与同行业竞争的加剧分不开。因为我们的客户每天都为优质的服务所包围。有了享受优质服务的经历，我们的客户对优质服务的要求也就越来越高。

3. 不合理的客户需求

什么是不合理的客户需求？在这一点上不同企业有着不同的认识。比如投诉，企业往往把客户投诉界定为有效投诉和无效投诉两种。无效投诉就是企业认为不合理的投诉，或者不可能满足的客户需求，比如过了保修期依然要求免费维修。

随着同行业竞争的加剧，很多以前被认为不合理的客户需求会逐渐转变为合理的需求，甚至最终变成一个行业的标准。因为在以前这些需求都不需要被满足，而今天由于你的竞争对手做到了，你做不到的话就有可能失去竞争优势，这就迫使你一定要满足客户的这种需求。

因此，企业在界定客户的需求是否合理时，参考的标准应该是行业的标准，而不是企业自己的标准，只有超出行业标准的期望值，也就是你的竞争对手也无法满足的期望值，才能称之为不合理的客户需求。当然，如果你的企业能够不断为客户提供超出行业标准的期望值，那么你也就掌握了竞争的主动权，从而获取竞争优势。因此，成为客户期望值的提升者而不是追随者是企业获得竞争优势的关键。

对于客户服务人员而言，不可能满足客户的所有要求，有的时候，拒绝客户的次数甚至超过满足客户的次数。还有些时候，可能满足了客户一百次的要求，但是只要拒绝客户一次，客户就会对所有服务都变得不满意。当无法满足客户期望值的时候，如何向客户作出合理的解释，并且让客户接受，是客服人员目前所面临的一大挑战。

4. 客户需求的波动

服务的质量和服务的数量是密切相关的，几乎所有行业都会有服务的高峰期，在每一天、每个月甚至每一年都会出现一些服务的高峰期，当高峰期出现的时候，往往出现排队等候、服务迟缓的情况。并且服务人员服务热情的下降、体力的透支、精神的疲惫和服务失误的增加都会导致服务质量的下降。而这种客户需求的波动，是企业很难控制的。因此，如何在客户需求的高峰时间提供令客户满意的服务也是客服人员必须面临的挑战。

5. 服务失误导致的投诉

在投诉的处理上，可以通过应用一些技巧来很好地化解客户的抱怨，帮助客户解决一些问题，赢得客户的信赖。比如说，在酒楼吃饭，你点的菜上错了，可以重新换一份；你买的房子漏水了，可以进行修补。但是有些投诉是非常难解决的，像那些由于服务失误导致的投诉就属于这一类。比如，酒店丢失了入住客人存放的行李，邮局寄丢了客户的信件，银行被人盗领了客户的存款，这个时候客户的投诉就很难解决。因服务失误而给客户带来的损失是无法弥补的，这个时候，好像客服人员就只剩下道歉了，但是，并不是所有的客户都会接受服务代表的道歉，他们可能还需要赔偿，这是非常棘手的问题。显然，如何有效地处理因服务失误导致的投诉是客服人员所面临的另一个巨大挑战。

6. 超负荷的工作压力

客户需求的波动会直接给客服人员带来超负荷的工作压力，现在很多企业的员工都处在超负荷的工作压力之下，一个人干两个人的工作的现象很常见。在服务的需求会有所波动但企业很难按照客户高峰期的需求来安排自己的服务能力的情况下，如何调整心态、化解压力、提升解决问题的能力，以便更好地在超负荷的工作压力下提供优质的服务，就成为客服人员面临的另一个挑战。

7. 服务技巧的不足

通常来讲，服务人员的服务能力主要体现在迅速了解客户的需求并解决客户提出的问题等方面。但有些客服人员只知道倾听客户的倾诉，缺乏提问的技巧，加上有些客户对自己的问题和抱怨阐述不清，故而很多客服人员难以弄清客户的需求，更别说帮助客户解决问题了。比如客户买的手机出现了故障，给客户服务人员打电话请求帮助，服务人员一定要问一些问题，弄清楚故障出在哪里，否则就无法解决问题。因此，提问的技巧在服务技巧中就显得非常重要。但很多客服人员经常以平时为人处世的原则进行客户服务，不讲究专业的服务技巧，不去了解客户的需求，因而服务的效率非常低。例如，多数大企业都会规定客服人员每天接听电话的次数，有的客服人员每天能接听电话200次，也就是能完成200项客户服务；而有的服务人员却只能接听100次，效率就要低得多。

这种情况在处理投诉的过程中更加明显，通过对不同行业服务状况的了解，我们发现：在企业中，新员工的服务态度和热情度通常都是最好的，但是在处理投诉方面就明显力不从心；而老员工则不然，他们的工作热情和态度有时不如新员工积极，但是他们在处理客户投诉方面却有着明显的优势，这是因为他们有处理投诉的丰富经验，解决问题的能力和客户服务的技巧强于新员工。

因此，服务技巧的不足，是许多企业和服务人员所面临的另一大挑战，中国内地的企业尤其如此。

上面谈到的问题是服务管理中普遍存在的一些问题，对于企业和客服人员而言，如果不能很好地应对这些问题和挑战，就无法提供客户满意的优质服务，企业也就无法获取真正的服务竞争优势。

二、客户服务意识

要提高公司的整体服务水平，提升客户满意度，首先要建立健全管理体系，然后要加强客户服务培训，使每位员工充分理解和认识客户的重要性。只有提高员工的客户意识，我们的服务才能做到位，才能为公司打好基础。究竟如何提高客户服务意识，应从以下几个方面做起。

(一) 规范服务标准

在服务策略中，规范化服务是最基本的服务手段，也是能够带给客户良好感觉，给客户留下美好印象，提高客户对公司忠诚度，在社会上形成“口碑”效应的有效措施。可以通过对客户服务标准、流程等软、硬件的统一规范，使员工的客户意识进一步得到强化，为全面推进客户满意工程打下良好基础。只要树立“客户第一”的经营思想，以客户满意作为衡量客服工作的唯一标准，站在客户的立场，在现有业务流程的基础上逐步细化和规范，以达到真正为客户提供优质、高效服务的目的，才能全面提高业务运营的效率和企业核心竞争力，才能充分站在客户满意、创造服务优势的战略高度，才能将“客户第一”的企业经营理念充分体现到公司工作的各个环节中。

(二) 提供个性化服务

个性化服务就是在规范化服务的基础上通过一些超值、特别的服务内容吸引、留住客户。要实现服务的个性化，首先要分析和研究客户，对客户的了解要胜过对自己的了解，对客户的期望值要超过对自己的期望值。要通过对客户的细分对不同业务类型和特点的客户提供有针对性的服务内容，只有找出和发现个性化，才能创造价值，才能提高客户对公司的忠诚度，才能达到稳定和吸引客户的目的。

(三) 学会研究客户

开展规范化或个性化的服务工作，必须有一个前提，那就是要研究客户，要真正走进客户的内心深处，切实了解客户的需求是什么，要不断收集和分析客户的信息，要不断创造并满足客户需求，充分利用公司资源提供丰富的个性化服务来锁定客户，提升客户价值，使企业的价值得到充分体现，使客户的满意度有更大的提高。

服务永无止境，树立企业的品牌需要所有员工优质的服务，需要微笑着面对竞争、面对服务、面对每个客户。

三、客户服务的几个误区

由于客户服务兴起的时间较短，以至于人们对客户服务存在不同的认识误区，主要包括以下方面。

(一) 微笑就是客户服务

这种观点错误地认为客户服务只是一种浅层次的商业技巧，只要服装统一，喊喊口号，用微笑招呼客户就完事了。其实客户服务是一套复杂的制度系统，包含系统的服务理念、服务工具、服务流程、服务人员培训体系等，没有制度的支撑，服务只会是口号。

(二) 客户服务是营销部门的事

这种观点错误地认为客户服务只是营销部门和客服部门的事，跟其他部门无关。正确的认识是：客户服务是整个公司的任务，营销、管理、行政、财务、后勤等各个部门必须围绕客户的需求运作，否则会导致满意度下降。

(三) 客户服务是成本

这种观点错误地认为客户服务会加大公司成本，是公司的负担，会直接降低企业的利润。正确的认识应该是：客户服务是维系客户满意度的最佳武器，缺乏卓越的客户服务，企业的产品不可能得到客户的认可，利润从何而来？

(四) 客户服务的价值就是解决投诉

这种观点错误地认为客户服务的价值，只不过是解决顾客的投诉而已，没有什么其他价值。正确的认识是：客户服务是关系到企业产品能否畅销的根本所在，它能帮助企业建立高效的客户关系，洞察客户的需求变化，影响客户对企业的产品作出最终选择，从根本上决定企业和产品在市场上的受欢迎程度。

(五) 客户服务只有在服务型企业中才适用，对一般公司用途不大

这种观点错误地认为客户服务只有在服务型企业中才实用，而对一些以产品研发与销售为主的公司来说没有太大的价值。正确的认识是：客户是企业唯一永恒的资产，对任何行业都是如此，没有哪个企业不需要跟客户建立高效的客户关系，也没有哪个企业希望与它的客户走得疏远。做不好客户服务，企业最终会失去客户的信赖，被市场无情地淘汰。

(六) 花大价钱就能够搞好客户服务

萨拉·库克在《客户关怀》一书中说，英国航空公司在“客户第一”计划中花费 2300 万英镑、苏格兰皇家银行在客户关怀活动中花费 200 万英镑、某建筑协会按照人均 80 英镑的费用对 3500 名员工进行客户关怀培训。结果这些活动收效甚微，原因在于客户服务是一种文化，不是促销活动，它需要一个长期的积累过程。

(七) 客户服务是售后的事

这种观点错误地认为，客户服务是售后的事因此叫做售后服务。其实客户服务贯穿于满足客户需要的全过程。

『案例 1-1』 IBM——世界上最讲究服务的公司

IBM 公司有 3 个经营理念：

(1) 提供最棒的服务。

(2) 尊重个人。

(3) 凡事追求卓越。

有一次 IBM 公司开行政会议，一位行销总监迟到了，并且直到开完会都没出现。

董事会觉得奇怪，按这位行销总监的行事风格，应该不会迟到的，一定有什么重要的事情耽误了。后经调查，开会当时，有一位客户打电话说他所买的 IBM 电脑出了问题，这位行销总监二话没说就到客户所在地，及时为客户解决了问题。

会议缺席，过错可不小，但董事会不仅没有责备这位行销总监，反而嘉奖了他。说他分清了事情的轻重缓急，客户服务永远是最重要的。董事会的决定充分体现了 IBM 公司的 3 个经营理念。

IBM 前总裁沃森先生出席了一次会议，会议的主要目的是探讨客户服务问题，桌前摆着十来摞包括生产制造问题、技术问题等各种问题的资料报告。

讨论告一段落时，高大魁梧的沃森走到会议室前方，用手朝桌子上一拍，只见摆在桌前的资料报告飞得满屋都是。他说：“这些问题实在没有什么好分类的，问题只有一个，就是我们对客户的关心程度根本不够。”

从那以后，IBM 专门选用表现优异的业务人员担任 3 年的主管助理。在整整 3 年中，他们只负责一项工作，就是对任何客户的抱怨或疑难问题必须在 24 小时内解决。

IBM 并非专业的搬家公司，当一个大客户决定搬迁时，它的服务人员总是尽心尽力地帮助客户。当麦道自动化公司把其设在圣路易斯的总部搬进一座 7 层楼的学校时，为了重新安装麦道自动化公司的电脑系统，IBM 的 24 名服务人员共分 3 组，一天 24 小时连转，用 1700 多个工时完成了这项巨大的系统连接工作。而这一切工作全都是免费的。

IBM 几十年如一日地为客户提供优质服务，奠定了公司繁荣兴旺的基础。IBM 拥有 40 多万雇员、500 多亿美元的年销售额，年利润超过 50 亿美元，在世界上几乎每个国家都设有办事机构，其宏大的规模和显著的成就举世瞩目。

(资料来源：李先国，曹献存. 客户服务实务. 北京：清华大学出版社，2006)

『案例 1-2』 孕妇空中产子，东航空地携手铺就绿色“生命通道”

2009 年 2 月 7 日，一湖南衡阳籍女旅客在南京飞往长沙的途中突然临盆，东航航班紧急备降武汉，机组空中处置有效得力，地面应急救援井然有序，旅客母子平安。东航不惜代价空地携手铺就绿色“生命通道”一时被社会传为佳话。

当日，东航江苏公司执飞 MU2725 航班由南京前往长沙，在航班起飞约 20 分钟，乘务员殷英巡视客舱时，发现普通舱前部一孕妇旅客身体蜷缩，当即上前询问。旅客称自己肚子疼，不舒服。因飞机此前曾轻度颠簸，乘务员给予安慰，并搀扶孕妇旅客至头等舱宽敞座位入座，帮助安抚。

随后，孕妇再次叫肚子痛，并有持续阵痛症状。根据乘务培训经验，尽管孕妇孕身不明显，但凭借高度的职业敏感性，年轻的乘务长邱艳立刻意识到旅客有可能因高空压力要生产。可孕妇称还不到8个月，离预产期还早。乘务长于是交代专门的乘务员陪伴其身边照顾，以便随时观察旅客动态。

平静了几分钟后，旅客又再次喊痛，且连喘粗气，乘务长当机立断将此情况报告给机长崇永生，同时，紧急广播寻找医生，做好应急救援准备。此时，孕妇开始出现脉搏加快、呼吸困难、腹部连续阵痛症状，事不宜迟，机长果断决定备降，并经湖北空管中心同意，备降至最近的武汉天河机场。

与此同时，乘务组迅速在前厨房间地上铺上毛毯，垫上枕头，搀扶旅客躺下。由于机上没有医生，头等舱一位年龄较大有过生产经历的金女士主动协助，做好孕妇接生准备。

有过顺产经历的孕妇刘女士产程顺利，躺下不久，即自然分娩一男婴，孩子落地大声啼哭。乘务长用毛毯包裹婴儿，轻轻捧在怀中，虚弱的刘女士脸上露出欣慰的笑容。

3分钟后，飞机落地武汉天河机场。

新的生命已经诞生，一场地面应急救援行动也随即展开。东航武汉公司值班总经理李国孟接到通知以后，早早联系机场医护人员、救护车；运行服务部值班经理王贤明安排地面服务人员也早已等候多时。

婴儿虽然出生，但是脐带还连在妈妈的身上，胎盘还留在产妇的肚子里。情况危急，刻不容缓，面对虚弱的母子，医护人员赶紧做了简单的包扎处理。乘上救护车紧急送往武汉同济医院。到达同济医院产房时，孕妇脸上还是痛苦的表情。胎盘已经脱出，脐带未剪。产科医生连忙组织人员进行紧急处理，给孩子和产妇做全面检查。手术进行顺利。一个重达6斤半的婴儿终于平安无恙地躺在了妈妈的怀里。在2个小时空中和地面争分夺秒的救护、帮助下，母健子康。

因产妇没有家人陪护，东航武汉公司紧急垫付了5 000元医药费。下午4时50分，陪同产妇到医院的江苏公司乘务员殷英返回机场，MU2725航班再次起飞前往长沙。

在医院里，武汉公司地面服务人员来到同济医院看望母子俩。虽然此次的经历是那么惊心动魄，但是可爱的小宝宝在妈妈的怀里睡得非常香甜。地服人员给他取名叫“飞飞”，寓意小宝宝将来能当个飞行员。她们还请来了月嫂在医院进行整夜的陪护和照顾。

通过电话联系赶来的孕妇的丈夫到达武汉时已经是次日上午了。看着平安的妻子和儿子，他激动得说不出话来。妻子拖着微弱的声音告诉了他整个事件的经过。望着病床上的妻子，他深情地说：“感谢东航江苏公司MU2725航班的机组！感谢东航武汉公司！”

(资料来源：钟鸣等. 孕妇空中产子，东航空地携手铺就绿色“生命通道”. 中国东方航空江苏有限公司网站，2009-02-09)

第二章

客户服务礼仪

客户服务工作是企业面向社会的一个窗口，它直接与客户交流，每位客户代表的礼仪表现、个人形象，便是企业在社会公众中的形象。一个客户代表的言谈举止，与企业的生存与发展有着必然联系。客户服务工作中礼仪占有很重要的位置，它对提高服务质量、增强企业竞争力有很重要的作用。

第一节　客户服务礼仪基础

礼仪是人们表达内心情感的一种方式，用以表达对人的尊敬之情。礼仪应遵循尊重、遵守、适度、自律、互动的原则。在这个原则指导下，按照礼仪的要求去做——文雅的谈吐、得体的举止、庄重的仪表、真诚的微笑，其中微笑是礼仪的基础。礼仪体现了一个人的道德修养，要保持良好的礼仪，必须加强内心的道德修养。礼仪的最终目的是为客户提供优质服务，树立良好的企业形象，使企业在激烈的竞争中发展壮大，以立于不败之地。

中国自古以来就有“礼仪之邦”之称。孔子要求他的弟子学习“六艺”：礼、乐、射、御、书、数，其中第一项就是“礼”，即礼仪规范。

礼仪是人类文明和社会进步的重要标志，是社会交往活动的重要内容，是人类美德的外在表现形式。把人内心待人接物的尊敬之情，通过美好的仪表、仪式表达出来，这就是礼仪。

一、礼仪的原则

礼仪是维系社会生活的纽带，可帮助人们自我约束，处理好人际关系，从而创造一个和谐的社会环境。礼仪是衡量个人是否受过良好教育的标准，它绝对不是只做表面文章，而必须发自内心，出于自然。

(一) 礼仪的 3T 原则

通常所说的礼仪的 3T 原则是指：

1. Tact——机智

“愉快”——在商业行为上是指使人感到愉快之意。在待人接物时尽量欣赏、赞美别人的优点，在如此愉快的环境中，生意自然会好做很多。

“灵敏”——在商业活动中往往会接触到形形色色的人，在谈话、接待及服务时，如果不机灵、不懂察言观色的话，就经常会得罪人。

“迅速”——经济社会追求效率，所以迅速也是礼貌的重要表现。

2. Timing——时间的选择

在这里的意义有 3 种：时间、场合和角色扮演。在工作场合中应依据地点、身份的需要，讲恰当的话，做合适的应对，要少说多听，多思考别人说话的内容，以掌握合适的表现时机。

3. Tolerance——宽恕

指宽恕、包容别人的修养。事实上，礼仪中最难做到的就是这一点。要想做得好，就必须把注意力放在别人身上。也就是说，如果你常常设身处地地为他人着想，记住“将心比心”4 个字，多想别人的优点，自然就会有比较好的服务心情。

(二) 客户服务礼仪的原则

将 3T 原则运用到客户服务中，客服人员在客服过程中，应遵循以下原则。

1. 尊重原则

尊重他人的人格，这是礼仪的情感基础。人与人是平等的，尊重客户、关心客户，不但不是自我卑下，反而是一种礼仪。特别是对待出言不逊的客户，应同样给予尊重，友善对待。对客户友善、尊敬，是处理与客户关系的重要原则。礼仪以尊重为第一原则，这可以通过提供热情、周到的服务体现出来。

2. 遵守原则

礼仪是社会交往中的行为规范和准则。客户代表应身体力行，自觉遵守和执行，并养成良好的习惯。

3. 适度原则

在交往中，理解、沟通是建立良好人际关系的重要条件，要善于把握尺度。客户代表为客户提供服务时，既热情友好，尊重他人，殷勤接待，又要自尊自爱，端庄稳重，落落大方，体现出平等公正，不卑不亢；既要彬彬有礼，又不能低三下四；既要热情大方，又不能轻浮、阿谀奉承。“适度”即感情适度、举止适度、谈吐适度。

4. 自律原则

应严格按照礼仪标准规范自己的言行。在工作中，行动上不出格，仪态上不失态，言语上不失礼。

5. 互动原则

要礼尚往来，来而无往是失礼的表现。

二、礼仪包含的内容

礼仪是礼节和仪式的总称，具体表现为：仪表礼仪、举止礼仪、言谈礼仪等。下面从客户服务工作的角度分别论述。

(一) 仪表礼仪

乔·吉拉德说："一个人的外在形象，反映出他特殊的内涵。倘若别人不信任你的外表，你就无法成功地推销自己了。"

1. 服饰

社会越来越进步，时代节奏越来越快，人和人之间的距离却越来越远，在与客户短暂的接触过程当中，客户没有时间也没有必要去研究你是一个什么样的人。客户对你的唯一印象就是你的外在形象和你的言行举止。如果客服人员穿着不当，就会分散客户的注意力。客户就会想："这个人连穿着都没有概念，又怎么会有能力和我做生意呢？"

服装无时无刻不在帮助你与人交流，首先应该想一想你要给客户展示一个什么样的形象和个性。你穿着的第一目的不是为了自己的舒适，而是为了创造一个你渴望的、有利于事业成功的形象。

一位知名的形象专家说："形象如同天气，无论是好是坏，别人都能注意到，但却没有人告诉你。"服装是自我展示和表现成就的工具。我们在购买任何一种产品的时候，都喜欢和有经验并很优秀的人交流，因为他们会给我们提供更好的或更有价值的建议。永远要为成功而穿着，为胜利而打扮。在美国的一次形象设计调查中，76%的人根据外表判断人，60%的人认为外表和服装反映了一个人的社会地位。穿得像个成功的人，就能让你在各种场合得到尊敬和善待。在现代社会中，服装是一个人社会地位、经济状况、内在修养及气质的集中体现。人类是视觉的动物，客户根据你的衣着风格来决定你的可信度和能力。请记住，你给别人留下的第一印象，90%以上都是别人依据你的衣着得出的。

TPO 原则是目前国际上公认的着装原则。T——Time，表示穿衣要根据年代季节，以及一天的早、中、晚等时间的不同而有区别；P——Place，表示穿衣要适合于不同的场所、环境、地点；O——Object，表示穿衣要考虑此去的目的。遵循 TPO 原则着装，合乎礼仪规范，能显示教养和风度。当然，把握着装的基本准则之后，衣着穿戴还应符合个人的特点，要考虑个人的审美观、体形、年龄、职业、性格、文化素养、经济条件等，不管穿什么样的服装，均要得体、和谐，令人悦目，感觉自然。客服人员的着装应以整洁、美观、大方、合体为宜，不要过分追新求奇，在款式造型以及色彩搭配上要注意协调性原则。

服饰及其礼节的基本要求是：① 要注意时代的特点，体现时代精神；② 要注意个人的性格特点；③ 应符合自己的体型。

与客户在一起的时候，你是否注意到了这些细节：

- 扎一条已经掉漆的皮带。
- 穿黑皮鞋配白色袜子。
- 浅色衬衣里面穿深色贴身内衣。
- 夏天穿拖鞋和暴露的服装。
- 皮鞋脏，西装上有污渍。
- 衣服有褶皱，衬衣脏。
- 衣服扣子不全，领带松散。

2. 化妆

选择适当的化妆品和与自己气质、脸形、年龄等特点相符的化妆方法，选择适当的发型来增添自己的魅力。

化妆的基本要求是：① 化妆的浓淡要视时间、场合而定；② 不要在公共场所化妆；③ 不要在男士面前化妆；④ 不要非议他人的化妆；⑤ 不要借用他人的化妆品；⑥ 男士不要过分化妆。

玫琳凯说："当我们的销售代表走进客户的大门时，她的打扮必须像美容顾问，好的头发和化妆毫无瑕疵，指甲修剪得很好，衣服是流行的，丝袜没有任何脱线，鞋子没有污点；总之，她的外表吸引人而具有专业水准。因为，如果她想推销美丽，她的目标就是使她的准客户看起来像她。"不错!没有人愿意听一位看起来邋遢、散漫的美容顾问的建议购买化妆品。外观、衣饰虽然无法全然代表你这个人，但却能给人 90%的印象，尤其是在初次见面的 3 秒钟。

当客户作决定时，你所佩戴及携带的物品都会对你的成败产生影响。从头到脚的配件都会创造正面或负面的印象。假如你是位女性，客户会评估你的耳环、项链、胸针、手表、戒指、衣服纽扣、皮带、皮包、围巾、袜子，以及你的鞋子。如果你是位男性，你的领带、戒指、手表、钢笔、皮带、皮带钮、长裤褶痕、皮鞋、袜子，都会很快地被对方评比分类。

(二) 举止礼仪

要塑造良好的交际形象，必须讲礼貌，注意行为举止，做到彬彬有礼、落落大方，遵守一般的进退礼节，不要养成各种不文明、不礼貌的习惯。

到顾客办公室或家中访问，进门之前先按门铃或轻轻敲门，然后站在门口等候。按门铃或敲门的时间不要过长，无人或未经主人允许，不要擅自进入室内。

在顾客面前时要注意如下行为举止：

当看见顾客时，应该点头微笑致礼，如无事先预约，应先向顾客表示歉意，然后再说明来意。同时要主动向所有在场的人表示问候或点头示意。

在顾客家中，未经邀请，不能参观卧室，即使较为熟悉的，也不要任意抚摸或玩弄顾客桌上的东西，更不能玩顾客名片，不要触动室内的书籍、花草及其他陈设物品。

在别人(主人)未坐定之前，不要先坐下。坐姿要端正，身体微往前倾，不要跷“二郎腿”。

要用积极的态度和温和的语气与顾客谈话。顾客讲话时，要认真听，回答时以“是”为先。眼睛看着对方，不断注意对方的神情。

站立时，上身要稳定，双手安放两侧，不要手背后，也不要双手抱在胸前，身子不要侧歪在一边。当主人起身或离席时，应同时起立示意，当与顾客初次见面或告辞时，要不卑不亢，不慌不忙，举止得体，有礼有节。

要养成良好的习惯，克服各种不雅举止。不要当着顾客的面，擤鼻涕、掏耳朵、剔牙齿、修指甲、打哈欠、咳嗽、打喷嚏，实在忍不住，要用手帕捂住口鼻，面朝一旁，尽量不要发出声音，不要乱丢果皮纸屑等。

(三) 言谈礼仪

社交场合，语言是最便捷的信息传递手段。俗话说：“一句话可以把人说笑，一句话也可以把人说跳。”说话在现代社会交际中的重要性已越来越明显，作为客服人员，更要注意言谈的基本技巧和礼仪要求。

1. 语境

语境是指言语交谈时的个体环境，既包括时代、社会、地域、文化等宏观层面，也包括沟通双方当时的地位、处境等微观层面。语境对言语交流起着制约和强化作用。首先，与人交谈要看对象，了解对方的身份、地位、社会背景、文化传统及经历、性格等因素，说话要符合对方的特点，才能营造一种和谐的交谈氛围。其次，与人交谈要看场合，如正式和非正式场合、喜庆和悲哀场合、庄重和随便场合、公开和私下场合等，不同场合有不同的说话方式，同样的话在不同的场合下说会产生不同的效果。再者，与人交谈要注意气氛调节，尽量谈一些双方都感兴趣的话题，多使用一些幽默语言，营造愉快而轻松的交谈气氛。

2. 谈话内容

客服人员与人交往，要注意谈话内容合乎礼仪性要求。不要探寻他人隐私；不谈论荒诞离奇、令人愧疚的事情；不谈论双方国家内政和民族宗教信仰问题；不说三道四；要言而有信，注意说话分寸；不要一言堂，尊重交谈现场的每一个人；不要轻易打断和打探别人的谈话；涉及对方反感的内容要善于立即转移话题。总之，善于发掘和调节内容是营造良好谈话氛围的技巧和礼仪要求。

3. 语言艺术

客户代表在工作中应掌握语言艺术，自觉使用文明礼貌用语。使用敬语是衡量客户代表道德修养的重要标准。敬语服务是反映客户代表心灵美的标志。言为心声，语言是人们心灵的表现。中国有句俗话叫“一言兴邦，一言误国”，充分说明了语言表达的重要性。一句服务用语说得好，可以令客户欢喜，说得不好，则可能会使客户大怒。所以，客户代表的语言表达是否艺术会直接影响客户的情绪。

语言艺术具有服务交际的功能。客户代表在服务中，与客户进行沟通和联系，都是通过语言来进行的。无论是有声语言，还是无声语言同是信息载体，离开语言，服务就成了一句空话。

语言艺术具有服务价值的功能。马克思说：“对于提供这些服务的生产者来说，服务就是商品。服务具有一定的使用价值和一定的交换价值。”根据这一理论，服务是劳动产品，服务劳动离不开语言，因为客户代表的服务是需要与客户进行沟通才能完成的。如何说话？如何服务？怎样才能有利于企业的信誉？这里面就有一个客户代表掌握语言艺术的问题。

语言艺术具有优质高效的功能。客户代表可通过看、听、想、说4个方面提高语言艺术，即看客户的情况，听客户的语意，想客户之所想，说出客户的需要。细心揣摸，将心比心，满足客户的要求，这样才能争取客源，赢得市场。

客户代表实行敬语服务，可以表现出对客户的尊重，赢得客户的好感，与客户建立起良好的关系。诚至尊敬、适应需求、简明质朴是敬语服务的要求。诚至尊敬是指在全方位服务中，客户代表通过敬语表现出对客户的真诚，以礼敬人。“诚于中而形于外”，真诚的语言是从心底发出来的，充满着热情，洋溢着友爱，可以得到客户的信任，使一些本来无法消除的矛盾得到缓解。适应需求要求客户代表正确使用服务敬语，语言要适应不同客户的特定语境，要适应不同的客户，注意客户的年龄、性别、籍贯、职业、文化素养、风俗习惯。掌握适人、适时、适地、适度的适应语境，是做好敬语服务的根本途径。简明质朴就是要抓住事物的本质和主要特点，要求客户代表头脑清醒，思维敏捷，善于表达。语言质朴平易，不是单调粗俗，而是独具匠心，做到平中见巧、淡中有味，语言明快不呆板，简约不多余。

当与客户发生矛盾，特别是我们有理时，切忌声高、气盛、咄咄逼人，同样应心平气和地与客户交谈。自然、灵活地运用礼貌用语，如下所示。

征询、商量的语气：“您看这样解决行吗？”“您还有什么要求？”以此得到客户的理解，求得共识。“请把您的电话号码告诉我好吗？”将命令变为征询、请求，让客户感到亲切、不生硬。

委婉的语气：“您先等一下好吗？我们会尽快解决。”“一旦可以办理，马上通知您好吗？”委婉的话语让人容易接受。

道歉语：“对不起，是我们的失误，谢谢您的提醒。”“对不起，麻烦您了！”真诚的道歉，可以缓和紧张气氛，换得客户的谅解。

切忌对客户说“不”“不清楚”“不知道”。切忌对客户的感谢或道别置之不理。

总之，文雅的谈吐应该是真挚、热情、平易、礼貌的，而言语粗俗，甚至以训斥的口气“教育”客户，则会暴露一个人缺乏修养的面目，也会伤害客户的自尊心。

三、微笑是礼仪的基础

微笑是礼仪的一个组成部分，是礼仪的基础。

在我们的客户服务工作中，客户代表的真诚微笑可以使客户产生安全感、亲近感，缩小客户与企业的距离。微笑有极丰富的内涵，是最重要的表情语言。培根有句名言：“含蓄的微笑，往往比口若悬河更可贵。”微笑是没有国界的“货币”，它可以表示愉悦、欢迎、友好、满意，也可以表示赞赏、请求、乐意，同时，还可以表示致歉、谢意、否定、拒绝。微笑是善意的桥梁，能以柔克刚，以静制动，融洽气氛，是企业发展的营销艺术。全球著名的希尔顿饭店，它成功的法宝就是微笑。微笑是问候语，欢迎客户的光临；微笑是祝酒歌，向客户送去亲切的问候；微笑是道歉语，解释工作中的差错；微笑是欢送语，送客户离去。在全方位服务中，坚持微笑服务，就会得到客户的尊敬与理解，让客户有宾至如归之感。

微笑服务是爱岗敬业的表现。客户代表的微笑，可以反映员工热爱企业、热爱本职的思想品德，能以企业主人的身份热情地接待客户，周到地为客户服务。这不仅受到客户的敬佩，而且会赢得更多的回头客，使服务产生特殊的价值。

希尔顿曾把微笑服务称作客户的“阳光”。我们将微笑贯穿于服务始终，时时以微笑迎接客户，在客户中播撒“阳光”，会给人带来温暖，给企业带来信誉和成功。

四、礼仪与道德修养

礼仪的实质是真诚的爱心、善良的道德情感和对他人的尊重。

礼仪与道德是“形于外而诚于中”的关系。礼仪是道德的外在表现形式，它显示出一个人的道德修养和文化素质，以礼待人、按礼行事，正是道德高尚的反映。同时礼仪能促使人们修身养性、完善自我。它是评价一个人道德修养水平的标准之一。

道德是礼仪的根本。人们之所以讲究礼仪，并非只是因为喜欢它的表面形式，而更看重其中所包含的道德内涵。有道德修养的人，才会有得体的礼仪形式。道德修养是根，礼仪是盛开的花，若是无本之木，花又能开多久？

礼仪和道德相辅相成。礼仪依赖于道德，又对道德品质的培养有很重要的作用。英国哲学家约翰·洛克说过：“礼仪是在它的一切别种美德之上加的一层藻饰，使它们对它具有效用，去为他获得一切和他接近的人的尊敬和好感。”“美德是精神上的一种宝藏，但是使它们生出光彩的则是良好的礼仪。”良好的礼仪来自美德，来自丰富的精神宝库；良好的礼仪是一个人美德的具体展现，是高尚的美德闪烁出的绚丽光彩，是一个人的魅力所在。

加强道德修养，提高礼仪水平，首先应遵守社会公德，这是做人最基本的修养，客户代表应具备职业道德，爱岗敬业，尽职尽责，具备“客户至上”的服务意识，才能使良好的礼仪自然、持久，魅力永恒。

良好的礼仪，高尚的道德修养，不是一朝一夕可以达到的，它需要不断学习，扩展视野，积累知识，日常潜心培养和训练。从点点滴滴做起，从小事着眼，于“细微处见精神”。这是持之以恒的结果，是“滴水穿石”的效应。

五、礼仪是为客户提供心理服务

服务由心理服务和功能服务构成。良好的礼仪就是为客户提供优质的心理服务，是优质服务的一个组成部分。在为客户解决实际问题的同时，我们微笑待客，和蔼亲切，耐心解释，即使问题没有立即得到解决，客户也能心悦诚服地接受，满意而归，给客户留下很好的印象，让客户得到心理上的满足。用良好的礼仪巧妙地处理与客户的关系，减少冲突，缓和气氛，软化矛盾，有利于解决问题。可见，良好的礼仪是提高服务质量必不可少的条件。

六、良好的礼仪有助于树立企业形象

每个客户代表都以良好的礼仪形象出现在客户面前，便形成了一个企业整体的形象，通过完善个人形象，展示并塑造一个企业在社会上的形象。每个客户代表都是企业的“代言人”，他的礼仪和服务体现了企业的经营管理水平。客户代表以良好的礼仪和优质的服务为企业赢得声誉、赢得客户、赢得市场、赢得效益。

以尊重为礼仪的第一原则，加强道德修养，提供微笑服务，以良好的礼仪接待每一位客户，从而达到优质服务这一目的，使企业在日益激烈的市场竞争中，以服务争高低、决胜负。市场的竞争是客户的竞争，有了忠诚的客户群体，加上强大的技术实力，企业在多方称雄的角逐中，才能发展壮大，稳如磐石。

第二节　接待客户礼仪

接待客户是客服人员的重要工作之一，直接影响到服务的质量。按照服务顺序，接待客户需要注意的礼仪包括以下几个方面。

一、热情地欢迎客户

接待是给客户良好第一印象的最重要工作。给对方留下好的第一印象，就为下一步深入接触打下了基础。迎接客户要有周密的部署，应注意以下事项。

(1) 微笑。客服人员的微笑应当是发自内心的，微笑要真诚、得体，不能哈哈大笑，也不能强作欢颜。

(2) 目光语的使用。总的原则是尽量用平和的眼光与客户交流。所谓平和，就是平等的态度、平常的心态、温和的目光、正视而不是侧视或斜视。

二、接待客户的礼仪规范

在接待中的礼仪表现，不仅关系到客服人员自身的形象，还关系到所在单位的形象。所以在接待的过程中，一定要遵守礼仪，展现单位的良好形象。

(1) 客户来访，应起身相迎。

(2) 不能让客户坐冷板凳。如果自己有事暂不能接待来访者，要安排其他相关人员接待

客人，不能冷落了客户。

(3) 认真倾听客户的叙述。客户都是有事而来，因此要尽量让客户把话说完，并认真倾听。

(4) 对客户的意见和观点不要轻率表态，应思考后再作答，对一时不能回答的问题，要向客户说明拟处理的方法和程序，让来访者放心。

(5) 对能够马上答复的或立即可办理的事，应当场答复，尽量不要让客户等待。

(6) 接待客户时，有电话打来或有新的客户，应尽量让他人接待，以避免中断正在进行的接待。

(7) 对客户的无理要求或错误意见，应有礼貌地拒绝，不要刺激客户，使其尴尬。

(8) 当客户起身告辞时，应与客人握手告别，同时选择最合适的言辞送别。

(9) 要结束接待，可以婉言提出，也可用起身的体态语言告诉对方本次接待就此结束。

(10) 与客户在门口、电梯口或汽车旁告别时，要与客人握手，目送客人上车或离开，不要急于返回，应挥手致意，待客户移出视线后，方可结束告别仪式。

三、正确引见的礼仪

若客户需与领导见面，通常由客服人员引见、介绍。表 2-1 是某公司客服人员引客户去见领导的礼仪规范，客服人员可作为自己工作的参照。

表 2-1 ××公司客服人员引见客户的礼仪规范

引见步骤	礼仪规范
路途中	● 客服人员要走在客户的左前方数步远的位置，忌把背影留给客户 ● 不要只顾闷头走路，可以讲一些得体的话或介绍一下本公司的情况
进门前	● 在进领导办公室之前，要先轻轻叩门，得到允许后方可进入，切不可贸然闯入 ● 叩门时应用手指关节轻叩，不可用力拍打
介绍客户	● 进入房间后，应先向领导点头致意，再把客户介绍给领导 ● 介绍时要注意措辞，应用手示意，但不可用手指指着对方 ● 介绍的顺序一般是先把身份低、年纪轻的介绍给身份高、年纪大的；把男士介绍给女士；如果有好几位客户同时来访，就要按照职务高低顺序介绍
引见结束	● 介绍完毕走出房间时应自然、大方，保持较好的行姿，出门后应回身轻轻把门带上

四、引导入座的礼仪

在引导客户入座时，客服人员要注重手势和眼神的配合。例如，客服人员指示给客户某个固定的座位时，在说明之后还需以手势进行引导，在固定的位置稍加停顿，并观察客户是否已经理解，同时要对客户说“请这边坐”等敬语。

五、奉茶的礼仪

给客户奉茶的时候一般有两种情形：一是放在桌子上；二是客户会顺手接过茶杯。无论属于哪种情形，客服人员都要注意礼仪。

给客户奉茶有个“左下右上”的礼仪原则，即右手在上扶住茶杯，左手在下托着杯底。而客户在接茶杯的时候也是左下右上，这样就可以避免两个人之间的肌肤接触。同时还要注意。手不要放在接近杯口的位置，如果用的是一次性纸杯，手应该在杯子高度的 1/2 以下的地方，否则会让对方感到“无处下口”。

六、馈赠的礼仪

客服人员为缩短与客户之间的距离，常常会向客户赠送一些礼物，懂得送礼技巧，不仅能达到大方得体的效果，还可增进彼此感情。礼品的选择，要考虑以下几个因素。

(1) 彼此关系。选择礼品要考虑彼此之间的关系。馈赠对象不同，礼品选择就不一样。送给单位与个人、内宾与外宾、同性与异性、长辈与晚辈、老朋友与新朋友，礼品的选择要求是不一样的。送给单位的，以纪念性物品为宜；送给外宾的，要突出特色；送给老人的，以实用为佳；送给小孩的，则以益智为好。公务活动中的馈赠，选择礼品要注重纪念性和精神价值，避免馈赠的庸俗化。

(2) 兴趣爱好。选择礼品还要考虑受赠方的兴趣爱好。通常事先要做点小调查，了解对方的兴趣爱好，“投其所好”会大大增强馈赠效果。因为，根据兴趣爱好馈赠礼品，是表示对受赠方关心和了解的一种最好方式。如果不看对象，盲目送礼，即便是珍贵的礼物，在某些受赠者眼里，也可能视若敝帚，不感兴趣。

(3) 习俗禁忌。选择礼品要考虑习俗、礼俗和个人禁忌。公务活动中的馈赠，现金、信用卡、有价证券、昂贵的奢侈品是不能送的，异性之间不能赠送首饰等贴身物品。还要顾及一些民族、地区禁忌，要考虑礼品的数目、颜色、名称等，如广东人忌“4”，因为与“死”谐音；颜色忌黑色、白色，一般视黑色为不吉利，白色为悲伤；物品忌送钟，因为与“送终”谐音。不同的国家、民族习俗有所不同，要注意加以区别。

(4) 轻巧为宜。礼品要以轻巧为宜，不宜过于贵重。所谓“轻”，体现“千里送鹅毛，礼轻人意重”，以薄礼为宜。送礼不在轻重，而在诚意和适当。过重的礼品，在公务活动中违反有关规定，会给私人交往造成经济压力，增加受礼方的思想负担。只要既能表达送礼者的诚意，又能使受礼者喜出望外，就不在于礼品的贵重与否了。

第三节　客户电话服务礼仪

电话是客户与企业的客户服务人员沟通的主要方式之一，客服人员应正确接打电话，以良好的个体形象赢得客户，促进双方的友谊和合作。接打电话的要领是礼貌、准确、高效。

一、打电话的礼仪

1. 选择适当的时间

一般的公务电话最好避开临近下班的时间，因为这时打电话，对方往往急于下班，很可能得不到满意的答复。

2. 重要的第一声

当我们打电话给客户时，若一接通，就能听到对方亲切的招呼声，心里一定会很愉快，使双方对话能顺利展开。在电话中只要稍微注意一下自己的行为就会给对方留下完全不同的印象。首先通报自己的姓名、身份。必要时，应询问对方是否方便，在对方方便的情况下再开始交谈。电话用语应文明、礼貌，声音清晰、悦耳，吐字清脆，电话内容要简明、扼要。通话完毕时应道“再见”，然后轻轻放下电话。

3. 要有良好的心情

打电话时要保持良好的心情，这样即使对方看不见你，也会从欢快的语调中被你感染，留下极佳的印象。由于面部表情会影响声音的变化，所以即使在电话中，也要抱着“对方看着我”的心态去面对。

4. 清晰明朗的声音

利用电话沟通时，人们对声音的敏感程度远远大于见面。打电话过程中绝对不能吸烟、喝茶、吃零食，电话能将抽烟、喝茶等行为准确地传达给沟通的另一方，这容易使对方产生没有受到尊重的感觉。实际上，即便是看不见的懒散的姿态，对方也能够充分地通过电话“听”出来，这是因为姿势影响了说话气流的通畅。随意而不庄重的态度都会在电话中露出痕迹，电话会不可思议地将你的一举一动都传达到对方耳中。因此打电话时，即使看不见对方，也要当作对方就在眼前，尽可能注意自己的姿势。

5. 不小心切断了电话，应主动立即回拨电话

在通话中，由于信号不好或其他原因，电话常常会被切断。通话突然中断时，尽管理应是不小心切断的一方责任大，但主动立即回拨是一种礼貌，这不仅能让客户产生好感，而且能更有效地抓住客户的心。

6. 如果对方不在，请留下易于理解的信息

通话中可以告诉接电话的人找人的目的，或告诉对方什么时候回电话最方便。这样，需要回电话的人就容易联络到你。

7. 电话交谈时应注意的内容

- 少用或尽最大可能不用专业术语。

- 不作夸大不实的介绍。
- 避免涉及隐私问题。
- 杜绝主观性问题。
- 禁用攻击性语言。

专业术语一般为行业内人士所用，客户往往不能明白其内涵，如果常用专业术语，不仅会严重阻碍与客户的沟通，还会极大地影响客户的兴趣。对客户作出夸大性服务许诺带来的后果是：当客户一旦了解了实情之后，就会对公司完全失去信任。另外，提出主观性、涉及隐私方面的问题，运用攻击性的或不雅的语言，都会很容易与客户产生冲突，致使双方关系紧张，这是每一个客服人员都应彻底避讳的大忌。

二、接电话的礼仪

1. 迅速准确地接听

电话铃一响，应尽快去接，最好不要让铃声响过3遍。如果电话铃响了3声才拿起话筒，应该先向对方道歉，拿起电话应先自报家门，“您好，我是××”；一定不能用很生硬的口气说“他不在”“打错了”“没这人”“不知道”等语言。询问时应注意在适当的时候，根据对方的反应再委婉询问。电话用语应文明、礼貌，态度应热情、谦和、诚恳，语调应平和、音量要适中。

2. 让客户知道你在干什么

电话沟通的局限在于不能面对面地看到彼此。由于不确定对方在或者不在，以及他是否在听电话，这首先会造成沟通上的心理障碍。因此，在接听客户电话时，应尽可能地通过有效的手段让对方确定双方沟通良好。经常性地使用一些提示性语言，表示正在认真地听对方说话，比如“是的”“我理解”“不错”等。也可以直接告诉对方目前所做的事情，比如“您稍等，我需要先把电脑打开”等。这样，才能充分促进双方更好地了解，从而成功地进行有效交流。

3. 认真清楚地记录

电话旁边应准备好备忘录和笔。随时牢记5W1H技巧，即：① When何时；② Who何人；③ Where何地；④ What何事；⑤ Why为什么；⑥ How如何进行。在工作中这些资料都是十分重要的。电话记录既要简洁又要完备，这就有赖于5W1H技巧。我们首先应了解对方来电的目的，如自己无法处理，也应认真记录下来。记录来电者的信息一般包括：来电者姓名、公司或机构名称、地址、电话、传真、联系人、公司(网络)情况、来电目的；期望得到的答复、来电的时间等各方面有用的信息。在传达一些数字信息时，比如电话号码、日期、时间等，一定要向对方再次进行确认。在电话里不如面对面时听得清晰，遇上电话信号不好或说话人带有方言时，接听者常常就会拿不准或听错，这样一来往往会耽误事情，再次确认一些数字信息便显得格外重要。

三、电话等待的礼仪

1. 遇到下列情形时，客户需要等待

- 订单的查询。
- 账单的查询。
- 送货情况查询。
- 附加产品信息问询。
- 相关政策问询。
- 查询搜索。
- 问题升级。

2. 客户等待时，客户服务人员需要做的事项

- 告诉客户“为什么”。
- 使用“询问”语句征得客户同意。
- 给客户一个等待时限。
- “××先生/小姐，就您所提到的这个问题，我要查询相关具体资料，请您稍等一分钟好吗？”

3. 客户在等待过程中，客户服务人员一定要做的事项

- 牢记“他们在听”。
- 时刻记住对方在等待。
- 与客户适当地谈论相关话题。

四、电话转接的礼仪

电话转接时，客户服务人员需要：

- 向客户解释电话为什么需要转接。
- 询问客户是否介意电话被转接。
- 转接电话挂断之前需确定被转接电话处是否有人接听。
- 被转接电话接听后需告知被转接电话人的姓名。
- 询问来电者姓名。
- 询问来电目的。
- 被转接人接听电话后应感谢客户的等待。

五、结束电话的礼仪

结束电话时，在向对方表示感谢，说声“再见”后，不可只管自己讲完就挂断电话。在

挂断电话时，还要注意一个细节，应等对方放下话筒后，再轻轻地放下电话，以示尊重。这不仅仅是礼貌的表现，还有别的作用：这样做既可以防止客户有些话还没有说完，同时还会让对方有一种控制通话的感觉。让自己而不是让客户听到最后生硬的断线声，客户的心理体验是不一样的。

第四节　名片使用礼仪

名片是一个人身份的象征，是现代人的自我介绍信和社交联谊卡，已成为人们社交活动的重要工具。因此，名片的递送、接受、存放也要讲究社交礼仪。

一、名片的递送

(1) 递送名片时，必须恭敬起立。如果坐着递名片则表示太大牌了，让对方感觉你高人一等。

(2) 递送要尊卑有序，一般是：先客后主，先低后高。当与多人交换名片时，应依照职位高低的顺序，或是由近及远，依次进行，切勿跳跃式地进行，以免让人有厚此薄彼之感。

(3) 递送时应将名片正面面向对方，双手奉上。眼睛应注视对方，面带微笑，并大方地说："这是我的名片，请多多关照。"名片的递送应在介绍之后，在尚未弄清对方身份时不应急于递送名片，更不要把名片视同传单随便散发。

(4) 递送名片时，别把名片放在桌子上，特别是表面很平滑的桌子，因为不方便拿取，对方会很不高兴的。

二、名片的接受

(1) 起身迎接。除非你站不起来，不管你在吃饭，看电视或者跟别人交谈还是打电话，都要把手里的事放下来站起来接，名片印的是对方的名字，你对名片重不重视实际上是对名片的主人是不是重视的问题。

(2) 表示谢意。人家把名片给你你要表示谢意，比如人家说多指教，你应该说不客气或者说彼此彼此。不要立即收起来，也不应随意玩弄与摆放，而是认真读一遍，要注意对方的姓名、职务、职称，轻读但不出声，以示敬重。对没有把握念对的姓名，可以请教一下对方，然后将名片放入自己口袋或手提包、名片夹中。

(3) 回敬对方。接受别人的名片后要回敬对方，来而不往非礼也，人家把名片给你是看得起你，所以你拿到对方的名片之后，一定要把自己的名片及时地回赠对方。

(4) 妥善保管。名片应妥善放好，不要在名片上写东西。你收到人家的名片之后，尤其是商务交往中公关营销的朋友多，名片自然也多，要及时地整理，按照姓氏、笔画、单位、门类输入电脑，放到名片包里。特别强调对方给你的名片无论如何不要随便扔掉，更不要放在办公桌上或者随便给别人，因为对方出于对你重视才把名片给你，上面有对方的联络方式及各种信息，你把它随便给外人，这是非常不礼貌的。

三、交换名片的注意事项

(1) 交换名片一般应在私下进行。

(2) 通常是职位高的或年长的先主动出示名片；如果他们没有这样做，你应先出示名片，然后再向他们索要。

(3) 如果你的职位有变化，出示名片时可以这样说“这是我的新名片”。

(4) 如果你想要得到对方的名片，可以说“如果方便的话，是否可以给我一张您的名片”。

(5) 当其他人向你索要名片时，若自己没有准备或不愿交换，可以这样说：“对不起，我的名片用完了。”“对不起，我忘带了。”

(6) 出示名片时可以说：“这是我的名片，今后如果有问题，尽管打电话给我。”

(7) 如果你给一位长期客户出示名片，可以说：“您有我的名片吗？”或“我一直想给您一张名片！”

四、名片的其他用途

名片除在面谈时使用外，还有其他一些妙用。

(1) 去拜访顾客时，对方不在，可将名片留下，顾客回来后看到名片，就知道你来过了。

(2) 把注有时间、地点的名片装入信封发出，可以代替正规请柬，又比口头或电话邀请显得正式。

(3) 向顾客赠送小礼物，如让人转交，则随带名片一张，附几句恭贺之词，无形中关系又深了一层。

(4) 熟悉的顾客家中发生了大事，不便当面致意，寄出名片一张，省时省事，又不失礼。

『案例 2-1』 东风日产接待工作标准

一、接待的基本要求

(1) 仪表：必须着符合日产 CI & VI 标准的专营店制服，穿戴整齐、仪表端庄、精神饱满、面带微笑。

(2) 迎接客户：主动招呼客户，并自我介绍。客户进门后，要认出客户并能迅速给予照顾；客户首次进厂，要记住客户的姓名和容貌。

(3) 关注预约客户：主动询问是否是预约客户。

二、接待的工作流程

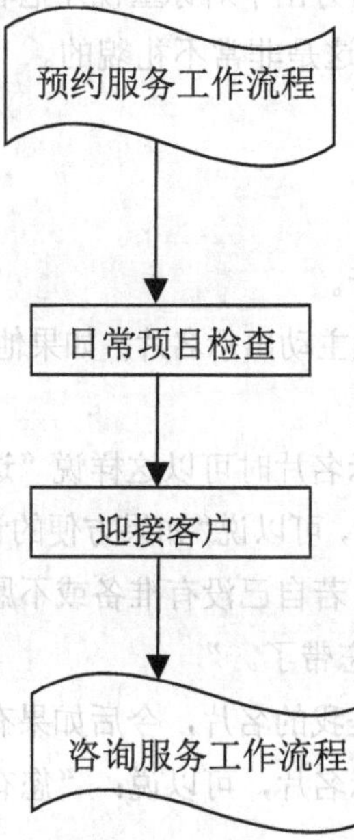

三、接待的工作标准

接待的工作标准如表2-2所示。

表2-2　接待工作标准

工作项目	工作方法·标准·要求	管理工具	责任人
日常项目检查	1. 服务代表按以下项目检查仪表： ● 姿势——背要挺直 ● 头发——剃整洁，梳整齐 ● 眼睛——有精神，无眼屎 ● 耳朵——干净 ● 口腔——牙要刷干净，无口臭 ● 面部——胡须刮干净，面带笑容 ● 衬衣——干净 ● 手——修理指甲，干净 ● 袜子——干净，无滑落 ● 鞋——鞋带要系好 ● 工作服——干净，无破损，扣子扣好，戴工作牌		服务代表
	2. 检查接待准备工作： ● 按工作计划检查《委托维修派工单》是否准备好 ● 准备好以下必要的文件资料和工具： 质量保修工作指南、维修服务管理系统(如没有电脑管理系统，则应准备维修价目表/常见的维修估价参考表)、零件目录、价格目录、维修三保(座椅罩、方向盘罩、脚垫) ● 每天开始营业前打扫维修出入口、服务接待区、客户休息室、洗手间(含车间卫生间)和车间的卫生；整理客户休息室、同时检查饮水机是否有水，如果没有则更换		服务代表

(续表)

工作项目	工作方法·标准·要求	管理工具	责任人
迎接客户	1. 当客户到专营店服务站时，要迅速出迎并问候客户		服务代表
	2. 问候客户时要用眼睛看着客户并面带微笑，态度和蔼		
	3. 引导客户停车		
	4. 向客户进行自我介绍，询问客户姓名及是否预约		
	5. 引导客户到维修接待前台		
	6. 不要让多于一位的客户在等待，必要时，应该增加临时服务代表		
	7. 确实需要客户等待的情况下，向客户说明，并安排客户到客户休息室等待		
	8. 先到的客户先接待，但必须确保优先接待预约客户		
	9. 如果预约客户在预定时间未能如约而来，应进行电话联系并婉转询问原因。如果客户仍希望预约，则按预约流程要求进行再次预约		

(资料来源：一剑洪域.东风日产接待工作标准.http://wenku.baidu.com)

第三章
客户服务中的沟通技巧

沟通是人际交往最重要的一种方式，它无处不在，无时不有。沟通创造需求，客户的想法、意见、需求和企业的服务理念、服务特色等的传递都离不开沟通。客户服务中，没有沟通就不可能有高质量的服务，沟通可以实现企业与客户之间的良好互动，沟通是发展和维持服务业务的桥梁。研究表明，企业越来越认识到沟通在客户服务中的价值，也要求客服人员具备有效的沟通能力。

第一节　客户沟通的基础知识

一、沟通的概念

有一位牧师到学校去传道，结果他发现只有一个牧童在场。

牧师问牧童："只有你一个人，你说我用不用传道？"

牧童说："我不知道，但我不会因为栏里只有一头牛，而不去照顾它。"

牧师听牧童这么说，就按原计划开始传道。

牧师传道后问牧童："你听懂了吗？"

牧童说："一句也没听懂。"

牧师说："唉，我这是对牛弹琴。"

牧童说："我的责任是尽量满足牛的需要，尽量把牛照顾好，而不是一味地把我喜欢的东西塞给它们，不管它们能不能接受，需不需要。"

从以上故事可以看出，客服人员在服务过程中不仅要了解客户的需要、动机，还要对不同的客户有一个基本的认识，这样才能有的放矢、投其所好，即对不同的人，说不同的话。

沟通(Communication)是一种信息交换的过程，是在两个或两个以上的人之间交流信息、观点和理解的过程。有些时候，人们虽然看起来在沟通，但实际上并没有真正理解对方的意思。客户服务人员必须不断完善自己的沟通技巧，从而能够熟练掌握和运用各种沟通方法。

二、沟通的作用

沟通不论是对沟通者自己还是对组织都具有重要的作用。沟通活动的重要作用主要表现在两个方面。

(一) 对个体的作用

1. 沟通可满足个体与他人互动的人际关系需要

心理学家认为，人是天生的社会动物，换句话说，人需要和他人相处就同需要食物、水和住房一样。一旦失去和他人接触的机会，大部分人会产生幻觉、失去运动技能，且变得心理失调。我们可以连续几个小时高兴地谈论一些相当琐碎的事(尤其是女士们)，交换的信息并不见得都有意义。但是，我们因为满足了互动的需要而觉得愉快和满意。

2. 可以加强和肯定自我

沟通使我们探索自我与肯定自我。你是如何确认自己的专长的呢？有相当一部分是他人告诉你的。你是否把工作完成得很出色？这可以通过领导或同事的评价得知。

(二) 对组织的作用

1. 沟通可以协调个体、要素之间的关系，使组织成为一个整体的凝聚剂

缺乏沟通的组织容易产生冲突、变得敌对，使组织成为一盘散沙。组织内部定期的、有效的沟通提供了不同意见进行交流的机会，使许多独立的个人、团体和组织能够成为一个统一的整体，从而化解矛盾，增强组织凝聚力。

2. 沟通是领导者激励下属、进行有效决策、实现领导职能的基本途径

领导者通过与下属的沟通，可以肯定成绩、接受意见，从而激发下属工作的积极性；企业领导者要作出有效决策，更需要与下属沟通，掌握准确、完整、及时的信息。美国的一些研究表明，企业管理人员用于信息沟通的时间，占其工作时间的 50%～90%，可见沟通的重要性。

3. 沟通也是组织与外部环境之间建立联系的桥梁

沟通产生了解，沟通产生了友谊。组织与外部环境的商务活动，尤其需要沟通，通过沟通建立起友谊的桥梁。

三、沟通的基本要素

沟通是一个双向、互动的过程。因此，沟通不仅是发送者将信息通过渠道传递给接收者，同时接收者还要将他所理解的信息反馈给发送者。整个沟通过程包括 7 个基本要素。

(一) 发起者

发起者指发起行动的人，是沟通过程中信息发送的源头。没有信息发送，也就无所谓信息的接收。进行营销活动，就要充当沟通活动的发起者，主动向客户传递信息，激起客户的某种反应。

(二) 信息接收者

沟通的客体，也称为信宿，是对发送者传递的信息进行解码并加以理解的人，他与发送者相辅相成、互相制约。在沟通中，主体与客体是互动的。营销人员要明确自己信息的受众，了解他们为什么支持你。他们对你的态度是积极的还是不冷不热，你面临的是一个还是几个关键听众。

(三) 目标

在与客户沟通的过程中要知道寻求的结果是什么，围绕目标和客户进行有效沟通。

(四) 信息

信息是所传递的符号或内容。如果说发送者和接收者是沟通活动中的主体和客体，那么信息就是沟通的内容。信息是由发送者或接收者要分享的思想和情感组成的。这些思想和情感是复杂多变的，它们只有在表现为符号时才能得以沟通。所有的沟通信息都是由两种符号组成的：语言符号和非语言符号。

这些信息符号传递给信息接收者，并不代表接收者一定会准确理解发送者的意图。如果接收者对信息的理解与发送者不一样，就有可能导致沟通障碍和信息失真。在许多发生误解的问题中，其核心问题就在于接收者对信息的意见、观点的描述或者是事实的描述混淆不清。另外，接收者也要完整理解传递来的信息，既获得事实，又分析发送者的价值观、个人态度，这样才能有效地沟通。

(五) 背景

服务沟通是在具体的环境中进行的。它可能涉及某个人或某群人，也可能涉及特定的企业文化、外部的其他客户、媒体、社会团体等。因此，准备进行沟通时，要确保了解沟通的背景。

(六) 媒体(介)

媒体是沟通或传递信息的工具。有多种媒体可供选用，打电话、发邮件……沟通时可以采用最有利于传递信息的媒体。

(七) 反馈

沟通不是行为而是过程。与客户的沟通是为了达到一定的结果而设计的动态过程。这意味着在沟通的每个阶段都要寻求客户的支持，更重要的是给他们回应的机会。只有这样，才能知道客户在想什么并随时调整自己的信息，让客户感觉到参与了这个过程。

四、沟通的基本方式

主要有 5 种方式可有效地进行与客户之间的沟通。

(一) 口头沟通

口头沟通是用其他人能够理解的语言进行交谈，其特点如下。

口头沟通与书面沟通一样，是广泛使用的沟通方式。企业的经营管理人员在经营活动中要经常与不同的对象沟通——上级、下级、同级、经销商、合作伙伴、消费者、媒体等。还要采取不同的方式进行沟通——电话沟通、面对面的沟通、讨论沟通、会议沟通、谈判沟通、面试沟通、演讲沟通等。从某种程度上来说，一个善于沟通的管理者便是一个成功的管理者。

口头沟通具有直接、方便、清楚、易于交流的优势，它能使沟通者与被沟通者之间的交流不受外界的影响。而且，当信息交流发生障碍时，沟通双方能够及时消除。口头沟通中的语言行为至关重要，准确的语言表达可以帮助你清晰和直截了当地说明你想要表达的内容，传递双方的思想和情感。正确的语言理解有助于你与他人的沟通，增进你和他人的关系。

(二) 书面沟通

书面沟通是用书面形式进行沟通，使其他人理解你所传达的信息。

1. 书面沟通的优势

有效的书面沟通能增进与客户的交流。书面沟通有其自身的优点：它使沟通更加正式，沟通者可以有组织地、审慎地按照正式渠道传递信息；它能提供一个正式的、永久的、可以随时查询的记录，这在交易过程中更为重要；它还能使双方在一个彼此都不太紧张的情况下较方便地进行沟通；它可以传递复杂的或大量的数据，包括财务报表和其他材料；它还可以表达用语言无法表达的感情，包括感激、敬佩、喜欢、爱好等。由于书面沟通对写作技能的要求较高，因此沟通者不仅要学会和掌握基本的写作技巧，还要在每次写作之前做好充分的准备，以达到预期的沟通效果。

2. 书面沟通的主要形式

在企业内部，管理者发布信息、提出要求、作出决定、制定规章制度，通常都会使用书面形式。主要形式包括：员工手册、工作说明、便函、报告、海报、布告牌、电子公告栏和便条等。在企业外部，发出通知、说服对方、询问信息、表示祝愿、进行联络等也会使用书面沟通方式。最常用的有：商务信函、建议书、电子邮件、报告、传真、合同、广告、产品目录和新闻发布会等。

3. 几种主要的书面沟通形式的写作

商务信函通常是用于通知、说服、询问信息或表示良好祝愿的一种沟通手段，它是企业对外沟通的主要方式。书写商务信函应目的明确。无论是介绍一种新产品或者一项服务，还是回答客户的问题、与客户保持联系、向客户表示祝愿等，首先都要考虑写信的目的是什么，涵盖的要点有哪些，想让客户了解些什么。

推销信件是宣传产品和服务的商业信件。为了使推销信件更加引人注意，需要强调以下几个方面：突出这种商品或服务如何使客户受益，质量是否好于同类竞争产品且物超所值；准确地对所推销的产品和服务进行描述和说明，使客户有强烈的好奇心；正确地告诉客户你希望他们怎么做，包括填写必要的表格、订单等。

电子邮件是一种新的通信媒体，正成为商务活动中重要的交流工具。电子邮件可以回答客户提出的各种问题、发布产品或服务升级、向客户提供报告并保持联系、提示合同文本格式等。在写作时，要利用主题栏吸引客户的注意，以读者的需要为中心，将每行的字数控制在60～70字节以内。既要遵守一定的格式、规则和礼仪，还要具备一定的写作技巧。

(三) 网络沟通

如今，客户沟通正朝着电子化方向发展，并且这种趋势发展得很迅速。这种通过计算机向客户或世界上任何一个地方极其快速地传送文件材料的方式，不仅改变着传统的沟通方式，而且改变着工作环境本身。电子沟通的主要形式——网络沟通，正在成为一种重要的、不可缺少的沟通方式。

网络沟通是指企业通过基于信息技术的计算机网络来实现企业内部的沟通和企业与外部相关的活动。网络沟通不同于传统沟通，最主要的特点就是凭借全新的媒介工具——计算机网络，进行企业的内外部沟通。对企业来说，计算机网络已拓展至包括 Internet、Intranet 或 Extranet 的全方位的网络沟通。所以，广义的网络沟通是指那些网络沟通与传统沟通并行，或者网络沟通占主导地位的企业管理沟通体系。

网络沟通的主要形式有以下几种。

1. 电子邮件

电子邮件作为一种独特的交流沟通工具，有许多优势。当有人讲了一些你不感兴趣的事情，而你不想回答时，电子邮件比起电话更容易处理。事实上，很少有人知道你的私人电话号码，但知道你的电子邮箱的人却很多。你的电子邮件只有你一个人能看，所以寄邮件的人不必担心他发送的电子邮件被别人看到。电子邮件可以帮助人们实现各种形式的交流沟通，可以让你在会议前交换信息，使会议开得更有效率。

2. 网络电话

现在的网络电话不仅使电脑与电话的通话成为现实，而且实现了通过网络电话对电话的实时通话。也就是说，世界上任何一部普通电话机都可以通过互联网呼叫本地或异地的普通电话机。相较于传统长途电话，网络电话的最大优势是价廉，它使通信成本大大降低。

3. 网络传真

网络传真是通过互联网将传真发送到对方的传真机上或电子邮箱中，优点在于可以选择任何时间、任何地点发送传真。而且网络传真也有电脑和传真机、传真机和传真机这两种形式可供选择。如果是电脑中的文档，不需要先打印出来就可以直接传送，或者对方发送的传真件可以直接进入自己的电脑，根据文件的特征和重要性，再决定是否打印。总之，网络传真在功能上比传统传真更强大，在价格上更低，在时间上更自由。

4. 网络新闻

基于内部网络的新闻发布，可以满足内部员工对公司经营信息的需求，在这一点上，公司可以借助内部网络新闻发布系统出版电子刊物，从而替代传统的内部刊物。基于外部网的新闻发布，可以满足公司合作伙伴以及主要顾客对公司经营信息的需求。基于互联网的新闻发布，可以满足所有一般意义上的外部顾客对公司经营信息的需求，这好比公司的窗口，可向公众传达企业的经营理念、树立企业形象。

(四) 图表、视听、影像沟通

图表、视听、影像沟通又可称为视觉支持。与书面和口头沟通组合使用的视觉支持可以通过多种方式创造强有力的沟通效果，包括图表、视听画面在内的视觉数据能够使信息更清晰化、更具吸引力，能在人们的头脑中保留更长时间。尤其是在传递复杂难懂的信息时，运用视觉支持能取得更佳的效果。

(五) 非语言沟通

非语言沟通包括语音和语调、面部表情、姿态和眼神的交流。通过非语言沟通流露的信息可能会与其他沟通方式表达的信息完全相反。

客户服务人员必须不断完善自己的沟通技巧。在不同的环境中，选择使用不同的沟通方式。

第二节　倾听技巧

一、理解倾听

1. “听”字的结构分析

我们先看看“听”字的繁体写法：聽。它的构成如下。

① 一个“耳”字：听自然要用耳朵。

② “一心”：一心一意、很专心地去听。

③ “四”：代表眼睛，要看着对方。

④ “耳”下方还有一个“王”字：对方至上，把说话的人当成王者对待。

2. 倾听的含义

真正的聆听者能敏锐地察觉言语背后的真正含义，他们是使用肢体语言的专家，能从客户的肢体语言中看出客户的心理。

倾听一般有 3 个层次的含义：

① 听对方想说的话。

② 听对方想说但没有说出来的话。

③ 听对方想说没有说出来但希望你说出来的话。彼得·杜拉克说："沟通中最重要的是要去听那些没有说出口的东西。"

专业销售人员应知道倾听的益处，不管客户是在称赞、说明、抱怨、驳斥，还是警告、责难和辱骂，你都要仔细倾听，并表示关心与重视，如此会赢得客户的好感和善意的回报。另外，倾听还可以分为5个层次：

① 忽视的听。

② 假装的听。

③ 选择性的听。

④ 全神贯注的听。

⑤ 带同理心的听。

沟通中最重要的就是用心聆听，即站在客户的角度，了解对方的需求，也就是带同理心的听，只有这样才能赢得客户的信任，进而使销售成交。亨瑞·大卫·梭罗说过："我接受过的最伟大的恭维，就是有人问我在想什么，然后注意倾听我的回答。"

福特汽车制造公司前董事会主席菲利普·考德威尔曾经说过："如果我们不在乎是否建立了一种风气，如果我们不够细心地去向别人请教，聆听别人给我们提出的意见，那我们就无法知道客户对我们的批评与指教。"良好的倾听技巧可以帮助客服人员解决与客户沟通过程中的许多实际问题。可以说，在一场成功的客户沟通过程当中，有效倾听所发挥的作用绝不亚于陈述和提问。但并不是人人都能够做到有效倾听，听得不够认真会影响客户的情绪；听得不清楚，会误解客户的意思。有目的的倾听与一般意义上的听有很多不同之处，具体差异如表3-1所示。

3-1　听与有效倾听的不同

听	有效倾听
一种天生的本能(智障者除外)	一种需要不断学习和锻炼的技巧
一种纯粹的生理机能的反应	需要智力和情绪上的配合
一种简单、轻松的活动	比较复杂和困难，要借助分析、理解和判断等活动
不具有目的性，呈现自然放松状态	目的性强，需要集中精力
比较分散、多向	方向明确，要剔除杂音
听力正常者都可以做到	只有一部分人能成为优秀的倾听者
很难创造价值	可以创造一定的价值和利益
没有任何感觉	必须积极、专心

由表3-1可见，要想实现有效的倾听并不容易。

二、倾听的作用

戴尔·卡耐基说过，“在生意场上，做一名好听众远比自己夸夸其谈有用得多。如果你对客户的话感兴趣，并且有急切想听下去的愿望，那么订单通常会不请自到”。

倾听不但可以帮助自己了解客户的内心世界、处境情况，而且可以显示我们对客户的重视，从而使其对我们产生信赖感。当然，也只有认真地倾听，才能听出客户的弦外之音，才能明白客户的深层愿望。

与客户沟通的过程是一个双向的、互动的过程，从客服人员一方来说，他们需要通过陈述来向客户传递相关信息，以达到说服客户的目的。同时，客服人员也需要通过提问和倾听接收来自客户的信息，如果不能从客户那里获得必要的信息，客服人员的工作将事倍功半。从客户一方来说，他们既需要在客服人员的介绍中获得产品或服务的相关信息，也可以通过接受客服人员的劝说来坚定购买信心。同时，他们还需要通过一定的陈述来表达自己的需求和意见，甚至有时候，他们还需要向客服人员倾诉自己遇到的难题等。可见，在与客户沟通的整个过程中，客户并不只是被动地接受劝说、解释和聆听介绍，他们也要表达自己的意见和要求，也需要得到沟通的另一方——客服人员的认真倾听。管理学专家汤姆·彼得斯和南希·奥斯汀在他们合著的《追求完美》一书中谈到了有效倾听的重要性。他们认为，有效倾听至少可以使销售人员直接从客户口中获得重要信息，而不必通过其他中间环节，这样就可以尽可能地免去事实在输送过程中被扭曲的风险。两位管理学专家还认为，有效的倾听还可以使被倾听者产生被关注、被尊重的感觉，他们会因此更加积极地投入到整个沟通过程当中。

对于客服人员来说，有效倾听在实际沟通过程中的具体作用如下。

1. 体现对客户的尊重和关心

当客服人员认认真真地倾听客户谈话时，客户可以畅所欲言地提出自己的意见和要求，甚至发泄不满，可以让他们在倾诉和被倾听中获得尊重、关爱和自信。客户希望得到客服人员的关心与尊重，而客服人员的认真倾听则可以使他们的这一希望得以实现。通过有效的倾听，客服人员可以向客户表明，自己十分重视他们的需求，并且正在努力满足他们的需求。

2. 获得相关信息

就像汤姆·彼得斯和南希·奥斯汀提到的一样，有效的倾听可以使客服人员直接从客户口中获得相关信息。众所周知，在传递信息的过程中，总会有或多或少的信息损耗和失真，经历的环节越多，传递的渠道越复杂，信息的损耗和失真程度就越大。所以，经历的环节越少，信息传递的渠道越直接，人们获得的信息就越充分、越准确。

3. 解决客户问题，提高客户满意度

客服人员是为了解决客户问题而倾听，而不是为了倾听而倾听。在倾听的过程中，客服人员可以通过客户传达出的相关信息判断客户关注的重点问题和真正需求，然后，客服人员就可以针对这些问题和需求寻找解决的办法，从而提高客户服务水平，令客户感到满意。服务质量的改进是倾听客户意见的直接结果。

曾经有个小国派使节到中国来，进贡了3个一模一样的金人，金壁辉煌，把皇帝高兴坏了。可是这小国不厚道，同时出了一道题目：这三个金人哪个最有价值？

皇帝想了许多的办法，请来珠宝匠检查，称重量，看做工，都是一模一样的，怎么办？使者还等着回去汇报呢。泱泱大国，不会连这个小事都不懂吧？最后，有一位退位的老臣说他有办法。

皇帝将使者请到大殿，老臣胸有成竹地拿着三根稻草，插入第一个金人的耳朵里，这稻草从另一个耳朵出来了。第二个金人的稻草从嘴巴里直接掉出来了，而第三个金人，稻草进去后掉进了肚子，什么响动也没有。老臣说："第三个金人最有价值！"使者默默无语，答案正确。

这个故事告诉我们，最有价值的人，不一定是最能说的人。老天给我们两只耳朵一个嘴巴，本来就是让我们多听少说的。善于倾听，才是成熟的人最基本的素质。

三、倾听的技巧

倾听的基本要求是集中注意力，用心去听。具体技巧如下。

1. 既要听事实又要听情感

倾听的基础是听清楚别人讲什么。我们要听两个方面的内容：事实和情感。这是两个不同的层面。

听事实：对方说了哪些话？他讲的是什么意思？这是考核听力怎么样。这并不难，只要认真听、听清楚，就可以很容易地做到这一点。

听情感：这是更重要的层面——你要能听清楚别人在说这些事实的时候，他的感受是什么，需不需要给予回应。

例如：

你的朋友告诉你："你看，这是我新买的××笔记本电脑。"——这是一个事实。

你说："哦，是吗？在哪儿买的？"——这就是你对这个事实的关注。

但如果你这样回答："哦，真不错呀!改天我也买一个。"——这就是对情感的关注了。因为你的朋友买电脑是一件高兴的事，他跟你说是因为他很开心。

在与客户沟通的时候，你要运用倾听的技巧，通过面部表情、肢体语言给予回应，这些都是对于客户的一种情感关注。而在表示这种关注之前，你要在听别人说话的时候，分辨出他所说的哪些是情感的内容，哪些是事实的部分。

2. 永远不要有意打断客户

恐怕没有一个人从未打断过别人的谈话，只不过有时是无意的，有时是有意的。比如我们和朋友一起吃饭，也许遇到过这样的情况：有两三个人，同时跟你说话。这个时候你会觉得很尴尬，你不知道眼睛应该向谁看，总怕没照顾到的人以为自己不尊重他。结果你左看一眼，右看一眼，无法完整地倾听，也就会经常打断某个人的话。这是无意的打断。

在客户服务中也会经常遇到服务人员打断客户谈话的情况。比如说，服务人员以为客户说完了，就去发表观点，突然发现客户原来还没说完，马上说：“对不起，您先讲。”这也是无意打断。

有时候，我们能够接受无意的打断，但是有意识的打断是绝对不允许的。“你先别说，你先听我说!”这样与客户说话是非常不礼貌的。当你有意识地打断一个人以后，你会发现，你就好像挑起了一场战争，你的对手会以同样的方式来回应你，最后你们两个人的谈话就变成了吵架。

随意打断客户谈话会打击客户说话的热情和积极性，如果客户当时的情绪不佳，而你又打断了他们的谈话，那无疑是火上浇油。所以，当客户的谈话热情高涨时，客服人员可以给予必要的、简单的回应，如“噢”“对”“是吗”“好的”等。除此之外，客服人员最好不要随意插话或接话，更不要不顾客户喜好另起话题。例如：

“等一下，我们公司的产品绝对不会出现这样的问题……”

“您说的这个问题我以前也遇到过，只不过我当时……”

在提升倾听能力的技巧中，最主要的一个就是要知道什么时候应该说话，什么时候应该保持沉默。

3. 适时发问，帮助客户理清头绪

客户说话时，原则上不要去打断，及时发问，比一味点头更有效。谈话时，客户可能有欠思考，乱说一通，把自己弄得晕头转向，不知所云。假设他就某个问题说3点理由，结果在第一点上就没完没了，忘了后面的第二、第三点，这时你可适时发问“您的第二点理由呢”？帮助说者理出头绪，言归正传。

还有一种情形，当说者滔滔不绝，谈话过于理论，不易听懂时，你适时提出“举例来说”，常能使对方模糊不清的问题得到清晰的解释。

4. 清楚地听出对方的谈话重点

当你与对方谈话时，如果对方正确理解了你的意思，你一定会很高兴。因为对方至少达到了“听事实”的层面。

能清楚地听出对方的谈话重点，也是一种能力。并不是所有人都能清楚地表达自己的想法，特别是在不满时，因为受情绪的影响，经常会有类似于“语无伦次”的情况出现。而且，除了排除外界的干扰，专心地倾听以外，还要排除对方的说话方式给你的干扰，不要只把注意力放在说话人的咬舌、口吃、地方口音、语法错误和“嗯”“啊”等习惯语上面。如果你清楚地听出了对方的谈话重点，你要让他明白这一点。

请注意你使用的句子。以“让我们来看一看我是否理解了……”或者“我觉得我理解了……”作为开头比较好。也可以用自己的话重复一遍你所听到的内容，表明你已经理解了说话人的信息。

不要说“你要说的东西是……”——这意味着对方是个傻子，说不出自己想要说的东西。

还应该避免说“我听到你说的是……”——这是用滥了的套话。

5. 适时地表达自己的意见

谈话必须有来有往，所以要在不打断对方谈话的原则下，适时地表达自己的意见，这才是正确的谈话方式。

通过及时地反馈信息，你也可以更好地理解对方的意思。否则，“误差”积累下来，你就会越来越难以把握对方的思路。这样做还可以让对方感受到你在注意听，而且听明白了。此外，还有一个效果：这样可以避免走神或疲惫。

客户在谈话过程中表达的某些观点可能有失偏颇，也可能不符合你的口味，但是你要记住：客户永远都是上帝，大部分情况下他们不愿意客服人员直接批评或反驳他们的观点。如果你实在难以对客户的观点做出积极响应，那可以采取提问等方式改变客户谈话的重点，引导客户谈话，而不要随意打断客户谈话。

6. 肯定对方的谈话价值

在谈话时，即使是小小的价值，如果能得到肯定，讲话者的内心也会很高兴，同时会对肯定他的人产生好感。因此，在谈话中，一定要用心去找对方谈话的价值，并给予积极的评价和赞美，这是获得对方好感的一大绝招。比如对方说：“我们现在确实比较忙。”你可以回答：“您在这样的领导位子上，肯定很辛苦。”

7. 配合表情和恰当的肢体语言

当你与人交谈时，对对方事情的关心与否，往往直接反映在你的脸上，你无异于他的一面镜子。光用嘴说话难以造成气势，所以必须配合恰当的表情，用嘴、用手、用眼、用心灵去说话。如不断地点头表示你在倾听；看着说话的人，必要时进行眼神的交流；如果你是在听电话，你的表情也会通过声音传递过去。但不可过度卖弄，应避免过于丰富的面部表情、手舞足蹈、拍大腿、拍桌子等过分夸张的肢体语言。切忌表露出不耐烦或反对的情绪。

8. 保持微笑

微笑是人际关系中最好的润滑剂，它表示了友善、亲切、礼貌及关怀，不但能使自己快乐，而且能够改变气氛，缩短人与人之间的距离，创造出一种快乐的氛围。

9. 避免虚假的反应

在对方没有表达完自己的意见和观点之前，不要做出例如“好!我知道了”“我明白了”“我清楚了”等反应。这样空洞的答复只会阻止你去认真倾听客户的讲话，或者阻止客户进一步的解释。

在客户看来，这种反应等于在说“行了，别再啰嗦了”。如果你恰好在他要表达关键意思前打断了他，被惹恼了的客户可能会大声斥责：“你知道什么？”那就很不愉快了。即使你已经理解了说话人的意思，也不要帮他说出来。

曾经看到这样一个故事，一个替人割草打工的男孩打电话给他的客户布朗太太说：“您需不需要割草？”

布朗太太回答说："不需要了，我已请了割草工。"

男孩又说："我会帮您拔掉花丛里的杂草，让您的花园更加美丽。"

布朗太太说："哦，不，我的割草工已经做了。"

男孩又说："我会帮您把草和走道的四周割齐。"

布朗太太说："我请的人也已做了，谢谢你，我一段时间内是不需要新的割草工人了。"

男孩听完后，挂断了电话，这时男孩的朋友问他说："你不就在布朗太太那割草打工吗？为什么还要打电话呢？"

这个故事告诉我们，只有不断地探寻客户的评价，你才有可能知道自身的长处与短处，优秀的企业与客服都很善于倾听客户的意见。

四、如何成为好的聆听者

排斥是倾听的一大挑战。每个人都有自己的观点、信仰和价值观，我们的想法和信仰可能会阻止我们认真地倾听其他人的话语。好的听众必须仔细倾听，避免仓促地得出结论。如果我们能开放地对待新观点，就拥有了学习新事物和了解不同观点的机会。所以，与一般性的认识相反，聆听并不是被动的行为。它要求聆听者全神贯注。事实上，这是一项非常艰苦的工作。下面的10个小建议可以帮助客服人员成为一个好的聆听者。

1. 不要忙着说话，听

研究显示，面试主考官讲得越多，求职者就越能给主考官留下好的印象并越有可能获得工作。这表明与好的讲述者相比，人们更喜欢好的倾听者。

为什么呢？因为人们都希望有机会表达自己的意见和想法，好的聆听者让他们实现了这个愿望。如果你打断别人的谈话或缩短倾听时间，说话人会认为你对他的谈话不感兴趣——即使事实上你并不是这样。因此，应该表现得彬彬有礼，全神贯注。这个技巧可以帮助你赢得朋友、支持者和销售额。

倾听的时候，听者要停止讲话，听说话的人都说了什么。很多时候，当说者正在解释情况的时候，听的人就打断了他的话，这样的沟通问题经常发生。据说，人之所以有两只耳朵一张嘴，就是因为希望我们所听的是所说的两倍。这看起来似乎不难，但做起来却不那么容易。

"喜欢说，不喜欢听"是人的弱点之一，如果你在与客户见面时，能够掌握这一弱点，让客户畅所欲言，就会事半功倍。"说话是银，听话是金"。

2. 不要急着下结论

在听别人讲话的时候，让其说完再给出你的意见。要做一个善于观察的人，留意说者说话过程中的停顿，这些停顿可能表明他已经说完了他要讲的话。另外，在他说完之前，不要随意得出结论。

许多人在谈话时走神是因为他们认为自己已经知道对方发言的内容和要点。但自作聪明是很危险的。也许说话人接下来的思路与你预料的不一样，如果你没有认真听的话，就会错过说话人真正要表达的意思。

3. 注意“言外之意”

注意别人说话内容的同时也应注意对方没有明确说出口的意思。说话人的语调、面部表情和肢体语言都能向你提供很多信息。人们并不总是把他们的真正意图说出口，但他们的肢体语言却能准确地传达他们的态度和感受。

4. 提出问题

如果你对对方的发言有疑问，直接提出来。你可以这样问：“您的意思是……？”或“我可否将您的意思理解为……”你也可以用自己的话把你的理解复述给对方听，以确认是否正确理解了说话人的意图。

5. 避免外界干扰

不要为周围环境或说话人的外表、口音、态度或用词而分心。有时我们很难不去注意一些令人分心的东西，如说话人浓重的口音、不礼貌的用语或一只嗡嗡叫着绕圈的苍蝇。但分心太多会干扰你的注意力，使你错过谈话的要点。

6. 保持心胸开阔

不要只听赞同你的话，或只听你感兴趣的部分。聆听的目的在于获取新的信息。如果你在聆听时始终保持开阔的心胸，一个初听起来乏味琐碎的话题也有可能变得有吸引力。

7. 利用你的智慧

通常来说，思考的速度是说话速度的4倍。因此，在聆听时运用多余的脑力在脑海中总结一下对方谈话的中心内容，这样你就能更好地应对对方的问题或批评，而且也能更好地参与对方的讨论。

8. 做出反应

和说话者保持视线的接触。点头表示理解，身体保持笔直或微向前倾，在适当的地方插入评论，如“我明白了”“很有意思”或“真的吗”。说话人会感激你表现出来的兴趣，并感到你在认真倾听。

9. 引导和鼓励客户开口说话

认真、有效的倾听的确可以为客服人员提供许多成功的机会，但这一切都必须建立在客户愿意表达和倾诉的基础之上，如果客户不开口说话，那么纵使倾听具有通天的作用也是枉然。所以，客服人员必须学会引导和鼓励客户开口说话。

10. 改变不良倾听习惯

有些不良的倾听习惯，存在于目前的商业环境中。如果你有的话，就赶快改掉吧。

- 目光没有正视对方。
- 听别人说话时面无表情，人们不禁猜测你是否理解了。

- 询问刚才谈话的内容，这表明你刚才没有仔细听。
- 目光转移到对方背后某个地方去了。
- 上下打量谈话对象。

『案例 3-1』 听他把话讲完

一家公司要想有效扩展自己的客户资源，必须学会倾听和赞美，而这只有靠公司的一线员工来完成。

乔·吉拉德向一位客户销售汽车，交易过程十分顺利。当客户正要掏钱付款时，另一位销售人员跟吉拉德谈起昨天的篮球赛，吉拉德一边跟同伴津津有味地说笑，一边伸手去接车款，不料客户却突然掉头而走，连车也不买了。吉拉德苦思冥想了一天，不明白客户为什么突然放弃了已经挑选好的汽车。夜里 11 点，他终于忍不住给客户打了一个电话，询问客户突然改变主意的理由。客户不高兴地在电话中告诉他："今天下午付款时，我同您谈到了我的小儿子，他刚考上密西根大学，是我们家的骄傲，可是您一点也没有听见，只顾跟您的同伴谈篮球赛。"吉拉德明白了，这次生意失败的根本原因是自己没有认真倾听客户谈论自己最得意的儿子。

尽管我们常常以为自己听别人讲话听得很认真，但实际上，许多情况下，我们在谈话之前，在思想上就带有一定的期望、目的和预计结果。我们选择性地听我们听到的话，也就是说，我们只是听那些符合我们自己预先构想的话。

如果从事销售工作的话，我们往往花很多时间想，怎么结束这次谈话，同时又做成买卖呢？不是去注意别人说什么，只是在对方言辞中搜寻那些肯定自己想法的话语；不是为了听到别人公正的说法，而是太多时候掺进自己的感情偏向；我们听到我们愿意听到的而不是别人真正讲的。

"听他把话讲完"是倾听的重要含义。它要求听者抛开自己的偏见、观念的束缚，最大化地融入说话人的世界以及他们的观点中去。

(资料来源：李先国，曹献存. 客户服务实务. 北京：清华大学出版社，2006)

第三节 提问的技巧

在倾听的时候，我们要给予客户一定的回应。如果客户本身的思维很清晰，我们也许不需要通过其他技巧就能够很快地了解他的需求，但是如果客户思维混乱，服务人员就必须通过一定的技巧，迅速地把客户的需求找出来。中医讲究的望、闻、问、切疗法同样适用于客服人员——客服人员在倾听的同时，还必须学会根据具体的环境特点和客户的不同特点进行有效提问。比如有一些很犹豫的客户，买东西的时候，自己心中没底，喜欢这个，又觉得那个也不错，你就得不停地给他介绍，而后面的客户又需要你服务。这个时候就要运用提问的技巧。

一、提问的作用

“善问者能过高山，不善问者迷于平原。”一个客服人员的服务技能究竟怎么样，服务经验是否丰富，关键看他提问的质量。弗朗西斯·培根曾经说过：“谨慎的提问等于获得了一半的智慧。”虽然有效的提问对于同客户保持良性沟通具有诸多好处，但是如果在提问过程中不讲究方式，将会适得其反，引起客户的反感，从而造成与客户关系的恶化甚至破裂。

客服人员有针对性地提出一些问题，然后帮助客户作出相应的判断，这样可以提升理解客户需求的效率。优秀的服务人员能够通过几个问题迅速地找到客户的核心问题在哪里。在服务过程中，巧妙地向客户提问对于服务人员来说有着重要的作用。

1. 有利于把握并满足客户需求

通过恰当的提问，客服人员可以从客户那里了解更充分的信息，从而对客户的实际需求进行更准确的把握，提供有针对性的服务。

2. 有利于保持良好的客户关系

当客服人员针对客户需求提出问题时，客户会感到自己是对方注意的中心，会在感到受关注、被尊重的同时更积极地参与到谈话中来。

3. 有利于减少与客户之间的误会

在与客户沟通的过程中，很多客服人员都经常遇到误解客户意图的问题，不管造成这种问题的原因是什么，最终都会对整个沟通进程造成非常不利的影响，而有效的提问则可以尽可能地减少这种问题的发生。

所以，当你对客户要表达的意思或者某种行为意图不甚理解时，最好不要自作聪明地进行猜测和假设，而应该根据实际情况进行提问，弄清客户的真正意图，然后根据具体情况采取合适的方式进行处理。

二、提问的技巧

知道向客户提问的重要性了，那么怎么才能做到“善问”呢？“善问”当然与我们平时聊天不一样，需要一定的技巧。

1. 开放问题的提问技巧

所谓开放式问题，就是不限制客户回答问题的答案，而完全让客户根据自己的喜好，围绕谈话主题自由发挥。进行开放式提问既可以令客户感到自然并畅所欲言，又有助于客服人员根据客户的谈话了解更有效的客户信息。而且，在客户不受约束时，他们通常会感到放松和愉快，这显然有助于双方的进一步沟通与合作。这种提问方式是为了了解一些事实。比如服务人员在被动服务的时候，他问的第一个问题都是：“有什么我能够帮助您的吗？”这就是一个典型的开放式问题。开放式问题可以帮助你去了解客户的问题出在哪里，一般来讲，在服务一开始的时候，服务人员使用的都是开放式的提问。

开放式问题是不是可以连续不断地使用呢？这就要具体问题具体分析了。若你提出一个开放式问题，比如“你哪里不舒服”，有的时候客户可以说清楚，但有的时候他可能说不清楚，甚至越说越乱。如果你在提问时仅仅使用一种技巧，即开放式提问的话，你就根本没有办法有效地缩短服务时间。因为对于开放式问题，客户的回答往往也是开放式的，他会有很多话要说，可能会喋喋不休地说个没完。因此还需要第二个技巧，即封闭式问题的使用。

2. 封闭式问题的提问技巧

封闭式提问限定了客户的答案，客户只能在有限的答案中进行选择，比如“您是不是觉得和大公司合作比较可靠”“您今天有时间吗”“我能否留下产品的相关资料”等。对于这些问题，客户通常只能回答“是”“不是”“对”“错”“有”或者“没有”等简短的答案，这样客户不仅会感到很被动，甚至还会产生被审问的感觉。封闭式问题的使用完全是为了帮助客户进行判断，如果一个客服人员能够正确、大量地使用封闭式的问题进行提问，说明这个服务代表的职业素质非常高。

3. 提问时必须礼貌、谨慎

在与客户展开沟通的过程中，客服人员对客户进行提问时必须有礼貌，不要给客户留下不被尊重和不被关心的印象；同时还必须在提问之前谨慎思考，切忌漫无目的地信口开河。

一般来说，客户在说话时不喜欢被鲁莽地打断，也不喜欢听带有某种企图的客服人员在那里喋喋不休地说。当客服人员以征求客户意见的态度向他们提出友好而切中他们需求的提问时，他们会渐渐放松对客服人员的警惕和抵触心理。当然，如果客服人员提出的问题因为完全没有经过大脑思考而显得愚蠢时，客户会更加恼怒。

《销售巨人》一书的作者尼尔·雷克汉姆曾经对提问与销售的关系进行过非常深入的研究，他认为：在与客户进行沟通的过程中，你问得越多，获得的有效信息就会越充分，最终销售成功的可能性就越大。

客服人员在提问时需要特别注意以下一些事项。

① 要尽可能地站在客户的立场上提问，不要仅仅围绕自己的销售目的与客户沟通。

② 对于某些敏感性问题尽可能地回避，如果这些问题的答案确实对你很重要，那么不妨在提问之前换一种方式进行试探，确认客户不会反感时再询问。

③ 初次与客户接触时，最好先从客户感兴趣的话题入手，不要直截了当地询问客户是否愿意购买，一定要循序渐进。

④ 提问时的态度一定要足够礼貌和自信，不要鲁莽，也不要畏首畏尾。

⑤ 选择问题时，一定要给客户留下足够的回答空间，在客户回答问题时尽量避免中途打断。

⑥ 提出的问题必须通俗易懂，不要让客户感到摸不着头脑。

『案例 3-2』 用提问达成交易

约翰·柯威尔曾经在惠普公司担任销售代表，当他为惠普服务时，惠普公司才刚刚涉足信息领域，当时几乎信息领域的所有客户都只知道IBM。

有一次，约翰·柯威尔准备到一家公司推销惠普电子设备。在他刚刚表明身份时，那家公司的经理就告诉约翰·柯威尔："你不需要在这里浪费时间，我们一直以来都与IBM保持着良好的合作关系，而且我们还将继续合作下去。因为除了IBM，我们不相信任何公司的产品。"

约翰· 柯威尔仍然微笑地注视着那位公司经理，他的声音中没有半点沮丧："史密斯先生，我想知道，您觉得IBM公司的产品确实值得您信赖，是吗？"

公司经理回答："那当然了，这还用说吗？" 约翰·柯威尔继续问道："那么，您能否说一说，您认为IBM公司的产品最令您感到满意的特点有哪些？"

公司经理饶有兴趣地答道："那要说起来可就太多了，IBM的产品质量一直都是一流的，这一点大家有目共睹。而且这些产品的研究技术在全球也没有几家公司可比。更重要的是，IBM有着多年的良好信誉，它几乎就是权威的标志。我想仅仅是这些特点，就很值得我继续与其保持合作了。"

约翰·柯威尔又问："我想，您理想中的产品不应该仅仅包含这些特征吧？如果IBM能够做得更好，您希望他们有哪些改进？"

公司经理想了想回答说："我希望某些技术上的细节更加完善，因为我们公司的员工有时会埋怨某些操作不够简便，可是我不知道现在有没有办法解决这些问题。当然了，如果IBM愿意的话，我还希望产品的价格能够再降低一些，因为我们公司的需求量很大，每年花在这上面的费用一直居高不下。"

约翰·柯威尔此时胸有成竹地告诉公司经理："史密斯先生，我要告诉您一个好消息，您的这两个愿望我们都可以满足。我们公司的技术人才同样是世界一流的，因此，对于产品的技术和质量水平您都不用担心。同时，正因为我们公司的这项业务刚刚起步，所以操作起来就更加灵活，我们的技术部门完全可以按照您的要求对贵公司订购的产品进行量身定做。而我们的价格更低，因为我们的目的就是先以低价策略打开市场，赢得一些像您这样的大客户的支持。"

看到自己提出的几项条件惠普基本都能满足，公司经理当即表示先购进一小批产品试用。

(资料来源：李先国，曹献存. 客户服务实务. 北京：清华大学出版社，2006)

第四节　掌握有效沟通的语言

语言是最容易动人心弦，也是最容易伤透人心的。客服人员的语言是否热情、礼貌、准确、得体，直接影响到客户服务的质量，并影响客户对企业的印象。

一、客服人员的话语特点

一个具备客户服务管理知识的服务人员的话语，应具备以下特点。

1. 语言有逻辑性，层次清楚，表达明白

语言包括书面语言和口头语言，两者都需要礼貌简洁。有效的口头表达是声音素质和其他个人素质综合作用的结果。一个人的声音素质——音调、音量、口音、语速、停顿及语调的不同，都会影响沟通的效果。

要想清晰地表达自己的想法，语言必须简洁，所讲的材料必须条理化，使用的词汇要准确，逻辑和表达要清晰。

2. 突出重点和要点

谈话要突出重点和要点，以极少的文字传递大量的信息。因为，每一个人的时间都是有价值的，没有人喜欢浪费时间。当然，简洁并不意味着只能使用短句子或省略重要的信息，而是指字字有力量、句句有内容。

3. 真实、准确

在与客户沟通时，应当避免夸大其词，不要做虚假的宣传。即使客户只发现一个错误，您也会陷入困境。

4. 说话文明

在客户服务工作中，不要侮辱、挖苦、讽刺客户，不要使用粗俗的语言，不要与客户发生争论。牢记“客户永远是对的”这句话。

5. 话语因人而异

说话要因时间、地点、人物的不同而有所不同。到什么山上唱什么歌，见什么人说什么话。

6. 调整自己的音量和讲话速度

声音在沟通过程中起着不可忽视的作用。在与客户沟通时，要控制自己的声音，吐字清晰，音量适中。

此外，还要注意讲话的速度。快速讲话会给对方一种紧迫感，但有时是需要这种效果的。但如果一直快速讲话，会使对方转移注意力，并难以理解您的话。反之，也不能讲得太慢，这会使听者不知所云，或者使听者厌倦而抓不住讲话的思路。好的讲话者会根据所说语句的相对重要性来变换速度，即不重要的话说得快，而重要的话说得慢。

根据每个人接受信息模式的不同，我们把人分为3类：视觉型、听觉型、感觉型。

视觉型的人喜欢用眼睛来看，接受信息时主要通过视觉。这种人头脑中图像的转换速度很快，他在表达时，为了追上头脑中图像的变化，说话速度快，音调也较高；他的呼吸较为短促，且通常以胸腔部位呼吸，所以视觉型的人在说话时胸腔起伏较大，经常在说话时耸肩

伸颈。听觉型的人喜欢用耳朵来听，说话不急不慢，音调平和、呼吸匀称，通常在胃部(横膈膜)起伏较大，交谈时喜欢把耳朵侧伸过来仔细听。感觉型的人接收信息时总喜欢通过身体感触一下再反馈表达出来。这种人说话慢吞吞的，声音低沉，说话时停顿时间长(需要去感受及思考)，通常以腹部呼吸。

对信息接收模式不同的人，你要对应使用不同的语速、语调。换句话说，你要用对方的频率来和他沟通。以感觉型的人为例，如果你想和他沟通或说服他去做某件事，但是却用视觉型的飞快速度跟他描述，恐怕收效不大。相反，你得和他一样，说话不急不慢，用与他同样的说话速度和音调，他才能听得真切，否则你说得再好，他也未必理解。再以视觉型的人为例，若以感觉型的方式对他说话，慢吞吞而且不时停顿地说出你的想法，一定会把他惹急。

所以，对不同的人要用不同的方式来说话。对方说话时常停顿，你也要和他一样时常停顿。若能做到这点，对你提高沟通能力和建立亲和力将有莫大的帮助。

二、客服人员的声音

客服人员的声音必须给人好感，才能达到预期的目的。声音可以说是客服人员表现自我的工具。

此外，声音与情绪也有很大的关系，俗语说，“人逢喜事精神爽”，所以遇有喜事时，声音自然较为开朗；而不高兴时，声音就会变得沉重。

有些客服人员惯于用很小的声音来说话，使人听起来很吃力，如果再加上口齿不清、讲话含含糊糊，便很容易使客户认为你对他没有信心，也会对你所销售的商品的价值和实用性产生怀疑。

小而高的声音也很难听，虽然这种声音会给人一种清新、悦耳的感觉，但只能在谈话中间偶尔插上一两句，如果长时间用这种音调说话，便会给人单调而费劲的感觉，所以也应极力避免。

声音是交谈过程中传递信息最重要的载体。客服人员要想自信地表达自己的观点和信息，就必须在改善声音上“小题大做”。

(一) 客服人员的声音特点

客服人员的声音一般应具有以下特点。

1. 音量适中

恰当地控制音量有助于突出讲话重点，在提到重要的信息时把声音提高几分可以引起客户的特别注意，在谈及特别重要的地方降低声音同样也能起到类似的效果。音量高低并没有固定的模式可以遵循，但是，在说话时一定要让自己的声音有起伏，有节奏感，这样的声音有助于突出重点。

2. 发音清晰

讲话时，不但要音量适中、语调抑扬顿挫，还必须保证表达的清晰，使客户能够听清楚。

3. 语调抑扬顿挫

语调最能体现一个人说话的个性。语调的抑扬顿挫同时反映出所说的话是否有趣。缺少了语气的抑扬顿挫，听起来可能会令人乏味。

在与客户的对话中，语调变化也关系到态度是否真诚。态度真诚时，信息的接收效果会更好。

为了具体说明声音变化的作用，可以试着做下面的练习，用正常的声音读这句话：约翰解决了软件的问题。 然后把这句话当作问句重复一遍，再以神秘的语气重复，最后用惊讶的口气说一遍。这样，通过声音的变化在不同的地方进行强调，表达的信息就会不同。

为了更好地运用声音的变化，客服人员可以尝试：

- 给自己录音。
- 向朋友寻求真诚的帮助。
- 潜意识里要认识到自己需要改进。
- 不断倾听自己的声音。

(二) 客服人员声音之十忌

1. 忌犹豫

你的声音实际上起到度量你是否自信的作用。说话时声音颤动或犹豫，客户会理解成客服人员缺乏底气或者言不由衷。

2. 忌过于温和

避免声音过于温和，以至于让人觉得有气无力。

3. 忌声音过高

过高的声音往往显得客服人员缺乏涵养，表现出一种压倒或胁迫他人的气势。尤其在处理问题时，如果声音超出这种场合的需要，则看起来好像已经失去理智。如果只是喊着要大家听话，估计没有人愿意听的。

4. 忌尾音过低

客户本来听得很好，可到了一句话的结尾或关键处，客服人员的声音近乎消失了，这使得说出的句子听起来很不完整。

5. 忌语调中含有刺耳的成分

谈话中大部分的情感因素是由客服人员说话时的语调体现出来的。当客服人员处于消极状态时，如果将不良情绪一股脑儿地倾倒在要表达的信息中，客户会将它想得比客服人员的本意要糟很多。

6. 忌咬文嚼字

客服人员所说的每一句话都是由单个词语组合起来的，有意识的“咬文嚼字”会让语速自然减慢。

7. 忌慌慌张张

面对客户最忌讳慌张。讲话前停顿下来思考思考，花点时间调节呼吸，有助于客服人员更好地表达信息。不要急匆匆地向前赶或者在思考的时候发出各种各样的声音。停顿有助于调整语速，集中思想，清楚地阐释信息。

8. 忌“连珠炮”

当客服人员讲话的语速远远超过客户时，会让客户认为是过于激动，急于求成。

9. 忌慢条斯理

与讲得过快相反的一种误用，就是讲得过慢，用别人说三句话的时间说一句话，这样会导致客户对所讲内容失去耐性。

10. 忌过多的语气词

常见的语气词有：嗯、好的、你知道……表达信息时偶尔使用这些词并不会引起别人的注意，但如果频繁使用，就会分散客户的注意力，让人怀疑你究竟知不知道自己在说些什么。

三、客服人员的语言表达艺术

俗话说：“会说话的令人笑，不会说话的令人跳。”客户服务人员很重要的一件事，就是学会讲话。

(一) 客户服务中的标准用语

客服人员应该掌握标准的服务用语，让顾客感受到客户服务人员的专业水准。客户服务中的标准用语根据不同的情况分为10类。

1. 问候

(1) 在一些比较隆重或正式的场合，应使用标准问候语。标准问候语由人称、时间、问候词组成，如“王先生下午好”“小姐早安”等。这种情况下使用没有人称和时间的问候是不专业的，如“吃了吗”“来了”“忙什么呢”。

(2) 问候多位顾客的原则——统一问候，如：“大家好”“各位晚安”。由尊而卑，如“张总好”“李经理好”。先女士后男士，如“小姐好”“先生好”，由近到远。周恩来总理在欢迎尼克松总统的宴会上致祝酒词时，运用的称呼如下：“总统先生、尼克松夫人、女士们、先生们、同志们、朋友们，大家好！”在这里，由于尼克松是主宾，理应最先称呼。而第二层则是“女士们”在前，如果“先生们”在前，就是失礼的，西方人讲究女士优先。

2. 迎送

(1) 欢迎用语。如“欢迎光临”“欢迎”“欢迎您的到来”“您能光临本公司，我们不胜荣幸”“见到您很高兴”“欢迎再次光临”。

(2) 送客用语。如“再见”“慢走”“走好”“欢迎再次光临”“一路平安”“多多保重”等。注意，在说话的同时，应恰当地辅以动作，如注目、点头、微笑、握手或鞠躬等。

3. 请托

请托一般在以下两种情境下用到：

(1) 当你不能及时为顾客服务时，可以说“请稍候”。

(2) 当你打扰顾客或者请求顾客帮忙时，可以说“劳驾您了”“拜托您了”“对不起，打扰一下”“麻烦您帮我一个忙”。

4. 致谢

(1) 标准式 ：“谢谢您”！

(2) 加强式：“万分感谢”“感激不尽”“非常感谢”！

(3) 具体式：“有劳您为这事费心了”。当别人帮助你的时候，你一定要及时表示感谢，礼多人不怪！

5. 征询

当顾客举棋不定或者在思考某个问题时，服务人员要把握好时机及时征询顾客的意见。征询也有 3 种类型：

(1) 主动式，如“您需要帮忙吗”？

(2) 封闭式，如“您需要这种还是那种”？

(3) 开放式，如“您觉得这个计划怎么样”？

其中，开放式的征询在销售服务中被广泛使用。

6. 应答

(1) 肯定的应答，如“是的”“好的”“一定照办”！

(2) 谦恭的应答，如“这是我的荣幸”“请不要客气”“请多多指教”！

(3) 谅解式应答(当顾客做错了事情的时候)，如“没关系”“不要紧”“您不必介意”。

7. 赞赏

当顾客对某事提出了独特的见解，或某件事做得很不错，或作出购买决定时，你可以不露痕迹地赞美他。赞赏有以下几种：

(1) 评价式赞赏，如“太好了”“对极了”“非常棒”“十分恰当”！

(2) 认可式赞赏，如“您真内行”“正如您所说的那样”“您的观点是正确的”！

(3) 回应式赞赏，如“这个主意不错”“您的主意肯定行得通”！

8. 祝贺

(1) 应酬，如“心想事成”“身体健康”“龙马精神”！

(2) 节庆，如“节日快乐”“生日快乐”“白头到老”“寿比南山”！

9. 推脱

凡事未必尽如人意，但求无愧于心。当你尽了自己的力量又帮不了顾客时，你可以说：“十分抱歉，帮不了您！”当你还有其他方法时，可以说：“您还要点别的吗？”“其实，这个跟那个是一样的。”当你帮不了顾客时，你应该给一个合理的解释：“抱歉，明天有事情，不能参加你们的活动。”“这是公司的规定。”

10. 道歉

给对方带来不便或者打扰时，你应该学会道歉。如：“对不起”“失礼了”“不好意思，请多包涵”。

(二) 产生积极效果的措辞

通过使用一些积极性的措辞，我们就能向客户传达这样的信息：他们对我们来说很重要，而且我们很重视他们的意见。这里有10个积极性措辞的例子。

(1) 这归功于您的专业知识。

(2) 多么独特的建议啊！

(3) 我非常欣赏您的观点。

(4) 请……

(5) 您是对的。

(6) 能否占用一点儿您的时间？

(7) 可以吗？

(8) 当然，正如您所知道的那样。

(9) 我非常赞同您的建议。

(10) 如果……我将非常感谢。

(三) 避免使用的语言

在为顾客服务的过程还要杜绝使用一些语言，即服务禁语。服务禁语会伤害顾客的感情，影响交易的达成或服务的实现。避免使用的语言有4种，分别是蔑视语、烦躁语、否定语、斗气语。

1. 蔑视语

蔑视语体现了对顾客的不尊重。这种语言是最需要杜绝的，因为它对顾客具有最大的杀伤力。常见的蔑视语有“乡巴佬”“买不起就别看”“一看就知道买不起”。

2. 烦躁语

烦躁语体现了对顾客缺乏耐心。常见的烦躁语有“不是告诉您了吗？怎么还不明白”“有完没完，真是麻烦”。

3. 否定语

否定语体现了客户服务人员的自以为是。常见的否定语有“不知道”“不清楚”“不了解”。

4. 斗气语

斗气语体现了客户服务人员对顾客的刁难。常见的斗气语有“您到底想怎么样呢”“我就这服务态度，您能怎么样吧”。

总之，客户服务人员要力争在服务中使用标准的服务用语，而避免使用服务禁语。

(四) 服务用语“三原则”

客户服务工作不同于其他工作，语言上一丝的疏忽都可能导致客户的不满，尤其是在客户已经产生抱怨的时候，语言上的失误会使抱怨加深。因此，客服人员在服务用语方面要注意以下 3 个原则。

1. “我不”原则

这是指在客户服务的语言表达中，客服人员应尽量避免使用“我不能”“我不会”“我不愿意”“我不可以”等带有“我不”的负面语言。当客服人员向客户说出这些语言的时候，客户就感到你不能帮助他。客户不喜欢听到这样的话，他只对解决问题感兴趣。客服人员应该告诉客户，能够做什么，这样就可以创造积极的、正面的谈话氛围。当然，这也不是说客户说什么就是什么，具体情况下要采取不同的技巧来应对，如表 3-2 所示。

表 3-2 应当避免的客服用语及正确回应

应避免的用语	使用的后果	正确的回答
我不能	客户的注意力会集中在“为什么不能”“凭什么不能”上	看看我能够帮您做什么
我不会做	客户会产生负面感觉，认为你在拒绝	我能为您做…… 我可以帮您做…… 可以帮您分析一下…… 可以帮您看一下……
这不是我应该做的	客户会认为他不配提出某种要求，从而不再听你解释	很愿意为您做…… 我非常希望能够帮助您，不过这件事情……我可以帮您的是……您看好吗
我想我做不了	与客户的沟通会马上处于消极的气氛中，使客户把注意力集中于你或者你的公司不能做什么，或者不想做什么	非常希望能够帮助您，不过这件事情……我可以帮您……您看好吗

2. “但是”原则

在英语中有一个非常重要的“but”原则，即该单词前后的内容相反，而该单词以后的内容往往是作者真正要表达的东西，也是读者应当重点关注的事情。在客户服务工作中的“但是”原则是指，不论客服人员在前面讲得多好，后面一旦出现“但是”，就等于将前面对客户所说的话进行了否定。大家可能都有过类似的经历：“你戴的这款项链真好看!但是……”听到这样的赞美后，你是什么感受呢？

所以在客户服务工作中，要避免说“但是”，这会让客户感到客服人员的语言表达完全是一种外交辞令。

3. “因为”原则

这个原则是说当客服人员希望客户接受自己的建议时，应当告诉他理由。当客服人员不能满足客户的要求时，也要告诉他原因。例如，当客户要求全额退款时，不能只说“不可以”，还要告诉他原因。

(五) 客服人员“七不问”

与客户沟通时，要注意隐私和敏感问题，否则会引起客户反感。具体应做到“七不问”。

1. 不问年龄

不当面问客户的年龄，尤其是女性。也不要绕着弯想从别处打听他的年龄。

2. 不问婚姻

婚姻纯属个人隐私，向别人打听这方面的信息是不礼貌的。若是打听异性的婚姻状况，更不恰当。

3. 不问收入

收入在某种程度上与个人能力和地位有关，是一个人的“脸”。与收入有关的住宅、财产等也不宜谈论。

4. 不问地址

除非你想到客户家做客(那也得看别人是否邀请你)，一般不要问客户的住址。

5. 不问经历

个人经历是一个人的底牌，甚至会有隐私，所以不要问客户的经历。

6. 不问信仰

宗教信仰和政治见解是非常严肃的事，不能信口开河。

7. 不问身体

不要问客户的体重，不能随便说他比别人胖。不能问别人是否做过整容手术，是否戴假发或假牙。

『案例3-3』 说话的艺术

某日，甲至健身房健身，预约的时间是晚上8点，因交通顺畅提早于7：30抵达。甲心想，既然提早到场，不如直接先进场使用，也可以早点回家。

“我预约的是8点，我要先进场。”

“不行哦！你要等到8点才可以进场。”

“为什么不行，反正我都到了，不要浪费我的时间嘛！”

“这是公司规定哦。”

……

服务人员确实按照公司的规定办事，但并没有顾及客户的心情，这样的回答当然会引起客户抱怨，于是，接下来可能就是一连串的抱怨与吵闹：“你知道我一小时赚多少钱吗？损失你赔吗？你们公司最大，什么都要听你们公司的吗？我缴会费是来受气的吗？我要退钱。”

服务人员会有这样的回答，如果不能归咎于培训期没有好好学习，那么就是管理人员并没有提供适当的教育训练。“规定”，只有一段文字描述，可能不会提到“为什么”，这项规定其实是基于保障客户权益而设的，结果反而引起客户抱怨，不是很冤枉吗？规定如果是妨碍客户的“方便”（很多时候并不是权益）时，在说明公司规定的内容前，不妨告诉客户“为什么”，我们再倒带重看一遍服务过程的场景。

“我预约的是8点，我要先进场。”

“先生，不好意思，请问您贵姓大名，我帮您确认一下预约时间。”

“先生，不好意思让您久等了，您预约的时间确实是8点，因为我们的会员很多，而且又刚好是下班时段，这个场次已经额满了，为了让每一个时段的会员都能充分使用到器材，还是要麻烦您稍候一下。”

“为什么不行，反正我都到了，不要浪费我的时间嘛。”

“先生，非常抱歉，其实我们也很想让您先进场使用，但是如果我们没有管制的话，相信里面就会相当拥挤，那么也失去了预约时间进场的意义。同样的，当先生在预约时间想用器材的时候，也可能会因为没有管制进场人数而无法使用，这才是真正影响到先生的会员权益，真的不好意思，我帮您倒杯水，请您休息一下。”

上面的过程中，我们做了几件事：

“不好意思，请问您贵姓大名”——知道在和谁讲话，如果下次某先生再来，我们可以大声称呼“某先生您好”，这个客户大概就不会离开我们了。

“不好意思让您久等了”——对客户的等候表达歉意。

“我帮您确认一下预约时间”“您预约的时间确实是8点”——确认客户陈述。

“我们的会员很多”——帮公司打广告。

“为了让每一个时段的会员都能充分使用到器材”——说明原因。

“要麻烦您稍候一下”——期望客户配合。

“我们也很想让您先进场使用”——同理心。

“失去了预约时间进场的意义”——为什么要预约。

“这才是真正影响到先生的会员权益”——我们是在保障先生的权益。

“真的不好意思”——再次表达歉意。

“我帮您倒杯水，请您休息一下”——先生真的请您先休息一下吧！

以上整个服务内容，看似多了一倍的时间，但我们都很清楚，一旦发生客户抱怨事件，修复客户关系，可能要花费10倍甚至更多的时间。另外，规定不是死的，如果该时段离“客满”还有一段差距，适度开放服务人员权限也是有必要的。在我们可以满足客户要求的情况下，也不要简单地说“没问题”，仍然要向客户说明为什么这一次可以满足他，因为当下一次客观状况无法满足客户的时候，抱怨一样会发生。额外的服务如果被视为理所当然，而没有让客户感受到，对客户而言，这就不是“额外”，而是“应该”。如果我们可以注意到每一个细节，将可以避免未来很多问题的发生，而且“服务”不止是解决客户现在的问题，也要预测客户未来可能发生的问题，这么一来，其实也是在降低我们未来的风险。

(资料来源：远东网络博客. 最佳联络中心管理人——陈育挺介绍. http://www.51call center.com)

四、与不同类型的客户进行有效沟通

由于每个人都有自己与众不同的性格，即使是同一需要、同一动机，在不同的客户那里，表现方式也会有所不同。所以，为了把话说到客户的心坎上，客服人员不仅要了解客户的需要、动机，还要对不同的客户有一个基本的认识，这样才能有的放矢、投其所好，即对不同的人，说不同的话。

在了解客户心理和性格的基础上，客服人员可以比较准确地判断和识别不同类型的客户，以不断改变自己的方法，取得最好的沟通效果。

1. 根据客户听别人说话时注意力的集中与分散，可以把客户分为漫听型、浅听型、技术型、积极型4种类型。

① 漫听型——导入对方感兴趣的话题

漫听，就是听别人说话时漫不经心，注意力不集中。服务人员在努力地陈述自己的观点，而他压根儿就不专注。眼神飘忽，思想开小差；多嘴多舌，经常打断别人的话，总觉得应该由他来下断语。

对待漫听型客户，应不时地与他保持目光接触，使他专注于您的谈话，并不断向他提一些问题，讲一些他感兴趣的话题，强迫他集中注意力。

② 浅听型——简明扼要阐述自己的观点

浅听，就是只停留在事物的表面，不能深入问题的实质。这类客户常常忙于揣摩别人接下去要说什么，所以听得并不真切。他们很容易受到干扰，甚至有些客户还会有意寻找外在干扰。他们喜欢断章取义，而不想听别人的完整表述。

对浅听型客户，应简明扼要地表述，并清楚地阐述您的观点和想法，不要长篇大论，以免客户心烦。

③ 技术型——提供事实和统计数据

这类客户会很努力去听您说话。他们只根据你说话的内容进行判断，完全忽视说话人的语气、体态和面部表情。他们较多关注内容而较少顾及感受。对技术型客户，应尽量多提供事实和统计数据，提出你的观点，并让他积极进行反馈。

④ 积极型——多进行互动反馈

这类客户倾听时在智力和情感两方面都做出努力，他们会着重领会说话的要点，注重思想和感受，既听言辞，也听言外之意。对积极型客户，应注意选择他感兴趣的话题，运用语言表达技巧，与他多进行互动反馈。

2. 根据客户的工作方式和处事风格，可以把客户分为支配型、分析型、表达型、和蔼型4种类型。

① 支配型——快速步入正题

支配型的人办事严肃认真、有条不紊。他们在作决定之前收集大量的资料。这种人很少有面部表情，动作缓慢，语调单一，使用精确的语言，注意特殊细节。

对待这种类型的客户可直接进行目光交流，说话节奏快，尽快步入正题；守时，不要拖沓；言语清晰、准确、简洁；避免过多的解释、闲聊；有条理、准备充分；注意力集中于将要产生的结果。

② 分析型——说话方法和态度要更加正式

分析型的客户往往注重事实、细节和逻辑，强调问题的合理性、客观性。对此，要与客户有目光接触，但偶尔也要转移目光；语速适中，声音柔和；不用生硬的语气；向他征求建议和意见；不要在逻辑上反对他的想法；鼓励他讲出任何疑惑或担心；避免给他施加过大的压力来让他作出决定；在所有目标、行动计划和完成日期方面达成一致。

③ 表达型——给他充分的时间表达自己

表达型的客户具有率直、热情、友好、活泼、外向、合群、幽默等特点。对这种客户，应给他充分的时间表现自己。由于他讲话富有表情，在同他讲话时你也要富有表情。你的声调应该显示出你的友好、热情、精力充沛、强说服力。

④ 和蔼型——建立亲密的个人关系

和蔼型的客户具有易合作、友好、赞同、有耐心、放松等特点。他们一般都不太自信，但善于表达情感，对人友好且富有同情心。跟这类顾客沟通要放慢语速，以友好、放松的方式沟通。向他提供个人帮助，建立彼此之间的信任关系。

总之，与客户沟通要力求顺应对方的特点，选择有共同点的话题。因人而异地进行沟通，彼此间的冷漠就会渐渐消退，而逐渐亲密起来。

五、传达利益信息四要素

在与客户沟通时，客户最关心的是你给他带来的利益，所以在向客户传达利益信息时要做到以下几点。

1. 要记得提到所有的利益

利益永远是客户最关心的事，所以要提到所有对客户有用的，而不是只陈述自己认为是最好的利益。

2. 要将客户已知的利益也说出来

这样有两个好处：一是强化客户的印象，二是避免可能的怀疑。因为客服人员不说出来，客户就可能认为已经取消了这项优惠，就会不满，而大多数时候客户只会把不满埋在心里。

3. 要用客户听得懂的语言

客服人员必须用客户能听得懂的语言，不要用自己明白的行话、术语与客户进行沟通交流。

4. 要有建设性、有把握

首先，客服人员要相信自己所说的，别人才能相信。所以，对说出来的利益要有把握。如应该这样说：“根据我们的测试，这种药的疗效比同类药提高 50%。”而不是说：“这种药的疗效比同类药提高大约 50%。”不要用“可能”“大概”“应该”等含糊、不确定、没把握的语言。

六、赞美的技巧

美国人际关系专家卡耐基曾说：推销员赞美顾客的话应当像铃铛一样摇得叮当响。日本推销大王古河长次郎将自己多年的工作经验，编成 600 套赞美词，在不同的场合中赞美顾客。如他看到顾客的小男孩，就弯下腰和小孩一般高，一边摸小孩的头(最好摸两圈半)，一面说：“好聪明呀，将来必像你爸爸一样做大生意。”如果是小女孩，则说：“好漂亮呀，长大一定跟妈妈一样是个美人儿。”

哈佛心理学家威廉·詹姆斯说过：“人类最基本的相同点，就是渴望被别人欣赏和成为重要人物的欲望。”每个人都有受尊重的需求，渴望得到他人的赞美是人的一种天性。赞美可以化干戈为玉帛，可以使陌生人变成朋友，可以使对方感到温馨与振奋。俗话说“良言一句三冬暖”，与客户见面，简单几句赞美的话语，往往可以收到意想不到的效果。马克·吐温曾经说过：“一句赞美的话，可以使我受用两个月。”

我们常常听到“一切尽在不言中”之类的话语，其实，你不说，别人怎么能知道？很多人不习惯赞美别人，也不习惯被别人赞美。

有一次，阴朝的主宰阎王老爷得知，有个人在人间溜须拍马，造谣惑众，上当受骗者不计其数，阎王气愤不已，于是派两个小鬼来到阳间，将其捉拿归案。“你知罪吗？”“小的不知，您老明示……”“你阿谀奉承，溜须拍马，蛊惑人心，坑害无辜，该当何罪？……”“小的知罪！小的该死！”不过这个“马屁精”灵机一动，心想何不把自己的那套看家本领在这儿试试，说不定还能化险为夷！“不过……大王！这也不能全怪我呀！他们都喜欢溜须拍马，阿谀奉承。我是不得已呀！他们哪像大王您，您清如水，明如镜，明断是非，从不喜欢阿谀奉承。”阎王非常高兴，情不自禁地赦免了这位献媚者。这个故事，并不是要大家都学会溜须拍马、阿谀奉承，变成“马屁精”，而是让大家明白，喜欢被别人赞美、受别人重视，是人的本性。作为一名销售人员，一定要掌握赞美的技巧，让对方喜欢你，相信你，接受你，从而购买你的商品。

当你赞美一位女士的时候：“王小姐，你很漂亮！”

“哪里，哪里！”

“王小姐，你的肤质很好！”

“没有，没有！”

“王小姐，你的眼睛真美丽!”

“哪里，哪里！”

“王小姐，你的衣服很漂亮！你的皮鞋很流行！……”

“没有，没有！”

当你赞美对方的时候，对方虽然不说，但心里是很美的。如果你批评她：“王小姐，你怎么长得这么难看！”她会很生气地瞪你一眼，并骂你一句：“讨厌！”

人际沟通一定要谨记：你不习惯赞美，不代表别人不习惯被赞美；别人不习惯被赞美，不代表别人不要被赞美。

赞美，就是将对方身上确实存在的优点强调给对方听。

(1) 优点与长处。当然，你没必要将他身上的缺点与短处讲给他听。

(2) 你欣赏他的地方。尽管他有时自己都没有注意到这些。

(3) 他希望你欣赏的地方。尽管有时是你没有注意到，或认为并不重要的。比如，她穿了一套新衣服，也许你并不觉得怎么样，但如果你能说一句：“你的新衣服真漂亮，在哪儿买的？”对她而言就非常受用。

赞美并非一定是语言，有时一个眼神、一个手势或一个动作，也可以传递出同样的赞美之义。

心理学和强化规律表明，赞美有不可思议的力量。当你与客户一见面的时候就要赞美对方，赞美女性可以赞美对方的发型很美，肤质很好，鼻子很漂亮，眉毛画得很好，嘴巴很性感，眼睛很有神，衣服很漂亮，皮鞋很流行，手机很特别，说话很甜美，身材很好，很有气质——从头到脚都可以赞美。赞美女性要多赞美细节和她身上的一些饰物，一定要很真诚，并告诉她你的感觉！

对于男性，你可以赞美他的事业很成功，西装很高档，皮鞋很亮，头发很有型，领带很漂亮，说话很幽默等。赞美男性要多赞美他的事业和能力，因为男性很看重事业。如果你到客户的办公室，可以赞美他的办公室布置得很有格调很有品位；你可以赞美他办公室里比较独特的一些饰物，比如挂画、照片、所获的一些奖项等；也可以赞美他办公桌上的一些物品等。总之，要找到客户很在意，又很希望更多人重视的东西加以赞美。

如果到客户的家里去拜访他，就要赞美他家里的布置和特点，特别要赞美客户喜欢的东西和人物。如果家里有小孩子，你要多赞美孩子的活泼可爱或聪明伶俐等。

下面是根据客户的现状寻找赞美话题的一些范例，不妨作个参考。

(1) 看见客户的衣着打扮很讲究 ——“你衣服的面料很好啊，穿起来显得很有精神，很神气！”

(2) 看见客户家里有足球 ——“你也喜欢足球吗？足球一定踢得很棒吧！”

(3) 看见客户桌面有全家福照片 ——“你有个很幸福的家庭，孩子真可爱！”

(4) 看见客户的样子很年轻 ——“我压根儿想不到你担任这样的职务竟然如此年轻！”

(5) 看见女客户长相端庄——“你的眼睛很美，就像会说话一样。”

(6) 赞美无处不在。初次见面，该说些什么赞美词才恰当呢？以下几点经验，请大家作参考。

- 称赞女性身上的饰物。
- 要说“真心话”，胡说八道的称赞会让人觉得虚伪。
- 赞美应结合亲切关注的眼神和适当的肢体语言。
- 与其赞美对方司空见惯的优点，倒不如称赞对方小而可取之处。
- 夸张的赞美词会使人感到受愚弄，委婉贴切的话语常使人回味无穷。
- 得体的赞美和间接的赞美也常令人喜不自禁。

发自肺腑的赞美，总是能产生意想不到的奇效。赞美的内容多种多样，包括外表、衣着、谈吐、气质、工作、地位及能力、性格、品格等。只要恰到好处，对方的任何方面都可以成为赞美的内容。

赞美中最经典的4句话：

- 你真不简单!
- 我很欣赏你!
- 我很佩服你!
- 你很特别!

不过，赞美一定要把握分寸，注重方法。要让赞美成为一种尊重客户的方式，成为一种肯定客户的态度，赞美才会真正有效。

赞美绝不是简单的“拍马屁”，赞美有4个原则：

(1) 语调要热诚生动，不要像背书稿一样。

(2) 一定要简要，流利顺畅，要讲平常所说的话。

(3) 要找准穴位，要有创意，赞美别人赞美不到的地方。

(4) 要融入客户的公司和家庭。

知识是赞美别人的前提条件，在有目的地赞美某人之前，可以先对其作一番了解，再对要赞美的方面进行一番学习研究，做到在谈话之前就成竹于胸，等到赞美他人时，不就可以信手拈来就用、滔滔不绝了吗？

『案例3-4』 真诚地赞美

每一个人，包括公司的客户，都渴望得到别人的赞美。适当地赞美客户不仅能体现公司员工较高的文化修养，更能为促成业务推波助澜。因此，懂得赞美的人，肯定是优秀的员工。

原一平有一次去拜访一家商店的老板。

“先生，你好!”

“你是谁呀？”

“我是明治保险公司的原一平，今天我刚到贵地，有几件事想请教您这位远近闻名的老板。”

“什么？远近闻名的老板？”

“是啊，根据我调查的结果，大家都说这个问题最好请教你。”

“哦！大家都在说我啊！真不敢当，到底是什么问题呢？”

“实不相瞒，是……”

“站着谈不方便，请进来吧！”

就这样，原一平轻而易举地过了第一关，也取得了客户的信任和好感。

发自内心的赞美会令人心花怒放，同时，也是人与人之间沟通的润滑剂。

卡耐基讲过这样一个故事：“有一次，我到邮局去寄一封挂号信，人很多，我排着很长的队。我发现那位管挂号的职员对自己的工作很不耐烦——收信件、卖邮票、找零钱、写发票。我想：可能是他今天碰到了什么不愉快的事情，也许是年复一年地干着单调重复的工作，早就烦了。因此，我对自己说：‘我要使这位仁兄喜欢我。显然，要使他喜欢我，我必须说一些令他高兴的话。’所以我就问自己：‘他有什么值得我欣赏的吗？’稍加用心，我立即就在他身上看到了我非常欣赏的一点。因此，当他为我服务的时候，我很热诚地说：‘我真的很希望有您这种头发。’他抬起头，有点惊讶，面带微笑：‘嘿，不像以前那么好看了。’他谦虚地回答。我确信地对他说，虽然你的头发失去了一点原有的光泽，但仍然很好看。他高兴极了。我们愉快地谈了起来，最后，他颇为自豪地说：‘有相当多的人称赞过我的头发哩！’我敢打赌，这位仁兄当天回家的路上一定会哼着小调，他回家以后，一定会跟他的太太提到这件事，他一定会对着镜子说：‘这的确是一头美丽的头发。’想到这些，我也非常高兴。”

对于公司人员来说，赞美是一种必需的训练。在最短的时间里找到对方可以被赞美的地方，是公司人员必须具备的本领。赞美的内容可以是一条时尚的领带，一件新式的衬衫，流行的发型，新潮的眼镜，精致的办公室，和蔼可亲的态度，香浓的咖啡等，只要你的赞美是真诚的，就能起到意想不到的作用。一个失败的公司人员总是寻找缺点去批评，而一个成功的公司人员总是寻找优点来赞美，因为他能够透过赞美来接近客户！

一般来说，如何发现一个人真正值得赞美的地方也有一定的规律可循。比如说，对老年人应该更多地赞美他辉煌的过去、健康的身体、幸福的家庭或有出息的儿女等；对年轻母亲赞美她的小孩往往比直接赞美她本人更有效……

(资料来源：李先国，曹献存. 客户服务实务. 北京：清华大学出版社，2006)

第五节　身体语言的运用

客服人员最终能否实现与客户的沟通，一定程度上还取决于身体语言的灵活运用。

威廉·莎士比亚说过，“沉默中有意义，手势中有语言。不要错过口头交流之外的信息‘沟通’”。

美国一位心理学家提出这么一个公式：

一个人表达自己的全部意思=7%的言词+38%的声音+55%的表情

著名人类学家、现代非语言沟通首席研究员雷·伯德威斯特尔指出，在两个人的谈话或交流中，口头传递的信号实际上还不到全部表达意思的35%，而其余65%的信号必须通过非语言信号的沟通来传递。

非语言又常常被人们称为“身体语言”“体态语言”或者“动作语言”“肢体语言”等。它是口头交流之外的又一种沟通方式，这种沟通需要借助表情、动作或体态等进行，比如眼神的交流和手势传递的信息。有了身体语言的配合，整个沟通过程才显得更加充实和活跃。试想一下，当客服人员和客户都两眼无神、动作僵硬地坐在那里你一言我一语地搭话时，那种情景将显得多么呆板和无聊。

在口头交流之外，沟通双方的身体语言交流可以互相传递很多信息。比如，当一个人身体前倾、不住点头时，表明这个人对某种事物很感兴趣，或者对某人的观点表示支持和认同；又如，当一个人突然向上用力挥舞手臂时，这个人很可能是对某种观点或事物表示强烈不满。即使是在口头交流过程中，身体语言的信息传递功能也会同时发生。比如，当一个人说话时呼吸急促、说话速度比平时快、声音也比平时高时，常常表示这个人此时的心情比较激动，或者正在受某些问题的困扰；又如，如果一个人说话时眼神游移不定、不敢与他人对视，那么这个人很可能不够自信，或者说的话不够真实。

按照不同的身体部位划分，身体语言可以分为表情语、手势语和肢体动作语3类。下面就主要的身体语言逐一介绍。

一、表情语

人们常常通过面部表情互相传递信息，像眼神和微笑、愤怒、悲伤等表情都可以起到传递信息的作用。眼神的变化尤其能反映人们内心的思想和情绪等，因此，客服人员一定要学会通过眼睛来观察客户的内心世界，同时也要学会利用眼神的交流向客户传递你的真诚和关心等。

(一) 微笑

微笑是赢得客户良好印象的直接因素，也是拉近彼此间距离的有效手段，在客户服务中，微笑是客服人员必备的一项基本素质，也是赢得客户的前提条件和最好的语言。客服人员应以亲切的微笑、一流的态度为客户服务，让客户有一种宾至如归的感觉。

(二) 眼神

1. 擅用目光接触迅速把握客户心理

幽默戏剧大师萨米·莫尔修曾经说过：“身体是灵魂的手套，肢体语言是心灵的话语。如果我们的感觉够敏锐开放，眼睛够锐利，能捕捉身体语言表达的信息，那么，言谈和交往就容易得多了。认识肢体语言，等于为彼此开了一条直接沟通、畅通无阻的大道。”客服人员可以通过自己的身体语言向客户传递各种信息，同时，客户也会在有意无意间通过肢体动作表现某些信息。客户究竟希望得到什么样的服务？客户为什么希望得到这样的服务？这是客服人员在观察客户时要不断提醒自己的两个问题。因为各种各样的原因会使客户不愿意将自己的期望说出来，而是通过隐含的语言、身体动作等表达出来，这时，就需要及时揣摩客户的心理。

带着这些问题去观察客户，你的服务才能有的放矢，观察客户并非只是简单机械地把目光放在客户的动作上。

在沟通过程中，客户的肢体动作包括很多种，如果对客户的每一个动作都进行分析和解读，那是不现实的，况且那么做也常常会错过重要的信息而在一些无效信息上浪费巨大的时间和精力。实际上，最能表达信息的肢体语言常常是眼神、面部表情、手势或其他身体动作等。在解读客户肢体动作时，客服人员可以从以下几方面入手。

① 观察客户眼神的变化

俗话说，“眼睛是心灵的窗户”，销售人员应该首先从客户的眼神中观察其透露出的相关信息。比如，如果客户的眼睛一直关注手头正做的事情而不理会推销人员的介绍，那么这样的客户常常有一种拒人于千里之外的冷淡态度；如果客户的眼睛盯着包装精美的产品，那么销售人员不妨通过产品展示等方式引起客户的关注。客户的眼神会随着沟通情境的不同发生一定的变化，有经验的销售人员会从这些变化中捕捉到十分重要的信息。比如，当你正滔滔不绝地介绍产品性能时，却发现客户已经闭起双眼，或者开始东张西望，那就表明他已经对你的介绍感到厌烦，或者对你的话题没有兴趣了。此时，你就要换一个话题，或者停下来，引导客户参与谈话，以了解客户真正关心的问题。

② 面部表情可以反映客户心理

那些表情严肃、双唇紧闭、说话速度不紧不慢但语气却非常坚定的客户通常更为理智。与这些客户沟通时，客服人员最好把话题集中到与服务有关的内容上，不要东拉西扯。对于这些客户提出的问题，客服人员要给予自信而坚定的回答，不要模棱两可、躲躲闪闪。那些表情较为丰富且变化较快的客户更趋向于情绪化，有时一句感情色彩比较浓厚的话就可能会引起他们的强烈共鸣，一个不得体的小动作也可能会使他们的情绪迅速变得低落。对于这类客户，客服人员要给予更多的体贴和关怀，要多倾听他们的意见。

③ 注意客户的手势动作

客户常常会通过快速摆手臂或者其他手势表示拒绝，如果销售人员对这些手势动作视而不见，那么接下来可能就是毫不客气的驱逐，事情一旦到了这一步就很难有回转的可能了。所以，当发现客户用手用力敲桌子、摆弄手指或摆动手臂时，销售人员就应该反思自己此前的言行是否令客户感到不满或厌烦了，然后再采取相应的措施。

④ 从不经意的小动作中捕捉有效信息

有些客户不愿意通过口头表达或其他方式透露相关信息，但是他们的一些不经意的小动作常常会“出卖”他们。注意观察这些小动作，往往可以从中捕捉到至关重要的信息。

2. 用热情的目光感染客户

目光接触是最有效的表情语言之一，它可以让客户感知到你正在饶有兴趣、聚精会神地听他说话，也愿意接受他的看法。真诚的目光还增加了信息的可信度，它直接显示出你是否言不由衷，影响着客户对你的认同。

当客服人员向客户介绍产品时，眼神中透射出的热情、坦诚和执著往往比口头说明更能让客户信服。充满热情的眼神还可以增加客户的信心与好感。

在与客户说话时，保持稳定、真诚的目光接触是必须的。以下是沟通中的目光运用技巧。

① 稳定的目光接触

稳定的目光接触是沟通的关键。当客服人员对客户讲话时，应该看着客户，这并不意味着需要一直都盯着客户。自然的眨眼睛和偶尔的目光扫视都是正常的和不可缺少的。再加上面部诚恳的表情，就会将客户的注意力吸引到客服人员及其信息上。

② 专注的时间

目光接触应该保持多久呢？过度的目光接触不仅很累人，还会引起客户的厌倦和抵触。在与客户的最初接触中，出于尊重，你应该尽量“目不转睛”；当谈话继续时，则应该不时地移开目光，避免给人一种你正盯着他的坏印象。

③ 看正确的地方

进行目光接触时，尽量直视客户的脸、眼睛附近。注意，盯着客户的脸上部或下部时，不仅不能吸引他的注意力，还会让他感到不舒服。

④ 目光要敏锐

运用敏锐的目光观察客户可得知其年龄、服饰、语言、身体语言、行为及态度等信息。但观察时要表情轻松，不要扭扭捏捏或紧张不安；不要表现得太过分，像在监视客户一样。

⑤ 感情要投入

只有投入感情才能更好地理解客户“泄露”出的信息。投入感情设身处地地为客户着想，通过客户的眼睛去观察和体会他的内在需求。这样，你才能提供优质有效的服务。

客服人员除了要灵活运用上述技巧外，还应注意：目光既可以传达善意和真诚，也能暴露出恶意和挑衅。在与客户沟通时，应该避免可能干扰信息流通的目光接触行为，诸如直盯、怒视、突然扫射、游离不定及频繁眨眼等。因为这些目光会让客户感觉不舒服或说明客服人员自己不太自信。

二、手势语

手势语主要是指通过手指、手掌、手臂所发出的各种动作向对方传达信息的一种交流方式。很多时候，人们还可以通过自己手部的特定动作向交流的另一方表达特定的意义，比如把手轻轻地搭在对方肩上或胳膊上表示亲密，伸开双臂拥抱表示喜欢或安慰对方等。手势语有两大作用：一是能表示形象；二是能表达感情。在社交活动中，手势运用得自然、大方、得体，使人感到寓意明晰、含蓄高雅。

手势在人际交往中有不同的寓意。手势可表达情感，使其内含丰富、寓意深刻，如握手、鼓掌都能表达出一个人的情感；手势可表示某种抽象的信念，有象征的意义，如法庭作证将手掌高高向上举起表示下面所说的每句话都真实无误；形象手势还可给人一种具体、形象的感觉，如拇指与食指或其他指尖摩擦，通常暗示对金钱的渴望，在想借钱及点钞票时常做出这种手势；指示某项具体行为和事情时用指示手势，如请进、请坐使用单臂横摆式的手势。

手势美是一种动态美，能够自然、大方、得体、恰当地运用手势来表达情意，会为交际形象增辉。哲学家培根有句名言："相貌的美高于色泽美，而优雅合适的动作美又高于相貌美，这是美的精华。"客服人员在使用手势时，应注意力度的大小、速度的快慢、时间的长短，不可以过度。指示时应掌心向上，手指并拢，不要指向他人或自己的鼻尖。谈到自己时可手掌轻按自己左胸，这会显得端庄、大方、可信。运用手势忌不自信、不明确，不宜单调重复或手舞足蹈，要注意动作的协调和充满热情。另外，手势语言不可滥用，不同国家不同民族会有不同的语义手势，有的同一种手势却有不同含义，甚至意思正好相反，因而在与不同国家或民族的人交往时一定要了解对方的手势语言，以免犯忌。

手势语在与客户沟通的过程中往往非常吸引对方的注意力。所以，客服人员在与客户沟通的时候最好注意自己的每一个手势，千万不要因为一个不经意的手势动作而引起客户的不满。

三、肢体动作语

肢体动作语包括人们在行走、站立和坐卧过程中的所有动作姿态。比如行走时的速度是快是慢，是蹦蹦跳跳还是一步一步向前挪动；又如站立时双臂是交叉于胸前还是放在背后，坐在椅子上时是双腿平放还是跷起二郎腿，等等。

虽然不同的人在不同情况下的肢体动作各有不同，而且同样的动作反映的信息也不尽相同，但是通过认真观察和分析，还是可以发现一定规律的。了解这些规律，既有助于客服人员更准确地把握客户心理，也有助于客服人员有意识地运用肢体语言来引起客户的重视。比如当你介绍产品时，客户双手紧紧抱在胸前，这常常表示他们对你的推销具有防范心理。在聆听客户谈话时，身体前倾，双脚平放，常常会使客户感到被尊重。

与客户交谈时，客服人员希望自己的体态、面部表情和手势表现出自信、和谐和放松。为此，就需要避免使用那些会让客户产生厌倦、厌恶情绪的肢体动作。

1. 懒散的体态

办公室里的座椅可能很舒适，它会诱惑你斜靠在上面享受一份难得的悠闲。然而，在与客户交谈时，这样做会让你显得过于放松，看起来不像在做事。懒洋洋地靠在背椅上会削弱所传达的信息的威信。

2. 居高临下

和客户谈话时，请确保你们在同一个水平面上。这里的水平面是指在物理上处于同一高度。

3. 侵占空间

当人们站着讲话并试图在沟通中表现得积极时，最容易这样做。还记得"距离产生美"这句话吗？讲话时过于接近客户，会让他觉得不舒服。

4. 面无表情

面无表情说明你对自己要说的信息缺乏热情，如果你自己对表达的信息都不感兴趣，那么其他人很快也会有同样的感觉。

5. 威胁性的手势

最常见的例子就是手指指向他人，或者用拳头敲桌子。这些行为经常会让你表现得具有攻击性，而不是自信。即使客户不反感，也绝不是积极的促进因素。

6. 没有手势

有的人讲话时把双手插进口袋里，有的人将双手放在桌子下面，有的人双手交叉紧紧贴放在腿上。当你表达信息时，如果双手看起来好像不受支配或者不出现在视觉范围内，你就放弃了为积极吸引他人注意力可以使用的最强有力的因素。没有手势的谈话，容易让你表现得呆板而羞怯。

7. 交叉双臂

讲话时交叉双臂与听时的效果是不同的。倾听的时候，只要双臂抱得不是很紧，就可以帮助放松情绪，有助于接听别人的信息。而当你讲话的时候，交叉双臂则会让你显得冷淡、傲慢，并且对自己传达的信息没有兴趣——这些都有悖于你想要传达的信息。

第六节　电话沟通技巧

由于电话沟通在客服中所占比重较大，所以，掌握电话沟通技巧就成了客服人员的必修课。

一、电话交流的步骤

(1) 热情问候。

(2) 创造和谐的氛围(微笑接听)。

(3) 尝试体会客户现时的感受。

(4) 对客户加以引导(不断引导用户按照你的思路来走，如果任由他想到什么问什么，那么通话将会无休止，而且这将大大降低你销售的成功率)。

(5) 核对客户记录。

(6) 礼貌结束。

二、电话交流的技巧

1. 了解客户需要

指明白客户的来电意图，回应准确的答复与合适的建议。

2. 让客户知道你在积极地听

指客户讲话过程中积极地回应、引导，如：嗯，是的，您说得对，等等。

3. 培养换位思考的习惯

重视客户想了解的内容，不要强调你为客户做了什么，而要强调客户能得到什么！

4. 根据对方的个性类型进行电话沟通

从接听电话开始，客户的语气及说话方式就可以暗示出对方的类型，因此，需及时调整与客户沟通的方法。

5. 掌握职业电话礼仪

了解如何合理询问对方的相关信息，如何应对误打及适时挂断电话等。

6. 语音、语气的应用

应用时需要掌握的原则是：专业但不生硬、友善但不虚伪、自信但不傲慢、礼貌但不卑微。服务人员在电话沟通中要注意：用语规范，音量适中，语调平稳，语气亲切，语速正常，吐字清晰。建议在接听每一个电话前试着面带微笑！

第四章

客户服务技巧

服务很简单，甚至简单到荒唐的程度，虽然它简单，但要不断地为客户提供高水平、热情周到的服务，谈何容易。

——霍莉·斯迪尔(美国《顶尖服务》作者)

服务的质量体现在服务的整个过程中。这个过程是一个服务接触的过程，一般分为 4 个主要步骤：接待客户、理解客户、帮助客户、留住客户。客户服务中很关键的一点是要关注服务接触的全过程，在这个过程当中，每一个阶段都有一些非常重要的技巧可以帮助你做到以客户为中心。

第一节　客户接待技巧

客户对于服务的感知，即感觉服务好或是不好，很大程度上取决于一开始接待服务的质量。不同的客户，其需求也是不一样的，因此，在接待客户的时候，客服人员应该关注他们的不同需求，提供个性化的服务。这是客户服务的最高境界，要做到这一点需要付出相当大的努力。

一、接待客户前的准备

(一) 理解客户对服务的要求

要提供优质的服务，就要了解客户如何评价服务，了解客户对服务的要求。概括起来有 5 个方面的要求：可靠度、有形度、响应度、同理度、专业度。

1. 可靠度

可靠度，是企业或客服人员可靠地、准确地履行服务承诺的能力。可靠性往往是客户最看重的一个方面。综观许多不同的行业，可靠性一向是决定服务感知质量的一个重要因素。试想一下投递员包裹送错了或航班经常发生延迟，客户会怎么想。

2. 有形度

有形度就是指有形的设施、设备、人员等外在呈现出来的东西。客户刚开始接受服务的时候，通常是通过有形度来感受的。优美的服务环境、摆放整齐的商品、客服人员仪表都在向客户传递着信息。这些都是我们称之为有形度的东西，客户是否购买、对服务是否满意，第一印象非常重要，而第一印象主要来自有形的事物。客户刚开始往往更在意有形度。这是客户认识和选择服务的开始。

3. 响应度

响应度就是我们一直谈到的服务效率和服务速度的问题。时间就是金钱，浪费客户的时间会影响客户的情绪，客户在这方面的期望值是非常高的。当客户给公司打电话的时候，他们期望的是有效及时的服务。比如说，如果一个保险代理人说他 12 小时内会打电话过来，客户就会希望电话在这一时段响起。

4. 同理度

同理度就是我们所说的同理心的问题，就是服务人员能够在多大程度上理解客户的需求，理解客户的想法，设身处地地为客户着想，给予客户特别的关注。同理度要求服务人员在客户需要帮助的时候，一方面需理解客户的心情，另一方面需理解客户的要求，即客服人员能够通过提问的方式迅速了解客户的需求，这样客户就会觉得这个企业或服务代表不错，他们的服务态度和质量都令人满意。

同理度还体现在态度上。比如顾客到一家商场买东西，他关心的不仅仅是商场的购物环境、商品质量，还会关注服务人员对待他的态度，这也是很重要的。

同理度还指以适当的方式和顾客交流。你曾经走进一个医生的诊所而出来时觉得被那些医学行话弄得晕头转向吗？如果是这样的话，那么这个医生在通过适当的交流让顾客理解上，就没有显示出足够的同理度。

有些企业有形度很好，但是其同理度给人的感觉很差，客户会觉得服务人员不关心、不尊重他，也没有服务的意识。

5. 专业度

客户之所以选择一个企业，一是看这个企业是不是很专业，有没有解决问题的专业能力，二是看其提供服务的人员是否很专业，能否提供专业的服务。如客户买家用电器会去家电专营店、买手机会去手机专营店、买电脑去电脑专营店，因为它们能提供专业的服务。如果顾客去看病，可能会选择最专业、最好的医院，也可能去一般的医院，选择最专业化的医生。

客户往往从以上 5 个方面来综合看待一个企业服务的优劣，但通常情况下，客户在选择企业的时候，最看重的是可靠度，这是首选要素。既然客户是通过这 5 个方面来看待我们的服务的，服务人员就必须通过这 5 个方面的努力来提升自己的能力，为客户提供更好的服务，赢得客户最大的满意度。

(二) 克服客户服务中的障碍

在提供优质客户服务的过程中存在着许多障碍。经常遇到的障碍涉及以下几个方面：管理理念；急需解决问题的客户很难联系到能真正为之提供帮助的公司或个人；不可靠的设备；保守的公司政策；难以理解的担保书或用户手册；过时的程序和流程；对服务的价值理解不足。大多数情况下，这些障碍都不是客户服务人员能够控制的，但它们却是客户服务工作中的基本部分。

但有些障碍是在客户服务人员控制范围之内的，并且通过努力，就能克服，从而使自己尽可能好地完成工作，这些障碍包括：

(1) 懒惰。

(2) 贫乏的沟通技巧。

(3) 糟糕的时间管理。

(4) 态度问题。

(5) 情绪化。

(6) 缺乏足够的培训。

(7) 无法应对压力。

(8) 缺乏控制的权力。

(9) 自作主张。

(10) 人员不足。

客户服务人员必须定期进行自我评估，以评价效率，确认需要改进之处。一旦进行了评估，每个人都必须积极地进行调整，还必须进行自我监督，以免重复以前的错误做法。

(三) 分析客户需求

根据马斯洛的需求层次理论，客户的需求是不断发展变化的，随着较低层次需求的满足，就会追求更高层次的需求。企业的客户需求是千差万别的，对于客户的需求，客户服务人员需要提前预测。

一般而言，客户需求有以下 4 种：信息需求、环境需求、情感需求、便利需求。

1. 信息需求

信息需求的内容主要是有关产品或服务质量、价格、品种等方面的信息。比方说你去餐厅吃饭，就希望知道餐厅有什么菜，哪道菜是招牌菜，哪道菜的口味最好，多长时间能够端上来，价格是多少，等等；如果你的手机需要维修，你希望维修人员告诉你手机出了什么毛病，修理需要多长时间，大概会花多少钱，这些是你非常关心的 ……要满足客户的这种信息需求，就要求服务人员做好充分的准备，不断地充实自己的专业知识，因为只有具备了很高的专业知识，才有可能为客户提供满意的服务。

2. 环境需求

作为服务人员，还要预测客户对环境的要求。客户会对环境有什么要求呢？假设你去银行取钱，当你需要写东西的时候，你可能需要把椅子；在天气很热的时候，你希望营业厅里开着空调；如果需要你等候很长时间，那么你一定希望有一些书刊、杂志可以供你打发时间。这些我们称之为对环境的需求。

当然，环境需求还包括其他一些因素。比如有的客户带着小孩子，这时他的需求可能就不一样了，他希望你能够为他的孩子提供一个玩耍的场所，很多大的商场里面都有托管儿童的区域，在托管区设置一些玩具，儿童可以在里面玩。这样家长可以去自由地选择商品，而孩子可以交给商场的员工来代管。如果是电话服务，也同样有一些特殊的环境需求，比如客户希望在接听电话的时候有一个安静的环境，因而很多企业的坐席都有很好的隔音装置，就是为了让客户能够清晰地听到服务员所说的话，这就是电话服务中的环境需求。

3. 情感需求

情感需求是客户在感情上需要获得客服人员的理解和认同。这种需求最难预测。

4. 便利需求

便利是满足个人利益的一个重点。例如汽车变速器自动变挡的便利性是吸引许多女性购车的重要原因，电话软件设计时的简便性也是客户挑选的重点。便利性是打动许多人购买的关键因素。

二、欢迎你的客户

做好了充分的准备以后，我们需要欢迎我们的客户，这个技巧是非常重要的，但是目前很多企业的服务人员在这方面做得都非常欠缺。在欢迎的技巧中我们需要做到以下几点。

(一) 职业化的第一印象

首先要给客户职业化的第一印象。作为客户，他非常关注服务人员带给他的第一感受。在客户服务质量的五大要素当中，第一个就是有形度，要求服务人员的穿着、外表等要给人很职业化的感觉。

人们特别看重他人给自己留下的最初印象，并有意无意地据此来看待和评价其以后的表现。留给客户的第一印象对客户以后的情绪走向有着决定性影响。

1. 个人形象

爱美之心人皆有之。端庄的相貌，优雅的举止，和谐的穿戴和翩翩的风度，可以给人以美的感受，因而会对他人产生吸引力。在与客户接近时，个人形象是举足轻重的一环，一个优秀的客户服务人员，往往具备得体的着装、优雅的气质，处处显得干净利索、恰到好处，会给人留下美好的印象。在这方面，主要应注意以下几点。

- 整齐清洁的形象。

- 发不覆额，流行的发型不见得适合去见客户。
- 干净的鞋面及鞋跟。
- 着装仪表要体现出职业化的素质。

因为这样会让客户觉得值得信赖。

研究结果表明，初次见面时对方的外表魅力与想再次与之相见的相关系数为 0. 89，这要比其他特征，如个性、兴趣相同等的相关系数高。由此可见，人的仪表在人际交往中有重要影响。

2. 服务态度

第一印象不仅指个人的外在形象，还包括个人的精神状况、行为方式等诸多方面，也即在初次见面时，客服人员的服务态度。服务态度即敬业精神，客服人员的一言一行都能反映出他的工作态度，而充分的事前准备则可以改善工作表现。客服人员对公司、对产品以及对约见的客户都要有信心，而这种信心，正是良好的工作态度和敬业精神产生的源泉。

① 心怀对客户的感激之情

客服人员的工作便是和客户接触，进而促进销售提高客户满意度。所以不论遇到什么样的客户，都应该心怀感激之情。只有这样，才能使自己工作愉快。

② 以微笑服务温暖客户

身为客服人员，就必须以温和、亲切的微笑来招呼客户。当然，如果一个客服人员经常心怀感激之情对待客户，自然就容易面带温和的笑容了。

③ 愉快且有分寸地与客户交流

客服人员初次与客户交谈时，应避免自说自答或没有分寸地开玩笑。正确的做法是：一方面向客户介绍产品知识或与服务有关产品的维修知识和维修地点、产品退换方法等售后服务内容；另一方面也可亲切愉快地和客户谈论一些别的话题，但切忌乱扯，妨碍正常的销售。

(二) 欢迎的态度

态度在这里是非常重要的，因为它决定着客户对整个服务的感知。当客户进来的时候，客服人员应该很热情地接待他。如果本来是坐着的，至少要起来欠欠身，脸上露出笑容，以表示对客户的欢迎，可是我们经常会发现，就是这个最基本的态度，服务人员通常都很难做到，除非他想把东西卖给你的时候，你才会感觉到这一点。商场里面的导购员对你就会很热情，餐厅里的领位也会很热情，因为你要把钱带给他。但是在一般的服务场所就不是这样了——当你去维修电器的时候，你是否发现他们的脸上很僵硬，没有什么表情？因为他们通常根本想不到这一点。所以说欢迎的态度对于客户来说是非常重要的，服务人员要微笑，要体现出这种态度来。

(三) 全力以赴做好最初的几分钟

要让一个素不相识或相识不久的客户，在短短的两三分钟内产生“这个人好像蛮可靠的”“这个人真有趣”的感觉，绝非三言两语就能办到，客服人员势必得倾注全力才能赢得对方的好感。

称职的客服人员在接待客户前首先应当大致弄清客户的需求，所以客服人员不但要掌握客户的信息，而且要控制局面，知道自己应当做什么和不应当做什么。

(四) 成功地打造引人入胜的开场白

要想引起客户注意，引发客户兴趣，适时地开始谈话是成功的前提条件。一个积极的谈话开端可以分为 5 个阶段。

1. 友好的问候

通过友好的问候，可以把客户引入到一个信任、友善的氛围中。

2. 对客户做出的各种姿态给予接受

永远不要拒绝客户向你提供的一把椅子或一杯咖啡，否则客户会逐渐停止给你提供帮助，而你在下订单的时候非常需要这种帮助。请接受这些友好的姿态，接受客户的帮助。

3. 郑重交换名片

跟客户交换名片时要认真地拿在手上，这是对自己也是对客户的尊重。不要将客户的名片随意丢在桌子上，也不要老拿在手里。

4. 使用尊称

如何称谓是谈话的基础。使用“您”等敬语能使客户明白你对他的尊敬。所以，开场白要简明扼要，要一下子就能抓住客户的注意力。只有这样，下面的工作才有可能继续。

5. 寻找共同的话题

当客户进店之后，在客户观望时，客服人员为了和客户之间培养良好的关系，最好尽早找出共同的话题。当然，询问是绝对少不了的，客服人员在不断的发问当中，很快就可以发现客户的兴趣。

打过招呼之后，谈谈客户感兴趣的话题，可以使气氛缓和一些，接着再进入主题，效果往往会比一开始就立刻进入主题来得好。

天气、季节和新闻也都是很好的话题，但是大约一分钟就谈完了，所以很难成为共同的话题。关键在于客户感兴趣的东西，客服人员多多少少都要懂一些，如流行音乐、体育、时尚性话题。要做到这一点必须靠长期的积累，通过不懈的努力来充实自己。

还有一点很重要，在某一方面我们永远赶不上专家，因此谈话要适可而止。

(五) 关注客户的需求

关注客户的需求就是我们提到的要预测客户的 4 种需求。这里主要是指在接待客户的同时要注意观察客户的需求，以便提供个性化的服务。

三、提供个性化的服务

调查研究表明：客户只希望与值得信赖的人打交道。因此，客服人员不仅要学识渊博、技术能力强，同时，言谈举止要温文尔雅、文明礼貌。

调查也表明，客户难以忘怀的服务体验主要来自个性化接触，而并非某些物质性因素。例如，客户购物时所处的环境就没有服务人员的态度给人的印象深刻。

服务个性化是针对客户的行为习惯、偏好和特点向客户提供满足其各种个性需求的服务。比较常见的观点认为，赢得客户忠诚的有效方法是“不断完善产品和服务”，并以更具竞争性的价格出售该产品；也有部分人士将这种观念升华为向经常光顾的客户给予各种优惠条件和最大的折扣……这些做法都没有把客户的个性化价值取向作为企业的服务核心，而是把客户看作一个巨大的、差别较小的群体。事实上客户是千差万别的，他们的需求也是多样的。基于这样的原因，客户服务人员需要树立个性化服务的理念。要实现个性化服务，需要掌握下面的一些技能。

(1) 运用 CRM 系统进行个性化的需求分析。客户的需求不仅随客户年龄、职业、知识结构等的变化而改变，还会随着社会环境的变化而改变，客户会根据社会和自身的发展需要，不断产生新的个性化需求。这就有必要利用 CRM 系统进行客户需求分析，进而制定满足个性化的服务方式。

(2) 掌握不同客户的兴趣、偏好和特点。不同客户的特质是不同的，有的客户对价格情有独钟，有的客户希望自己能获得关注，有的客户则希望客户服务人员能为他提供更多的专业信息。

(3) 主动地、有针对性地为客户提供个性化服务。比如，生产性企业可以为客户定制他们所需要的商品和服务方式；客户服务人员可以针对客户的行为习惯、偏好和特点来向客户提供满足其不同需求的服务，从而有的放矢地进行服务。

(4) 根据不同客户的行为特征，提供相应的信息服务。如提供定制的或反映客户偏好的个性化网页，利用网络实现在线帮助，对购买的产品进行网上跟踪服务等。

四、接待不同客户需不同的技巧

客服人员每天要接待各种各样的客户，要想让他们高兴而来，满意而归，关键就是要采用灵活多样的接待技巧。

(一) 接待不同身份、不同爱好的客户

(1) 接待新上门的客户要注意礼貌。

(2) 对老客户要热情。

(3) 对性急的客户要快捷。

(4) 对精明的客户要有耐心。

(5) 对女性客户要突出时尚、美感。

(6) 对老年客户要突出方便和实用。

(7) 对需要参谋的客户不要推诿。

(8) 对有主张的客户不要去打扰他。

(二) 接待不同性格的客户

由于每个人都有自己与众不同的性格，即使是同一需要、同一动机，在不同性格的客户那里，也会有不同的表现。

对于不同心理特征的人，要有针对性地采取不同的方法，才能使之心动。

1. 冷淡型

对待这类客户，客服人员的谈吐一定要热情，无论他的态度多么令人失望，都不要泄气，要主动、真诚地和他们打交道。

2. 自高自大型

自高自大型的人有时故意摆着架子，趾高气扬的。摆架子的目的无非是虚荣心在作怪，要别人承认他的存在和地位。对于这种客户，要顺水推舟，首先让他吹个够，客服人员不但要洗耳恭听，还要不失时机地附和几句。对于他提出的意见不要作正面冲突。他讲够了的时候，再巧妙地将他变为听众，反转他的优越感，让他来附和你。

3. 沉默型

沉默型客户金口难开，沉默寡言，性格内向。但这类客户往往态度很好，对人很热情，满面笑容，彬彬有礼，但是很少说话。客服人员一定要让他先开口说话。例如，提出对方乐意回答的问题，提出对方关心的话题等。和这种人打交道一定要有耐心，提出一个问题之后，即使对方不立即回答，客服人员也要礼貌地等待，等对方开了口，再说下一个问题。

4. 慎重型

慎重型客户办事谨慎。在决定购买以前，对商品的各个方面都会仔细询问，等到彻底了解和满意时才下最后的决心。而在他下决心以前，又往往会与亲朋好友商量。对于这样的客户，客服人员应该不厌其烦地、耐心地解答客户提出的问题。说话时态度要谦虚恭敬，既不能高谈阔论，也不能巧舌如簧，而应该以忠实见长，朴实无华，直而不曲，话语虽然简单，但言必中的，给人以敦厚的印象。尽量避免在接触中节外生枝。

5. 博学型

如果遇到真才实学的人，客服人员不妨从理论上谈起，引经据典，纵横交错，使谈话富于哲理色彩，言词含蓄文雅，既不以饱学者自居，又给人留下谦虚好学的印象。甚至可以把自己要解决的问题作为一项请求向客户提出，请他指点迷津，把他当作是良师益友，就会取得他的支持。

总之，对待不同的客户，要采取不同的接待方式。因人而异，恰到好处，才能成功。

第二节　理解客户的技巧

客服人员接待客户后要注意感知客户的需求与期望，以便提供有针对性的服务。

一、理解期望

每个客户在进入一种已知或未知的环境时，都有一系列的期望。期望可能是肯定的，也可能是否定的。有多少次你已经预测到可能会有不愉快的结果，但仍然进行尝试，结果却发现其实根本就没有尝试的必要。期望在某种程度上依赖于我们的感知。如果上一次你与一家公司的互动过程是消极的，当要再次与这家公司打交道时，你可能会抱有再次对它的产品和服务不满意的期望，正因为如此，你可能会"全副武装，严阵以待"地去迎接新的互动。

有时，公司和员工都错误地认为他们无法满足客户的期望，这经常是因为他们误解了客户的期望。

美国一所教育机构曾经就学生对学校的期望分别对校方和学生进行了非正式的调查，结果表明学生的期望与校方对学生期望的认知之间存在巨大的差距。以下是校方列出的学生对学校最期望的五项内容。

① 不费力气就能通过考试。

② 为注册提供更多的便利。

③ 短暂的课程。

④ 没有阅读作业。

⑤ 更多的车位。

而学生自己对学校的五项期望是这样排列的。

① 有利于学习的环境。

② 可调换的课程。

③ 关心学生并知道学生姓名的辅导员。

④ 在停车场内或建筑物内的安全。

⑤ 更多的车位。

两张列表之间的差别是显而易见的。如果说所有学生的期望都与调查结果一致，是不正确的；如果说学生的期望中没有一个与校方的认知一致，这也是不符合事实的。

重要的是，从这组对比中，我们认识到，客户的期望往往比我们所想的更简单，成本也更低廉。这些学生的期望实施起来比较容易，或者说是轻而易举，但是由于校方不了解他们的期望，就可能无法满足学生的需求。

二、期望的层次

客户服务人员要意识到客户的期望有不同层次。期望可以被分为两类：首要的期望和次要的期望。

首要的期望是客户对购买行为最基本的要求。比如，在餐馆里，我们首要的期望是填饱肚子，让别人去烹饪，然后支付合理的价钱。

次要的期望是基于以前的经历、比首要的期望更高层次的一种期望。仍以在餐馆用餐为例，我们次要的期望是享受好的服务，受到热情的招待，并享用可口的食物。

客户的期望不是一成不变的，而且每个客户都有一些自己独特的期望，这就对我们提出了挑战，但是这也使我们有机会始终不懈地为成为符合客户期望的客户服务人员而努力。

三、识别不合理期望

客户期望值首先源于过去的经历，然后还有口碑的传递以及个人的需要，而很多不合理的客户期望值都源于个人的需要。这种期望值通常是很难被满足的，我们把不能满足的个人需求称为不合理的期望值。

客户期望值有时候看起来是不合理的，但是在将来也许会变成合理的。比如，以前谁也没有想到飞机票可以降价，可以打折，但它现在就成了现实。但是如果从企业管理的角度来看，企业往往只是看到了自己能否满足客户的期望值，却忽略了这个期望值是合理的还是不合理的。

我们认为，界定期望值是否合理，应该以行业标准来确定。如果整个行业都没有满足客户某种需求的先例，那我们就认为客户的这个期望值是不合理的。比如住酒店，如果客户要求加床但不加钱，由于所有的酒店都没有这种规定，就可以认为客户的这个要求是不合理的。反之，假如客户的要求仅仅是某家企业不能满足，而别的企业可以满足，就不能认为客户的这个期望值是不合理的。比如，顾客要求餐厅打折，因为附近的餐厅都能打折，这个时候如果餐厅认定客户期望值是不合理的，就说明餐厅在这方面是没有竞争优势，除非在其他方面有优势。像品牌衣服，一般要比普通衣服贵很多，但照样卖得很好。因为客户选择服务的时候，首选信赖度，品牌衣服的信赖度高，即使贵，客户也认了。

因此，客户期望值是否合理的界定标准应该是行业标准，超过行业标准的期望值都是不合理的期望值。

客服人员可以利用沟通技巧(见本书第三章)或者预测方法，来了解客户期望、区分期望的层次以及界定不合理期望。

四、找到客户的购买理由

作为客服人员可从以下几个方面了解客户购买商品的理由。

1. 商品的整体印象

广告人最懂得从商品的整体印象上来满足客户购买产品的动机。“劳力士手表”“奔驰汽车”虽然是不同的商品，但它们都可以作为客户身份地位的象征。整体形象的诉求，最能满足地位显赫人士的特殊需求。针对这些人，你在销售时，不妨从此处着手试探客户最关心的利益点是否在此。

2. 成长欲、成功欲

成长欲、成功欲是人类需求的一种，类似于马斯洛所说的自我成长、自我实现的需求。

例如，电脑能提高工作效率，想要自我提升的人就要参加一些学习班上电脑课，以满足个人成长的需求。

3. 安全、安心

为满足个人安全而设计的有形、无形的产品不可胜数。无形的产品如各种保险，有形的产品如防火器材。安全、安心也是客户选购产品经常会考虑的理由之一。一位玩具销售人员提到，每次有家长带小朋友购买玩具时，由于玩具种类很多，总是难以取舍，但是只要在关键时机巧妙地告诉家长，某个玩具在设计上是如何考虑到玩具的安全性时，家长们几乎都立刻决定购买。

4. 人际关系

人际关系也是一项购买的重要理由。例如，经过朋友、同学、亲戚、师长、上级的介绍而迅速完成交易的例子也是不胜枚举的。

5. 系统化

随着电子技术的革新，现在许多企业都不遗余力地进行着工厂自动化、办公室自动化(OA)的发展。这些企业购买电脑、打印机、复印机、传真机等OA产品的时候，普遍都以能否构成网络为条件而做出选择，这便是因系统化的理由而做出购买行为的例子。其他如音响、保安等系统化都是能引起客户关心的利益点。

6. 兴趣、嗜好

商品若能和客户的兴趣、嗜好结合在一起，只要抓住这个诉求点，则一定能让双方都满意。

7. 价格

价格也是客户选购产品的理由之一，若客户对价格非常重视，你可以向他推荐在价格上符合其要求的商品，否则只有找出更多的特殊利益以提升产品的价值，使他认为值得购买。

8. 服务

服务分为售前、售中及售后服务。因服务好而吸引客户络绎不绝的商店、餐厅、酒吧比比皆是。售后服务更能满足客户安全及安心的需求。因此，服务也是客户关心的利益点之一。

以上几个方面能帮助客服人员及早探测出客户关心的利益点，只有客户接受你销售的利益点，你与客户的沟通才会有交集。

五、理解客户的技巧

理解客户的需求与期望是很困难的，客服人员要全身心地注意客户在说什么，通过倾听、提问、复述来理解客户的需求与期望。

(一) 倾听技巧

倾听，不但可以帮助自己了解客户的内心世界、处境情况，而且可以显示我们对客户的重视，从而使其对我们产生信赖感。当然，也只有认真的倾听，才能听出客户的弦外之音，才能明了客户的深层欲望(具体技巧见第三章第二节“倾听技巧”)。

(二) 提问技巧

客服人员有针对性地提出一些问题，然后帮助客户做出相应的判断，这样可以提升理解客户需求的效率。优秀的服务人员能够通过几个问题迅速地找到客户的核心问题在哪里(具体技巧见第三章第三节“提问的技巧”)。

(三) 复述技巧

复述技巧包括两个方面，一方面是复述事实，另一方面是复述情感。这与倾听的内容是相同的，因为复述也就是把你所听到的内容重新叙述出来。

1. 复述事实的技巧

在餐厅吃饭，点完菜以后，服务员都会把所点的菜名复述一遍，这就是复述事实。复述事实的好处是什么呢？

① 分清责任。服务人员通过复述，向客户进行确认，验证所听到的内容。如果客户没有提出异议，那么一旦出现问题，责任就不在服务人员了。

② 起提醒作用。复述事实还有一个好处就是可以提醒客户是不是漏了什么内容，是不是还有其他问题需要一并解决。有时候客户也不明白自己需要什么东西，当你重复完，可以问问客户还有什么要补充的，如果客户说没有了，就可以进入解决问题的阶段了。

③ 体现职业素质。复述事实还可以体现服务人员的职业素质。对事实的复述不仅要体现出服务人员的专业水准，更重要的是让客户感觉到对方是在为自己服务，自己是享受服务的上帝。这种感觉是很重要的，因为它在一定意义上满足了客户情感的需求。

2. 复述情感的技巧

所谓复述情感，就是对于客户的观点不断地给予认同。“您说得有道理”“哦，我理解您的心情”“我知道您很着急”“您说得很对”……所有这些都是情感的复述。在复述技巧当中，以复述情感的技巧最为重要。

总结日常生活、工作中的经验，你就会发现，通过倾听、提问和复述 3 个技巧能够很快地掌握客户的需求。但是，这 3 个技巧需要长期锻炼才有可能达到一定的境界。

第三节 满足客户的期望

了解客户期望后，就可以提供相应的服务了，但是有些期望可以满足，有些期望不能满足，客服人员该如何满足或降低客户的期望值，最终与客户达成协议呢？

一、专业地介绍自己的产品

要使客户购买自己的产品，必须使客户对自己的产品有所了解，这是促成客户购买的前提和关键。所以在客户购买之前，向客户专业化地介绍自己的产品非常重要。

1. 对产品了如指掌并发自内心地喜欢它

只有自己对产品了如指掌，才能在介绍时流利地向客户展示。要发自内心地喜欢自己的产品；只有喜欢自己的产品，在讲解时才能让它具有生命力，你的讲解才会更具说服力和煽动力。

2. 做好产品演示的准备

在介绍产品之前，必须做好演示的准备，将要介绍的内容熟记于心。在每一次产品介绍前都得先确定：想介绍什么？怎么介绍？以什么顺序？怎样才能给客户留下深刻的印象？

3. 介绍时要条理清楚、符合逻辑

产品介绍的整个过程要有逻辑，条理清楚。操作、使用必须简单易学，使客户有兴趣立刻就去操作。换言之，通过系统的介绍，使客户能够“学会”如何使用产品。

4. 以客户的兴趣为中心，吸引客户注意

在产品介绍之前要对客户想了解什么做基本的分析，这样才能有针对性地介绍产品。产品演示必须吸引客户的注意力。尽量多演示，少说话!

5. 调动客户的积极性

调动客户的积极性是激发客户购买的关键，一个积极性不高的人是不会采取购买行动的。这就需要在介绍产品时想方设法，从客户的需要出发，调动他的购买积极性。

总之，产品介绍对促成客户购买非常关键。恰当的介绍不仅能使客户更快地掌握产品的性能和使用方法，而且能促使正在犹豫的客户早下决心。但是，如果产品介绍含糊不清或夸大其词，那就会弄巧成拙，只能收到相反的效果。

二、提供信息与选择

客服人员可以给客户提供更多信息和解决方案，供他选择。就像谈判一样，可以提供一号方案、二号方案，一个不行，还可以用另一个。

1. 客户需要更多的信息和选择

客户的需求实际上有表面的需求和内在的需求两个层次。比如客户想买一把扇子，他的表面需求就是一把扇子，但是从内在需求的角度看，他实际上是想得到凉爽的风或者说驱散暑气。从前者讲，你只能卖给他一把扇子；而从后者讲，你却可以卖给他电扇或者空调。因此，从内在需求的角度来看，满足客户需求的解决方案有很多。

作为客户，人们首先需要得到尊重和认可，不管要求能不能满足，客户服务代表只有表现出一种很积极的愿望，给客户一种已经尽力的感觉，才能获得客户的同情。

很多服务人员在这方面做得很糟糕，不但不能给客户一种尽力帮忙的感觉，反而让客户觉得并非公司不想办，而是服务人员嫌麻烦，从中作梗。最后客户恼火了，可能会这样说："把你们经理找来!我跟他讲。"

从这个角度讲，客户需要更多的信息和选择。如果服务人员能有四五套方案供客户选择，就算这四五个方案客户都不喜欢，他也会觉得服务人员已经尽力了，甚至会看在这个人的面子上选择一个方案。

2. 更多信息和选择等于增值服务

如果我们能够提供更多的信息和选择，客户服务就有可能变成增值服务。客户不满意，你可以加送一张卡或者其他小物品，他就会有一种得到增值服务的感觉。因为有些客户提出自己的期望值时，他自己非常清楚这个期望值是不现实的，这只是他口头上的期望值，他往往还会在心里给自己设定一个低于口头期望值的底线期望值。服务人员只要能够提供超出甚至等于其底线期望值的服务，客户实际上就得到了满意的服务或者增值服务。就像买衣服砍价一样，一件衣服卖 180 块钱，其实你心理承受价是 90 块钱，但是你一定不会给他 90 块钱。你可能会问："60 块钱卖不卖？"而你也知道 60 块钱这个期望值是不能够实现的，只是想试一下，看看行不行。但是毕竟你提出来了，服务人员无法满足你，就要降低你的期望值，提供另外一个方案："90 块钱你要吗？"这时你就勉强能接受了。"我再送你一个胸针。"那么你会更易于接受，这就是增值服务。但是如果服务代表给予的和客户的期望值相差太远，就像谈判一样，势必是要破裂的。因此，提供更多信息和选择在恰当的时机就等于提供了增值服务，其前提是客户已经认识到他的期望值本身是不够合理的。

三、设定客户期望值

1. 设定期望值的目的

在现实工作中，很多时候我们都会非常明确地告诉客户，他的问题是否能够按照他提出的期望值解决。那么设定客户期望值的目的是什么呢？由于客户往往抱着比较高的期望值，使服务代表很难完全满足，那么服务代表就要把客户的这个期望值明确一下，告诉他哪些可以满足，哪些不能满足，适当降低客户的期望值。而最终的目的是与客户达成协议，这种协议应该是建立在双赢的基础上的。

在服务工作中，特别是对于客户的期望值的管理和设定的问题上，要用到一些谈判的技巧。

谈判有四种模式：赢—赢、赢—输、输—赢和输—输。现在的商务谈判中都提倡用赢—赢模式，即双赢的谈判。双赢的谈判是在双方的让步之下达成的，即所谓"漫天要价，就地还钱"，是在讨价还价的过程中达成双方都可以接受的协议。但有的时候通过讨价还价也很难达成协议，除非你早就准备好了不同的方案使对方有接受的可能。比如你坚决维持原来的价格而不给客户任何补偿，这时要想达成协议就会变得很难。因此，服务技巧并不是万能的，不能够解决所有的问题。在实际工作中我们会发现，有时候你所设定的期望值和客户的期望值差距太大，就算你有各种技巧，恐怕他也不会接受，因为你无法满足他最重要的期望值。

因此，如果我们能够有效地设定客户的期望值，也就是告诉他什么是他可以得到的，什么是他不可以得到的，那么我们就可以最终达成协议。

2. 降低期望值的方法

当你无法满足一个客户的期望值时，可以考虑去降低客户的期望值，从而达成协议。要想降低客户的期望值，首先要通过提问了解客户的期望值。第二步，对客户的期望值进行有效的排序。客户对一次服务或者某一个产品都会有不同的期望值，这些期望值都是他希望得到的，但是其中一定会存在一些矛盾的地方，最大的矛盾应该是价值和产品之间的矛盾。作为服务人员，这时你所能做的事情就是帮助客户分析究竟哪一个期望值对客户来说是最重要的。请记住，人和人不一样，期望值也会因人而异，对同样一件事物可能每个人的期望值都会不同；并非每一种服务或产品对每个人都有价值，可能对有些人来说是必不可少的，但对另一些人而言则是可有可无的，甚至是完全无用的。

四、超越客户期望的技巧

要想超越客户的期望，可以尝试以下这些方法：

(1) 熟悉你的客户。要清楚谁是你的客户以及他们购买的理由，还要了解他们的好恶。

(2) 询问客户的期望。识别他们从你这里购买的好处以及他们希望你做而你还没有做到的事情。

(3) 让客户知道他们能得到什么。即对客户做出承诺。

(4) 满足他们的期望。即兑现你的诺言。

(5) 保持一致性。不要向客户承诺你做不到的事情，既然承诺了，就一定要做到。客户希望每次的购买体验都是令人愉快的。

超越客户期望的一个关键，就在于记住客户的期望是不断变化的。在很长一段时间内，美国的汽车行业代表了世界汽车业的最高标准，拥有大量忠实的客户，确立了一系列行业标准，在市场上的地位坚如磐石。但与此同时，其他国家的汽车制造商都在注视着这个市场，都在关注着客户喜欢什么、不喜欢什么。美国人根本没有注意到这些潜在的竞争对手，毕竟是他们制定了行业的标准。突然，似乎就在一夜之间，一群新的制造商就进入了市场，这些制造商非常清楚客户认同美国车的哪些方面以及不认同哪些方面。美国的汽车工业因此遭到了极大的冲击。客户为什么会转过身去购买非美国汽车制造商生产的汽车呢？

美国的汽车制造商忘记了，一套标准的确立实际上是为竞争对手提供了超越的机会。没有一个行业能够不理会竞争者、不满足客户不断变化的需求而留住忠诚客户的。

五、拒绝客户的技巧

当客户提出了过分的要求或者你满足不了客户提出的服务时，应该予以拒绝。所以服务人员在进行客户服务的过程中，既是在满足客户的期望，实际上也有一大部分工作是在拒绝客户的期望。拒绝期望也需要一定的技巧。

1. 用肯定的口气拒绝

在肯定对方观点和意见的基础上，拒绝对方，例如，“好主意，不过恐怕我们一时还不能实行”。用肯定的态度表示拒绝，可以避免伤害对方的感情。

2. 用恭维的口气拒绝

拒绝的最好做法是先恭维对方。例如当客户喜欢你的商品又想压价的时候，你可以婉转地对他说：“您真有眼光，这是地道的××货，由于进价太高，我很遗憾不能给您让价。”这样就不会让对方觉得不快。

3. 用商量的口气拒绝

如果有人邀请你参加集会，而你偏偏有事缠身无法接受邀请，你可以这样说：“太对不起了，我今天实在太忙了，改天行吗？”这句话要比直接拒绝好得多。

4. 用同情的口气拒绝

最难拒绝的人是那些只向你暗示和唉声叹气的人。但是，你若必须拒绝，用同情的口气可能会好一些。

5. 用委婉的口气拒绝

拒绝客户，不要咄咄逼人，有时可以采用委婉的语气拒绝他，这样不至于使双方都尴尬。

六、捕捉客户成交信号

在介绍产品、服务的过程中，客服人员可以一直采用试探性问题使自己处于有利地位，从而使交易的达成顺理成章，引导客户作出成交的决定。客服人员在与客户初步接触时，除了寒暄问候，进行自我介绍以外，就是不断对产品、服务的特质、优点、领先的技术进行介绍和宣传，并不断通过提问了解客户当时的状态：他(她)真的听到你的介绍了吗？他(她)目前最关心的是什么？价格？产品的技术？产品外观？售后服务还是品牌？这时，客服人员触及的是客户的购买清单，而之后做出的所有陈述，也是与之紧密相关的。

试探性问题可以看做是客服人员用来传递购买的信号，客户对这些问题的肯定可以看成是打算成交的信号。客服人员必须在第一时间抓住这些信号，并督促或帮助客户完成购买。

客服人员可采用封闭式的问题来试探客户，让客户从A或B中选择一个成交的答案，例如，“您是想通过银行划账，还是想付现金”，客户自然会沿着你的思路往下想。

常见的反映客户同意成交的信号有：

- 对方有积极反应。
- 因心中紧张，眯着眼睛或眨眼次数减少。
- 进一步提出各种更详细的问题，俗话说“嫌货才是买货人”，真正有购买欲望的人才愿意和你多说话。

- 开始认真讲价，说明在客户心中“买”与“不买”已经开始较量。
- 发出抱怨，而且抱怨的是产品、服务与他本人紧密相关的部分，因为如果他自己压根就没有欲望，哪里还会有什么抱怨呢？
- 当他与第三者商议时，你要马上笼络第三者。交易进行到这一步时，要静观其变，而不要大张旗鼓地进行再游说等工作。此时个人的诚意，占着很大的比例。同时，你要表现出自己的风度，反复肯定客户的购买行为是“安全的”、“对的”。

七、达成协议的技巧

在满足客户期望值的技巧中，另外一个技巧就是最终达成协议的技巧。达成协议就意味着你要确定解决客户问题的方案。

1. 帮助客户作决定

我们在生活和事业上的成就不在于所处的环境，而在于我们决定要如何去面对。决定是开始改变的动力，它可以改变一个人、一个家庭、一个国家，甚至整个世界。有了决定就可以解决问题，有了决定便能带来无穷的机会与快乐。

正因为决定有着巨大的力量，所以客户往往害怕作购买决定，尤其害怕作出错误的决定。优秀的客服人员站在客户的角度帮客户作决定，帮客户作的决定一定要对客户有利，要么为客户省钱，要么为客户创造利润，要么为客户带来健康或欢乐。

帮助客户做决定的秘诀是：

① 不一样的决定便会有不一样的结果，今天的成就来源于过去的决定。

② 告诉客户作决定可以为客户带来新的方向、新的行动、新的结果。

③ 告诉客户作决定是一件困难的事情，尤其是一些重大且真正有意义的决定。同时只有作了决定才会有行动，有行动才会有结果。

④ 享受作决定的乐趣。要知道，你任何时候所作的决定，都可能改变整个人生。而且作出了一个正确的决定之后，心情会变得很轻松。

帮客户作决定，这会帮助他们排除购买者常有的后悔感觉。大部分的购买者喜欢在买过东西后得到正面的回应，以确定他们买了最正确的商品。

波士顿有一家市场策划和传播公司叫同谋者公司。他们永远秉着这样一个原则：告诉客户该买什么，不该买什么。有一次，一位客户想印刷一批宣传册。同谋者公司就马上通知客户和其他有经验的客户，请他们一起来开会。先要有经验的客户谈谈他们自己的看法，同谋者公司非常认真仔细地为客户分析利弊。看客户是否真的有必要订货，这些小册子是否真能帮助他们树立公司形象以及加强客户关系。然后请他们想好了再作决定。

公司总裁卡罗·拉丝卡说：“怂恿客户订货当然很容易，不过在他们订货前帮他们参谋并作决定，可以减少他们将来对所购得的产品的失望程度。这样一来，同谋者公司就可以为客户省钱，使客户更有效率地利用资金了。”

2. 向客户提供保证或是做出承诺

要消除客户购买之后的心理或情绪方面的担心，最好的方式就是向客户提供保证。公司必须做的事就是承担自己和客户之间的所有风险。

如何做到不让客户遭遇任何风险呢？

① 如果客户不满意你的服务和产品，你要保证给客户额外的补偿。

② 如客户要求退费，完全可以，并且给予客户精神和时间上的赔偿。

③ 保证产品本身的无风险性。

④ 告诉客户：即使客户会遇到一些风险都会由你承担。

一位猫眼石珠宝商就提供了一个很贴心的保证：任何一个向她购买宝石的人，不管将宝石带到何处，包括给其他一些朋友，如果他们不满意，甚至中途改变主意，没问题，只要在一年之内，她都会将客户的钱悉数退还。而在全国的珠宝商中，从来没有人敢提出这样的诉求，结果她大获全胜。

有一位知名的糖果制造商，他的糖果棒包装纸上印有“保证满意”的字样，如果你并不满意，只要将此五毛钱的糖果棒未吃完的部分及一张解释你为何不满意的原因寄还，你就可以得到退款。而该公司还会将另一支不一样的糖果棒送给你。如果你还是不满意，他们会再送一支，直到你明确表示不需要为止。

还有一家生产美容化妆品的公司给客户的承诺是：“如果您使用我们的产品，90 天内没有看起来更年轻，更亮丽，皮肤更光滑，更有弹性，我们无条件退款。如果您在使用我们产品 90 天内，对产品表现不满意，我们就不配拿您的钱，您有权利要求我们在任何您指定的时间内，不问任何问题，将您的钱百分之百退还。您也不需要觉得有任何不对。”

这样一个大胆的承诺是需要足够的品质保证的。事实上，这家美容化妆品公司生产的产品品质是一流的，他们在此之前做过充分的试验，证明产品的效果确实非常棒。

如果你的产品或服务是好的，客户的反应也会跟着变好。你的保证愈长，你所制造的特别期望值越高，就会有越多人来买。但是你的保证必须真诚，全心全意并毫无漏洞。否则一个有漏洞或不真诚的保证，比没有保证造成的伤害更大。

3. 达成协议

客服人员要迅速帮助顾客达成购买协议。但是有的时候达成协议并不意味着是最终方案。假如客户的要求超出了你的能力或权力的范围，就只能与客户达成一项暂时的协议。比如客户说：“不行，你一定要赔钱，不赔钱我就不走了。”这时候你发现这是在你的能力范围内无法解决的问题，你只能向客户表示：“我很愿意帮助你，但是我的权力有限。您这个问题比较复杂，我已经把您的意见详细记录下来了，我会把您的要求反映给我们的经理，由他来处理，他会在明天上午给您一个答复，您看好吗？”如果客户同意，这次服务就结束了。

所以说，达成协议有的时候不意味着是最终方案，很多时候服务人员都在做一些搁置问题的工作，特别是问题很难解决的时候，只能把它暂时搁置起来。

达成协议的方法是什么呢？首先，你需要尽量提出能够让客户接受的建议。如果客户同意就好了，如果不同意就把这个问题搁置起来，但是最终的目的还是要获得客户的承诺，使他同意按照双方商定的办法去进行。

第四节　留住客户的技巧

一、结束服务

客服工作的结尾和开始一样重要。一个失败的结尾可能会导致更多的产品、服务的售后问题，还可能导致退货、换货等。

调查表明，几乎所有的客户在和服务人员结束交往的时候，都有着同样的需求：受关注、受尊重。每个客户都希望服务人员能够问一问他的感受，并征求一下他的意见，这样他会觉得比较受尊重；也可能希望服务人员向客户本人表示一下感谢，因为客户给你的企业带来了利润，客户才是真正给你发工资的人；客户还可能希望提供服务的企业或服务人员能给他优惠卡、贵宾卡之类的小礼品，建立良好的关系，下次再来享受你的优质服务；在结束服务离开以后，客户还可能希望你能打个电话问问产品的使用状况，听一听他的意见，以保持联系并建立长久的服务关系。所以客服人员需要很好地结束服务。

二、留住客户的技巧

在服务接触的整个过程当中，继接待客户、理解客户、帮助客户之后，就是最后一个阶段——留住客户。如何留住客户，圆满结束本次服务呢？常用技巧有以下几种。

1. 检查顾客的满意度

服务人员在结束服务的时候，在留住客户这个阶段，检查满意度有个标准的用语：您看还有什么需要我为您做的吗？而不是很直白地提出："您对我这次服务满意吗？"如果客户说"没有了"，意味着他对你提供的服务是满意的；如果他还有事情让你做，这时候他也可以提出来，你再满足他，这样的话客户也不会觉得很生硬，而你也达到了目的。因此，一个真正职业化的服务代表，在结束一次服务之后，都会这样跟客户说："您看还有什么需要我为您做的吗？"这句话一旦说出，就意味着服务即将结束。

2. 向客户表示感谢

对客户表示真心的感谢，同时保持自己进退合宜的商务礼仪。不论对方最终购买与否，你都应该对客户讲："谢谢您听我所介绍的一切。"若客户给你带来了生意，你应该对客户讲，"感谢您对我们企业的信任"、"感谢您对我们企业长期的支持"、"感谢您在整个项目当中对我个人的支持"等。如果你是服务行业的，你可以说"谢谢您的惠顾"、"谢谢您的光临"。这一点是必须要做的，因为客户都希望服务结束之后能够得到感谢，而且有礼貌的结束服务，会给对方留下良好印象。

3. 与客户建立联系

表示感谢结束以后，留下联系方式，便于以后联系。这一点是非常关键的。在服务过程当中，不管是你主动打电话拜访，还是客户打电话过来投诉。你都要把它当成是一次改善服务的机会，与客户建立起联系。如何来建立呢？你可以跟客户这样说：“如果下一次您再遇到相同的问题，您可以直接打电话找我，我叫×××。如果我不在的话，您也可以找我的同事，他们都可以帮助您。”

当然，在客户离开的时候也可以考虑送给他一张八折的优惠卡，并且说：“如果您下次再来，别忘了拿着这张卡，我们会给您优惠。”有时候卖服装的老板娘就会这样跟你说：“您这么喜欢这件衣服，以后可以带您的朋友过来呀!”这也是在结束服务的时候一个很基本的礼仪。

4. 与客户保持联系

与客户保持联系，我们称之为客户关系的管理。现在的企业非常注重在服务结束以后，对客户关系的保持。与客户长久地保持良好的关系，可以避免竞争对手把自己的客户抢走。如果一个企业长时间不跟客户保持任何联系，那么它就不会知道这个客户对它的满意程度究竟如何。假如客户得到了更好的服务，他就不会再回来了。一年、两年、三年之后，你的客户可能会流失很多，而你根本就不知道这些客户是因为什么流失的——可能仅仅是因为你的竞争对手降价了，也可能是因为你的竞争对手开发出了新的产品，或者是仅仅因为你的竞争对手提供了更周到的服务——总之，你的客户跑掉了。所以说，在结束服务之后，和客户保持良好的关系是非常重要的。

如果能够建立客户档案资料，并及时整理更新，定期对客户进行回访，你就能牢牢把握住这些客户。对客户进行回访，既能够为客户提供增值服务，也会为你自己创造出新的利润增长点和价值。

『案例 4-1』 成交仅仅是销售的开始

很多公司都认为成交是销售的结束，以为成交了就万事大吉了。其实不是这样的，成交仅仅是销售的开始。

来看看美国汽车销售大王汉斯是怎样做的。

销售成功之后，汉斯需要做的事情就是，把那些客户及其与买车子有关的一切资料，全部都记进卡片里面；同时，他对买过车子的人寄出一张感谢卡。他认为这是理所当然的事情，虽然很多销售员并没有这样做。所以，汉斯对买主寄出的感谢卡，令客户印象特别深刻。

不仅如此，汉斯在成交后仍然和客户保持联系，他对客户说：“如果新车子出了问题，请立刻通知我，我会马上赶到，我会让人把修理工作做好，直到您对车子的每一个小地方都特别满意。这是我的工作。如果您仍觉得有问题，我的责任就是要和您站在一边，确保您的车子能够正常运行。我会帮助您要求进一步的维护和修理，我会与您共同战斗，一起去对付那些汽车修理技工，一起去对付汽车经销商，一起去对付汽车制造商。无论何时何地，我总是和您站在一起，同呼吸、共命运。”

汉斯将客户当作是长期的投资，绝不会卖一部车子之后即置客户于不顾。他本着来日方长、后会有期的信念，希望有一天客户介绍他的亲朋好友来车行买车。卖车之后，总希望让客户感到买了一部好车子，而且能永生不忘。这样的话，客户的亲戚朋友想买车时，第一个便会考虑到找他，这就是他销售的目标。

车子卖给客户后，如果客户没有任何联系，他就试着不断地与那位客户接触。打电话给老客户时，开门见山便问“您以前买的车子情况怎么样？”有时白天电话打到客户家里，接电话的是客人的太太，她们大多会回答：“车子情况很好。”他再问“有其他问题没有？”顺便提醒对方，在保修期内有必要将车子仔细检查一遍，并重申在这期间检修是免费的。他也常常对客户的太太说“就算是车子振动太大或有其他什么问题的话，请送到这儿来修理，麻烦您也提醒一下您先生”。

汉斯说：“我不希望只销售给他这一辆车子，我特别珍惜我的客户，希望他以后所买的每辆车子都是由我销售出去的。”

此外，作为专业的销售人员，你应该时刻记住：你不是因为图回报而为老客户服务。给老客户提供全方位的售后服务，是销售员的义务。只有具备这种心态，你的售后服务才能尽善尽美。

(资料来源：我就是我. 客户服务理念与守则. 网易博客.http://kb:h9898.blog.163.com/)

第五节　及时服务

当代生活是快节奏的，时间对于每一个人来说都是十分珍贵的，时间就是金钱。客户服务人员在为客户提供优质服务的时候，不只是重点考虑服务的内容，也要重视服务的时间，即能否及时有效地为客户提供服务。

一、时效有时比品质更重要

英国著名学者培根说：“一件事做得太慢，费时太多，无异于一件东西买得太贵。”

现代人整天过着快节奏的生活，人就变得特别浮躁，你的服务稍微慢了一点，在客户的眼中就会显得慢了很多。所以快速准时地向客户交货是非常重要的。

世界权威管理学者们都认为优良的服务系统必须包含4个要素：① 品质好(Quality)；② 数量足(Quantity)；③ 成本低(Cost)；④ 交货迅速(Delivering)。近几年来，多数美国企业管理当局更把“准时交货”看得比产品品质还重要。

一旦向客户承诺了交货日期和时间，就要将其视为是神圣不可违背的。

有一位供应商一直以来信誉良好，但最近一次，却让王华大为恼火，从此对这位供应商的信赖感大打折扣。原因在于，这位供应商一开始说有货供应，等王华从银行把钱汇到对方账户上时，对方又说没有货了。

王华有一种强烈的被欺骗的感觉。虽然供应商说了无数次“抱歉”、“对不起”、“请谅解”之类的话，并且也在第 3 天把货发过来了，尽管王华也知道对方是无心之过，对方是在没有查清库房的前提下仓促答应的，但这位供应商犯了两个错误：第一，言而无信；第二，没有准时交货。

为了能为客户准时快速地送货，美国数据(IDI)公司采纳了“货物寄存计划”。IDI 公司在客户所在地附近找一处地方，将货物存储在仓库里。当客户需要货物时，可以按密码从那里提取货物，只要在订单上签个字就可以了。

这样做的结果是，IDI 公司虽然增加了一些成本，承担了一定的风险，但为客户提供了方便，赢得了客户的信任。

许多商品“时效”的确比品质更为重要。像季节性的服饰，过时就要“换季大甩卖”，否则就要积压仓库了。

确保送货的最高优先权，一旦签订了送货合同，营销工作就只剩下最后一个环节了，而这一环节如果出了问题，先前的一切努力就会受到严重影响，甚至会付诸东流，所以，确保送货的最高优先权，是无可置疑的。

- 列出清楚、醒目的表格，以便对将要发生的所有递送业务一目了然，并且认真检查所要递送的商品。
- 对于你答应过客户的每一件事，都应该条理清楚地分类写在工作备忘录上，因为人的记忆总是有限的，稍不注意，忘了答应过客户的事，很可能会铸成大错。
- 当你对客户的保证需要依赖于你的同事时，必须格外小心，必须加强与同事的沟通和协调，以免出差错。尽管出了差错还可以争辩一个责任划分的问题，但对于客户的伤害是很难弥补的。
- 送货过程中，应该与送货车辆保持通畅的联系，一旦运货车抛锚或是出现某种意外，立即在第一时间告知客户。

对于客户要求的送货条件，只要有可能，都应该给予更多的附加服务。

- 在对客户做出承诺时，为客户提供尽可能多的相关信息。
- 如果货物与相关的说明书是分别递送，则在货物送达客户之前，必须将说明书送达客户，否则，客户收到货物也无法使用，相当于没有将货物准时送达。

必须申办相关的保险。

……

按照约定送货意味着什么呢？从表上面看，是营销人员应在规定的时间将产品送达客户手中；从本质上说，是客户在约定的时间得到产品。这中间，大有区别。前者考虑的仅仅是合同，后者考虑的则是客户！

公司人员应该明白，自己与客户达成交易是何等的不容易，任何一个环节出了差错，都可能失去一笔业务。为此，公司必须时刻要提高效率，尽量在规定的时间或提前将产品交付给客户。如果提前交货，意味着公司为客户节省了时间，意味着客户可以利用这段时间做其他的事情。

二、别让客户等得太久

当代生活是快节奏的，时间对每一个人来说都是十分珍贵的，所以，长时间的等待是难以忍受的。

在很多公司都能看到这样一种现象：客户坐在那里等待。当然，不可能要求所有的服务都不让客户等待，例如，在感冒流行时，很多感冒患者只能够等待接受诊疗。我们强调的是尽量缩短客户等待的时间。

优秀的公司从很多方面进行努力，力求缩短客户的等待时间，例如，制止任何无用的闲聊。客户在排队等待，办事人员却在闲聊，这是绝对不能容忍的。

- 放下手头的任何事情，去服务正在等待的客户，这体现了客户的绝对优先权。例如，酒店经理路过大堂，恰好来了一大群客户，经理便不忙着回办公室处理事务，而是帮着接待客户。
- 临时增加服务台，例如，春节或黄金周期间增加售票网点等。
- 需要时，可以抽调内勤和文案人员协助接待工作，以减少客户的等待时间。
- 果断地减少会议，利用开会的时间服务客户。
- 在平时就注意培训，确保公司人员都具备服务客户的能力，当大量客户涌入时，公司全体员工都能冲上第一线。

公司要想正常运转，首先必须保证客户能够“正常运转”。客户老是在那里排长队等待，不能“正常运转”，久而久之，必然导致公司不能正常运转。

尽量缩短客户等待的时间，不仅是一个具体的服务问题，还是一个观念的问题。只有真正懂得了客户的重要性，才能摆正客户与公司的关系，从而树立客户至上的观点，也才能从各方面做出努力，缩短客户等待的时间。

三、即时服务

即时服务就是要求客户服务人员在为客户提供优质服务的时候，不只是重点考虑服务的内容，也要重视服务的时间。

在现代充满竞争的社会里，说“时间就是金钱”一点都不过分，故能在最短时间内完成客户的服务要求，帮客户节省时间，就能有效提高客户的满意度。

即时服务包括的服务要点主要有以下几个方面。

(1) 明确具体服务的对象。即时服务首先要明确具体的服务对象，分析客户价值，再对那些特别需要即时服务的客户实施即时服务。

(2) 明确工作目标。即时服务的实施需要制定明确的工作目标，以指导和激励员工的参与热情。

(3) 明确的时间限制。即时服务需要规定具体服务的反应时间限制，以保障即时服务的执行。如在接到客户要求服务的电话后，客户服务人员应在多长时间内给予答复等。

『案例 4-2』 **奔驰汽车公司的即时服务**

享誉世界的奔驰汽车公司以服务作为自己生存和发展的根基。奔驰汽车公司在客户服务方面一直保持着高度标准化的要求，尤其在即时性服务方面，奔驰汽车公司的做法值得我们学习和借鉴。

为了方便客户，奔驰汽车公司扩大了服务业务站点，加大了管理力度。现在，奔驰汽车公司在全世界有 5 000 多个销售和维修服务网点，在欧洲等发达国家的营业网点就多达 2 700 个。在德国，奔驰汽车公司起用了由 56 000 人组成的强大销售服务团队来负责轿车的维修和养护工作。让人感到非常满意的是，在德国的公路上几乎平均不到 25 公里就有一个奔驰汽车公司的特约服务站。高级轿车需要加倍呵护，奔驰汽车公司提供了全面的服务项目，从货源到输出系统以及咨询系统都做得让人无可挑剔，近乎完美。

奔驰服务站的员工也很熟练，技术精湛，许多服务项目都能用很少的工时完成。当发现车辆有损耗需要更换时，他们会及时通知车主，让客户拥有参与、决定权。当奔驰的客户在行驶中出现事故和故障时，车主只需拨一个电话，服务人员就会在最短的时间内出现在客户的面前。即使是客户的过错产生的责任，奔驰汽车公司的服务人员仍然会保持很高的热情为客户服务。

有一个客户驾驶奔驰车出国办事，轿车突然出现了故障，停在邻国一个偏僻的地方。这时，客户在无奈中给奔驰汽车公司的服务站拨了电话。几个小时后，奔驰汽车公司的维修人员乘坐一架小型的直升机赶到了邻国的事故地点。并且奔驰汽车公司没有对这个客户收取任何费用，相反向他道歉："是我们的错，我们没有把工作做好，以致出现故障，我们应该提供无偿服务。"

为了更有效地为客户提供即时服务，奔驰汽车公司规定了以下体现即时性服务的措施：

- 员工或服务人员在两小时内给客户答复，如果是复杂问题，最迟不能超过 4 小时，并做好登记。
- 汽车维修站的工作人员必须在 10 秒钟内换好轮胎；10 分钟内完成动平衡检测。
- 汽车维修站的工作人员在接到客户要求维修的电话通知后，必须在一个小时内到达客户要求的地点。
- 财务人员必须在 30 秒内为客户开出发票。

(资料来源：李先国，曹献存. 客户服务实务. 北京：清华大学出版社，2006)

四、只有好的过程，才会有更高的效率

凡事要有一个系统，服务也需要一个好的系统。世界快餐业霸主麦当劳，每天有数家分店成立。为什么？关键是麦当劳有一套优良的产品复制系统、服务复制系统——你在世界任何一个麦当劳所享用的汉堡和服务基本上都是一样的。

只要过程对了，结果就会对，任何事情不要只研究结果，还要研究过程。有了好的过程，才会有好的效率。

日本的旅馆每到上午退房时段，经常是大排长龙。因为大部分的房客都以现金支付，所以退房处理时间很长。美国的旅馆于上午退房时段同样也是异常忙碌。被视为美国“服务第一”的万豪(Marroitt)饭店，是第一个运用快速退房系统的饭店。

清早五点，当房客还在睡梦中的时候，一份封皮写着“为您提供便利的服务——快速退房”文件夹放入房门底下，文件夹里头有一张结账单，内容如下：

您指示我们预定于本日退房，为了您的方便，请进行如下步骤之后就可以完成退房手续。

(1) 这是一份截至本日上午 12 点的结账单(请附上收款收据或是发票)。

(2) 上午 12 点以后所发生的费用，请当场支付，或者是向柜台领取最新结账单，或者是在 24 小时内本旅馆会自动寄给您最新的结账单。

(3) 请在正午以前电话通知柜台为您准备快速退房服务。

(4) 房间钥匙请留在房内或者投入柜台的钥匙箱。

非常感谢您的光临。我们希望能够在最短的时间内再次为您提供服务。

此外，文件夹里面除了结账单之外，同时还附有一张白纸，上面写着：“请写下您对我们所提供的服务的评价及建议。您的宝贵建议将有助于我们为您下次住宿提供更佳的服务。”这样一套快速退房系统不仅方便了客户，同时也方便了宾馆，为宾馆节省了很大一批人力。

五、弹性的服务时间

如果你正为了临时短缺的零食和牛奶，前往邻近社区杂货店，突然发现附近的超市居然开到半夜，正在进行初期 3 个月的夜间试卖计划。于是，你拿了零食、洗衣粉和一大堆生鲜食品，推着购物车走在宽敞的食物架之间，这种感觉真好!店家正在监测每晚 9 点之后的销售状况，数以千计的客户和你一样欢迎夜间超市的诞生，于是，这个试卖最后成为这家超市的永久政策。

许多企业在消费者最有空花钱的时间却没有营业。超级市场并不是唯一需要在周末营业以更体贴消费者的店家；律师、发型设计师和许多服务业，现在都意识到要在周末提供服务。

六、退款要及时

说到退款，有些公司把他们的客户当成洪水猛兽。他们要么使退款异常复杂化，要求客户填写一式三份的表格，到处找人签字批示，把客户折腾得疲惫不堪，要么找借口说财务不在、老总不在、公司没钱，与客户打游击战。

曾经有这样一家教育培训公司，他们在财务上奉行的法则是“快进慢出”。每次举办一次大的培训课程，费用在 500～1000 元不等，公司业务员在外收回客户的培训费，交回公司。到开课时，客户有时因其他什么原因来不了，公司就得退费。但客户打电话询问退费之事时，这个说我是培训部的，这事我们不管，得找客户服务部，打电话到客户服务部，客户服务部又说要找财务部，找到财务部却说要找老总，好不容易找到老总，老总又说找客户服务部核查一下，看客户是否交了费，是否真的没参加课程。等各方面都确定无误之后，拿着支出凭证找老总签字，又说老总去外地出差了。客户为了退几千元钱，动不动就折腾一两个月。如此“快进慢出”引来了许多客户抱怨，目前该公司已在末路挣扎。客户花钱是来买享受的，而不是来买罪受的。

退款之事其实很简单，如果应当给客户退款，现在就退!不管你是一家什么公司，都务必使这一程序简单化。

理想的退款方式是支付现金，或寄入客户所在公司的账号上或客户储蓄卡上，或者用于抵付其购货款项，或者用支票。

在向客户退款时，若必须要客户提供收款原始收据，在向客户索要原始收据时，态度要友善一些，语气柔和一些。你要知道客户并非把每次购物的收据都保存起来，如果有其他办法可以证明客户买过你的商品，对他们不要产生太多的怀疑。

美国著名的服饰公司诺德史顿服饰公司，不仅数年来提供优秀的客户服务，以及许多免费的附加价值服务，而且坚持一项重要的原则，“不问客户任何问题，不需任何收据的退款政策”。

一天上午，一位中年妇女拿着一包衣服，来找曾经服务过她的诺德史顿服饰公司销售员，要求退货。她说：“这衣服我买回去之后，我老公不喜欢，说是颜色太灰，款式陈旧，我想把它退回给您。”售货员一边微笑着听她讲话，一边熟练地处理那位中年妇女的退货，并说：“××太太，真是不好意思，让您辛苦地跑来跑去，当时我就应该充分地考虑到这些因素，为您做好参考，真是对不起。”最后售货员在诚恳的道歉声中将退款如数交付到客户手中，并随机送了那位中年妇女一本客户服务手册。上面写着：“欢迎您光临我们诺德史顿公司，感谢您成为诺德史顿公司的优秀客户，我们的目标是提供完美的客户服务。请随时监督我们，谢谢！”那位中年妇女拿到退款，看着这些诚恳温馨的字眼，心里大为受用，后来成了诺德史顿终生的客户。

七、回应迅速及时

当我们大谈特谈服务的重要性时，很多公司还不知道销售服务究竟是怎么一回事，他们只知道一些套话：“让客户感到高兴，让客户感到满意。”显然这个答案太含糊。还有一些公司认为，服务就是帮助客户解决产品使用中所发生的问题。这个答案又带有过于浓重的事后处理嫌疑。

实际上，真正的服务就是回应——在销售前选择合适的产品回应客户的需求，在销售过程中用专业明晰的语言回应客户的疑问，在销售之后用良好的服务回应客户的需要。

“回应”这个词是主动的，不是等待，而是寻找，所以只有回应才能“让客户感到高兴，让客户感到满意”。

随着网络的出现，客户的回馈方式等都有所改变。客户越来越期望有昼夜不停的客户服务。尽管许多公司开始运用网络更好地服务客户，却很少有能完全让客户满意的。大部分公司没有认识到，他们把事业发展到网上之后，客户的要求会成倍增多。

为了赢得回头客，许多公司发现今天的客户越来越多地在网上购物，而且要求时间越来越短。3个网上工具有助于持续不断地按客户要求提供回应式的服务。

自助服务通过准确和适当的网页内容提供最快捷也最节省成本的方式来回答客户的问题。研究显示，通过自助服务大约有70%～90%的问题可以得到有效解决。这种方式直接、迅速，能够更好地服务客户，同时增加与客户继续联系的可能。加利福尼亚商会拥有300～900名接线员，每天坚守电话准备回答各种各样的客户从小到大的问题和咨询。员工们能够应付这些问题，但是其过程无疑是缺乏效率的。

于是，商会也就针对很多问题(观光事业、商业入门、消费者权益等)在它的网站建立了一问一答式的问答中心。这样一来，原来的电话系统的信息量少了50%。而且，现在每个星期会做一次总结。商会的网站经理说："我们终于认识到了什么样的信息才是对我们最重要的……我们现在拥有这些信息来支持和展示我们需要去做的东西。"

电子邮件管理作为自助服务的一个替代选择，可以为那些有特定偏好、特定疑问的客户提供同样有效的上乘服务。因为它可以寄发自动回件或者帮助调查员寻找问题答案的相关信息。每一次封闭或调查都会被加到"知识总部"中去，这样，以后出现重复疑问的机会就会大大减少。

Air Canada装了电邮管理系统后，它原来每月1万封的电邮就变成了4000封，减少了60%。同一时期，自助服务的流量也大大增加，也就是说，有效的电邮管理还能加强自助管理的功效。

在线聊天和网上产品返修通知这两样服务可以完全面对个人，在比较重要的交易中与客户作一对一的联系。看看IBM.com，它的电话服务中心平均每分钟会接95个销售电话和38个服务电话。IBM报告说，70%在网上达成交易的客户会继续通过电话服务中心完成订单事项。IBM.com中心副经理弗雷德·法斯曼说，"他们还想与一些专家谈谈或者每天为他们解决问题的人聊聊"。据法斯曼看来，通过在线聊天和网上产品返修通知下订单的客户是拨打免费电话下订单的客户的两倍。法斯曼承认道："我们不知道那是不是一种chicken.or.egg的情况。我们只知道当聊天或者回应起效的话，优势很大。"

『案例4-3』 一个小时内就可以为你装好轮胎

现在每个公司都在提倡通过售后服务来提升客户的认同感。下面是一家轮胎公司的例子。

轮胎公司的总裁斯坦伯格看出，其实整个客户服务过程的目标很简单，无非是让客户成为回头客并且帮助你宣传罢了。而Direct轮胎公司的任何措施都是围绕这个目标制定的。"一个小时内就可以为你装好轮胎"，这是公司为方便客户打出的口号。如果你有急事，Direct轮胎公司还会为你提供备用车让你继续赶路，如果新装上去的轮胎行驶了1.5万里路就爆胎了，或者你有其他不满意的地方，不要紧，因为Direct提供的轮胎永久保修，就如公司永远为你真诚服务一样。

斯坦伯格又是怎么看出上述服务的价值和重要性的呢？我们看看他走过的路。斯坦伯格说：“3 年前我还没有提供备用车这项服务，那时我们每月只能赚到 5~5.5 万美元，现在我们能赚到 12 万美元，比卖轮胎的收入还高出 30%。人们通常会来电咨询：“我听说你们有备用车服务是吗？”我们会回答：“是的。”于是，他们会马上办理这项服务，而很少有人会问起这项服务的花费是多少。”

一个让 Direct 轮胎公司保持客户忠诚的典型例子是一个客户汽车抛锚的故事，这位客户致电公司并要求不能耽误他上班的时间，不过公司的一名员工鲍比·布尔诺在接送这名客户上班后，却发现汽车已经不在了，这件事被客户经理知道后很恼火。这时斯坦伯格显得胸有成竹：“我早就通知了当地的出租车公司，在 5 分钟内已经把车运回修理厂了。这件事花了 17 美元，但你可以想象一下客户将会告诉多少人这件事，这是我花得最值的 17 美元。”

就是这样的服务让斯坦伯格一直保持高额的纯利润，即使是在他增加投资的情况下，纯利润也是节节攀升。因为他的投入是有回报的，这个回报就是使许多第一次购买者纷纷发展成为长期客户。相对于市场的不景气，公司的收入却在逐渐地增加，这一切都得益于公司赢得了客户的心，然后这些客户又帮它做了免费宣传。

第五章

不同类型客户的服务技巧

在客服工作中，客服人员与不同文化背景、不同性格的人接触的机会越来越多，尽管由于客服对象的多样性使客服人员在服务时面临很多挑战，但它同时也丰富了我们的生活——和他人的每一次交往，自己都有机会变得更加个性化，同时也增加了对他人的了解。

第一节　普通客户的服务技巧

一、客户对象的多样性及其对服务的影响

客户对象的多样性是指由于人们的文化价值观、性别、年龄等诸多因素的影响，每个客户都有基于他或她自身的观点和情况所产生的需求。

客户对象多样性对客服人员来说不是一个简单的问题，但如果能够平等待人并且以开阔的胸襟为人处世的话，也是不难对付的。

事实上，当你仔细地看待并考虑多样性问题时，它提供了很好的机会，因为来自不同群体的人们带来了他们特殊的知识、经验和价值观念。尽管人与人之间存在着诸多差异，我们还是能从他们身上找到很多共同的特点。如果你具备一定的知识并把人们看做是独立的个体，他们之间的相似性就形成了人际关系的坚实基础。

为了确保为客户提供满意的服务，首先应该找出客户的需求并用他们希望的方式来满足其需求。

客户对象的多样性对服务的影响主要有：

1. 谦逊

谦逊表现在许多方面。有些文化认为女人着传统的服装是庄重的一种体现。例如，阿拉伯文化中，妇女戴面纱表示她们羞涩得体并尊重传统理念。这样的做法与产生于几百年前的

宗教和文化信仰有关。非语言的信号也同样传递着信息。例如，很多西方文化认为直接的目光交流是一种有效的沟通方式。对一个西方人来说，缺少眼神的交流可能意味着不诚实或是缺乏信心。而另一些文化(如印度和日本的文化)却不鼓励直接的目光交流，特别是在男女之间及社会地位不同的人之间，这都被认为是缺乏尊重的表现。人们经常是从孩提时代就开始逐步被灌输这种思想，并形成谦逊的态度(女性更是如此)。用张开的手遮住嘴或一部分脸，或是在一些特定的场合避免直接的目光交流都可能是一种谦逊的表示。

在遇到上述行为时，为了获得真实的信息，要仔细地考察和判断当时的情况。客户的行为可能真的值得你去猜疑。然而，先不要假定这个客户是在说假话或是回避问题，要先去考虑是不是不同的文化影响了双方的交流。不要急于对事情做出判断，也不要对客户的非语言行为、具有强烈文化色彩的着装和理念做出自己的主观臆断。你要做的是继续与他们交谈，来确定他们的需求。另外，不管客户的文化背景是否与你相同，都应该一视同仁，致力于为所有的人提供优质的服务。

2. 对隐私的期望值

根据性格和以往生活经历的不同，有的人更愿意与他人分享自己的私事，而有的人则相反，这样的人和不熟悉的人在一起时更是如此。应该认识到，对隐私的期望值因人而异，这是文化的一个方面。调查显示，同美国人相比，英国人、德国人、澳大利亚人、韩国人和日本人更倾向于保留自己的隐私。

如果你喜欢结交朋友并倾向于自由地与朋友谈论任何话题，你应该在客服环境中克制自己的这种行为倾向。如果你做不到这一点，你的客户可能会感到不自在或是不习惯。这是因为在西方文化中，当一个人向别人询问或交流信息时，他总是期望对方给予回馈。如果对方表示出不情愿的话，有时会被看做是一种不友好甚至是没有礼貌的表现。一个很好的经验法则就是，以快捷而职业化的方式把注意力放在对客户的服务上。为达到这个目的，双方的对话应该始终围绕着如何满足客户需求这个话题。但不要僵化地认为你就应该完全地避免“闲聊”，你只要做到控制整个谈话内容并仔细观察客户的反应就可以了。

3. 尊重老年人

大多数文化都对老年人给予不同程度的尊重。尤其是在我国这个礼仪之邦，尊老更是一种美德。这是由于人们相信，知识、权力和地位会随着年龄的增长而增加或提高。因此，对老年人的尊重是很普遍的。在许多文化中，年龄还可以带来特殊的待遇和权利(比如说成为领导或是统治的权力)。

在与年老的客户交谈时，你一定要谨慎地表示对他们的尊重。另外你需要了解的就是，如果客户要求见职位更高的人员、经理或者老板，这可能只是基于他本身的文化背景和年龄而产生的需求。在不引起矛盾的前提下，你可以帮助他达到上述目的；如果你无法向他提供帮助，也要尽可能地尊重他的请求。

4. 人际关系的重要性

在中国，无论是生存或是发展，人际关系起到决定性的作用。在亚洲其他国家、拉丁美洲和中东的许多文化中，人们进入商业领域之前的一项重要工作就是要建立强大的人际关系网。在许多国家，人们想要达成一致意见的话，通常需要与相关组织的成员进行一系列的会议。午餐、晚宴和会议常常要持续几周，然后大家才能统一意见。而且，你必须要找到这个相关组织中的正确部门，否则所有的努力都可能白费了。

客户对你的不支持和不信任可能会导致服务的失败或造成客户的流失。这并不是说，你不应该与来自上述文化的客户快速地建立熟悉的关系。如果你不迅速与他们熟悉的话也会使他们感到疏远。相反，当你与这些客户频繁接触的时候，你应该听从客户的安排。尽量去了解他们，并让他们了解你的公司和你本人，这样可以增进双方的互相尊重和信任。你也许会发现，每次与固定客户开始交流时你都要花时间重建你们的关系。为此你可能需要和他谈一些与客服工作不相关的事情(如运动、业余爱好、宠物或其他客户感兴趣的话题)。

为建立人际关系，你可能还需要搞一些商务活动，以赢得有关负责人的信任。让他们相信你是他们的朋友，并以他们的利益为重。只有这样你才有可能知道他们需要什么，并为他们提供服务。

5. 性别角色的差异

根据文化背景和个体的差异，人们看待男女之间性别角色的观点也是不同的。尽管性别差异的观念在世界各地仍在继续变化，但受传统文化的影响决策权和权威经常被明确地确立为是男性的特权。例如，中东、亚洲、南美和欧洲许多国家的商业环境中，妇女没有得到她们在北美的许多地方所享有的尊重和信任。在一些国家，人们期望女人们“可以被看见但不被听见”，或者远离商务领域。在朝鲜和其他一些太平洋沿岸国家，妇女参与商业活动是很少见的。男人在社会上地位仍然高于女人。许多以色列人认为男人在商业环境中不应与女性发生身体接触，因此，以色列妇女不能按西方的习惯和别人握手、交换名片。在交换名片时，她们必须把名片放在桌子上，让男人自己去拿。

你不需要认同这样的做法，但在与客户交往时，面对上述情况你应该把人们的这些做法考虑在内。当一个人离开了他的国家时，他并没有离开自己的文化。在某些情况下，同客户打交道时应考虑采用其他更为合适的方式，否则你可能会把事情搞糟，你的行为也可能使客户以为你对他抱有偏见。

如果你是女性，当你接待来自于上述文化背景的男性客户时，他可能会拒绝你的帮助，并要求更换男性服务人员。如果你是男性，在你与来自上述文化背景的一位男性和一位女性打交道时，假如只是这位男性在与你交谈，请不要吃惊。要是你试图让那位女性也参与到你们的谈话中，这可能会使这对客户感到尴尬、不高兴甚至愤怒。

6. 对待冲突的态度

在为客户服务的时候，冲突是可能的，但不是必然的。如果你能认识到自身的偏见和偏好，也熟知来自其他文化的人们的偏见和偏好，就减少产生分歧的潜在因素。当然，有时客户会主动挑起争端。这时你所能做的一切就是利用积极的服务技巧。

很多时候，人们对待冲突的态度植根于他们的文化或亚文化之中，并基于他们对行为模式的偏好。有些文化是强调个人主义的(强调个人目标，如西方国家的文化)，而有些文化则重视集体主义(个人被看做是集体的一部分，如日本文化和美国原土著文化)。如果人们来自于强调个人主义的文化，他们可能会采取直接的方式处理冲突，而来自于强调集体主义文化的人们可能会以间接的方式来处理冲突，他们会找一个非正式的调解人来防止相关的人们感到丢脸或尴尬。甚至是在同一个社会的各个亚文化群体之中，也存在着不同的交流方式和处理冲突的方式。

根据客户的个体差异和文化背景的差异，你和你的客户处理冲突的方式可能会不同。你的错误策略可能会导致客户情绪产生波动或不满。关键是要去倾听客户的意见并保持冷静的头脑，特别是在客户情绪激动的时候。

7. 时间的概念

根据对时间概念的不同可以将人类社会分为两种模式：单一时间模式及多元时间模式。来自单一时间模式社会的人们一次只做一件事，他们认真对待时间的安排，总是关注短期的项目和人际关系，严格按照计划做事情。与此相反的是来自多元时间模式社会的人们习惯于在做一件事时又分心去做别的事情，或同时做几件事情(如在谈话的时候)而不觉得有什么压力。他们对待时间的态度很灵活，把时间看作是一个参照值，他们的工作目标完成期限较长，但在处理人际关系时反应迅速。

美国人的时间意识很强(单一时间模式)，他们认为“时间就是金钱”或者“时间就是生命”。在德国，迟到被看做是非常缺乏职业素养和无礼的行为。在美国的大多数商务环境中，任何人开会迟到超过 5 分钟就会受到严厉的惩罚。在许多大学，老师如果迟到 15～20 分钟，学校规定学生们就可以不必再等了。美国人通常认为其他国家的人们同样非常有时间观念，但实际情况却不是这样。比如说，阿拉伯人(多元时间模式)在赴约时迟到半个小时或更长时间是很常见的。具有西班牙和亚洲文化背景的人们迟到一个小时也不奇怪。“印度标准时间”是一些印度人对这种观念的总结，这使他们的迟到显得合情合理。人们不觉得这样的迟到是对他人时间的不尊重和无礼，这只说明了一种文化价值观和生活方式。事实上，在一些拉美国家，在约会时人们甚至会期望你晚到以示尊重。

如果你处在西方和其他单一时间模式的文化中，你应该守时。这对客户服务工作至关重要。尽管其他人可能有着不同的时间观念，可能会迟到，但你仍然要守时，这样才能树立良好的形象并满足客户的需求。

二、接待不同客户的基本要求

客服人员每天要接待各种各样的客户，要想让他们高兴而来，满意而归，关键就是要采用灵活多样的接待技巧。接待不同身份、不同爱好的客户要因人而异，常用的方法可参考第四章第一节“客户接待技巧”。

三、不同购买行为模式客户的服务技巧

根据客户的行为模式可以把客户分为4种类型：要求型、影响型、稳定型、恭顺型。客服人员针对这4种类型客户可采取相应的服务策略。

1. 要求型客户

在与要求型客户的言谈中，其爱好溢于言表。他们对自己的身份很敏感，购买商品时，一般挑最好的，喜欢与了解他们、坚强且自信的人打交道。所以，在与他们打交道时，握手一定要有力，眼睛正面注视他，身体稍微靠前，保持应有的距离；嗓音洪亮、口齿清楚；讲话时要自信、直接、节奏要快；交谈要有所准备，安排有序，抓住主要问题；提供的事实要有逻辑性。

2. 影响型客户

影响型客户健谈，热情洋溢，富有魅力。他们非常乐观，有说服力，有鼓舞性，对人非常信任，与人谈话的时候脸上总是带着微笑。故与他们打交道时要面带微笑，保持较近的距离。就是在与其通电话时，也应把你的微笑通过你的话语和语调传递过去。并且言语间要显示出友好、热情、精力充沛、有说服力；语调要有高低变化，语言要生动而富有色彩。行动也要快速，可以借助手势。交谈中要给他们充分的时间，让他们畅谈自己的想法。

3. 稳定型客户

稳定型客户有耐心、随和，有逻辑性和条理性，讨厌变化，一般比较忠诚，乐于为他人服务。站在他们面前时，姿势要放松，身体靠后，不要轻易采取行动。手势的幅度要小，要制造一种安静的气氛。语调温和，音量要低，语速要慢，行动要有节奏。

4. 恭顺型客户

恭顺型客户是完美主义者，他们希望一切都是有条理的、准确无误的。他们天性认真，做事讲究谋略。为他们服务时，不要有任何的身体接触，也不要靠他太近。眼睛对视，少用或不用手势。站立时，你的身体的重心要放在脚后跟。语调要有所控制，不要起伏太大，讲话要直接而简洁，讲话的速度要慢且要考虑他们的需要。所做出的行动要经过深思熟虑。

四、常见典型客户的服务技巧

(一) 男性客户

男性客户的消费心理主要表现在：① 果断。在购买商品的范围上，多属于“硬性商品”或大宗商品。② 自尊心强。特别是稍有社会地位的男性客户自尊心就更强。③ 怕麻烦，力求方便，追求货真价实。

男性客户作为一大消费群体，自有他们的消费特点，客服人员可以参考以下的做法，针对他们的个性提供相对应的服务，以提高其满意度。

1. 为单身男性创造个性化的购物方式

单身男士具有猎奇、追求时尚、个性化和易冲动的心理特征，因此在为其提供服务时应创造既新奇又刺激的消费需求，同时满足他们对审美、品味、时尚的需要，创造个性化的购物方式。有些男士为了追求以上目标，即使价格再高也不在乎。

2. 为已婚男性营造艺术化、趣味性和富有情爱色彩的购物氛围

已婚男士则具有追求实用性、超前性、艺术趣味性等消费心理，因此满足他们一要反映时代风格，二要货真价实，三要科学合理，把握他们普遍追求新潮、配套和谐，且购买量大、时间集中的购物特点，营造艺术性、趣味性和富有情爱色彩的购物氛围。

3. 为老年男性提供尊重、耐心、周到的服务

男性老年客户则对传统商品、商标、品牌记忆犹新、惯性思维强，对传统商业字号、商标崇拜度高，因此应适应男性老年客户对老字号、老品牌、老商标的惯性心理。除此之外，男性老年客户重实用、更理智，购物以实用方便为主，厌弃华而不实。因此只有能促进老年生活快乐、身心健康的消费或消费方式才能引起男性老年客户的兴趣。

同时，男性老年客户对新产品的性能、特点及质量的稳定性又带有种种疑问，希望听到营销人员耐心的解释及得到良好的服务。他们购物时观察时间长，动作迟缓，经常提出带有试探性的问题。因此，营销人员应向这类客户提供更贴心的服务。

另外，老年人害怕孤独，心理防线脆弱，渴望得到社会和家人的尊重和关注。因此，企业可将“情”字贯穿营销活动的始终，友好亲切、设身处地、设计情感产品、采用情感包装、创立情感品牌，以真情赢得老年消费者的忠诚。

(二) 女性客户

女性客户的消费心理主要表现在：① 追求时尚；② 重实用；③ 议论多，不愿做旁观者，买与不买都要议论一番；④ 购物精打细算；⑤ 购买目标模糊；⑥ 购买后遗憾较大，易受外界影响，甚至产生退货、换货的行为；⑦ 渴望得到他人的认可和赞扬，对外界反应敏感。

作为一个主要消费群体，女性消费正在发生前所未有的变化。据统计，由妇女做主或受妇女影响的购买行为大致占购买总量的 80%以上，针对女性的心理特征，可采用以下策略。

(1) 摸清她们的购买意图，服务周到、耐心，介绍商品全面详细，尽可能满足她们的要求，尽可能多给她们时间考虑。同时，也要针对她们的犹豫和疑虑做出适当的解释，以帮助她们作出购买决定。

(2) 由于妇女有较强的自我意识和敏感性，容易被现场的购买气氛左右，对商店环境、营业员或商品的第一印象十分重视。因此，商店在商品陈列、货位布置、店内采光、照明设置、广告宣传、色彩运用、装潢设计等方面要精心安排、布置得当、设计合理。尤其是经营妇女用品的商店，陈设布置要典雅、温馨，具有浪漫情趣，以烘托现场的购买气氛，吸引女性客户购买。

(3) 不要欺骗女性客户，别让她们因受骗而发怒，否则代价是惨重的。也不要以过分严谨、保守斯文的态度去应付她们。

(4) 女性喜欢依赖丰富的想象力去寻求生活上的突破，常常口是心非，对喜欢的东西很难彻底舍弃。她们喜欢听甜言蜜语，在感情的表达上多是坦率的，甚至是表面化的。潜意识喜欢被引导和带领，因为这意味着她在接受一份关心和照顾。

(三) 沉默型客户

沉默型客户也可称为“非社交”型客户，他们沉默寡言，在社交中属于聆听者，不轻易发表自己的观点，也不轻易批驳对方的观点。沉默型客户的消费心理表现在：① 拙于“交谈”；② 不想张嘴，怕张嘴，自我保护意识强；③ 以“说话”以外的形体动作来表达心意。客户不爱讲话一般不外乎以下原因：怕人笑话；不想让人家知道自己的底细，不愿多说；天生如此；对对方的形象比较讨厌；没有购买欲。

对待这种客户可采取以下方式。

(1) 诱导法。对性格内向型客户，可以不断地向对方提问，迫使对方不得不回答你的问题，只要对方开口，就可根据他的回答来准备对策。对顽固型客户，可以不停地劝诱对方。例如：“怎么样？价钱很便宜，跟白送一样，您来多少？”

(2) 以沉默对沉默。对待这类客户，不妨采用以沉默对沉默的方式。对方沉默，你也沉默。这样一来，对方不得不开口说话，一旦开口，你就前进了一步，接下去就可以施展自己的才能使对方顺应你的提议。

(3) 捕捉对方的真实意图。由于这类客户几乎不开口，你不可能从他的话里打探到什么，唯一的方式就是“察言观色”。通过对客户的表情、举动进行研究，捕获那些暗藏在他“形体语言”中的信息。

(4) 循循善诱，打开对方心扉。针对客户关心的事情去询问他的意见，就可以让客户消除购买时的戒备心理，愉快地与你交谈。

总之，对于不爱说话的客户，最关键的是诱导他开口，当然也可以通过察言观色捕捉他的购买意图。

(四) 喋喋不休型客户

有的客户很健谈，他们的谈话内容可分为两类：一是对服务人员及商品本身的驳斥与怀疑，唠唠叨叨，将产品和服务批驳得一无是处；二是自我吹嘘，一有机会，他就会抢过话头，以过来人的样子，吹嘘他自己，连带讽刺你几句，言语咄咄逼人。

喋喋不休型客户的消费心理表现在：为一时之乐而畅所欲言；表现欲极强，凡事喜欢自作主张；寻求击败对方的满足感；发泄内心的不满，爱提“当年勇”的人，现在一定处于低谷状态。

对待这种客户，可以采取以下方法。

1. 不怕苦，不胆怯

这种嘴上无遮拦、不藏心机、貌似难以对付的客户其实并没有什么恶意。接待这种顾客，要做到不怕“苦”，任他反驳、讽刺，始终不露“怯”色，一脸风平浪静状。另外，清楚地阐述问题，确保每个人都能理解。

2. 适当聆听，适时恭维

喋喋不休型的客户最爱听恭维、称赞的话。迎合他的爱好，不妨适当的聆听，对这种人，你听得越充分，称赞越到位，和你的关系就会愈近。但跟这种客户打交道，一定要时时抓住交流的主动权，千万不要让对方把主动权夺走，要引导客户往自己的方向走。方法之一就是配合对方的愉快心情把话题尽早地转入正题，以讲故事的方式吸引对方，抓住主动权。

3. 严格限制交谈时间

时间就是金钱，因此对待喋喋不休型的客户，要把握好交谈时间，既要让他畅所欲言，又要严格限制谈话时间。在服务的过程中，掌握主动权，讲究策略。

(五) 畏生型客户

在客户服务工作过程中，会碰到这样一种人：他们畏畏缩缩，老是躲避人。习惯上称之为“畏生”型客户。

“畏生”型客户的消费心理表现在：对自己的能力缺乏认识，低估自己；急于逃脱，这种人变化无常，心理脆弱，需要关怀照顾，这种人要么很害羞，要么就很冷漠。

对待这种客户，可以采取以下几种措施。

1. 真诚付出

对待缺乏信心的客户，要真诚、热心，恰当地给予鼓励，同时要善于营造谈话气氛。不能让他产生一种对方高高在上，咄咄逼人的感觉，而应该从他的角度出发，站在他的立场上，将心比心，消除其自卑心理。

对有羞怯心理的客户，要给他充分的关怀和照顾，要竭力使他放开手脚，真实展现他的想法。

2. 不厌其烦，展开攻势

对待这类客户，要有韧性、不厌其烦。这类客户成交的希望其实还是很大的，千万不要放弃。

(六) 骄傲型客户

骄傲型客户的消费心理可以分为 3 类：

- 自傲型。特点是狂妄自大，瞧不起人。
- 掩盖内心空虚型。他们自信心不足，虚荣心较重，自以为本来就比别人强。
- 自我显示型。特点是希望对方仔细观察自己，从而发现自己的了不起之处。
- 对待这类客户的办法是：

(1) 及时疏导。骄傲自满的人个性很强，一旦表现出妄自尊大，便令人难以接受。如果旁人想阻止他，无异于火上加油，他有可能因此变本加厉。所以，先让他们充分表达自己的想法，然后在合适的场合抓住机会展开有效的沟通。

(2) 该说话时就说话。在关键时刻，要毫不犹豫地向他推销你的商品。因为客户的心理状态在很大程度上影响着他的购买行为。此时借势推销，在他的虚荣心得到满足的同时，你的成功率就有了一大半。

总之，不要被对方狂妄自大的样子吓倒。只要你端正态度，及时疏导，再“强大”的对手也会被你高质量的服务感动。

(七) 重视舆论型客户

重视舆论型客户非常在意周围的人对商品的评价，他们的购买行为常为舆论所左右。对待这种客户，可以采取如下办法。

(1) 展示商品良好的品质和功能。除了向其展示商品良好的品质和功能外，更要将商品销售以来受到的客户赞誉告诉他，必要时还可以将客户寄来的感谢信给他看。

(2) 用自信的态度给予强有力的暗示。要用充满自信的积极态度，给这些客户强有力的正面暗示。如果有名人购买过正在推销的商品，就可告诉他这一事实。

(3) 把受到过的好评一一列举给他看。展示企业所获得的各种认证或奖励，以增强客户的认同感。

(八) 怪癖型客户

有些客户行为古怪，无法摸透他心里到底在想什么，对待这类客户的服务技巧是：

(1) 首先要毫不畏惧，不要被对方吓倒。

(2) 摆出一副“热心听众”的姿态，抓住对方露出的每一个破绽，做出正确的判断。必要时插上一两句问候的话，或在你认为有破绽的地方问一句，然后观察他的反应，看他对你的话是表示肯定还是否定，从而做出正确的判断。

(3) 对症下药，选择适当的方式与他协商。要注意，不能慢慢吞吞、遮遮掩掩地与对方讨论，这会让他觉得你不够爽快。只要你对他爽快、坦诚，他就会接纳你，继而他那种希望与人诚恳相处的心理就会表现出来。

(4) 讲究分寸，不可过分，一旦让他恼羞成怒，事情就十分难办。

(九) 挖苦型客户

挖苦型客户的消费心理分析：发泄内心的不满；经常心存不甘；掩饰自己的弱点；自尊心特强，他们一有机会便挖苦别人，但如果被抓住了弱点，就会不堪一击。

挖苦型客户天生喜欢挑刺儿，挖苦别人。对待他们的技巧是：

(1) 牢牢抓住其自卑感特别强的特征。

(2) 不予反驳，做必要的附和。应该从了解他们的心态入手，体会他们那种无法言说的不满情绪。对于他们的讽刺挖苦，千万不可反驳，可做必要的附和。

(3) 在不伤害自己尊严的前提下给予适当的肯定。这类人往往由于自己难以证明自己，因而希望得到肯定的愿望尤为强烈。

(十) 犹豫型客户

在销售过程中，销售人员经常会碰到这样一种情况：客户对产品非常感兴趣，但一谈到买，他会拿各种理由搪塞，眼看一桩快到手的生意要泡汤了，怎么办呢？

1. 了解客户真正意图，对症下药

如果客户没有购买的意图，他会找借口推托，如果你进一步询问为什么要到以后才买时，他会局促不安，说话吞吞吐吐，含糊其辞。对于这类客户，首先应给他一个良好的印象，使他产生与你交流的兴趣，然后再借机推销商品。

如果有购买的意向，他们在说话时会流露出购买的诚意，并带有一丝歉意，同时会说出以后再买的具体理由。

为了探求客户“以后再买”的真正用意，你可以用下列方法。

① 反问法：例如，“您好像还有些顾虑，能告诉我为什么吗？”

② 逆转法：例如，“不着急购买，先看看再说，还是……”

③ 直接法：例如，“这件商品哪些方面还让您不满意呢？”

④ 实例法：例如，“这是某某人使用我们的产品后的反馈信息”。

⑤ 否定法：例如，“关于这一点您不用担心”。

⑥ 资料法：例如，“您一定会对此感到满意，请您再仔细看看这些参考资料……”

以上各种方法可以单独使用，也可综合运用。设法将谈话的重点带到你所考虑的方向上去。

2. 对拿不定主意的客户，充当其参谋

有些客户犹豫不决，是由于个性使然，这种人往往没有主见。对拿不定主意的客户，应尽量帮他拿定主意，充当他的参谋。针对这类客户的服务技巧是：

① 提供选择。常用问话方式有“您喜欢这种款式的还是那种款式的？”“您喜欢超薄型的显示器还是非超薄的？”或“您打算买一个还是两个？”

② 提出建议。例如，一位客户在挑选服装的时候问销售员“白色的好看还是黑色的好看？”销售人员决不能说“我喜欢黑色，白色的不好看”，而应该说“两种颜色都不错，但黑色比较流行，而且也很适合您，您觉得黑色是不是更好呢？”这样既巧妙地说出了自己的意见，又促使客户作出最后决定。

③ 削弱缺点。有的客户在挑选商品的时候会找出商品的缺点仔细琢磨，这会影响他的购买决策。在这种情况下，销售员不妨先承认这个缺点，再削弱其缺点。

④ 把握最后的购买机会。

⑤ 奖励刺激。额外的奖励比削价出售要好得多。降价表明商品不是最好的，奖励则可给客户完全不同的心理感受。

总之，在为客户服务的过程中，一定要摸清客户的购买意图，如果客户有购买的动机，却犹豫不决，一定要想办法让他尽快采取购买行动。

小链接

在柜台前“买”与“不买”之间犹豫，有以下几种可能

- 替别人购物，自己满意，怕别人不中意。
- 选购非生活必需品，决心不够。
- 缺乏购物经验，对商品质量将信将疑，害怕上当。
- 受他人怂恿，不好推托，自己尚未下决心。
- 生活仔细，选购时持审慎甚至挑剔态度。
- 个性原因，生性细致、谨慎、优柔寡断。
- 性格原因，性格柔弱，遇事自己拿不定主意。
- 购买能力有限，经济收入有限或家庭经济负担较重，就会反复掂量。
- 不满意商品质量，却又是急需品便反复掂量。
- 缺少独立购物能力，经济上不独立，独立支配权较小；平时独立生活能力差，无主见或做不了主。

(十一) “冰山型”客户

在客户服务工作过程中，有时会碰到一些外表很冷漠的客户，他们冷若冰霜，让人退避三舍，如同一座难以融化的“冰山”。这种客户根本不愿意听别人的话，更不愿意和你交谈，总是给人一种拒人于千里之外的感觉。你根本无法揣摩他内心到底在想什么，更难以捕捉到他的意图。

冰山型客户的消费心理表现：① 外冷内热。② 自我定型的“极冷”。但他常常会有一种压抑不住的感觉，急需向人表露他“冷”的另一面。对这种客户，要给他表现的机会或做出暗示。③ 里外不一。他越有感情，越要显出漠然。只要主动与他沟通，他就会撤去伪装。

碰到这种客户，客服人员可以：

(1) 寻找恰当方式，激发对方的热情，千方百计博得对方好感。一旦对你产生好感，对方就会放下冰冷的面孔，对你敞开心扉。

(2) 对待这种客户，不要希望一举成功，要循序渐进，主动与对方沟通，他就会积极配合。

(3) 将心比心，从对方的角度出发，真正为对方着想，只要肯下工夫，就能融化这座“冰山”。

(4) 通过观察对方的举止，捕捉他的意图。

第二节　棘手客户服务技巧

一、棘手客户

一提到棘手的客户，你可能就会联想到那些有抵触情绪的、粗鲁的、怒气冲冲的、满腹

牢骚的和盛气凌人的客户，这些都是你不得不面对的服务对象。这些类型的客户都不好应付，能否处理好与他们的关系取决于你的知识、经验和能力。要想成功地服务好这些客户，很关键的一点在于要将每一个人都看成是一个特殊的个体。避免根据客户的行为特征将他们定型，也就是说，不要仅通过客户的说话、行为和外表而主观地将他们定型，并对同一组的客户使用相同的处理方式。如果用一成不变的看法来看待每一位客户，就可能损害你与客户之间的关系。

如果你具备了高超的沟通技巧、积极的服务态度，并能耐心地对待客户，拥有帮助客户解决问题的意愿，那么你就能为客户提供满意的服务。当你面对客户服务中的难题时，很重要的一点在于，你要将客户和问题区分清楚。即使你不太理解或不赞同某些人的行为，但不管怎么样，他仍然是你的客户。要和客户建立一种良好的关系，如果必要的话，可以求助于你的同事，或是将问题反映给部门的相关管理人员。

二、棘手客户服务技巧

在应对棘手的客户时，客服人员一定要保持冷静并提供专业的服务。

(一) 愤怒的客户

在客户服务中，往往会有一些不冷静、易发怒的客户，与这些客户相处一定要谨慎。因为如果处理不当，事态扩大，则可能给客服人员和企业带来非常严重的影响。所以对待愤怒的客户，你应该关心他，就如他是一个病人等待你这个心理医生治疗一样。愤怒的程度越高，你越要委婉曲折，让他的心情能够慢慢平静下来。客户愤怒时，你要超越情感的层面去挖掘愤怒的根源，以便采取正确的策略。

1. 认识到客户的情绪或愤怒之情

你不能也不该试图否认客户的气愤之情，这么做只会导致更严重的冲突。不要说“您真的不必这么心神不宁”，而应该对客户说“我能明白您很不安，我也想解决这个问题，您能告诉我发生了什么事情吗？”

采用这种方法，就能了解客户的情绪，你应该向他表现出一种乐意帮忙的意愿，同时也可以要求客户参与到解决问题的过程中来。

2. 积极地聆听

积极地聆听，让客户平静下来，鼓励他把心事说出来。当人们生气的时候，需要找机会来发泄出自己的不满，也需要别人聆听他们的倾诉。不要打断他们，或者说类似“是的，但是……”的话，这只会火上浇油。

3. 让客户知道你理解他

在客户向你倾诉的时候，你最好跟上他的思想。除此之外，尽可能让他知道你还做了书面记录，例如说：“让我再确认一下，我们星期二帮您修了打字机，可是星期四又出现了同样的故障，是这样吗？我想把它记下来……”，这能让客户知道，你在听他讲话。

4. 确定原因

通过询问、倾听、反馈、分析信息等综合方法，试着去确定问题的原因。客户可能仅仅误解了你所说的话。这种情况下，只需澄清即可。你可以试着说，“可能有一些混乱，我可以解释一下吗？”或者说“我说的话您似乎不太清楚，我能解释一下吗？”

5. 清楚客户的要求

一个投诉的客户的要求是解决问题而不仅仅是简单地处理问题，客户是要求退换或者退款，还是商店积分呢？你必须问清楚。可以这样提问：“我们能为您做些什么吗？”这个问题很重要，因为只有公司愿意弥补过失了，客户才会满意。

6. 根据客户的期望找出一条解决问题的途径

如果客户的要求公司可以接受，那么就立即愉快地接受要求。斯坦利·马克斯在他的*Minding the Store*一书中写道：答应客户的要求要比讨价还价好得多。讨价还价可能导致客户失掉诚意，马克斯还告诉我们他早期职业生涯的一个经历：有一个妇女在他的店里买了一件手工织的镶花边长袍，她只穿了一次便把它扯坏了，于是要求退货，马克斯愉快地满足了她的要求。为什么呢？他解释说：“这件衣服的价格是175美元，为了这区区175美元而损失了一名客户显然得不偿失。”他的判断是正确的，这些年来，这位客户在他的店里足足消费了50万美元。

7. 磋商解决方法

如果客户的要求公司不能接受，可设法从客户那里找到解决问题的方法。根据客户的意见，你很可能获得他们一致的认可。

8. 保持客观的态度

如前所述，仍然会有一些问题不能得到圆满解决，这时即使客户提高说话的声调或使用亵渎的语言，你也要保持冷静。虽然这件事做起来可能很难，但是它会避免局势扩大。如有必要，你可以在回答客户之前在头脑中从1数到10或者深呼吸一口气。记住，客户是对公司、产品或你提供的服务表示气愤，而不是针对你个人。如果他们无法保持冷静，你可以沉着、坚定地对他们解释说尽管你很想帮助他们，但这也必须在他们提供有关信息之后。如果可能，建议你转移到一个远离其他客户的私人区域，情况适宜时还可以请求主管或者团队组长帮助。

9. 减少挫折

对待棘手客户时，不要有造成进一步紧张状态的言行。例如，如果客户抱怨他的电话已经被转接过很多次了，就不要再转给其他人了；不要中途停下去招呼另一位客户(特别是电话来访者——除非公司政策允许你这么做)；不要让某位客户一直等待，而你却去处理其他客户的事情或者与当前客户无关的工作。

10. 进行后续工作

不要认为一个机构的体制可以始终按照预先计划运行。如果工作做的不到位，由于客户知道你的姓名，他很可能会向你的主管投诉。或许客户不会去投诉你，但他会将转向你公司的竞争对手寻求服务。无论发生哪种情况，你都有损失。

一旦一个双方同意的解决方案得到实施，你还应花一定时间去进行跟踪调查以保证其顺利运行。

(二) 不满意的客户

偶尔会碰到一些不满意或者不高兴的客户，他们很可能是以前经历过不愉快的服务。即使这和你无关，你也可能被误解。这或许很不公平，但你必须设法让客户开心。尝试一下下面的策略。

1. 倾听

要积极地去倾听。通常情况下，心烦意乱时，他们想要的就是你乐意去倾听他们的担忧。

2. 保持积极态度

即使那些生气的客户会使你精疲力竭，也不要让他们再重提生气的事情，或者贬低你的公司、竞争对手、同事或服务水平来附和他们。这只会火上浇油。如果合适，你在倾听过程中可以面带微笑，偶尔插入一些积极的评语，然后设法找到一个有效的解决方法。

3. 微笑，报上你的姓名，给予帮助

有时客户首先会用攻击性的言语质问你(例如，在你接电话时，或一位客户直接找到你而此时你正在服务另一位客户，或正注意其他的事情时)，在这种情况下，你要倾听客户的想法，使用积极的非语言暗示(例如，点头、无威胁性的身体姿势，或者微笑)，插入一些辅助语言(例如，呃，哼，嗯，啊哈或其他的声音)。通过这些积极的非语言暗示，你从心理上或许和客户靠得更近了。人们一般不会去攻击一位“朋友”、一个熟人，或者设法为他提供帮助的人。

4. 不要寻找借口

一般情况下客户对未能满足他们需要的产品、服务或观点的原因并不感兴趣，他们仅仅要求事情能以对其有利的方式得到解决。你要寻找纠正错误的方法而不是掩盖错误。记住：如果你的表现很被动，只会再次引发一些问题而不是有助于解决问题。

5. 要富有同情心

服务和销售专业人员经常采用一种方法来缓和客户在心烦意乱或有挫折感(不是真正的生气)时的情绪，这种方法称作“感受、理解、建议”策略。在使用该策略时，服务提供商可以做以下陈述：“××小姐，我理解您的感受。其他人在经历这件事情时也有同样的感受。但是，我们建议只要对×××做出小小的调整，这个问题很快就会解决的。”实际上，这条策略是站在客户的角度去感同身受，表明不只是她一个人有那样的感受，还是有解决方法的。通常可以用下面的话开始和客户的沟通：

- 我明白了。
- 我能联系到那里。
- 我理解您说的话。
- 我能明白您的观点。
- 我知道您的感受。

6. 询问开放式的问题

你可以用具体的、开放式的问题得到为客户服务的信息。例如，“××先生，您能确切地告诉我们您希望我们提供什么样的服务吗？”

7. 核实信息

为了避免造成误解或者加剧不良形势，你要确定接收到的信息是正确的。大多数情况下我们认为自己已经理解了一条信息的含义，但过后才发现其实我们误解了它的意思。你可以用自己的话语复述一遍客户的观点，由此检验一下自己理解的正误。例如，“××先生，如果我没有听错，您是说卖给您这张桌子的店员告诉您在送货之后会给您安装的，但司机拒绝承担这项工作，是吗？”

8. 采取合适的行动

当搜集完为作出某个决定所需的相关资料后，你可以让客户一起参与到工作之中，以便更好地满足他的需求。

(三) 苛刻或专横的客户

客户有时会比较苛刻或专横，这可能是由于客户过去曾经有过不愉快的服务经历而造成的。这类客户通常缺乏安全感。下面提供几条应对策略：

(1) 做到专业化。

(2) 尊重客户。

表示尊重并不意味着你必须满足客户的每一个愿望，而是说你要做到以下几点：用积极的眼神进行交流(不是怒视)，保持冷静，称呼客户的姓名，在合适或必要的时候能够道歉，让客户感觉他对你和你的公司至关重要，积极地寻求解决问题的方法。

(3) 稳定、公平，以客户的需求为主。

(4) 告诉客户你的能力范围。

当与客户交流时不要总说消极的或者不能做的事，而要集中在可能的和你愿意去做的事上。灵活行事，乐意去聆听客户的请求。如果所建议的事具有可行性，或有助于解决问题，你可以称赞提出该意见的人(例如，“霍利斯特先生，您的建议不错，我想它能行”)。然后可以试着按此建议行事。这种做法表明你愿意接受新观点，真正为客户的服务和期望而努力，同时也重视客户的意见。还要记住的一点是，如果你能从心理上和客户拉近距离，他就不太可能去抨击你。你还要确保你乐意帮助客户和尊重客户的意愿，而不是表示屈从或让步。如果这样，那么客户可能会提出额外的要求或者以后又提出类似的苛刻要求。为了避免这种情况发生，你可以事先在刚才的话语中加上类似的说明：“霍利斯特先生，您的建议不错，尽管它不能适用于所有情况，但我认为这一次应该可以有效。”这句话使客户意识到尽管这次建议奏效了，但将来不一定可行，其他的方法可能会被采用。

如果你非常熟悉所在公司的政策、流程和权限，那就可以去和那些苛刻的客户进行磋商了。如果他们需求的物品你无法提供，你可以尝试其他能满足他们需求的办法。要记住，客户满意是你的最终目标。

(四) 粗鲁或不顾及他人的客户

一些客户似乎是在故意冒犯他人或引起他人注意。尽管他们表面上很自信，但通常缺乏安全感而寻求自我保护。他们很可能表现出以下行为：提高说话声调；要求和上级主管谈话；使用亵渎的语言；不按顺序排队；在你想提供帮助时使用唐突的语言；直呼你的名字；对你的话不屑一顾；还可能故意去冒犯或者支配他人。你可以尝试用以下策略来应对。

1. 保持专业化

你不能由于客户行为不得体而采取同样的回应，要保持冷静、自信，控制好局面。例如，如果你正在接待一位客户，另一位粗鲁的客户突然冲进来打断你们的谈话。此时你可暂时中断谈话，眼睛直视着行为唐突的顾客，然后面带微笑且坚定地说，“先生，我一结束和这位客户的谈话就会去找您的”。如果他不肯罢休，你可以再重复一遍刚才的话，让他知道你越快服务完当前的客户，才能越快地处理他的事情。你的举止恰当可能会说服这位粗鲁的顾客，或者至少使他有所收敛。

2. 不要诉诸报复行为

报复行为只会惹怒这类客户，特别是你当着其他人的面使他难堪的时候。你要记住这些人仍旧是你的客户，如果他们或外人觉察到你的行为不得体，那你失去的将不仅仅是手上的这笔业务。

小链接

巧妙对付这12种素质不高的客户

一、怎样应对爱“挖苦”人的客户

爱“挖苦”人的客户的心理特点：

1. 他们要发泄内心的不满。

2. 不死心的心态。

3. 保护自己的心态。

应对爱“挖苦”人的客户的策略：这些人自卑感特别强烈，可以从了解他们的心情入手，体会他们那种无法说出口的不满情绪。对于他们的发泄，千万不可反驳。

二、怎样应对滔滔不绝的客户

滔滔不绝的客户的心理特点：

1. 以畅所欲言为快乐。

2. 追求“击败”对方的满足感。

3. 希望对人好一点。

应对滔滔不绝的客户的策略：你要不怕“苦”又不怕“累”。

三、怎样应对爱撒谎的客户

爱撒谎的客户的撒谎动机：

1. 不愿让人窥视自己的意图。

2. 不愿暴露自己的弱点。

3. 他想争取主动地位。

应对爱撒谎的客户的策略：以柔克刚，巧妙揭开对方的假面具，多接近了解他的心态，有备而发。

四、怎样应对脆弱的客户

脆弱的客户的特点是：

1. 自尊心强。

2. 过于自信。

3. 过于自责。

对脆弱的客户的策略：必须注意听他说话，留意客户的神态变化。

五、怎样应对自作聪明的客户

自作聪明型的客户的特点：自命不凡、自以为是，认为自己很正确，胆小怕事，害怕承担责任，喜欢占小便宜，比较注重个人得失。

向自作聪明型的客户推销的策略：先抬高他，低调处理自己的言语、表情，设法引导他了解市场行情、行业动态。

六、怎样应对不怀好意的客户

不怀好意的客户的心理特点：

1. 不想失败。

2. 不愿受人轻视。

3. 希望自己能够“向善”。

应对不怀好意的客户的策略：

1. 厚黑(指两面三刀、假仁假义)。

2. 善用接近技巧。

七、怎样应对自以为是的客户

自以为是的客户的心理特点：

1. 过于自信。

2. 讨厌麻烦。

3. 不愿受拘束。

应对自以为是的客户的策略：掌握他们的行为模式，从他们的个性和脾气入手。

八、怎样应对不屑做听众的客户

不屑做听众的客户的心理特点：

1. 不愿和你谈话。

2. 自我陶醉。

3. 不耐烦。

面对这种类型的客户应该努力争取，“软硬兼施”。

九、怎样应对盛气凌人的客户

盛气凌人的客户的心理特点：

1. 自信。

2. 攻击别人。

3. 固执己见。

应对盛气凌人的客户的策略：冷静，千万不可在客户咄咄逼人的攻势下丧失理智，互相叫板。

十、怎样应对刚愎自用的客户

刚愎自用的客户的心理特点：

1. 刚愎自用。

2. 顽固不化。

3. 保守。

应对刚愎自用的客户的策略：自行上钩。

十一、怎样应对虚情假意的客户

虚情假意的客户的心理特点：

1. 没有购买动机。

2. 上当之后，报复业务人员。

3. 不相信业务人员。

应对虚情假意的客户的策略：

1. 诱导新需求。

2. 引导客户的注意力。

3. 给客户一个台阶(注意不得当面揭露，不应盲目附和)

十二、怎样应对喜欢吹嘘的客户

喜欢吹嘘的客户的心理特点：

自我夸张，虚荣心很强，以为自己见多识广，喜欢高谈阔论，不肯接受他人的劝告。

业务人员在了解客户的同时，必须学会察言观色，注意到客户的每一个小细节。

第六章

服务创新

服务无止境，随着服务竞争的激烈，服务创新成为很多企业营销制胜的法宝。客户服务领域发展到现在已经有很多服务模式，如个性化服务、顾问式服务等，都被证明是非常成功的。客服人员必须深入领会服务理念和策略的内涵，掌握具体的操作要领和客户服务的技巧，并在此基础上不断创新，为客户提供合适的、针对性强的优质高效服务。

第一节　超值服务

超值服务就是向消费者提供超越其心理期待的满意服务。

一、超值服务是一种经营智慧

已故企业家王永庆，年轻时做大米生意，店面却在一小巷内，生意清淡。但他很快发现，当时市面上出售的大米掺有沙石，于是，他花大量时间，把自己出售大米中的沙石一颗一颗挑出来，以最干净的大米卖给消费者。很快，消费者舍近求远都到他店里买米，小巷米店名声外扬，销售额节节攀升。消费者认识了这家店，也认识了王永庆这个人。在消费者对沙石米习以为常的时候，王水庆却给了消费者超值的服务。王永庆自己也从这种服务中，认识了什么是营销。这一实践过程，为他今后的企业发展，确立了重要的理念基础，使他受用一生。

也听到一些企业家说，超值服务需要花费成本，是得不偿失之举。而海尔集团总裁杨绵绵说，海尔只有在给用户超值的服务中才能实现新的发展。两者之间经营远见的差距显而易见。正是杨总裁经营理念的与时俱进，海尔才会实施有偿征求意见的措施，凡提出对海尔服务的有价值意见的，奖励一百元。

人们常说市场竞争是服务的竞争，服务竞争的核心就是能否给消费者提供超值服务，让消费者感受到你的服务超越了商品价格的心理预期，从而在服务过程中，了解企业的品位，建立起对企业的信赖。当成千上万的消费者选择这家企业和他们的产品时，这种服务的成本还值得计较吗？

只看到服务成本是一种经营近视。考量超值服务的实施，重要的是如何发现消费者需要的超值服务，怎样的方式是他们需要和能够接受的，这检验着企业经营者的智慧。不同的市场环境，不同的消费水平，消费者对超值服务的理解和要求是不一样的，如果送货上门在二十多年前是超值服务的话，那么，你要选择新的超值服务方式，就要把目光放在消费者新的服务需求上，并认真研究服务的技艺。

二、超值服务实施

掌握超值服务应把握以下 4 个方面：

(1) 超值服务理念的确立。每一个客户服务人员都应该深深掌握超值服务的理念，以指导自己的服务实践，为客户带来超值享受，确保客户的忠诚度。

(2) 耐心细致，态度和蔼可亲。在提供超值服务时应该让客户感觉到你是真心在为他服务，而不是敷衍他。这就要求工作人员在提供服务时态度一定要好，对客户的问题要及时、耐心地解答。

(3) 细心观察，捕捉客户的超值服务点。通过细心观察了解客户真正关心的问题、困难，然后给客户提供帮助，这是赢得客户忠诚的最好办法。

(4) 超值服务一定是在自己力所能及的范围内进行，防止不切实际的承诺或盲目的行动。

『案例 6-1』 海尔售后“超值服务”受称赞

海尔家电产品售后服务中心对用户推出的“超值服务”受到广大市民的好评。消费者们纷纷表示，作为海尔家电产品的顾客，他们感受到了来自海尔集团的无微不至的关怀和超值服务。

2008 年 1 月 29 日 21 时许，呼兰海尔售后服务中心值班工作人员突然接到来自呼兰利民乡水利村一位老大爷的求助电话，老人在电话中说，他家的海尔彩电屏幕突然不显示了，电视节目看不成了。值班经理立刻带领技术人员开车赶往 27 公里以外水利村的老人家。维修人员驱车赶到后发现，原来海尔彩电本身并没有问题，而是老人自己接的天线在墙角处断裂了，并不属于维修范围。但维修人员还是想用户所想，经过紧急处理为老人重新安装好了电视天线。老人激动地说：“海尔的售后服务真是到家了！”当维修人员驱车赶回服务中心时已经是 23 时 30 分了，他们为了用户能够及时看到电视节目，也为了实现海尔“真诚到永远”的承诺，连夜来回驱车 50 多公里为老人及时修好了电视天线。

据海尔呼兰售后服务中心有关人员介绍，海尔集团已经推出“超值服务”两年多了。两年来，他们平均每天要处理来自松北、呼兰、木兰、通河、双城、巴彦、兰西等地的售后服务 150 件，同时上门服务的员工在修理完发生故障的家电后，还要把客户的其他海尔家电免费检测一遍。如果有其他损坏的家电也要及时与服务中心联系，及时维修。另外他们还要求上门服务的员工在离开客户家时要随手把客户家门前清理干净，垃圾袋拿走，扔到垃圾站。

呼兰区一位大妈在2008年元旦前的一天中午，突然发现家里的燃气灶打不着火了。家里人都等着吃午饭，大妈非常着急，当时情绪也比较激动。得知情况后，当时服务车辆正在外面处理其他业务，服务中心的王经理当即决定花200元钱雇一辆微型面包车，拉着维修人员赶到大妈家，10分钟后，燃气灶修好了，大妈的脸上也露出了笑容。而面包车来回开了4个多小时，这就是海尔的超值服务，充分体现了人性化。

几年来，海尔服务中心工作人员的真诚服务受到了用户高度赞扬，收到多封表扬信，取得了良好的经济效益和社会效益。

(资料来源：李先国，曹献存. 客户服务实务. 北京：清华大学出版社，2006)

『案例6-2』 MaBelle的超值服务案例

MaBelle钻饰是香港利兴珠宝公司推出的大众钻饰品牌，自1993年成立以来，目前已经在香港开设了46间分店，成为了深受时尚人士青睐的钻饰品牌。MaBelle和一般珠宝零售商和品牌相比，其最与众不同的地方，就是MaBelle设立的会员“VIP俱乐部”。这个俱乐部通过为会员带去钻饰以外的生活体验，通过加强MaBelle店员与顾客之间的个人交流，以及会员之间的情感联系，将情感赋予钻饰。

目前，MaBelle在香港拥有30多万活跃会员，这些会员大部分是20~40岁的白领女性和专业人士。一般来说，顾客购买了一定数额的MaBelle钻饰就可注册为“VIP俱乐部”会员。公司对销售员工的要求是，必须定期通过电邮、电话、手机短信等方式和顾客建立个人关系，这种私人关系无疑增加了顾客的情感转换成本。MaBelle还定期为会员举办关于“选购钻石的知识”以及“钻饰款式”方面的讲座，增加了顾客转换企业的学习成本。

MaBelle还经常为“VIP俱乐部”会员安排与钻饰无关的各种活动，根据公司掌握的不同会员的年龄、职业和兴趣等，邀请会员参与这些活动。例如，母亲节为妈妈们准备了“母亲节Ichiban妈咪鲍翅席”，情人节为年轻情侣筹办浪漫的“喜来登酒店情人节晚会”，为职业和兴趣相近的会员安排的“酒店茶点聚餐”，以及节假日为年轻会员安排的“香港本地一日游”。香港的生活节奏非常快，人们一般学习工作很紧张，人际交往比较少，这些活动不但给会员提供了难忘的生活体验，而且还帮助他们开拓交际圈，通过俱乐部结识了不少朋友。很多会员参加过一些活动后，都邀请自己的亲友也加入MaBelle的俱乐部，真正起到了“口口相传”的效果。

(资料来源：企业怎么进行忠诚营销.中华管理学习网)

第二节　顾问式服务

所谓顾问式服务，就是服务者以顾问的形式帮助其雇主解决相关咨询问题。顾问式服务是帮助客户创造价值的亲情化、智能化的“全程无忧服务”，其核心是摒弃传统的、以商品推介为中心的“说服式”销售，在服务的过程中，全面实施以客户为中心的“顾问式”全新服务模式，以最大限度地满足客户消费的理性需求和个性需求。与传统服务模式相比，“顾问式服务”模式以解决问题和满足客户的消费需求为前提，针对客户不同需求提供个性化和人性化的解决方案，是当今最为先进的营销服务模式之一。

一、顾问式服务要点

顾问式服务的服务要点主要包括以下几个方面。

(1) 服务的核心是帮客户寻找适合的产品。

(2) 服务的重点是随时解答客户关于产品的疑问。这是整个顾问式服务的重点，如客户对于电脑硬件的维护等问题，要求客户服务人员能够提供专业的解决办法。

(3) 以客户服务人员的专业化服务水平为重要条件。

(4) 一般适合价值高、操作复杂的高新技术行业或奢侈品行业，如汽车、房地产等，对于大众化产品实施顾问式服务没有多大必要。

二、顾问式客服人员的 4 种角色

从企业的角度出发，顾问式客服人员主要扮演着 4 种角色，如表 6-1 所示。

表 6-1 顾问式服务人员的 4 种角色比较

角色	要　求
行业专家	必须全面而熟练地掌握相关的行业知识及服务知识
服务人员	热情为客户提供服务，满足客户的实际需求
企业形象代表	通过专业的服务技能和素养，充分了解客户的心理，关心其需求，从而树立企业在客户心目中的良好形象
情报员	密切关注竞争对手的动态，及时搜集竞争对手的有效信息，特别是客户的意见、建议和希望，并在第一时间向企业反映

『案例 6-3』 顾问式服务解危光大依波

光大依波钟表(深圳)有限公司(以下简称光大依波)，是中国光大集团控股的香港上市公司——中国光大科技有限公司的全资子公司，从事中高档计时产品的专业设计、生产与销售。公司成立 10 多年来，产品品质和销售业绩都得到了飞速的发展。但是随着人们经济、生活水平的提高，人们对表的需求已经发生了变化。这些变化使得依波表面临着新的挑战。

为了有效地应对发展的新形势，解决发展过程中面临的新问题，光大依波委托专业咨询公司对市场进行了调查分析，并委托咨询公司进行市场竞争战略的方案设计。

经过内部访谈和外部调研，咨询公司发现：公司的产品质量非常优良，得到了同行的认可，而且公司已经有品牌经营的策略，这些都是光大依波表10多年以来得以飞速发展的基础。但是随着经营规模的扩大，以前屡试不爽的经营策略失灵了，公司面临策略重新选择的问题。

咨询公司在综合考虑的基础上找出了光大依波的症结所在：光大依波表的主要问题就是公司在销售服务能力上没有突破。而销售服务能力上没有突破的原因是：

- 销售人员没有将自己的角色定位在专销员——专家销售人员上。
- 销售人员的现场销售技能不足；销售人员的言行不规范，没有统一适合的行为规范。
- 缺乏自我培训销售人员的能力。
- 销售人员队伍不稳定。

以上的因素使得光大依波的品牌策略在执行环节失效，最终影响了经营效果。针对上述问题，咨询公司提出了解决方案，其核心就是为光大依波建立顾问式销售系统，增强执行品牌战略的能力。采取的步骤是：

- 封闭式培训，使销售人员掌握顾问式销售技巧，全面提升销售人员的素质和销售水平。
- 建立培训体系，提高自我能力，为整个体系成长提供动力。
- 协助企业培养3名专业培训师，增强企业自身的造血功能。
- 完善销售管理制度。
- 建立《专销员工作手册》，并督导实施。

在具体的操作过程中，咨询公司围绕光大依波专销员的理念、素质、技能三方面，采取咨询、培训、督导三种不同的服务方式对光大依波进行全方位、立体式的服务。力图打造光大依波的专销员队伍，在整个销售系统中植入顾问式服务理念。

顾问式服务强调了“以客户为中心”的服务理念。这是一个了解客户、服务客户、发展与客户的长期关系，最终形成连带销售的系统服务方式，是更高层次的服务方式。顾问式服务不单单是简单的买卖东西，服务过程本身也成了产品不可分割的一部分。通过有效的顾问式服务不但可以提升业绩，还可以提高产品的知名度和美誉度，从而为企业创造价值。

顾问式销售服务的特点就是使用一些服务技巧和工具来影响客户，最终达成销售目的。客户在购买商品的时候，基本的购买决策就是由理性和感性一起来判断，但是对于不同的产品，客户的感性和理性成分是不一样的。使用价值由人的理性来判断，而精神价值由人的感性来判断。对于奢侈品来说，客户的购买不可能只是为了获得产品的使用价值，他们关注的更多的是产品的精神价值，所以客户对奢侈品的消费决策在很大程度上是由他们的感性决定的。作为顾问式销售，在奢侈品销售上的重点就是影响客户的感性决策。目前手表就是一种奢侈品，因为大多客户购买一个表的初衷绝对不是单单想拥有一个计时的工具，手表在更多的时候是身份和地位的象征，满足的是客户在精神上的需求。

顾问式销售适合像手表一样的奢侈品，但是在实施顾问式服务实践中还是有条件约束的。要成功实施必须满足一些条件，而最重要的条件就是要拥有一支销售服务专家队伍。这些专家必须掌握顾问式销售的理论并具备运用到实践上的能力。

理论上，手表专销员就是处于特殊环境下的、直接面向客户的终端业务员。以客户为中心，运用不同的方式方法，向客户推荐某一特定品牌手表，以达到宣传品牌和引导客户购买的目的。一个合格的销售员必须干劲十足、反应灵敏。手表专销员是公司与客户之间的纽带。从客户的角度来讲，专销员既是手表技术专家，又是客户的专家顾问，还是客户服务大使。从企业的角度来说，专销员是手表专家、手表促销员、企业形象代表和市场信息情报员。

专销员需要从态度、技能、知识、仪容服饰、肢体语言、文明用语和心理素质等7个方面全面提高自身的素质。因为以上素质是有效地进行导购的必备要件。而要使专销员具备以上条件，必须对专销员进行全面的培训和辅导。

在服务的过程中，咨询公司给光大依波带去了全新的销售理念，把顾问式销售深深植入光大依波的头脑中。洗脑成功后，专销员的素质得到了全面提升。

通过咨询公司的服务策略，光大依波在全国各地的专销员的销售技巧都提升了一个档次，销售业绩明显好转。2003年光大依波表成为中国手表行业的龙头，依波表的品牌知名度和美誉度都得到了全方位的提升。

(资料来源：刘祖轲. 顾问式营销—— 光大依波一飞冲天. www.aliqq.com.cn)

第三节　体验服务

体验服务是让客户对产品或公司全面体验的过程，它以提高客户整体体验为出发点，注重与客户的每一次接触，通过协调，整合售前、售中和售后等各个阶段，各种与客户的接触点，或接触渠道，有目的、无缝隙地向客户传递目标信息，创造匹配品牌承诺的正面感觉，以实现良性互动，从而创造差异化的客户感知价值。

体验服务是全新的服务理念，它区别于传统的教唆式服务，转而使客户参与产品的体验，以便公司通过直接与客户接触改善和提升产品质量。

一、体验式服务的5个体验要素

体验式服务是站在客户的5个体验要素——感觉、情感、思考、行动、联想上，重新定义和设计服务。这些因素对客户满意度的影响大大超过了产品、包装、售后服务等传统因素。

围绕客户体验的5个要素进行体验式服务模式设计时，要考虑利用各种手段来增加客户在接受服务过程中的体验。表6-2列出了这5个体验要素的具体内容及体验式服务的设计要求。

表6-2 客户体验的5个要素及设计要求

体验要素	具 体 内 容	设 计 要 求
感觉	视觉、听觉、触觉、味觉与嗅觉	创造客户知觉体验的感觉
情感	客户内在的感情与情绪	创造情感体验，其范围从温和的心情，到欢乐、自豪甚至是强烈的激动情绪
思考	认知和解决问题	用创意引起客户的好奇、兴趣、对问题集中或分散的思考，为客户创造认知和解决问题的体验
行动	影响身体的有形体验、生活形态与互动	增加客户的身体体验，指出做事的替代方法、替代的生活形态与互动，丰富客户的生活
联想	感官、情感、思考与行动等层面	超越私人感情、人格、个性，加上“个人体验”，而且与个人对理想自我、他人或文化产生关联

二、体验服务的要点

融合进客户体验内容后，人们会更多地从客户的角度出发(而不是从公司目前所能够提供的产品和服务的角度出发)，在真正理解客户更高层次需求的基础上，围绕产品(或服务)将带给顾客什么样的感觉、什么样的情感联系，以及产品或服务将如何帮助客户等多种体验来进行，是对客户各种体验的全面考虑。

体验服务的要点主要有以下几个：

(1) 体验服务的出发点是树立客户的忠诚度。

(2) 体验服务的目的是实现与客户的直接互动。

(3) 体验服务是让客户自己来体验产品和公司，避免教唆式的市场推广。

(4) 体验服务过程是与客户倾心交谈、让客户感觉十分亲切的享受过程。

(5) 体验服务过程中服务是随时可根据客户要求来调整的。

『案例6-4』 索尼的体验服务

索尼集团是世界上生产民用专业视听产品、通信产品的先导之一，它在音乐、影视和计算机娱乐运营业务方面的成就也使其成为全球最大的综合娱乐公司之一。索尼公司一直致力于构筑一个完善的硬件、内容服务及网络环境，使消费者可以随时随地体验独具魅力的娱乐内容及服务。为了实现这一梦想，索尼集团将电子、游戏和娱乐定位为公司三大核心业务领域，进一步推进经营资源的集中。自创建以来，索尼一直以“自由豁达、开拓创新”作为公司的经营理念，在世界上率先开发了众多创新的电子产品，为人们提供丰富多彩的视听享受，为改变人们的生活娱乐方式做出了巨大的努力。

上海索尼梦苑是索尼在中国开设的第三处体验场所，2004年6月23日正式营业。前两处体验场所都设在北京：位于王府井地区的体验型科技乐园的“索尼探苑”和位于中关村地区的“索尼梦苑”。两者同以展示 Sony 品牌为目的，但“索尼探苑”和“索尼梦苑”的目的和功能不尽相同：前者主要是为青少年提供体验科技乐趣的科普乐园，而后者则集合了索尼品牌最尖端时尚的电子及娱乐内容产品，使客户零距离体验时尚数码生活。

索尼通过体验中心从三个方面来服务客户：一是设计独特的体验效果，吸引客户；二是让工作人员担当起导游的角色，调动起客户的体验兴趣；三是举行各种活动，吸引客户光临。

小寺圭(2004 年 2 月上任的索尼(中国)有限公司董事长)介绍说，当索尼进入一个新的市场，市场策略之一便是建立展示厅，展示上市的和未上市的产品，让客户更多地了解索尼。在东京、纽约、巴黎都是这么做的。随着中国的市场发展越来越快，市场的重要性也越来越明显，建立体验中心的时机已到。小寺圭强调说：“现在建立的体验中心与以往的展示厅完全不同，以前展示厅是展示产品，现在的体验中心是索尼跟客户进行直接沟通与交流的场所。”

“在营销方面我们做了很多工作，我们也请调查公司作客户调查。困难在于，这个调查报告是否忠实反映了市场的真正需求、反映了客户的真正情况。”小寺圭对体验中心的作用表示满意：“在‘索尼梦苑’，我们自己可以与客户进行充分沟通，我们可以得到非常生动的信息，最直接地听到市场上用户的声音，这些声音对产品设计开发及市场销售策略等都能起到非常重要的作用。”

“索尼梦苑”的负责人西冈靖通过对上海的 4 个地方，即淮海路、浦东、南京路和徐家汇，进行调查和客流量统计，同时，他们还对目标客户的生活态度、性格特征作随机采访，了解他们的梦想和追求，最后确定开设在淮海路。

在这个仅初步投资就达到 150 万美元的地方，索尼花费了很多心血来设计每个区域和细节。走进一楼大厅，迎接客户的是一座银色帐篷，这是展示索尼投影技术的“幻像隧道”。走入这个用投影机、LCD、环绕式音响组成的大屏幕数码通道，可以在银色的顶棚上看到一幅幅精美的图像。在视讯专业房里设有办公模拟区，目的是让客户体验到索尼带来的工作便利。在 PS 区域则邀请客户亲自体验多款 PlayStation 游戏的精彩……目前这个体验中心共分三层，面积超过 1 000 平方米，包括广播天地、极品影院、影音飞车、拍摄角等十几个区域，所有的产品都被冠以故事情节或者生活场景，试图让客户在体验中感受索尼的魅力。为了方便客户体验与感受，这些区域的设计一直都在根据客户的反映而作调整。西冈靖介绍说：“以前 PS 展区没有喇叭，怕有人会觉得很吵，所以都用耳机。但很多客户反映说这样很麻烦，而且他一个人玩，一起来的朋友也感觉不到效果，所以我们决定放喇叭，但是会控制音量。改动最大的是笔记本区，我们发现原来的高度不适合小朋友玩，所以对台子的高度进行了调整。”

索尼还对梦苑的客户服务人员进行了严格挑选与培训。他们希望客户服务人员可以像导游那样，调动起客户体验的兴趣。在“索尼梦苑”，所有的客户服务人员都非常年轻，不论男女均容貌可人，笑容富有亲和力。

开业之前，一位来自一家著名主题公园的培训顾问曾经给“索尼梦苑”的客户服务人员做过团队工作、快乐沟通的指导。这些员工要能够和客户很亲近地聊天，像导游一样，而不是像销售门店那样作产品介绍。“这是 VAIO 笔记本、这个屏幕多大，这样的话都不要说，因为客人可以在门店了解到。”西冈靖告诉我们，“我们希望在这里介绍另外的东西，比如VAIO(Video Audio Integrated Operation)的标志，是首字母结合，代表的含义是数码影音整合操作系统。在设计上，左边是一个正弦曲线，它代表模拟数据，在右边是1和0的二进制数字，这代表了从模拟到数码时代的转变和发展，这个你可能不知道”。

在“索尼梦苑”，客户服务人员更多是从生活方式的角度去和客户进行交流。“比如一位客人穿了一件白色的衣服，那我们的员工会说，你可以配一款红色的相机试一试，非常漂亮”。西冈靖说。每个周末，“索尼梦苑”还会针对某类产品举行特别活动，比如在“PlayStation日”，提供110台左右的游戏机，客人到来之后都可以玩。西冈靖介绍说：“我们会不断尝试各种活动的效果，为什么有很多客户愿意再来？就是因为每次来的活动都不一样，感受也不一样。”据调查，到过“索尼梦苑”的客户中希望再次体验的比例高达98%。

(资料来源：李先国，曹献存. 客户服务实务. 北京：清华大学出版社，2006)

『案例6-5』 美国Hertz公司的客户服务

在从注重数量向注重质量转变的消费时代，客户越来越要求企业提供细致、周到、充满人情味的服务，要求得到购买与消费的高度满足，于是，如何深切地满足客户的要求，改进对客户的服务方式，针对客户消费的每一个环节进行细致而深入的服务，就成了企业赢得客户的必备条件。

Hertz公司是世界上最大的汽车租赁公司。公司在1989年开发了Hertz #1 Club Gold程序，建立了一个强大的客户数据库系统，存储客户的各种资料和消费记录。从客户租赁汽车的每一个步骤出发，从电子剪贴板、incar浏览系统到电子签名板，为客户租赁汽车提供最大的便利，从而使客户租赁汽车成为一个令人愉快的过程。

自从Hertz #1 Club Gold程序投入使用以来，Hertz #1 Club Gold成员已达到两百多万，占Hertz公司在美国的总的汽车租赁业务的40%以上，而且到目前为止他们都是公司最忠实的客户。

以下将简要介绍Hertz公司获得成功的关键性因素和从中获得的经验教训。

1. 商业目标

Hertz公司的商业目标是最大程度地为客户提供便利，从客户的角度出发，设计客户满意的服务过程，从而获得较大的市场份额。主要包括：

- 向客户提供始终如一的、品牌化的消费体验。
- 节省客户的时间，避免让客户对公司的工作产生不满。
- 缓解电话中心的压力，降低公司的运营成本。
- 扩大公司的市场占有率，拓宽海外市场。
- 为客户提供自我管理的机会。

Hertz公司通过使用和不断改进Hertz #1 Club Gold程序逐步达到公司的目标，以下将研究Hertz公司获得成功的商业秘诀。

2. 成功因素

(1) 建立统一的客户背景数据库

客户不愿意每次租赁汽车时都填写详细的申请表格,告诉汽车租赁公司相同的个人情况,这也浪费了客户的时间。为了解决这个问题,Hertz公司建立了一个Hertz #1Club Gold客户背景数据库程序,通过这个数据库,Hertz公司给它的#1Club Gold客户提供一个一年一次的租赁协议。通过这个系统,客户不用在每次租借车时都签名,也不用在租借柜台前苦苦等待了!

Hertz 公司是第一个认识到保留客户背景数据库的战略重要性的汽车租赁公司。数据库中保留每一个客户的姓名、汽车等级偏好、信用卡号码、地址、公司信息和历史租赁记录,Hertz公司在全世界范围内提供汽车租赁服务,以前客户的信息散落在不同地区的数据库中,公司难以得到一个客户的完整信息,现在通过使用一个专一的全球化客户数据库,在全球范围内收集客户的信息,确保为客户提供一个统一的、稳固的服务体系。

(2) 节约客户的时间,最大限度地方便客户

Hertz 公司监控飞机的到达和延误,以确保在客户到达前就为他准备好汽车。当客户一下飞机,就可以看到公司的电子信号,指引客户到汽车停放点,客户所租的汽车敞开着车厢停在事先选择好的停车位置,客户的姓名显示在所租车的位置上,当客户进去后,可以到一个临时指定的#1 Club Gold程序计数器那里,不用任何签名,只需向Hertz公司代表出示其驾驶执照,领取车钥匙和租借记录,然后就可直接去取车。

(3) 帮助客户到达目的地

Hertz 公司认为仅仅为客户提供一个地图并不能帮助客户达到他们的最终目的地,Hertz公司在租赁的汽车上安装全球化的定位系统(GPS)。GPS 系统输入了全美和世界其他一些地区的详细地图。Hertz公司与加利福尼亚州的 GPS 厂商 Magellan 系统公司合作对 Rockwell 的GPS进行了改进。其特征是:在汽车上设有一个便于阅读的显示屏地图;用箭头大且清晰地指示客户在何时和何处转弯;当司机错过了出口或转错弯时能迅速给出新路线。GPS系统同时还可以查询离客户最近的旅馆、快餐店、加油站、医院等 。Hertz公司通过地图的更新、辅助的信息和实时的交通路线来优化和改善GPS系统。

(4) 合理化汽车回收程序

Hertz公司也在汽车回收程序上做了一些创新。在1997年,公司引进了Hertz及时回收程序。当客户还车时,Hertz公司的代理人在车旁向还车的客户问候,输入行车里程和油量信息,处理收回手续,并用便携式打印机给客户打印一个收据。回收中心的停车场上有遮雨的帐篷,当客户从车里出来,从车厢里取回行李和上车时,可以避免遭受风吹雨淋。Hertz公司计划在1999年末建成40个回收中心。今天,及时回收程序已在美国和加拿大的110多个地区使用,澳大利亚和7个欧洲国家也在使用这个程序。

(5) 自助式销售和旅行代理网络

Hertz 公司建立了一个自动化销售网站,以满足客户和旅行代理人的查询和预订需求。网站提供客户服务和事务处理功能。客户可以输入他们要预订车辆的日期和地点,选择他们感兴趣的车型,并可以得知预订是否得到确认。

Hertz 公司的网站同时为旅行代理人提供网络预订系统。例如，旅行代理人不仅可以预订车辆，也可以获得折扣信息并提供不同车辆的照片。

后者是他们用标准的 CRS 系统所做不到的。这样，客户不仅可以在网络上获得信息和预订车辆，也可以通过旅行代理人获得他们所预订的车辆。这是 Hertz 公司所期望的一种自由争论的交互方式。

(资料来源：李先国，曹献存. 客户服务实务. 北京：清华大学出版社，2006)

第四节　个性化服务

个性化服务是一种有针对性的服务方式，根据用户的设定来实现，依据各种渠道对资源进行收集、整理和分类，向用户提供和推荐相关信息，以满足用户的需求。从整体上说，个性化服务打破了传统的被动服务模式，能够充分利用各种资源优势，主动开展以满足用户个性化需求为目的的全方位服务。

大规模服务是企业与客户一对多的关系，而个性化服务则要求企业同顾客单独对话。它相对于大规模服务的主要优点在于：它随时准备为顾客服务，同时充分利用最先进的信息技术和定制化手段，立足于从顾客需求出发，最终实现"双赢战略"。

个性化服务可以帮助企业进行换位思考，站在客户的角度来分析产品问题，更能分析消费者行为和市场趋势，这势必提升品牌的核心竞争力。个性化服务将是革命性的，这个时代正在悄悄地来临。

一、对策思路

个性化服务与传统的标准化、规范化服务截然不同，因此企业必须在制度设计上进行彻底的改进，即企业再造。企业再造也称为企业再造工程或企业重新设计，是指对企业业务流程做根本性的重新思考和彻底的重新设计，以求在成本、高质量服务和速度等各项当代绩效考核的关键指标上取得显著的改善。企业再造是对企业原有的基本信条、业务流程进行重新思考和重新设计，因此它不是对原有组织进行修修补补，而是对企业运营方式的重大革命，也是企业制度的重新安排。

二、客户范围

企业应根据所估计的客户的终身价值和吸引及保持顾客所需成本进行成本收益权衡，确定"金牌"客户、"银牌"客户及一般客户。个性化服务初期，企业首先对能给自己带来丰厚收益的"金牌"、"银牌"客户提供个性化服务，等条件具备之后，逐渐地扩大其服务范围。

三、健全信息

没有理想的沟通就无法实现个性化服务。目前，企业可借助因特网与顾客一一对话，同时利用信息高速公路、卫星通信、声像一体化可视电话等多种技术全方位展示新产品、介绍其功能、演示其使用、建立征询系统，甚至让顾客参与产品设计。此外，通过企业现有营销网络加强与顾客的沟通。中间商作为连接生产者和消费者的桥梁，在个性化服务中同样可以大有作为。

四、客户档案

企业应当把顾客当作一项资产来管理，对企业的每一位顾客都必须设定直接的管理者，每个顾客管理者建立自己的客户档案。首先，档案的资料应有助于全面描绘顾客的概况，不仅要反映顾客的姓名、地址、电话、生日等情况，最好还包括其习惯、爱好、消费能力、消费档次等。其次，档案必须是动态的，每一次与客户接触后，企业应及时将这些信息输入到档案中，在顾客不必言传的情况下，送上贴心的服务和建议。最后，客户档案的信息应在企业内各部门之间得到充分的共享，才能实现真正意义上的个性化服务，提高企业效率和顾客价值。

五、个性生产(或服务)

为了满足顾客的多样化需求，企业的生产装配线必须具有快速调整的能力。为此，必须实现适合于个性化生产的模块化设计和模块化制造。企业要尽量实现产品的模块化，它由两部分组成，一部分是所有产品共有的，另一部分是体现产品定制特征的。这样，企业将共同的部分事先组装起来，一旦顾客提出自己的特定要求，便将这些满足要求的部件迅速组装上去，从而可以提高速度和效率。

六、制度创新

个性化服务要求企业对顾客驱动的市场反应灵活而快捷，因此应对原先等级森严的纵高型组织结构进行变革，建立扁平化的组织结构，削减企业内部层次，促进信息传递与沟通，发挥员工的创造性，增强企业的灵捷性。

企业内部的组织需要提高其地位和责任，也就是从“成本中心”上升到“利润中心”，再到“投资中心”。随着企业责任升级的不断发展，企业的组织分立化趋势不可避免。所谓分立化，就是某些部分成为独立的企业或者说是内部组织的外部化，即前面所说的外包。组织的分立化包括横向分立和纵向分立。横向分立就是企业将一些有发展前途的产品分离出来，成立独立公司；纵向分立是把一种产品进行上、下游的分立。

网络组织是一种适应知识社会、信息经济与组织创新要求的新型组织模式，它能使组织更好地适应复杂、不确定的环境变化，更能实现企业的灵捷制造。第一，网络组织在构成上是由各企业组成的联合，而非严格的等级排列，可以提供一种传统组织无法提供的东西—横向联系。第二，企业成员在网络组织中的角色不是固定的，而是动态变化的。第三，企业成员在网络结构中的权力地位不是取决于其职位，而是来自他们拥有的不同知识，可以为满足人们的情感需求创造条件。第四，网络组织围绕特定目标，实现信息共享与无障碍沟通。第五，网络组织具有自相似、自组织、自学习与动态演进特征。

互联网更便于收集用户的信息资料，从而更能够发现、满足用户的需求，通过信息提供与交互式沟通，可以实现一对一的个性化服务，促销更具有针对性，更易于与消费者建立长期良好的关系。

作为一个企业，要使自己的产品体现顾客个性，必须知道顾客的“个性”。一位法国化妆业的巨头为每一位女顾客建立一份详细的个人诊断报告，专家们为她们检查完后四周之内，诊断书就以私人信件的形式寄到顾客手中，其中包括对女顾客在美容方面所遇到问题的全部处方，并根据顾客标明的个人收入情况，开列出使用产品的品名。此项举措的实施，使该公司的美容业务在 3 个月内增加了 75%。亚马逊网上销售公司更是这方面的先锋，它研究每一位顾客买过的书，然后根据读者的特点通过互联网向个人推荐新书。新英格兰咨询集团的加里斯蒂贝尔希望首席执行官甚至董事会成员定期访问网上聊天室，倾听并与可能赞扬或批评其产品的顾客交谈。要提供个性化服务，单纯的技术战术是不够的。生产技术的进步，尤其是电脑网络技术，工业机器人、快捷生产、柔性加工、计算机集成加工系统等先进的信息技术、制造技术的出现，使得企业能够在同一条生产线上制造加工不同规格、不同型号，甚至不同式样的产品。这就对企业的管理提出了更高的要求。

『案例 6-6』 香港汇丰银行的个性化服务

每次到香港，港人的“好客之道”和强烈的服务意识总要令旅行者感动，所以，在由全球商业领袖评出的国家和地区竞争力排行榜上，这个亚洲国际都会仅次于美国排名第二。令人印象深刻的是客户在香港汇丰银行所受到的礼待。香港的汇丰银行也好，花旗银行也罢，都不像大多数中国银行一样，用厚厚的玻璃窗隔开营业员与客户，再通过扬声器来传递沟通，因为这种做法总让客户觉得别扭。香港的银行大多是完全敞开式的，甚至有一位执行主任就坐在大厅随时恭候客户的咨询。到汇丰银行开户，除了清晰的标识牌之外，会有人亲切地指引你到前台登记排号，然后到一个像五星级酒店大堂的地方坐着喝咖啡等待。洁净的地毯、柔软的沙发、优雅的环境布置，这一切真正让客户体验到了做上帝的感觉。在一对一为客户服务时，年轻的策划经理会营造轻松的沟通气氛，详细了解客户的工作和财务状况而不像查户口，让你在未选择汇丰银行之前，先交上他这个朋友。

除了与客户进行个性化沟通之外，汇丰银行提供的也是个性化的产品。一个综合的账户可以集存款、买卖股票、信贷、人寿保险、网上理财等服务为一体，为客户量身打造一份专业的理财计划。以人性化沟通和个性化服务的理念去经营企业，是谈判和营销的最高境界，也是当今商场的取胜之道。

(资料来源: Adclass.“金融荟萃、服务全球”—— 香港汇丰银行广告. http://blog.sima. com.cn)

第五节 服务创新

服务创新就是使潜在用户感受到不同于从前的崭新内容，是指新的设想、新的技术手段转变成新的或者改进的服务方式。

一、服务创新的含义

服务创新就是“生产”一项服务。而“生产”一项服务就是寻求一个问题的解决办法(一项措施或一个运作过程)，它并不提供实物产品，而是将很多不同能力的人(力、技术、组织等)集中起来以获取针对顾客和组织问题的解决方案。

注意，服务创新较少被局限在由技术引发的创新范畴内，更多的时候它与服务产品本身特性的变化、新的销售方式、新的“顾客—生产者”交互作用方式以及新的服务、生产、方法等因素密切相关。

基于以上分析，一项服务创新一般具有下面 4 个方面。

(1) 新服务概念。在制造业创新中，产品和过程是有形可见的，但在服务业中，创新大多具有无形性，创新结果并不是一个有形的实物产品，而是解决一个问题的新概念或方法，因此服务创新在很大程度上是一种“概念化创新”。如招商银行推出的“一卡通”，就是一个新服务概念。

(2) 新顾客界面。顾客界面的设计，包括服务提供给顾客的方式以及与顾客进行交流、合作的方式。网上银行就是一种新的服务界面。

(3) 新传递系统。服务传递系统主要是指生产和传递新服务产品的组织。它侧重于服务企业的内部组织安排，即通过合适的组织安排、管理和协调，确保企业员工有效地完成工作，并开发和提供创新服务产品。

(4) 技术。在服务创新中有很多针对特定部门的技术，如健康服务中的医疗技术等。

二、服务创新的途径

服务创新有以下 5 种途径：

(1) 全面创新。借助技术的重大突破和服务理念的变革，创造全新的整体服务。其比例最低，却常常是服务观念革新的动力。

(2) 局部革新。利用服务技术的小发明、小创新或通过构思精巧的服务概念，而使原有的服务得到改善或具备与竞争者服务存在差异的特色。

(3) 形象再造。是服务企业通过改变服务环境、伸缩服务系列、命名新品牌来重新塑造服务形象。

(4) 改型变异。通过市场再定位，创造出在质量、档次、价格方面有别于原有服务的新的服务项目，但服务核心技术和形式不发生根本变化。

(5) 外部引入。通过购买服务设备、聘用专业人员或特许经营等方式将现成的标准化的服务引入到本企业中。

服务创新需要跨学科的交流和合作，它是一种技术创新、业务模式创新、社会组织创新和需求、用户创新的综合。最有意义的服务创新来自对服务对象的深入了解，这个深入比一般的产品创新要深入得多。

三、服务创新的策略思路

服务创新应把握好以下几个方面

1. 把注意力集中在对客户期望的把握上

在竞争对手云集的市场中，不必轻易改变产品本身，而应该把注意力集中在对顾客期望的把握上，认真听取顾客的反应以及修改的建议，一般80%的服务概念来源于顾客。

2. 善待客户的抱怨

顾客的抱怨往往表明服务有缺陷或服务方式应当改进，这正是服务创新的机会。对待客户的抱怨，均应立即妥善处理，设法改善。以耐心、关怀来巧妙解决顾客的问题，这是服务创新的基本策略。

3. 服务要有弹性

服务的对象相当广泛，有不同期望及需要，因此良好服务需要保持一种弹性。服务有许多难以衡量的东西，一味追求精确，非但难以做到，反而易作茧自缚。

4. 企业员工比规则更重要

创新就是打碎一种格局以创造一种新的格局，最有效的策略就是挑战现有的规则，挑战的主体是人。通常，客户对服务品质好坏的评价是根据他们同服务人员打交道的经验来判断的。

5. 用超前的眼光进行推测创新

服务是靠顾客推动的。当人们生活水平低于或等于生存线时，其需求模式是比较统一的。随着富裕程度的提高，消费需求由低层次向高层次递进，由简单稳定向复杂多变转化。这种消费需求的多样化意味着人的价值观念的演变。

6. 产品设计和体现的服务要与建立一揽子服务体系结合起来

产品创新从设计开始，服务也从设计开始。要在产品中体现服务，就必须把客户的需要体现在产品设计上。在产品设计中体现服务，是一种未雨绸缪的创新策略。要使顾客满意，企业必须建立售前、售中、售后的服务体系，并对体系中的服务项目不断更新。服务的品质是一个动态的变量，只有不断地更新才能维持其品质不下降。售前的咨询、售中的指导、售后的培训等内容会随着时间的推移使其性质发生变化，原来属于服务的部分被产品吸收，创新的部分才是服务。所以，企业不创新，就没有服务。

7. 把“有求必应”与主动服务结合起来

不同的企业对服务的理解不同。其中，很多企业对服务的定义过于狭窄。餐饮企业对服务的理解可能就是笑容可掬；设备销售企业，可能把服务理解为“保修”；银行可能认为服务就是快捷并不出差错；商品零售企业可能认为服务就是存货充足和免费送货。这些理解都只是把服务限定在“有求必应”的范围内，满足于被动地适应客户的要求。一个企业要在竞争中取胜，仅仅做到“有求必应”是不够的，应不断地创新服务，由被动地适应变为主动地关心、主动地探求顾客的期望。比如国际商用机器公司认为，公司的发展是由客户和市场推动的，主张把公司的一切交给顾客支配。

虽然许多公司的产品在技术上胜过国际商用机器公司，其软件用起来也很方便，但是，只有国际商用机器公司肯花功夫来了解客户的需要。他们反复细致地了解顾客的业务需求，所以，客户愿意选用国际商用机器公司的产品。可见一个企业不去主动地探求顾客需要哪些服务，或仅仅做到符合标准而不去创新，就注定要被消费者所抛弃。

8. 把无条件服务的宗旨与合理约束客户期望的策略结合起来

企业不遗余力地满足顾客的需要，无条件地服务客户，是达到一流服务水平的基本原则。但在策略上必须灵活。合理约束顾客的期望常常是必要的。客户对服务品质的评价，容易受其先入为主的期望所影响，当他们的期望超过企业提供的服务水准时，他们会感到不满；但当服务水准超过他们的期望时，他们会大感满意。企业有必要严格控制广告和推销员对顾客的承诺，以免客户产生过高的期望。而在实际服务时尽可能超出顾客的期望。正确地处理无条件服务与合理约束两者的关系，是企业在服务创新中面临的挑战。

9. 把企业硬件建设与企业文化结合起来

服务行业应用现代科技，对企业的基础设施进行大规模的投资，不仅能极大地扩大服务种类、提高服务效率，而且还能够带来显著的竞争优势。

『案例 6-7』 中国移动以创新打造世界一流企业

中国移动的发展史就是一部不断创新的历史。正如中国移动王建宙总裁所言：企业最核心的任务是为国家、股东、客户、员工、社会创造最大价值，而通过自主创新来实现这些目标，是中国移动做世界一流企业的必经之路。今天，创新对中国移动通信来说变得越来越重要。中国移动在市场需求的驱动力下，通过服务、业务、技术与管理创新在这几年内大大刷新了其经营业绩，这种以准确的市场需求为导向的研发创新，盘活了整个企业的价值链，促进了中国通信产业的快速、持续、健康、蓬勃发展。

1. 以服务创新提升客户价值

几年来，中国移动坚持以客户为导向，不断进行服务与业务创新，满足不同客户群体的需求，提升了服务品质和客户价值。

首先，中国移动优质的网络覆盖本身就是创新。目前，中国移动经营一张有2.46亿客户、覆盖全国99%以上的县市、人口覆盖率超过97%、漫游世界180多个国家和地区的网络，在世界历史上都是一大创举。把网络建到电梯、地下室，在没有路、没有电的条件下建到偏远山村，中国移动通信优质的网络覆盖已经得到了国际同行的高度认可。非洲一家电话公司的CEO非常钦佩中国移动通信的突飞猛进。他说，他们的人口覆盖能够达到50%已经是非常非常困难的了，没有路、没有电，根本做不到。从这个意义上，可以说优质的网络覆盖是中国移动通信最大的服务创新。

其次，中国移动的三大客户品牌(全球通、动感地带、神州行)，是公认做得比较好的，并在客户中产生了良好的影响。

如今，中国移动的10086已经成为世界上高水平的客户服务中心，客户满意度处于世界先进水平；网络质量已经达到国际优先水平，“网络质量好”，甚至已经成为中国移动的代名词；“全球通”、“神州行”、“动感地带”三大客户品牌优势明显，深入人心；创新推出的VIP延伸服务、“话费误差、双倍返还”诚信服务、跨区服务等举措极大地提升了客户价值。

2. 以业务创新推进社会信息化进程

“自主创新也不神秘，从实践中来，解决我们碰到的实际问题，解决前人没有解决的问题或改进不适合我们的方案，就可以创新。”王建宙总裁这样说。正是在这个创新理念的指引下，中国移动能够根据客户需求的变化，不断把客户需求变成现实，不断创新业务内容和模式，不断满足客户多样化的需求，使中国移动通信成为全世界唯一单月客户净增长量超过300万户的电信运营商。

首先，短信迅速普及的创新。2005年，中国移动的短信业务使用量接近2 500亿条，一天最高的时候有17.6亿条短信，短信业务的普及率和使用量均为世界第一。短信已经深刻地影响了人们的日常生活、沟通、工作和学习。中国移动集团公司副总裁张晨霜深有体会地说：“短信虽然不是我们首创的，但我们推广了短信，改变了文化，为整个社会作出了贡献，这就是创新。”

其次，短信与互联网结合的创新。中国移动首创“移动梦网”商业模式，打造了一个开放、公平的无线增值业务产业链，不仅使中国移动在业内树立了创新的形象，同时拉动了整个产业链的蓬勃发展。新浪、搜狐当时一直找不到赢利的模式，在与短信相结合以后，才找到了赢利的模式，而且收入呈直线上升。目前，中国移动在香港开了无线数据业务的演示介绍会，引起媒体和分析师震动的是无线音乐。这也是在中国移动的推动下产生的，也体现了一种创新的精神。据悉，2005年，中国移动通信新业务收入占总收入的比例已经提升到20%，超过了世界许多发达国家的水平。

再次，以移动信息化推动社会信息化，提高企业和社会效益，这也是中国移动业务创新的重要体现。中国移动以GPRS以及短信为主要载体，为客户提供包括企业直联、IP电话、GPRS上网、企业信息发布、移动办公、无线GPS定位、无线POS、CMNET等业务在内的企业整体解决方案和行业典型解决方案，在政府、电力、交通、石油等近二十个行业内进行了应用，移动行业信息化大大推进了社会信息化的进程。

最后，以创新打造手机多用化和媒体化，引领消费新时尚。

3. 以技术创新赢得国际“话语权”

技术创新是服务与业务创新的坚强基石。作为行业的领先者，中国移动在成立之初就有意识地开展自主技术创新工作，成立了研究院，从事通信产品和网络技术方面的应用研究和技术支持，建成了全球规模和容量最大的网管系统和国内最先进的业务支撑系统，世界最大的软交换汇接网，世界上第一个实现多业务统一综合管理的系统(DSMP 系统)。

早在 1987 年，中国内地最早 TACS 标准的蜂窝式移动通信系统在广东开通，1994 年，开通了 GSM 网络。两项技术的应用都是借鉴了欧洲和美国的技术。但今天中国移动已成为世界上客户规模最大的电信公司，可借鉴的东西越来越少。在世界已经没有先例的情况下，既不是研究部门，也不是设备生产部门，而是作为应用运营商的中国移动只有靠自己创新，自己寻求答案，自己从被动创新转到主动创新、引导技术发展潮流。

王建宙总裁曾说过，通信运营商的技术创新，总体而言有两个大的方面：第一，积极参与技术标准化、技术规范的制定，以此来影响技术的发展，改变长期以来技术方面由制造商主导的局面。第二，在应用、开发等方面不断地创新，要拥有更多的自主知识产权，获得更多的专利，赢得更多的国际“话语权”。

一方面，中国移动一直注重标准的制定，自成立以来共发布企业标准 300 项，并且每年以近 100 项的速度增加。在企业标准制定的基础上，自 2002 年开始，中国移动加大了在国际标准制定方面的力度，每年都向 3GPP、开放移动联盟(Open Mobile Alliance，OMA)等国际标准化组织提交大量论文，其中仅 2005 年向 3GPP 提交 362 篇，把“一个移动网络两个网号”等 59 篇写入了国际标准。

另一方面，中国移动加大了专利的投入。公司即将成立专门管理专利的办公室，在其统一的管理下，逐步提高专利的数量和质量。截至目前，中国移动共向国家专利局提交了“一种基于客户请求实现通信服务等级业务的方法”等 10 个专利的 PCT 国际申请以及 140 项国内专利，其中发明专利 136 项，这些专利为中国移动开展的彩铃、可视电话等业务提供了技术基础，大大降低了业务开展的专利门槛，加速了中国移动新业务的引入。再如，中国移动拥有 DSMP 全部的知识产权和软件著作权，已经申请了多项专利，并被国际标准组织 OMA 所接受，这无疑为中国自主的技术在国际标准和规范制定方面获得了更重要的“话语权”。

4. 以管理创新成就卓越品质

“一个企业拥有多方面的资源，管理就是使各种资源更好地有效配置，达到最满意的目标。管理就是使 1 + 1 = 3，甚至更多，多出的部分就是管理创造的价值，无论是服务也好，业务也好，技术也好，实际上都不同程度地体现着管理的优与劣，而管理创新正是企业更好地服务于客户的保障。”王建宙总裁说。

中国移动既是国有企业，又在海外整体上市，运营管理好这样一个公司本身就是一项开创性的工作。通过海外上市，借助国际资本市场严格的监管要求，中国移动引入了与国际接轨的管理思想和管理模式；通过建立诚信、透明、公开、高效的公司治理，公司发展更加充满生机与活力；中国移动在运营体制、管理制度方面上进行了大胆探索与创新，形成了战略、预算、绩效、薪酬的闭环管理体系；同时还充分发挥规模优势，在设备采购、网络管理、内部资金调度等方面探索建立并逐步完善了集中化低成本运营管理的模式，提高了管理效益，促进了公司的快速、健康、持续发展。

管理创新节省了大量的成本，还使客户享受到低价位高品质的服务。有数据显示，2005年与2004年相比，采购成本平均下降27.9%，客户平均每分钟话费的价格从1999年的0.73元下降到2005年底的0.24元。

2004年，中国移动实现了整体上市，每年新增客户数都超过3000万，客户总数已达到2亿多，如何做好这样一家上市公司财务工作的精细化管理并无先例可循。中国移动在运营管理体制、制度和方式上进行了大胆探索和创新，实施了市场、业务、投资等各方面综合配套的全面预算管理，实现了从事后管理向事前控制、事中监督的重要转变，形成了以预算管理为中间结点的战略、预算、绩效、薪酬的闭环管理体系。

一些省公司总经理在谈到公司上市后的感受时，主要是考核上与过去完全不同，从过去以总量增长为依据，到现在的更注重效益、注重企业的可持续发展能力，这就需要公司在外部市场、在内部管理上不断实施创新，改变传统管理手段，建立一种新的“压力传递机制”。中国移动率先推出职位、薪酬、绩效为主要内容的人力资源提升项目，建立起一套科学的职位管理体系，营造了吸引优秀人才和鼓励人才成长的良好环境。近年来，培养经营管理人才及后备人才2 000余人，专业技术人才3 000余人；在职位设置和职位分析上，规范职位描述，严格职位评估，明确职位职责；在绩效管理中，引入平衡计分卡方法和KPI体系，保证战略目标在组织内部的沟通和实现，这些都为公司持续成长提供了源源不断的动力。

网络电子集中管理系统得到普遍应用，实现了前台客户服务部门与后台支撑管理部门的实时联动，工单的进展和完成情况可以全程跟踪管理，建立了高效的闭环式电子生产调度流程。中国移动从2000年初至2005年底，客户数由3 806万增长到2.46亿户，网络规模也相应扩大了4倍，但员工总数却没有更多的增加，这得益于先进的信息化支撑管理。

在内部管理风险的防范与控制上，启动了SOX法案内部控制项目，大大提升了公司内控管理水准和全员风险意识。同时，作为海外上市公司，中国移动在对所有股东的信息披露上也做到了适当、及时和公平，许多省公司还率先在同行业中通过了ISO全面质量管理体系认证和TL 9 000电信行业质量管理体系认证。在对法律风险的管理和控制方面，中国移动开创性地提出了构建企业法律风险管理体系的创新做法，建立了一套以风险分析、风险控制、评估更新形成闭环管理的法律风险管理体系。该体系创建了一套科学的管理工具，全面客观地识别和分析企业所面临的法律风险，统筹制定风险控制计划，并落实到公司的各项制度、流程和活动之中，真正实现对企业法律风险的事前有效防范和控制。

作为一个处于通信应用领域的高科技企业，中国移动始终坚持以创新打造世界一流企业，以创新求发展，以发展促创新。通过不断提高自主创新能力，实施管理创新和技术创新，有力地支撑和实现了业务和服务的不断创新，并以卓越的品质吸引了越来越多的消费者成为中国移动通信的客户，使用中国移动的业务，享受移动通信带来的快捷、便利的服务。

以创新精神打造世界一流企业，造就了中国移动良好的发展业绩。中国移动已连续5年进入《财富》世界500强，最新排名224位；已成为全球客户数量和网络规模最大的电信运营企业。近日英国《金融时报》联合跨国品牌调研及咨询公司向全球发布的最新“全球最强势100品牌”排名中，中国移动以品牌价值392亿美元高居第四名，在全球电信品牌中排名第一，成为中国企业品牌国际影响力扩大的重要标志；公司股票价格在短短一年时间内增长近一倍，市值达到创纪录的1 100亿美元，成为亚洲市值最大的电信企业，作为一个国有重要骨干企业，中国移动通信为国有资产的保值增值交出了一份满意的答卷。

秉承“正德厚生、臻于至善”的核心价值观，以创新精神打造世界一流企业，中国移动在创造出令人翘楚业绩的基础上，将站在新的起点，瞄准新的战略发展目标，继续不断创新，不断跨越，更好地履行好“创无限通信世界、做信息社会栋梁”的企业使命，努力成为“卓越品质的创造者”。

(资料来源：杰森.中国移动：以创新打造世界一统企业.中国电子报，2008-08-06)

第七章

客户投诉的处理技巧

客户投诉或抱怨是客户对商品或服务品质不满的一种具体表现。客户投诉或抱怨将有损企业的形象。但我们要变“不利”为“有利”，对外化解客户投诉，使客户满意；对内利用客户投诉，充分检讨与改善，将其化为促进企业发展的一个契机。

美国捷运公司副总经理玛丽安娜·拉斯马森曾提出过著名的公式：

处理好客户的投诉=提高客户的满意程度=增加客户认牌购买的倾向=更高的利润

第一节　客户为什么会投诉

20多年前，“投诉”还是一个陌生的、带点港台味道的名词。随着改革开放的不断深入，市场经济体制逐步建立，社会商品日益丰富。不知不觉间，我们已经进入了消费时代。对绝大多数企业而言，面临的问题已经不是如何加班加点生产商品，而是如何把商品卖出去，如何解决客户的投诉，以维护现有客户并开拓新客源。

经营一家企业，总会不断地碰到客户投诉，除非企业压根就没有客户。处理客户投诉，已经成为企业的必修课。

一、认识投诉

投诉的定义很多，例如：

- 投诉就是抱怨。
- 客户强烈地表示不满。
- 顾客的不满意表述，无论合理还是不合理。
- 投诉分有效投诉和无效投诉，有效投诉是指对于产品和服务质量、服务规范、服务效率和服务环境的投诉；无效投诉包括客户提出无理要求和故意刁难。无效投诉不应作为投诉看待。

- 投诉就是(企业)第二次表现的机会。
- 上海市消费者权益保护委员会对投诉的定义是：消费者投诉，是指消费者为生活消费需要购买、使用商品或者接受服务，与经营者之间发生消费者权益争议后，请求消费者权益保护组织调解，要求保护其合法权益的行为。
- 美国 COPC 公司(Customer Operations Performance Center Inc. ，顾客运营绩效中心公司)对投诉的定义是：对产品、服务、员工或顾客服务代表提出的任何负面评论。
- ISO 1002：2004 质量管理、顾客满意、组织内部投诉处理指南的解释是：对一个组织的产品或其投诉处理过程本身不满意的表示，其中明确或隐含地期望得到回应或解决。
- GB/T 17242—1998 对投诉处理指南的解释是：消费者对产品质量向组织提出不满意的表示，等等。

根据以上定义分析，我们认为客户投诉是指客户对产品或服务的不满或责难，有时又称抱怨。企业不可能满足所有顾客的需求，抱怨是必然的。

不同行业、不同企业对于投诉有不同的看法。进行投诉处理时，企业应当仔细分析企业的产品、服务、客户群乃至企业文化导向，制定出最适合企业的更为细致的投诉定义。下定义的目的是为了更好地进行管理，对不同类型的投诉适用不同的流程，以便进行统计、分析和监控。对于投诉下定义的原则是要方便员工理解和操作。

企业在正常运营的过程中，总是希望自己的产品或服务能够卖出去，让客户觉得物有所值，满意而归。没有哪个企业希望看到客户投诉；客户代表着订单，代表着收入，关系到企业的生死存亡。但是，在企业的经营过程中，客户投诉始终存在，并且客户投诉一旦发生就不能回避，必须积极面对。

积极看待客户投诉，首先要正视客户投诉。投诉最直接地传达了客户的不满，客户投诉，说明他对企业的部分产品或服务持有否定的评价。即使企业提供的产品或服务本身没有问题，客户投诉是出于误解，这仍是企业的错，为什么没有让客户正确地理解呢？即便企业已经事先做了大量的宣传和解释，一般客户都能够明白，但个别客户不理解，还是企业的错，为什么没有个性化的服务呢？总之，客户永远是对的。

客户投诉带给企业很大的压力和烦恼：客户要求退货、赔偿，企业的销售业绩和收入会受到影响；客户投诉的处理牵扯了大量的人力，增加企业的人力成本，耗费企业的资源；有的投诉客户唯恐事情搞不大，到处散布不满言论甚至诉诸媒体，威胁到企业的声誉。一旦处理不慎，客户投诉会给企业带来严重的影响。所以，我们要正视投诉对企业的影响，积极面对客户的投诉。

二、客户投诉的原因

许多企业都有过这样的经历：一夜之间，突然发现自己陷入了投诉漩涡，成为客户、消协、工商、媒体等的众矢之的。

客户为什么要投诉呢？简单地说，客户是基于不满才投诉的。不满的直接原因在于客户的期望值和和服务的实际感知之间的差异，也就是预期的服务和实际感知的服务之间的差距。我们暂且不对差异本身进行价值判断，它可能是合理的、为社会所接受的，也可能是不应该出现的、企业要对此承担责任或消费者要调整期望值的。

之所以在企业服务与客户期望两者之间出现了差异，绝大多数是企业方面的原因，其次也有消费者自身的原因、政府监管方面的原因以及法律制度、社会意识方面的原因。

(一) 企业方面的原因

1. 产品质量存在缺陷

根据《中华人民共和国产品质量法》的定义，产品缺陷是指产品存在危及人身、他人财产安全的不合理的危险；产品有保障人体健康和人身、财产安全的国家标准、行业标准的，是指不符合该标准的。对产品质量缺陷，具体可分为：假冒伪劣产品；标识不当的产品；质量瑕疵产品。产品有缺陷，不仅消费者要向企业投诉、索赔，国家有关的质量监督部门还要处罚企业，企业甚至还要承担刑事责任。

2. 服务质量

国内一些优秀的产品品牌，如联想、海尔，都意识到服务的重要性，在做好产品的同时，确立了“服务制胜”的战略，以周到、优质的服务作为自己的竞争优势。

服务既包括有形产品又包括无形产品如电信、金融、保险、出租车服务、旅游等与人民群众的生活息息相关的服务。常见的服务问题有：

① 应对不得体。具体表现在以下几个方面。

第一，态度方面。一味地推销，不顾客户反应；化妆浓艳、令人反感；只顾自己聊天，不理客户；紧跟客户，像在监视客户；客户不买时，马上板起脸。

第二，言语方面。不打招呼，也不答话；说话过于随便。

第三，销售方式方面。不耐烦地把展示中的商品拿给客户看；强制客户购买；对有关商品的知识一无所知，无法回答客户的咨询。

② 给客户付款造成不便。算错了钱，让客户多付了；没有零钱找给客户；不收客户的大额钞票；金额较大时拒收小额钞票。

③ 运输服务不到位。送大件商品时送错了地方；送货时导致商品污损；送货周期太长，让客户等太久。

④ 售后服务维修质量不达标。

⑤ 客户服务人员工作的失误。

3. 宣传误导

商家有了好产品，还需要运用各种手段，广泛宣传产品，赢得客户的关注和认可。企业做宣传都千方百计地突显产品的优势。但是广告宣传过了头，包装过度，或者不兑现广告承诺，就变成了误导消费者，甚至变成欺诈。具体表现在以下几个方面。

① 广告承诺不予兑现。

② 效果无限夸大，广告内容虚假。

③ 只讲好处、优势、优惠，不讲限制条件。

4. 企业管理不善

有人研究客户投诉的原因，结论是 8%的客户投诉是由于产品本身的质量或价格问题，40%的客户投诉是由于服务和沟通。不知道这个结论中的“沟通”是否包括了虚假广告。但引起客户投诉可归因于企业方面的原因，无疑首先体现在客户对企业的接触点上，或者体现在所购买的产品或服务上，或者体现在与购买行为有关的资讯上。不过，这些都仅仅是表面化的原因，根源是企业管理不善。具体表现为：

① 企业机制问题。对上负责，对任期考核负责，不对市场和客户负责。

② 职能部门各行其是，业务流程混乱。

③ 人力资源危机。

④ 投诉管理缺失。缺乏投诉管理机制、办法、流程，一线人员没有及时的后台支撑，部门沟通、协作不畅；已有投诉不能通过反馈意见予以消除或减少，造成大量重复投诉，耗费资源；出现公关、传媒危机不能有效应对，造成投诉面扩大和升级。

(二) 消费者方面的原因

客户投诉最基本的原因是对商品或服务不满。投诉行动与他们的经济承受能力、闲暇时间充裕程度、个性特征、诉求等有直接的关系。

1. 客户的经济承受能力与投诉的关系

一般来说，客户是根据自身的经济能力来选择相适应的商品或服务的；但有的时候也不尽然，如低端客户可能选用高端产品，高端客户可能选用低端产品。如表 7-1 所示，如果低端客户选用高端产品，客户对产品的期望值会超出其他客户的期望值，潜在的投诉率也高。

表 7-1 期望值与投诉率

客户分类	对于低端产品的期望值和投诉率	对于中端产品的期望值和投诉率	对于高端产品的期望值和投诉率
低端客户	中	高	高
中端客户	低	中	高
高端客户	低	低	中

当一种商品或服务开始由高端市场转向中低端市场时，往往投诉量会增加，而且与销售量相比，投诉比率也大增。这不仅仅是商品或服务本身质量下滑造成的(当然不能排除由于企业销售量增大，质量控制和服务没有及时跟上，造成商品或服务质量下滑)，还有中低端客户预期较高的原因。例如，手机产品、移动通信服务、汽车等商品或服务在近些年的投诉量居

高不下。

企业要特别注意这个问题，原来定位于高端市场的产品，一旦由于经济的发展，人民生活水平的提高，出现了“飞入寻常百姓家”的趋势时，不能沾沾自喜于销售量的大增，更要看到其中的隐忧，要在满足市场需求的同时，加倍做好服务和投诉管理。

2. 客户的闲暇时间充裕程度与投诉的关系

投诉是一件辛苦的事情，需要花费客户大量的时间。相当多的客户放弃投诉，是权衡了自己的时间价值后做出的选择。有相当一部分“不屈不挠”投诉的客户有大量的闲暇时间，或者工作比较清闲，或者处于无业状态，这部分客户对企业的潜在价值和贡献其实是相对较低的；但他们对企业的伤害可能是很大的，因为他们有足够的时间到处投诉、上告。

而另一方面，在我们企业投诉处理的最基层，被随随便便“打发”的客户，却很可能是企业的高价值客户。企业在处理好一些“不屈不挠”不断投诉的客户投诉的同时，要注意防止出现如图 7-1 所示的客户服务资源分配的倒金字塔效应。

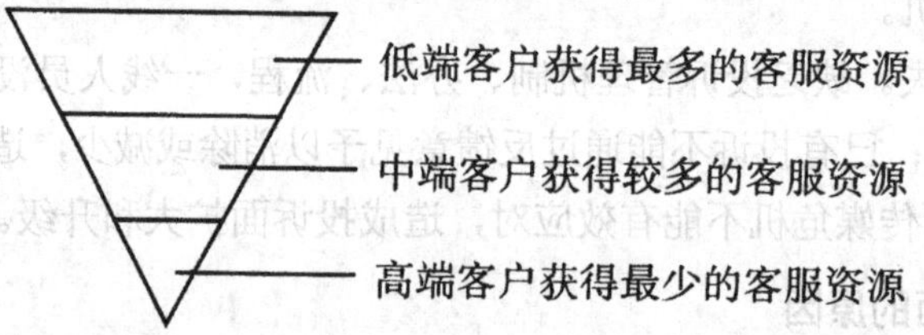
低端客户获得最多的客服资源
中端客户获得较多的客服资源
高端客户获得最少的客服资源

图 7-1　客户服务资料源分配的倒金字塔效应

3. 客户的个性特征与投诉的关系

素质高、修养好的客户，处理问题比较客观、冷静，即使因需求无法得到满足而进行投诉，也比较理智，一般不会使矛盾升级，但会影响其今后的购买行为。素质低、修养差的客户，往往斤斤计较，稍有不满，就会投诉，若投诉解决不好，还会使投诉升级。还有，性格温顺的人投诉少，性格怪僻、暴躁的人，投诉多。

4. 消费者的自我保护意识增强

这里我们必须强调，客户自我保护意识的增强，是客户进行投诉的一个重要原因。特别是《中华人民共和国消费者权益保护法》的出台，对于消费者的自我保护意识的增强，起到了有效的促进作用。

(三) 政府监管和社会原因

1. 政府监管的原因

为帮助消费者维权，工商部门加大了对违法违规企业的查处力度，但仍会出现监管不到位的情况，为此，工商部门开通了“12315”热线，鼓励消费者自觉维权。

2. 法制不健全

法律规定滞后经济发展，法律存在空白点，出现问题莫衷一是。例如，精神损害赔偿的问题，法律无明文规定，造成消费者动辄要求精神损害赔偿，商家与消费者协商的难度增加；商家与消费者的小额争议缺乏快捷的解决途径，诉讼成本过高；社会公众的基本法律常识不足，某些民间团体、媒体记者对法律误读而造成对公众舆论的误导。

3. 社会信用缺失

某些不良企业和经营者欺诈消费者，得逞后人去楼空，换个地方继续行骗，造成消费者对商家有戒备心理，增加沟通难度；某些消费者恶意投诉，以投诉之名，行敲诈勒索之实，因为没有社会信用的记录，有恃无恐，成为企业头疼的“钉子户”。

三、客户投诉的心理状态分析

客户投诉时的心理状态主要有以下 6 种。

1. 发泄的心理

客户遭遇不满而投诉，一个最基本的需求是将不满传递给商家，把自己的怨气、抱怨发泄出来。这样，客户不快的心情会得到释放和缓解，恢复心理上的平衡。

耐心的倾听是帮助客户发泄的最好方式；切忌打断客户，让他的情绪宣泄中断，淤积怨气。此外，客户发泄的目的在于取得心理的平衡，恢复心理状态，在帮助客户宣泄情绪的同时，还要尽可能营造愉悦的氛围，引导客户的情绪。美国服务质量管理学院院长、客户服务管理大师约翰·肖曾在演讲中揭示了美国商业银行的制胜秘诀——做强大的零售商，做服务的楷模，而非仅仅是银行。如何做到呢？该银行总裁维农·西尔的策略是：招聘外向的使别人开心的员工，然后对他们进行培训、培训、再培训。作为投诉处理人员，即便有着过硬的业务能力和极强的责任心，如果整天苦着脸或神经质地紧张，给客户的感觉必然会大打折扣。但是，营造愉悦氛围也要把握尺度和注意客户的个性特征，如果让客户感到轻佻、不受重视，那宁可做一个严肃的倾听者。

2. 尊重的心理

所有客户来寻求投诉都希望获得关注和对他所遭遇问题的重视，以达到心理上的被尊重，尤其是一些感情细腻、情感丰富的客户。

在投诉过程中，商家能否对客户本人给予认真接待，及时表示歉意，及时采取有效的措施，及时回复等，都被客户作为是否受尊重的表现。

如果客户确有不当，商家也要用聪明的办法让客户下台阶，这也是满足客户尊重心理的需要。

3. 补救的心理

客户投诉的目的在于补救，因为客户觉得自己的权益受到了损害。值得注意的是，客户期望的补救不仅指财产上的补救，还包括精神上的补救。根据我国的法律规定，绝大多数情况下，客户是无法取得精神损害赔偿的，而且实际投诉中客户提出要求精神损害赔偿金的也并不多，但是，通过倾听、道歉等方式给予客户精神上的抚慰是必要的。

4. 认同心理

客户在投诉过程中，一般都努力向商家证实他的投诉是对的和有道理的，希望获得商家的认同。这也是前面章节提到的“投射效应”的表现。投诉处理人员在了解客户的投诉问题时，对客户的感受、情绪要表示充分的理解和同情，但是要注意不要随便认同客户的处理方案。比如，客户很生气时，投诉处理人员回应说：“您别气坏了身体，坐下来慢慢说，我们商量一下怎么解决这个问题。”这个回应就是对客户情绪的认同、对客户期望解决问题的认同，但是并没有轻易地抛出处理方案，而是给出一个协商解决的信号。

客户期望认同的心理得到回应，有助于拉近彼此的距离，为协商处理营造良好的沟通氛围。

5. 表现心理

客户前来投诉，往往存在着表现的潜在心理。客户既是在投诉和批评，也是在建议和教导。好为人师的客户随处可见。他们通过这种方式获得一种成就感。

客户表现心理的另一方面，是客户在投诉的过程中，一般不愿意被人做负面的评价，他们时时注意维护自己的尊严和形象。

利用客户的表现心理，进行投诉处理时，要注意夸奖客户，引导客户做一个有身份的、理智的人。另外，可以考虑性别差异地接待，如男性客户由女性来接待，在异性面前，人们更倾向于表现自己积极的一面。

6. 报复心理

客户投诉时，一般对于投诉的所失、所得有着一个虽然粗略却是理性的经济预期。如果不涉及经济利益，仅仅为了发泄不满情绪，恢复心理平衡，客户一般会选择抱怨、批评等对企业杀伤力并不大的方式。当客户对投诉的得失预期与企业方的相差过大，或者客户在宣泄情绪过程中受阻或受到新的“伤害”，某些客户会演变成报复心理。存有报复心理的客户，不计个人得失，不考虑行为后果，只想让企业难受，出自己的一口恶气。

自我意识过强、情绪易波动的客户更容易产生报复心理。对于这类客户要特别注意做好工作。客户处于报复心理状态，要通过各种方式及时让双方的沟通恢复理性。对于少数有报复心理的人，要注意搜集和保留相关的证据，以便客户做出有损企业声誉的事情时，拿出来给大家看看；适当的时候提醒一下客户这些证据的存在，对客户而言也是一种极好的冷静剂。

四、投诉客户的类型

依据客户投诉的表现，还可将投诉客户分为以下几种。

(1) 质量监督型：告诉你什么糟糕，必须改进产品/服务质量。

(2) 理智型：希望他们的问题得到答复。

(3) 谈判型：想要求赔偿。

(4) 受害型：需要同情。

(5) 忠实拥戴型：希望传播他们的满意。

他们所占的比例大致如下。

质量监督型：20%～30%

理智型：20%～25%

谈判型：30%～40%

受害型：15%～20%

忠实拥戴型：5%～20%

五、失去客户的原因分析

美国 The Rockefeller Corporation of Pittsburgh 进行的一项调查显示失去客户的原因如下。

1%…… 逝世；

3%…… 迁居；

5%…… 与其他公司建立关系；

9%…… 竞争；

14%…… 对产品不满意；

68%…… 公司业务代表对客户的态度。

图 7-2 是国内一家机构的统计分析，发现有一部分客户因为产品价格太贵而离开，有一部分客户觉得产品质量太差而离开，而最多的是因为服务太差而离开。

为了搞清楚失去客户的原因，宝洁公司等企业进行了调研，结论是客户通常只有 17%～20%的抱怨是针对产品或服务本身，近 80%的抱怨只是一些小事。

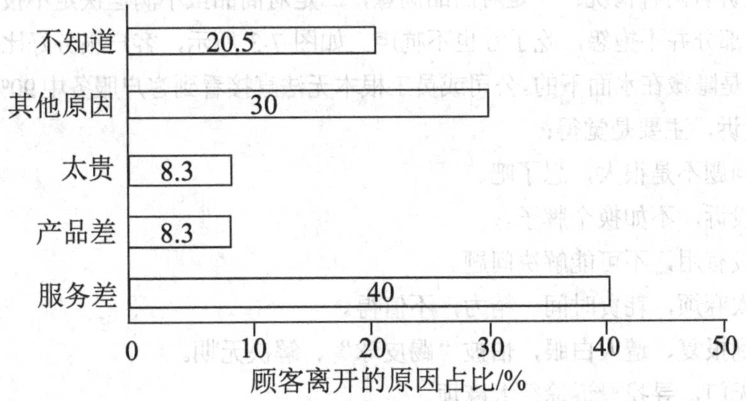

图 7-2 客户离开的原因

(1) 当客户需要企业提供帮助时，企业不能即时响应，为他们排忧解难，满足他们的需求。

(2) 让客户感到不便利。在我们的印象中，加油站、快餐店、干洗店等服务网点都设置在繁华街区。事实上，这里面的道理就在于为客户提供消费的便利。对于任何企业的经营来说，为客户提供便利就意味着利润的实现，对于城市里的上班族来说更是如此。当客户因为条件变化时，企业如果不能继续为他们提供便利，他们就会选择更为便利的企业。

(3) 让客户感到不可靠。

(4) 怠慢或态度不好。即使在客户有充足闲暇时间的时候，服务的速度也是客户关心的最重要因素之一，特别是银行、医疗等行业更是如此，尤其是在销售人员怠慢时，客户的第一反应要么是与销售服务人员发生纠纷，要么是默默离开，从此不再理睬。

(5) 服务人员不专业，不能准确地给予客户明确的专业咨询或培训。实际调查表明：为客户提供服务可以减少客户的背离，客户服务可以让企业有效地抓住客户。

从以上三组调研数据我们发现，客户流失存在的最大问题依然是服务态度的问题，而且很多客户进行投诉也都源于服务态度不好。因此，企业需要重点去解决的，依然是一个服务技巧的问题。

第二节　有效处理客户投诉的意义

有关研究表明：良好的赔偿和投诉处理能给企业带来50%～400%的收益，企业从接受到的客户抱怨和投诉所提供出来的信息，能发现服务的漏洞，从而提升企业整体的服务质量。

一、不投诉不等于满意

哈佛大学的李维特教授曾经这样说：“与客户之间关系走下坡路的一个信号就是客户不抱怨了。”

客户不投诉有两种情况：一是对商品满意，二是对商品虽不满但决定不投诉。感到不满的客户中，大部分并不抱怨，吃了亏也不吭声。如图7-3所示，客户服务好比一座冰山，几乎90%的山体是隐藏在水面下的。公司或员工根本无法直接看到客户服务中90%的核心问题。

客户不投诉，主要是觉得：

- 反正问题不是很大，忍了吧。
- 与其投诉，不如换个牌子。
- 抱怨没有用，不可能解决问题。
- 投诉太麻烦，耗费时间、精力，不值得。
- 怕遭到报复、遭人白眼，怕被“踢皮球”、解决无期。
- 投诉无门，寻找投诉途径太麻烦。
- 客户认为帮助纠正问题不是他们的责任。

所以，企业必须通过多种途径去了解客户，尤其是要健全投诉制度，鼓励客户投诉。

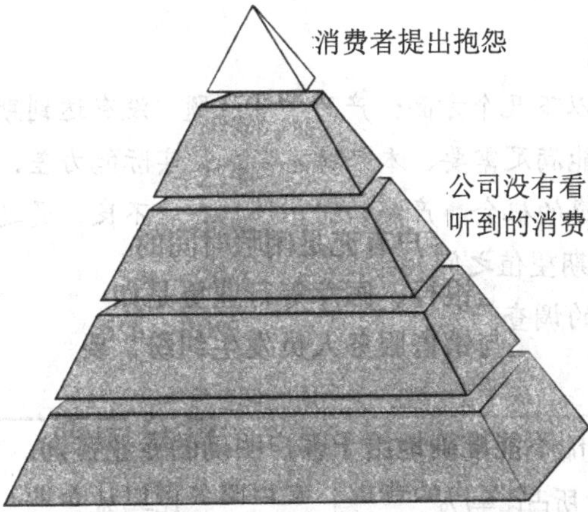

图 7-3　大部分问题不容易被发现

小链接

英航的“抱怨冰山”法

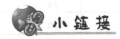

如图 7-4 所示，“抱怨冰山”是英国航空公司在对顾客的投诉处理过程中，将顾客满意程度与抱怨的关系进行了调查、统计和分析，并绘制的图表，因为图表很像浮在水面上的冰山，因此英国航空公司将其命名为“抱怨冰山”。为什么使用这种工具呢？

在提供服务的过程中，大部分公司认为，当顾客不提出投诉时，他们是处于满意的状态。通过“抱怨冰山”我们注意到大部分的顾客尽管不满意也不会提出投诉。当公司没有注意到这部分顾客，并且没有任何应对措施时，我们的顾客正在流失。消费行为学研究表明：尽管有 69%的顾客不会投诉，但有 50%的顾客会将这种不满意传递给其他人，其中小问题会传递给 9 人以上，大问题会传递给 16 人以上。因此，“抱怨冰山”应得到服务部门的高度重视。投诉只是意见的冰山一角。实际上，在投诉之前就已经产生了潜在抱怨，即服务存在某种缺陷。潜在抱怨随着时间的推移逐步变成抱怨，最后进一步转化为投诉。

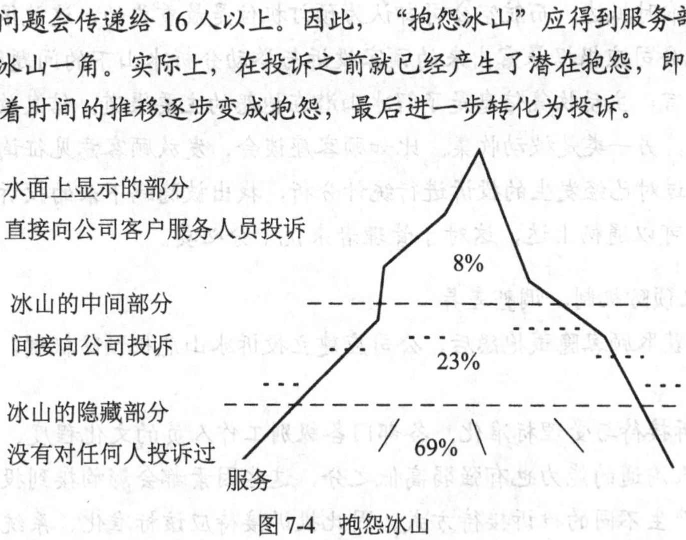

图 7-4　抱怨冰山

如何使用这个工具

1. 分析顾客不满的原因

顾客不满的原因主要有以下几个方面：产品质量问题、没有达到期望值、服务人员对他们缺乏信任、持有偏见、不能满足需要、本来就不高兴、实际能力差、不兑现承诺、不仔细聆听、不耐烦、不给表达情感的机会、产品知识不够、态度不良。通过主动地征询和调查，可发现公司服务表现与顾客期望值之间的差距。

下表7-2是某航空公司的调查结果。

表7-2　某航空公司的调查结果

服　务	对顾客的重要性所占比率/%	实际表现所占比率/%	落　差
准时抵达	89	39	-50
登机手续	75	53	-22
行李运送	75	31	-44
预定机位	75	65	-10
对顾客关心	75	40	-35
机舱整洁宜人	60	49	-11
座位宽敞	59	33	-26
机上服务亲切迅速	56	48	-8
班次密集	35	23	-12
机上饮食服务	31	21	-10

2. 获取冰山隐藏抱怨

通过表7-2我们可以看出，航空公司的实际表现与顾客期望值之间并不一致。如对顾客来讲最重要的是准时抵达，而航空公司却认为预订机位是最重要的，这就很可能造成顾客的潜在投诉，因此公司应根据暴露出来的顾客投诉与举动分析冰山下的问题所在。

对于公司而言，主动收集信息是了解冰山潜在抱怨的主要渠道。信息收集主要分两类：一类是主动征询，另一类是被动收集。比如顾客座谈会、发放顾客意见征询表等公司主动征询渠道，另外通过对已经发生的投诉进行统计分析，找出被隐瞒下来的投诉，同时保证一线员工接到的投诉可以通畅上达，这对于管理者来说十分必要。

3. 建立危机预防机制，调整差异

通过分析，获取顾客隐藏抱怨后，公司应建立投诉冰山危机预防机制，通常的方法有如下几种。

- 冰山投诉接待与受理标准化。各部门各级别工作人员的文化程度、生活阅历千差万别，与人沟通的能力也有强弱高低之分，这些因素都会影响接到投诉的工作人员的行为，产生不同的投诉接待方式。因此投诉接待应该标准化、系统化，制定近期和远期培训计划，给予员工充分的沟通技巧培训，提高员工的沟通能力。

- 投诉记录。目前大部分公司普遍有意见箱、呼叫中心、顾客座谈会、顾客意见征询表以及顾客直接向公司各职能部门投诉等多个投诉渠道，各投诉渠道的意见和建议都应该完整收集，为管理人员分析和判断系统误差提供第一手的资料。
- 投诉重要性分级。将投诉和危机按重要性分级，尽量量化标准，制定出客观指标，以保证最紧急的总是被最先处理；同时，按投诉和危机的级别对当事人采取不同等级的奖惩手段，在警示被投诉者的同时，也可以淡化投诉给员工带来的压力。比如可以将最紧急的问题划为红色警报，一般问题设定为黄色，一些恶意的无理取闹标记成灰色。具体如何量化分级需要公司根据现实情况讨论归纳，提出标准。公司讨论分级标准的过程同时也是对投诉管理者宣传教育的过程。
- 危机预防处理及投诉反馈。公司应该向投诉的顾客承诺，无论结果如何，短期内必将给予回复。接到的投诉被证实后，被投诉者以及被投诉者的上级应向投诉顾客当面解释，采取补救行动。制定统一的反馈程序，由专职管理人员代表公司向顾客反馈处理结果。投诉处理完毕并完成反馈后，应再次致电投诉者，确认是否有足够的顾客满意度。

二、客户不投诉的成本分析

单从客户没有投诉不能得出客户主观上对商品满意的结论。不投诉的客户或许是更加理性的，他权衡了各种得失。

- 不满意的商品对自己的损害有多大(D)。
- 投诉可能带来的利益有多大(B)。
- 投诉可能需要付出的成本有多大(C)。

这里的损害、投诉利益、投诉成本都不仅直接表现在经济上，还包括时间、精力、精神等多个方面。当 C>D(投诉成本大于损害)、C>B(投诉成本大于投诉利益)或者 D>B(损害大于投诉利益)时，客户一般都选择不投诉。当客户估算、权衡上面这些利益得失时，最基本的心理状态是不信任，即不信任商家能解决问题，或者不信任商家能为他顺利、及时地解决问题。于是客户就选择了走掉，选择了沉默。当然，所有这一切还有一个最重要的前提，就是客户遭受的损失在自己可以忍受的限度内。

三、有效处理客户投诉的意义

要正确处理客户投诉，首先应对客户投诉有一个明确的认识。客户投诉是企业改进的机会，其中隐含着无限的商机。投诉时客户对商家的评价，是一种重要的信息。对于投诉，要承认它本身所具有的“财富”价值，这些价值可以使商家更清楚地认识到自己的不足。当你意识到自己需要改善时，就应当感谢客户的投诉。

松下幸之助的体会是：“人人都喜欢听赞美的话，可是顾客光说好听的话，一味地纵容，会使我们懈怠。没有挑剔的顾客，哪有更精良的商品？所以，面对挑剔的顾客，要虚心求教，这样才不会丧失进步的机会。”

客户投诉至少可以对企业产生如下 4 个方面的积极意义。

1. 客户抱怨有利于企业进步

有的公司不愿听到客户的抱怨，他们认为，只要客户不投诉，他们的产品和服务就是好的，其实这种想法是错误的。客户不投诉并不代表他们满意。从前面的分析可以看出客户不投诉的原因主要有：第一是因为客户觉得厂家不能解决问题，第二是觉得时间成本太高，懒得投诉。而所有那些向企业提出中肯意见的人，都是对企业依然寄予期望的人，他们期望企业的服务能够改善。

2. 客户投诉是企业维持老客户的契机

老客户是最有价值的客户。据统计，公司一般每年平均流失 10%的老客户，获得 1 个新客户的成本是保留 1 个老客户成本的 5 倍。维护老客户、降低客户流失率对企业无疑是极其重要的。客户来投诉了，是老客户给了企业留住他的机会。客户不满但不投诉，对客户关系伤害可能更大。管理大师约翰·肖的判断是，在任何一个商家有不愉快经历的顾客会将此经历告诉 9～l0 个人，有 13%的人会告诉 20 多个人。在这种口口相传之下，企业的口碑变差，不知不觉间失去了市场。企业每年正常的顾客流失率是 15%～20%；只要将顾客流失减少一半，就能使公司的经济增长率成倍提高。

所以，企业要尽可能让客户有机会表达他的不满，通过妥善处理客户投诉赢得客户更高的忠诚度。

3. 客户投诉是企业建立忠诚的契机

研究发现，提出抱怨的客户，若问题得到圆满解决，客户重购商品或服务的机会会大大增加，其忠诚度会比从来没有抱怨的客户更高。麦肯锡公司所作的调查结果如表 7-3 所示。

表 7-3　美国消费者调查统计

即便不满意，但还会在你那里购买商品的客户有多少？	
不投诉的客户	9%(91%不会再回来)
投诉没有得到解决的客户	19%(81%不会再回来)
投诉得到解决的客户	54%(46%不会再回来)
投诉被迅速解决的客户	82%(18%不会再回来)

注：这里的客户是指虽然进行投诉(损失超过 100 美元)但还会在你那里购买商品的客户。4%的不满意客户会向你投诉；96%的不满意客户不会向你投诉，但是会将不满告诉 1620 个人。

从表 7-3 可以看出，不满意又不投诉，而且还会在你那里购买商品的客户比例仅为 9%，而91%的人不会再回来；投诉但没有得到解决的客户，有19%愿意再次回来购买商品；投诉过并得到解决的客户的回头率就上升到54%；而投诉迅速得到解决的客户，则有高达82%的人愿意继续回来购买商品。

美国TARPI(Technical Assistance Research Program Institute)通过研究得出的结论如表7-4所示。

表7-4 客户投诉和处理情况

客户投诉和处理情况	重购率	离开率
不满意，但没有投诉	9%～37%	91%～63%
提出投诉，但没有得到处理	19%～46%	81%～54%
提出投诉，问题获得解决	54%～70%	46%～30%
提出投诉，问题得到迅速解决	82%～95%	18%～5%

客户销声匿迹是个可怕的事情。沉默的客户也是最危险的客户。如果你想保住你的客户，你应该让他们变得更“吵闹”。这些抱怨的客户也许就是你最大的财富。

假设你住的附近有一家快餐店。你一周至少光顾一次，平均每次的花费是15元钱。如果服务人员有一次不注意做错了什么，你没有告诉他，只是再也不来了。这家快餐店的损失有多大呢？这是一个简单的算数：他们损失的是15元×50周，一年750元钱。如果他们一个月丢掉10个像你这样的客户，一年就是100多个，算下来，不注意客户抱怨的损失，一年就有7.5万元之多。

你以为你的客户不高兴的时候都会告诉你吗？不会的！据一项调查显示，一个公司平均5年就会失去原有客户的一半左右。很多客户可能不会突然离开。一次次的不高兴总有一天会让他们决定离开。

对于客户的离去，你有时很难衡量你的损失有多大。一家银行在年底时发现，虽然他们的客户数目没变，可客户把钱转走的数目却远远高出预料。很多客户就是这样悄悄地进行转账的。当你想采取补救措施时，为时已晚。如果你存有侥幸心理，客户只是减少消费，你又有新客户来源，你的生意也许不算太差。如果你的客户正变得很有钱，可他们在你这里的消费却在减少或者不再光顾，同时你的竞争对手却生意兴隆，实际上，你在丢失客户。

客户是企业生存、发展的基础，是企业利润的来源。只有尊重客户、服务客户，企业才能稳定地发展。只有做到真心对待客户，心为客户想，情为客户系，利为客户谋，才能取信于客户，从而稳定和增加销售。

4. 投诉隐藏着无限的商机

从投诉问题中，企业还能发现商机，发现市场的空白点，使企业有机会创造比其他企业更有竞争优势的产品。在IBM公司，40%的技术发明与创造，都是来自客户的意见和建议。当前绝大多数企业都已经认识到企业的一切活动要“以客户为导向”，并且在努力从客户的角度出发重组业务和管理流程。但是所有的努力毕竟都是按照企业的内在运作逻辑和体系实施的，与客户真正的需求不可避免地会存在差异。客户投诉是一个企业澄清客户的真正需求，尽可能消除差异、贴近市场的机会。

四、客户投诉内容

因为销售的各个环节均有可能出现问题，所以客户投诉也可能包括产品及服务等各个方面，主要可以归纳为以下几个方面。

1. 购销合同投诉

主要是产品数量、等级、规格、交货时间、交货地点、结算方式、交易条件等与原购销合同规定不符。

2. 产品质量投诉

主要包括产品在质量上有缺陷、产品规格不符、产品技术规格超出允许误差、产品故障等。

3. 货物运输投诉

主要包括货物在运输途中发生损坏、丢失和变质，因包装或装卸不当造成的损失等。

4. 服务投诉

主要包括对企业各类人员的服务质量、服务态度、服务方式、服务技巧等提出的批评与抱怨。

五、处理客户投诉的原则

美国有一家汽车修理厂，他们有一条服务宗旨很有意思，叫做“先修理人，后修理车”。什么叫“先修理人，后修理车”呢？客户的车坏了，他的心情会非常不好，你应该先关注这个人的心情，然后再关注汽车的维修。可是很多服务代表都忽略了这个道理，往往只修理车，而不顾人的感受。所以我们要强调，正确处理客户投诉的原则就是“先处理情感，再处理事件”，这是处理客户投诉的总原则。再进一步细化，处理客户投诉的原则可以归结为以下几条。

1. 客户永远都正确

这是一项很重要的原则。只有有了“客户永远都正确”的观念，才会有平和的心态处理客户的抱怨，这包括 3 个方面的含义：第一，应该认识到，有抱怨和不满的客户是对企业仍有期望的客户；第二，对于客户抱怨行为应该给予肯定、鼓励和感谢；第三，尽可能地满足客户的要求。

2. 不与客户争辩

这其实仍是第一条原则的延伸，就算是客户的失误，也不要与之争辩，心中要始终存有这种观念：客户是上帝，他们的一切都是正确的。即使是客户在与企业的沟通中，因为存在沟通障碍而产生误解，也绝不能与客户进行争辩。当客户抱怨时往往有情绪，与客户争辩只会使事情变得更加复杂，使客户更加情绪化，导致事情恶化。结果是赢得了争辩，却失去了客户与生意。

3. 耐心倾听顾客的抱怨

只有认真倾听顾客抱怨，才能发现其实质原因，进而想方设法平息抱怨。

4. 要站在顾客立场上将心比心

漠视客户的痛苦是处理客户投诉的大忌。服务工作非常忌讳客户服务人员不能站在客户的立场上去思考问题。服务代表应该站在顾客立场上将心比心，诚心诚意地去表示理解和同情，承认过失。因此，对于所有的客户投诉，无论其合理性是否已经被证实，都不要急着分清责任，而是先表示道歉，这也是很重要的。

5. 迅速采取行动

既然客户已经对公司产生抱怨，那就要及时处理他们所提的意见，最好将问题迅速解决或至少表示有解决的诚意。

拖延时间只会使客户的抱怨变得越来越强烈，使客户感到自己没有受到足够的重视，使不满意程度急剧上升。例如，客户抱怨产品质量不好，企业通过调查研究，发现主要原因在于客户的使用不当，这时应及时通知客户维修产品，告诉客户正确的使用方法，而不能简单地认为与企业无关，不加理睬，虽然企业没有责任，但如此同样也会失去客户。如果经过调查，发现产品确实存在问题，应该给予赔偿，并尽快告诉客户处理的结果。

6. 留档分析

对每一起客户投诉及其处理结果都要做出详细的记录，包括投诉内容、投诉原因、处理方式、处理过程、处理结果、客户满意程度等。通过分析记录，吸取教训，总结经验，为以后更好地处理客户投诉提供参考。

六、处理客户投诉的步骤

客户投诉的处理流程如图 7-5 所示，通常包括以下步骤。

(1) 记录投诉内容。利用客户投诉记录表详细记录客户投诉的全部内容，如投诉人、投诉时间、投诉对象、投诉要求等。

(2) 判定投诉是否成立。了解客户投诉的内容后，先确定客户投诉的类别，再判定客户投诉的理由是否充分，投诉要求是否合理。如果投诉不能成立，即可以婉转的方式答复客户，以取得客户的谅解，消除误会。

(3) 确定投诉处理责任。根据客户投诉的内容，确定相关的具体受理单位和受理负责人。如属运输问题，交储运部门处理；属质量问题，则交质检部门处理。

(4) 调查分析投诉原因。要查明客户投诉的具体原因、造成客户投诉的具体责任部门及个人。

(5) 提出处理方案。根据实际情况，参照客户的投诉要求，提出解决投诉的具体方案，如退货、换货、维修、折价、赔偿等。

(6) 提交主管领导批示。对于客户投诉问题，领导应予以高度重视，主管领导应对投诉的处理方案一一过目，及时做出批示。根据实际情况，采取一切可能的措施，挽回已经出现的损失。

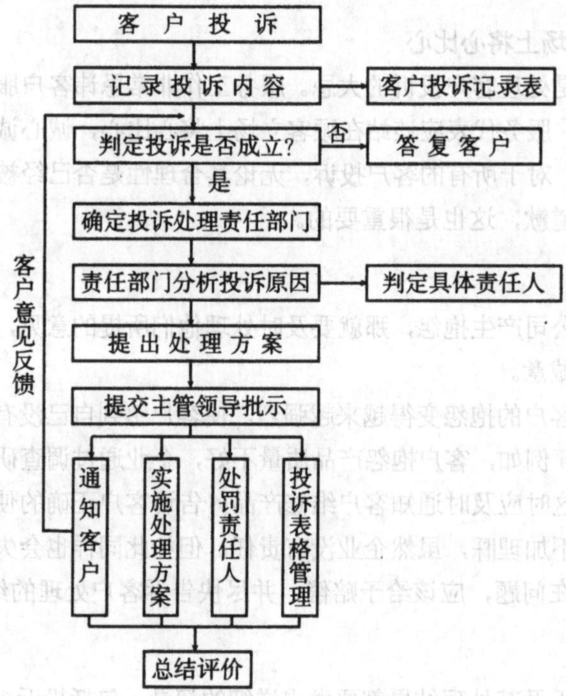

图 7-5 处理客户投诉的步骤

(7) 通知客户，实施处理方案。投诉解决办法经批复后，迅速通知客户并付诸实施，尽快收集客户的反馈意见。对工作失误者和部门主管按照有关规定进行处罚，依照所造成损失的大小，扣罚责任人一定比例的绩效工资或奖金。同时对不及时处理问题造成延误的责任人也要进行追究。

(8) 总结评价。对投诉处理过程进行总结与综合评价，吸取经验教训，提出改进措施，不断完善企业的经营管理和业务运作，以提高客户服务质量和服务水平，降低投诉率。

七、处理客户投诉的误区

下列 8 种处理客户投诉的方式会让客户失望，激化矛盾，甚至导致投诉升级。

1. 只有道歉，没有进一步行动

客户投诉或抱怨，客服人员也认识到错了，连连道歉，但却不采取任何补救行动。客户会觉得，你们很会说对不起，可是并不去解决问题。

2. 把错误归咎在客户身上

客户来投诉，客服人员总是在客户身上找原因。如“你的使用方法不对”、“你应该早点来，现在已经没有办法了”。

3. 做出承诺却没有兑现

客服人员满口答应会很快改正错误，但是却一直没有做到。这样做可能会适得其反，客户会认为你说话不算数。

4. 完全没有反应

这种情况发生的次数比想象的还要多，很多人对客户口头或书面的抱怨根本不理会。客户打了好几次电话，每次服务人员都会说再联络，但是却没有了下文。客户可能会“算了，自认倒霉”，也有可能会向有关部门投诉。

5. 粗鲁无礼

有的客服人员连最基本的礼仪都没有，导致很多客户都受过无礼的待遇，比较严重的时候，客户甚至会觉得自己像个罪犯。客服人员可能会说：“从来没有人抱怨过。”但这并不表示客户没有抱怨，只表示没有人愿意提出来而已。碰到这种情况，客户以后再也不愿意和这种人打交道了。

6. 逃避个人责任

“这不是我做的，不是我的错。我很愿意帮助你，但这事不归我管”、“责任是我们的供应商，是我们的运送系统”、“那你到底想怎么样”……客户会觉得这些人只会推卸责任。

7. 非言语的排斥

有时候，接受投诉的人虽然在听，但他时不时地皱眉头、东张西望、看手表，表示出不耐烦的样子，甚至觉得客户在浪费他的时间，觉得他还有更重要的事情要做，不能光站在这里听客户抱怨。这些举动虽然没有大声说出来，但在那种情况下，客服人员传递的信息再明显不过了。这会让客户不愉快。

8. 质问客户

没有表示想解决客户的问题，就先问客户一连串的问题。你在哪里工作？什么时候买得我们的产品？在哪里买的？你的收据呢？……也许你在为客户解决问题时，的确需要问一些问题，但这种方式是不合适的。客户会认为我只是想讨回公道而已，他们为什么把我当犯人？像这样质问客户往往会造成客户再次被伤害。

『案例 7-1』　家乐福客户抱怨分析

家乐福是世界第二大国际化零售连锁集团，总部位于法国，经过几十年的不断发展和壮大，现拥有 9100 多家营运零售单位，业务范围遍及世界 31 个国家和地区，员工总数超过 340000

人，年销售额达600多亿美元，其所销售的产品基本包括了日常生活的各个方面。在这样的规模下，家乐福尤其重视客户的抱怨分析，因为他们明白，只有分析好客户产生抱怨的原因和具体类别，才能为客户提供更好的服务，才能赢得源源不断的顾客。

家乐福提出，客户抱怨分析需要分两个阶段来完成，分别是客户抱怨类型分析和客户抱怨原因分析。

1. 客户抱怨类型分析

家乐福指出客户不满意(即客户满意度小于1)时的心理感受以及做出的反应可能有以下几种：

- 虽然内心不满，但不采取任何行动。不满意客户采取容忍与否，取决于购买经历对客户的重要程度、购买商品的价值高低、采取行动的难易程度及其需要额外付出的代价等。
- 不再重复购买，即不再购买该品牌的产品(或不再光顾该企业)。
- 向亲友传递不满信息。
- 向企业、消费者权益保护机构表示不满或提出相应要求，如以相关的法律为基础，或以企业内部标准、合同等为基准向企业提出索赔要求。
- 如果客户不满意的程度强烈，就会采取法律行动，向仲裁机构申请仲裁或向法院起诉。

根据以上客户抱怨的反应，从有利于企业管理的角度，可将客户抱怨划分为两大类。

① 投诉型抱怨。客户因不满而采取投诉行为，对客户来说可以使不满的因素得到化解进而感觉满意；对企业来说可以在得到客户抱怨反映后立即采取补救性措施，变不利为有利。表面上看，客户的投诉型抱怨给企业增添了麻烦，带来了困扰，但实际上投诉型抱怨对企业的发展极为有利。投诉型抱怨是客户因不满意而采取的积极行为，他让企业明白自己在哪些方面做得不够，还需要改进；哪些策略需要改善。投诉型抱怨是客户把不满和抱怨摆到了桌面上，明明白白地向企业提了出来，所以它产生的负面影响最小。

② 非投诉型抱怨。不满意的客户虽然未向企业投诉，但可能停止购买或向他人传递不满信息。表面上看企业好像没有困扰，但实际上非投诉型抱怨给企业带来的危害远远大于投诉型抱怨。因为客户虽然有不满和抱怨，但由于没有表达出来，使企业不知道客户存在不满和抱怨，这样企业就无法了解客户不满意的原因从而失去了进一步改进和提高产品和服务质量的机会，更为重要的是，企业形象也就有可能在不知不觉中受到极大损害。它就像一个隐藏的炸弹，虽然表面风平浪静，但其实比投诉型抱怨更具杀伤力。所以企业更应给予非投诉型抱怨足够的重视，并采取积极主动的措施与这些客户沟通，对这些抱怨进行了解，争取让非投诉型抱怨转化为投诉型抱怨，引导客户将不满和抱怨表达出来，以便企业了解客户不满的原因所在。

2. 客户抱怨形成的原因分析

一般情况下，家乐福将其归纳为产品问题和服务问题两大因素。

- 源于产品问题的抱怨。由于新产品问题引发客户抱怨是一种十分常见的现象，例如：

新买的电视机拿回家后不显示图像；买的时候冰箱被声称是绿色环保、低耗能的冰箱，但用了一段时间电费却一直攀升；刚买的新衣服，洗一次就掉色、变形了。

这些都是由于产品问题而产生的，可归因于3个方面的责任：一是生产者的责任；二是销售者的责任；三是客户的责任(使用不当)。产品的生产者对产品问题有不可推卸的责任，产品无论是在保质期、保修(包修)期之内还是之外，生产者均有责任为客户解决产品问题。即使产品问题是因客户使用不当而引起的，生产者和销售者也应仔细了解、分析客户使用不当的原因，如果是产品设计的欠缺，则要作相应改进；如果完全是因为客户不正确理解和使用产品所致，则需努力与客户沟通，帮助其正确使用产品，以避免类似情况的再次发生。

- 源于服务问题的客户抱怨。家乐福统计，由于服务问题而引发的客户抱怨乃至投诉并不少见，例如：买的电器在保修期内出现问题后，厂家不对其负责；购买的商品迟迟不见送货上门。

通常，服务提供者是产生服务问题的主要责任方。较为普遍的服务问题是服务提供者未履行对客户的承诺，未按法律法规和行业规范的有关规定和要求提供服务。

(资料来源：李先国，曹献存. 客户服务实务. 北京：清华大学出版社，2006)

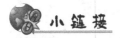

小链接

某公司客户投诉处理流程

一、目的

为了快速稳妥地解决客户投诉，提高客户满意度，提升企业的形象，特制定《客户投诉处理流程》。

二、责任部门

客户关系部统一负责公司各类客户投诉的处理工作，其他部门协助处理。具体流程如下。

(1) 本着“第一时间处理客户投诉”的工作原则，客户关系部的任何员工只要接到客户投诉，都必须填写“客户关系部业务处理单”，认真记录客户投诉内容。

(2) 在接到客户投诉起2小时内(以签收《客户关系部业务处理单》之时算起)，相关部门的责任人需将投诉内容的相关说明或意见在业务处理单上填写完毕，反馈到客户关系部。

(3) 客户关系部根据处理单的调查内容，再与相关部门协调(必要时向公司总经理汇报)，在1个工作日内将处理情况反馈给客户。

(4) 客户满意后，由客户关系部将投诉结案，并存档以备查。

(5) 客户关系部须编写“客户投诉”周报或月报，汇总分析后上报公司总经理。

流程图如下图7-6所示。

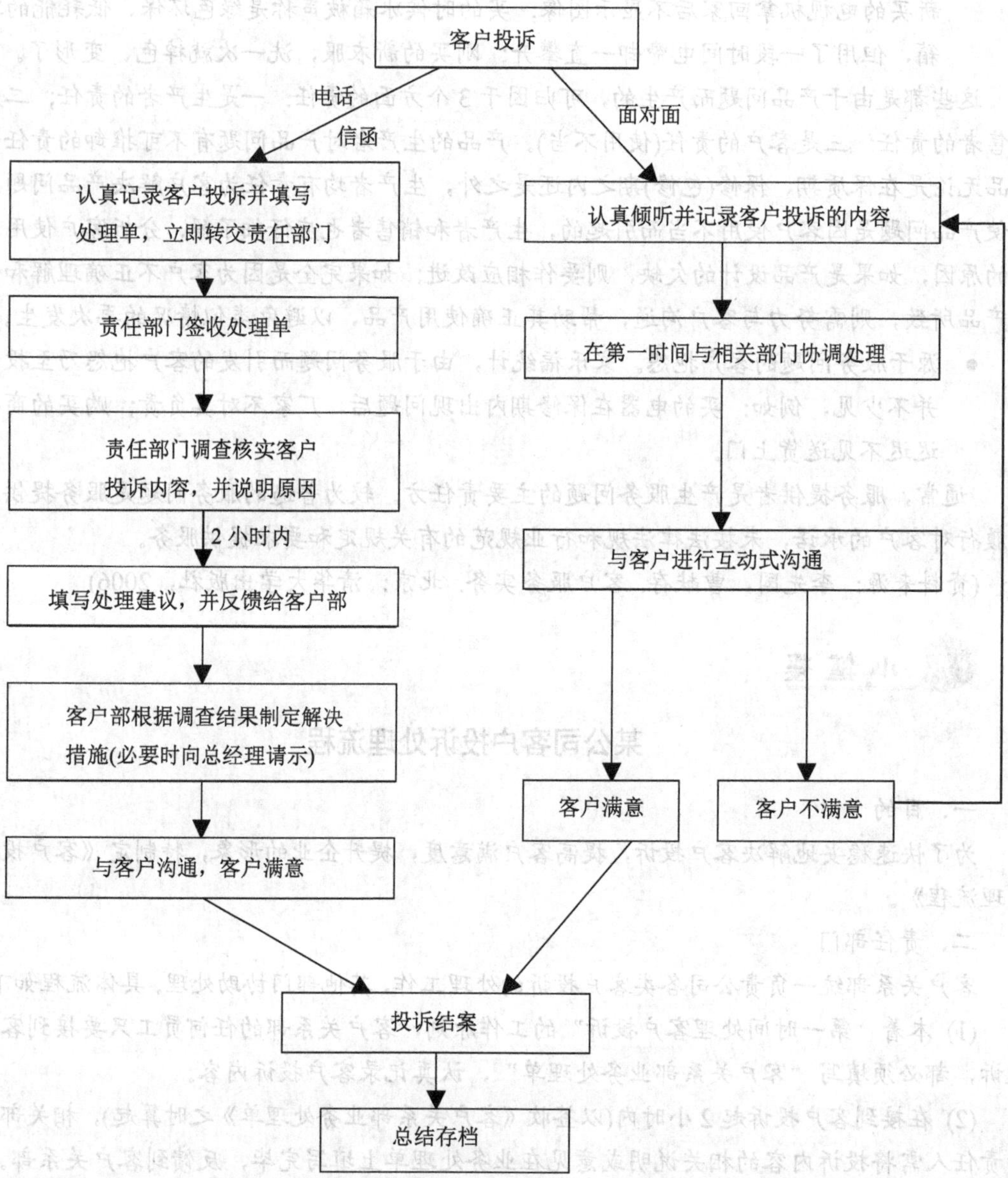

图7-6 某公司处理客户投诉的流程

第三节 一般投诉处理技巧

一、一般投诉的处理技巧

绝大多数的投诉都是比较好处理的，我们称之为一般投诉。但一般投诉也不可以随便对待，否则就会上升为重大投诉了。处理一般投诉也是有一定技巧的。

1. 态度诚恳，耐心倾听

先听清楚客户说什么。态度认真，尊重客户，这是第一要务。切忌打断客户。如果有不明白的地方，应该等客户说完了再询问。倾听的过程对客户来说，是一个发泄不满和宣泄情绪的过程，因而倾听过程中要有必要的回应，如点头、“嗯”等，表明你在用心听。很多的投诉是在客户发泄完之后，他的情绪也基本平稳了，此时问题已经解决了一半。甚至很多投诉，客户仅仅是想找一个人耐心地听他的抱怨。

很少有客户在抱怨的时候能做到温文尔雅(除了少数涵养极好的客户)。在倾听阶段要有面对客户发火的思想准备。这个时候不要试图去制止客户发火，要尊重他，让他发泄。客户在发泄的过程中心理渐渐恢复平衡，容易回到文明、理性、正常的状态中；相反，如果客户宣泄的途径不通畅，只会让他心里更窝火，他迟早还会再发泄一通，可能还会更加激烈，甚至表现得很极端。

倾听能够传递理解和尊重，也将会营造一种理性的氛围，感染客户理性地解决问题。倾听要注意了解客户的真正意图，千万不要主观地认为他是遇到了什么问题，也不要从其语言表面进行判断。

2. 把握客户的真正意图

了解客户投诉的真正意图，才可能对症下药，最终化解客户的投诉。但是，客户在反映问题的时候，常常不愿意明白地表达自己内心的真实想法。这种表现有时是因为客户碍于面子，有时是过于激动的情绪所致。

因此，客服人员在处理客户投诉时，要善于抓住客户表达中的“弦外之音、言外之意”，掌握客户的真实意图。以下三种技巧可以帮助客服人员。

① 注意客户反复重复的话

客户或许出于某种原因试图掩饰自己的真实想法，但却又常常会在谈话中不自觉地表露出来。这种表露常常表现为反复重复某些话语。值得注意的是，客户的真实想法有时并非其反复重复话语的表面含义，而是其相关乃至相反的含义。

② 注意客户的建议和反问

留意客户投诉的一些细节，有助于把握客户的真实想法。客户的希望常会在他们建议和反问的语句中不自觉地表现出来。

③ 注意客户的反应

所谓客户的反应，就是当客服人员与客户交谈时，对方脸上的表情变化或者态度、说话方式的变化。

就表情而言，如果客户的眼神凌厉、眉头紧锁、额头出汗、嘴唇颤抖、脸部肌肉僵硬，这些表现都说明客户在提出投诉时情绪已变得很激动。在语言上，他们通常会不由自主地提高音量、语意不清、说话速度加快，而且有时会反复重复他们的不满。这说明客户处在精神极度兴奋之中。就客户身体语言而言，如果身体不自觉地晃动，两手紧紧抓住衣角或其他物品，则表明客户心中不安及精神紧张。有时客户的两手会做出挥舞等激烈的动作，这是客户急于发泄情绪，希望引起对方高度重视的不自觉的身体表现。

3. 做好记录，归纳客户投诉的基本信息

包括记录投诉事实、投诉要求、投诉人的姓名和联络方式。记录投诉人的姓名和联络方式是非常必要的，不然，在投诉人愤怒地离开、消失在人群中以后，就像在客户群中放了一枚定时炸弹，而你无法把握何时爆炸和破坏力有多大。

同时，记录本身还有双重的功效，既让客户感受到你对他的重视，起到安抚情绪的作用，又能通过记录、询问，将客户的注意力引向客观地描述和解决问题本身，起到移情的作用。处理客户投诉，其要点是弄清客户不满的来龙去脉，并仔细地记录客户投诉的基本情况，以便找出责任人或总结经验教训。记录、归纳客户投诉基本信息更是一项基本的工作。因为企业通常是借助这些信息来思考、确定处理的方法。如果这些报告不够真实和详细，可能会给企业的判断带来困难，甚至发生误导作用。

记录投诉信息可依据企业的“投诉处理卡”，逐项进行填写。在记录中不可忽略以下要点。

① 发生了什么事情？

② 事情是何时发生的？

③ 有关的商品是什么？价格是多少？设计如何？

④ 当时的业务人员是谁？

⑤ 客户真正不满的原因何在？

⑥ 客户希望以何种方式解决？

⑦ 客户是否通情达理？

⑧ 这位客户是否为企业的老主顾？

4. 回应客户，对投诉内容表示理解

首先向客户表明自己的身份，当然视情况也可以在倾听客户投诉前就表明。回应客户投诉的一个重要内容是，向客户确认投诉事实和要求，目的在于确保正确理解客户的意思。

回应时，要注意让客户感觉到他的想法得到了你的共鸣。如果是健谈的客户，也可以见缝插针地与客户聊聊投诉以外客户平时可能比较关心的事情。比如客户讲“企业应该如何提供优质服务”，那么可以引导客户谈服务的话题，不知不觉地让客户转移注意力。如果能够成功转移到客户感兴趣的其他话题上，双方将从一种敌对关系转化为一种交换资讯、交流情感的平等关系上了，拉近与客户的心理距离，这样处理投诉要容易得多。客户的情绪稳定后，要及时抓住机会重新回到当前的纠纷话题。

但是要注意，对于不善言辞，或者没有兴趣谈其他问题而一心就想解决投诉的人来说，不要轻易转移话题；否则客户可能会觉得你在回避问题。

5. 及时答复或协商处理

首先向客户适当表示歉意。即使错不在你的企业，也要致歉，因为道歉是平息客户不满情绪的有力武器。同时感谢客户的投诉，因为客户是企业的朋友，他们在提醒我们解决企业忽略的问题。

对于投诉问题，能够立即答复的，马上给予答复，并征求客户的意见。如果需要进一步了解情况，应向客户说明，并与客户协商答复的时间。这里，要注意适当留出富余的时间。随后，一定要在承诺答复时间联络客户，给出答复。如果答复期限到了，还不能给出答复，也一定要联络客户，以免失信于人。

6. 处理结果上报

给客户圆满答复以后，投诉处理并未完成。这是许多企业容易忽视的地方。根据企业情况，要以适当的方式和频度，对一定周期的投诉及时上报，上报时可以进行必要的分类、分析。一线接到的客户反馈，是一个企业的宝贵资源。“千里之堤，溃于蚁穴”，重视每一个小的细节，企业才能及时避免重大的危机；同时，日常的投诉也是企业寻求改进的契机，甚至是企业的商机所在。

二、接待投诉客户技巧

作为一名优秀的客户服务人员，只有了解、掌握并灵活运用多种应对的技巧，才能在处理客户投诉时得心应手，常用的技巧包括以下几种。

1. 平抑怒气法

通常客户会带着怒气投诉或抱怨，这是很正常的现象，此时，客户服务人员首先应当态度谦让地接受客户的投诉或抱怨，引导客户讲出原因，然后针对问题解释和解决。这种方法适用于所有抱怨和投诉处理，是使用最多的一种方法。这种方法有三个要点需要把握：一听，认真倾听客户的投诉或抱怨，搞清楚客户的不满所在；二表态，表明你对此事的态度，使客户感到你有诚意对待他们的投诉或抱怨；三承诺，能够马上解决的就当时解决，不能马上解决的给客户一个明确的承诺，直到客户感到满意为止。

2. 委婉否认法

这种方法就是当客户提出自己的投诉后，客户服务人员先肯定对方的投诉，然后再陈述自己的观点。这种方法特别适用于澄清客户的错误想法、鼓励客户进一步提出自己的想法等，常能起到出人意料的显著效果。委婉否认法特别适用于主观自负且自以为是的客户。这种方法的表达句型是“是的，但是……”，这种句型暗示着极强的否定性，因此，应用时可将其改为较委婉的“是……而……”的句型，或者尽量避免出现“但是”。因此，还可以使用“除非……”的句型。

3. 转化法

这种方法适用于误解导致的投诉，因此处理这种投诉时应当首先让客户明白问题所在。当客户明白是因为误解导致争议时，问题也就解决了。采用转化法的客户服务人员必须经验丰富，精通服务技巧，因为只有这样的客户服务人员才能察言观色，当机立断，适时巧妙地转化客户的误解。这种方法运用恰当，客户会理解，若转化不当，则会弄巧成拙，使客户更生气，反而会增加阻力。因此，客户服务人员在用此法时应当心平气和，即使客户投诉明显缺乏事实依据，也不能当面驳斥，而应旁敲侧击、启发和暗示。

4. 承认错误法

如果产品或服务质量不能令客户满意，就应当承认错误，并争取客户谅解，而不能推卸责任或者寻找借口，因为理在客户，任何推诿都会使矛盾激化。承认错误是第一步，接着应当在明确承诺的基础上迅速解决问题，不能拖延时间，在事发的第一时间解决问题，成本会最低，客户会认可；时间过长，则会另生事端。

5. 转移法

转移是指对客户的投诉可以不予理睬而将话题转入其他方面。有时客户提出投诉本身就是无事生非或无端生事，比较荒谬，这时最好不予理睬，而应当迅速转移话题，使客户感到你是不想与他加深矛盾而采取的一种回避态度。

6. 幽默感

幽默感是缓和气氛的最佳“武器”，会心一笑，许多不满都可以化解。

美国大众软件公司 CEO 道格·柏格姆，在一次经他核准的某些版本的软件出了错引起客户的投诉时，他以一种幽默的方式“赔罪”：在自己的头上打碎了3个鸡蛋以示道歉，他还请求客户计算出因该错误浪费的时间以加倍赔偿。

他说：“我们用钱不可能弥补客户失去的时间，但是我们想让他们知道，我们认识到自己的问题使客户浪费了时间和金钱。”柏格姆这样做的结果，赢得了客户的谅解，并有90%的人表示仍然继续与他们合作。

三、回复客户的技巧

对于客户投诉，有三种回复方法：

1. 立即答复

对于那些信息充分、可以确定无疑地做出判断，并且有足够权限采取行动的投诉，客服人员应立即回复客户，越快越好。

2. 延期答复

对于那些投诉的信息还需要进一步调查或验证才能做出判断，或者没有足够权限采取行动的投诉，客服人员应告诉客户延期答复的时限，以及通过何种媒介来及时通知他们进展的情况。

3. 转移答复

被人由一方转移到另一方，可能是客户最感沮丧的事，应尽量减少此种情况的发生。对于不在职权范围内处理的投诉，需要转移给规定的专业人员或机构进行答复。如果转移后无须客户重新解释，他们一般都会接纳一次“善意”转移的。

当你转移投诉时，请确保你将投诉转移给适当的人员或机构处理，并向这些人员或机构扼要叙述全部相关情况，转交相关材料，然后才让客户与这些人员或机构沟通。

四、为客户投诉提供方便

公司应该和客户成为朋友，最好的增加利润的点子有可能就来自客户。一线客服人员是征求客户对改进生产方法和服务品质意见的最佳人选。明智的公司总是运用来自客户的信息来提高质量和服务。

有几家日本公司在产品包装上印上这样的标语来鼓励客户抱怨：

“默默忍受质量低劣的产品并非一种美德。”

你可以请求客户们提出意见，鼓励他们帮助你提高服务质量。那么如何让客户方便地说出他们的真实想法呢？

(1) 使用投诉问卷或免费电话。

(2) 随机寻找一些客户，询问他们的想法。

(3) 以客户的身份去向客户了解情况。

(4) 倾听。倾听时不要带着对抗的态度，向客户征求建议“我们怎样做才好？”询问在客户眼中你做得怎么样，询问与其他公司相比较，你们的差距在哪里，客户对你的期望又是什么？

通过上述措施，公司可以很快地了解客户的意见，并迅速采取有效措施，为客户迅速地解决问题。

『案例 7-2』　松下的客户抱怨中心

日本的松下幸之助，在未建立起他的电器王国之前，就有了重视消费者权益及售后服务的经营理念。他在公司成立了“客户抱怨中心”，负责处理一切客户的不满。

松下幸之助的“客户抱怨中心”并不像一般企业只用来打发不满的客户，而是由他自己主持。每个星期六下午和星期日上午，他会在公司内等候由秘书安排好的客户，和他们做面对面的沟通，听取他们的不满和建议。对此，公司内部有许多人不理解，认为是在小题大做。然而，松下却另有见解，他认为，这样做至少有以下几点意义：第一，公司的负责人亲自面对不满的客户，至少让客户感到被尊重，同时也证明企业认错道歉的诚意。第二，从面对面的沟通中，获知客户的需要点和认知度，这种消费情报，不但可作改善产品的依据，更提供了发展新产品的构想。第三，客户的意见，经由董事长下达至公司的各部门，各部门不敢掉以轻心。如此一来，等于将市场情况和消费者意见直接传达给所有的部门，对于提高经营的效率及合理化，是最直接有效的帮助。松下幸之助说：“好话谁不爱听？可是好话对于企业有什么好处呢？我这样做的目的，就是要听难听的话。只有多听难听话，才知道我们商品的缺点何在，才能真正知道消费者心目中理想的商品是什么，才有助于我们的进步和发展。”

松下幸之助之所以能建立起他巨大的电器王国，与其重视消费者权益及售后服务的经营理念是分不开的。松下幸之助要求公司的负责人亲自面对不满的客户，让客户感到被尊重；从面对面的沟通中，获知客户的需要点和认知度，对改善服务和提升产品极其有益。

(资料来源：李先国，曹献存. 客户服务实务. 北京：清华大学出版社，2006)

五、处理客户抱怨时的“三换”与“三忌”

1. 在技巧上要坚持“三换”原则

一换当事人。当客户对服务人员的服务不满时，再让这个服务人员出面去解决客户的问题，客户会有先入为主的心态，不但不利于问题的解决，有时还会加剧客户的不满。因此找一个有经验、有能力、人缘好、职位高点的主管，会让客户有受尊重的感觉，有利于问题的圆满解决。

二换场地。从经营者的角度考虑，变换场地更有利于问题的解决。比如客户在你的书店买了一套书，发现里面有破损，坐了两个小时的车才找到你的书店。这时他怒气冲冲是可以理解的，他一定会在书店的柜台发泄不满，而这样会影响企业的形象，还会给其他客户带来不好的印象。此时，服务人员如把客户请到办公室或贵宾室，会有利于问题的解决。

三换时间。当服务人员做到前面的“两换”，还没有办法将问题解决，客户依然抱怨不停时，说明客户的积怨很深，就要另行约定时间和找一个比原来更高一级的主管来处理问题。态度要更为诚恳，一定要说到做到。

2. 处理客户抱怨的“三忌”

一是推卸责任，互踢皮球。

二是态度生硬，敷衍了事。

三是拖延时间，久而不决。

第四节　不同投诉方式的服务技巧

一、客户投诉面谈技巧

当面投诉是一种主要的投诉方式。它既有方便沟通、察言观色、及时调整谈话内容等优势，也存在容易发生冲动、产生冲突、使矛盾升级等劣势。所以，客服人员必须掌握有效的面谈技巧。

(1) 营造亲切轻松的氛围，以缓解客户内心通常会有的紧张心情。

(2) 注意听取客户的怨言，把客户投诉中的重要信息详细记录下来。

(3) 应看客户的眼睛以示自己的诚意，在与客户交谈时切忌左顾右盼，表现得心不在焉，或者不礼貌地上下打量客户，盯视客户身体的其他部位，这些都会加重客户的抵抗情绪，容易导致客户愤怒，使问题解决的难度加大。

(4) 态度诚恳，表现出真心为客户着想的意图。但同时要让对方了解自己独立处理的授权范围，不使对方抱过高的期望。

(5) 在适当的时候详细询问情况，并且注意客户的反应。在客户愤怒时，如果首先询问事情的经过情形，客户的愤怒情绪可能更加不易控制，因此，应在使用种种方法使客户的愤怒情绪平息后，再询问事实情况。在询问事实情况时先把客户的主张提出来作为话题，然后讲“集中到您的意见上来考虑……一下吧”，这样，对方的主张从个人的东西变成了存在于两者中间，有了客观性。然后，稍稍进行启发，使之对我方的观点表示理解，这对解决双方矛盾是有效的。

与客户沟通时，应当有意识地了解客户的兴趣和关心的问题，这样交谈容易切入客户感兴趣的话题，使客户产生认同感。

(6) 中途有其他事情时，尽量调整到以后去办，不要随意中断谈话。

(7) 在提出问题的解决方案时，应让客户有所选择，不要让客户有“别无选择”之感。

(8) 尽量在现场把问题解决。当不能马上解决问题时，应向客户说明解决问题的具体方案和时间表。

(9) 面谈结束时，确认自己向客户明确交代了企业方面的重要信息以及客户需再次联络时的联络方法、部门或个人的地址与姓名。

二、信函投诉处理技巧

信函处理投诉是一种传统的处理方式，它通常是针对从外地寄来的投诉信件、不易口头解释的投诉事件；书面的证据成为问题解决上不可缺少的必要条件时；按照法律规定，必须以书面形式解决的投诉事件。

利用信函提出投诉的客户通常较为理性，很少感情用事。对企业而言，信函投诉的处理要花费更多的人力费用、制作和邮寄费用，成本较高。而且由于信函往返需要一定时间，使处理投诉的周期拉长。

根据信函投诉的特点，企业员工在处理时应该注意以下要点：

1. 要及时反馈

当收到客户利用信函所提出的投诉时，就要立即通知客户已收到，这样做不但使客户安心，还给人以比较亲切的感觉。

2. 要提供方便

在信函往来中，企业员工不要怕给自己添麻烦，应把印好的本企业的地址、邮编、收信人或机构的不粘胶贴纸附于信函内，以便于客户回函。如果客户的地址电话不很清楚，那么不要忘记在给客户的回函中请客户详细列明通讯地址及电话号码，以确保回函能准确送达对方。

3. 要清晰、准确地表达

在信函内容及表达方式上，通常要求浅显易懂，因为对方可能是个文化程度不高的客户。措辞上要亲切，让对方有亲近感。尽量少用法律术语、专用名词、外来语及圈内人士的行话，尽量使用结构简单的短句，形式要灵活多变，使对方一目了然，容易把握重点。

4. 要充分讨论

由于书面信函具有确定性、证据性，所以在寄送前，切勿由个人草率决断，应与负责人就其内容充分讨论。必要时可以与企业的顾问、律师等有关专家进行沟通。

为了表示企业的慎重，寄出的信函最好以企业负责人或部门负责人的名义主笔，并一定要加盖企业公章。

5. 要正式回复

企业员工与客户之间的信函最好是打印出来的，这样可以避免手写的笔误和因连笔而造成的误认，而且给人的感觉比较庄重、正式。

6. 必须存档归类

处理过程中的来往函件，应一一编号并保留副本。把这些文件及时传送给有关部门，使他们明确事件的处理进程与结果。

把信函送给客户时，就要把其时间和内容做成备忘录，并把它填写于追踪表。这样，即使该事件的主要负责人更换，也能够对该事件进程一目了然，并可满足公司相关人员的咨询要求。等到该事件处理完毕时，要在追踪表上注明结束时间，盖上“处理完毕”的印章，并把相关文件资料存档。

如何写让客户满意的投诉回函呢？

IBM 公司顾问阿门·克博迪安在《客户永远是对的》一书中阐述了 IBM 公司的核心服务理念：第一条，客户永远是对的；第二条，如果有任何疑问，请参考第一条。IBM 公司把这两句话挂在公司大厅里、车间及公司员工可以看到的地方。在书中克博迪安还提出了：如果你根据客户的意愿解决了客户的问题，有 70%的人会跟你有业务往来。解决客户问题的速度越快，客户成为回头客的可能性就越大。

为客户写好投诉回函是解决客户问题的第一步。首先要让客户明白，他的投诉并没有被草率处置，他的问题会马上解决并告诉他解决问题的方法。这样客户就会慢慢平息他的抱怨和怒气。

为客户写投诉回函是 IBM 公司常用的方法。如下所示：

约克先生：

谢谢您抽空写信。十分感激您的来信，让我们能有令您满意的机会。您的抱怨对我们来说是份礼物，也是改进的机会。您说得一点儿也没错。您的专业踏步机应当动作正常，但目前显示并非如此，您有权立刻获得解决。您对产品满意，才能为鄙公司带来真正的满意。我们永远欢迎您提出抱怨，这样我们才有机会使您满意。您是本企业努力的动力，您能协助我们确保品质。

本人要向您道歉，抱歉使您遭受不便。同时，我向您保证，我们会以最快的速度解决此问题。真的很对不起!这种事不该发生，我保证会公平合理地对待您。

我们的司机劳伦斯·杜鲁门将致电给您，以便安排时间收取您的踏步机。他在取件时会送上另一部机器供您使用，直到我们找出其中的问题为止。

我们希望尽量给您方便，不要带给您任何麻烦。我们会在一周之内加以解决。我会立刻行动。

我本人将负责此案件。希望您仍旧对鄙公司保持信心，也希望您继续惠顾本公司。我注意到，您四年多前向本公司买了第一部运动器材。谢谢您一直以来的支持。

我和我的同事都希望留住您这位客户。

再次谢谢您!

斯坦佛

2004 年 12 月 21 日晚 8 时

除了写投诉回函之外，还有一种常用的方法就是发短信息。收到客户的抱怨后，就立刻先发给客户一个短信息：“感谢您与我们联系，对于您的遭遇我深表歉意。目前，我们正在调查情况，并研究解决方案，我们将于×月×日之前给您详细答复，敬请放心。”

最快的答复客户意见的方式就是使用 E-mail，它能快速反馈给客户一种你已在采取行动、你在关心他们的感觉，通过这种方式可以缓和客户的不满情绪。

写好客户投诉回函的技巧如下。

(1) 承认自己的错误，并向客户道歉。

(2) 提出解决问题的方法。

(3) 尊重客户的抱怨，承认客户是对的。

(4) 唤起客户愉快的回忆，或者描绘美好的未来。

(5) 向客户致谢，感谢客户的抱怨。

三、电话投诉处理技巧

客户以电话方式提出投诉的情形越来越多，使用电话处理投诉的方式也逐渐成为主流。正是由于电话投诉简单迅捷的特点，使得客户往往在气头上时进行投诉。这样的投诉常具有强烈的感情色彩。而且处理电话的时候看不见对方的面孔和表情，这些都为电话处理抱怨增添了难度。

因此在电话处理投诉时要特别小心谨慎。要注意说话的方法、声音、声调等，必须善于站在对方的角度来思考问题。无论对方怎样感情用事，都要重视对方，不要有失礼的举动。

除了自己的声音外，要注意避免电话周围的其他声音，如谈话声和笑声传入电话里，使客户产生不愉快的感觉。从这方面来看，投诉服务电话最好设在一个独立的房间，最少也要在周围设置隔音装置。

1. 通过电话把握客户心理

无论是投诉处理还是提供令客户满意的服务，重要的一点就是努力透析客户心理。在电话处理客户投诉时，几乎唯一的线索就是客户的声音，因此必须通过声音信息来把握客户心态。

要点如下：

① 说话语调一成不变的人，具有正直的性格。

② 说话语调没有力气，语意不明了的，是羞怯胆小者。

③ 说话的语音抑扬顿挫，好像在唱歌的人，不是空想家便是浪漫主义者。

④ 语气稍沉，吞吞吐吐，小心说话的人，心中怀有疑虑或生性多疑。

⑤ 语气有力，毫不客气的，是勇敢而精力充沛的人。

⑥ 用尖锐的声音说话的人，具有孩子气的性格，是没有自我认识的人。

⑦ 说话时虽然有力，却经常喃喃细语者，是享乐性格较强的人。

⑧ 以粗暴的声音，爱责骂人者，是性格较为粗野的人。

当然，人是多种多样的，即使同一个人在不同情况下说话的方式也不一样。所以上述结论要注意灵活应用，不能一概而论。

2. 电话投诉的处理技巧

① 对于客户的不满，应从客户的角度来考虑，并用声音表示自己的同情。

② 以恭敬有礼的态度对待客户，使对方产生信赖的感觉。

③ 采取客观的立场，防止主观武断。

④ 稍微压低自己的声音，给对方以沉着的印象，但要注意不要压得过低使对方觉得疏远。

⑤ 注意以简捷的词句认真填写客户投诉处理卡，不要忽略诸如 WHO、WHAT、WHY 这样的重点项目。

⑥ 在未设免费电话的企业，如果收到打长途提出投诉的情况，可以请对方先挂断，再按留下的号码给对方打回去。这样做，有很多优点：节省对方的电话费用，以“为对方着想”的姿态使对方产生好感；借此确认对方的电话号码，避免不负责任的投诉；遇到感情激愤的客户，可以借此缓和对方的情绪。但要注意立即就打回去，否则会使对方更加激愤!

⑦ 在电话中听到的对方姓名、地址、电话号码、商品名称等重要事情，必须重复确认，并以文字记录下来或录入电脑。同时，要把处理人员的姓名、机构告诉对方，以便于对方下次打电话来时容易联络。有些人在接听电话的开始就报上了姓名，这是好事，但客户往往并不一定能够记下这个名字，所以在结尾时再说一次比较稳妥。

⑧ 投诉处理是与客户的直接沟通，不仅能获取宝贵意见，有利于营销业务的开展，而且可以借此传递企业形象，启发客户，建立更深的信任与理解。

⑨ 如果有可能，把客户的话录下来，这样不仅在将来有确认必要时派上用场，而且也可以运用它来作为提升业务人员应对技巧、进行岗前培训的资料。

四、上门面谈处理客户投诉的技巧

通常不能由电话和信函来解决，需要处理人登门拜访的客户投诉，是性质比较严重、企业方面责任较大的客户投诉案件。这种情形对处理人员是严峻的考验。在上门之前，要慎选处理人员，并预做充分准备。最好不要个人前往，以2～3人为宜。预先的调查要收集对方的服务单位、出身地点、毕业学校、家庭构成及兴趣爱好等各方面的信息。这样有利于与对方的有效沟通。

然而，当进入实质性面谈时，心态要轻松，情绪不要过于紧张。要把握如下的要点。

1. 拜访前电话约定时间

如果对客户的地址不是很清楚，则应问明具体地点，以防止在登门过程中因找不到确切地点而耽误了约定的时间，使对方产生不好的第一印象。

2. 注意仪表

以庄重、朴素而整洁的服装为宜，着装不可过于新奇和轻浮。如果是女性业务人员去拜访客户，注意不要化过浓的妆，要显得朴素、大方而不失庄重。

3. 有礼貌

见面时首先要双手送上名片，以示对对方的尊重。通常随身要带些小礼品送给客户，但注意价值不要太高，以避免使客户产生“收买”的感觉。

4. 态度诚恳

言辞应慎重，态度要诚恳。无论对方有什么样的过激言辞，都要保持冷静，并诚心诚意地表示本公司的歉意。但在许诺时要注意不得超越自己的授权范围，以免使对方有不切实际的期望值。

5. 不要随意中断拜访

登门拜访客户的情况下，处理人员应预先做好充分的考虑和准备，对于拜访的目的是非常明确和慎重的。所以要争取一次拜访就取得预定效果，不要轻易中断拜访。要知道，一次不成功的拜访其不良影响要远远超过根本不做拜访。

在拜访中，不要过多地用电话向上司请示。这样会给客户一种感觉：企业是派了一位任何事都要向上司请示的低层人士来处理这件事，从而对企业更添不信任感。

6. 带着方案去

登门拜访前，一定要全面考虑问题的各种因素，预先准备一个以上的解决方案供客户选择，让客户看到企业方面慎重、负责的态度，对于问题的解决具有至关重要的作用。无论什么时候，都不要盲目地上门拜访，这样会使客户因无谓地浪费了时间而更加不满。

第五节　重大投诉处理技巧

一、重大投诉的识别和处理原则

(一) 重大投诉的识别

与一般投诉相比，重大投诉比较难处理，需要更多的耐心和技巧。对于重大投诉，首先要进行识别。正确的识别主要依赖投诉处理人的经验，但也有规律可循。是否属于重大投诉可以从投诉人的身份、投诉激烈程度和投诉要求几个方面来加以确定。

1. VIP 投诉者的投诉

凡具有 VIP 身份的投诉者提出的投诉，均应视为重大投诉。这一点是显而易见的。但关键在于对 VIP 身份的认定，消费量大的客户属于 VIP，消费量小但影响力大的客户也属于 VIP。后一种 VIP 主要包括三种类型的客户。

① 社会名流。他们时间宝贵，很看重社会声誉，一般不会轻易投诉。如果他们投诉，很可能是比较严重的问题。

② 政府官员，尤其是工商、税务、质量监督、技术监督等监管部门的公务员。

③ 传媒记者。记者是“无冕之王”，有一个笑话说道：“世界上有两种人不能得罪——小人和记者。”可见记者是比较难对付的。另外，记者获取投诉的途径还可能是通过传媒的投诉电话。有媒体曾做过调查，该媒体收到的投诉量与实际存在的投诉比例平均为 1:1 000。这个比例在不同媒体是不同的，与媒体的读者(观众／听众)定位、发行量(收视率／收听率)有关，但从整体上看，媒体收到的投诉有一定的代表性。从这个意义上来讲，记者的投诉也需要认真对待。

2. 激烈的投诉和要价高的投诉

有的时候，投诉来势汹汹，其实客户本意只是想提个建议，是为了解决当下的问题。之所以表现得来势汹汹，其实仅仅为了得到重视。正确识别的窍门在于回应客户的环节：直截了当地提出客户需要解决的问题，不涉及客户漫无边际的其他问题，请客户确认是否正确理解了他的意思，试探他的真意。真假重大投诉即可见分晓。

3. 一般投诉转为重大投诉

相当一部分的重大投诉是由一般投诉转变成的。投诉为什么会升级？在讨论如何处理各类重大投诉之前，我们先来研究这个问题，目的在于尽可能避免一般投诉转为重大投诉；同时，了解重大投诉的升级过程，也可以有针对性地进行处理。一般投诉升级的原因主要如下：

① 投诉无门，遭遇“踢皮球”。

② 每次投诉都要重复一遍投诉问题，不胜其烦。

③ 跑了好几趟，仍然没有解决问题。

④ 一人一个说法，矛盾百出，令人疑窦丛生。

⑤ 不受尊重，不当回事，丧失信心。

⑥ 效率太低，丧失耐心。

(二) 处理重大投诉的原则

下面讲到的原则对于一般投诉也是适用的。只是重大投诉处理过程中，由于情况复杂，很容易忽视这些原则，所以在这里特别强调。

1. 善待投诉者：投诉是个体力活

一般来说，投诉是一件大家都不希望发生的事情。且不说投诉涉及的商品或服务因为不尽人意而令人烦恼，投诉本身也不是一桩愉快的事情，需要费时费力打电话，甚至要到店面去，增加了消费成本。因而善待投诉者、尊重投诉者是妥善处理投诉的第一原则。重大投诉给予我们很大的压力，在处理投诉时，心理上容易产生对投诉客户的对立情绪。要提醒自己，重大投诉的客户一定要善待。

2. 以法律为基础，合理为标准，满意为目标

投诉处理，既是一个倾听和安抚的交流过程，又是一个此消彼长、牵涉利益的谈判过程。因而投诉处理方案，一定要寻求客观的依据，否则难以达成共识。最好的依据就是法律。面对一个投诉，企业是否有过错，是否应当承担责任，承担责任的范围，都应当以法律的规定为依据。主要涉及的法律有《消费者权益保护法》、《产品质量法》，商品或服务所属行业的法律规定，民事基本法律如《民法通则》、《合同法》等。企业依法提出投诉处理方案，即便客户不接受，执意要对簿公堂，最后仍然获得同样的结果。法律的判决有利于企业以此方案处理同类型的其他消费者投诉。

但另一方面，法律应当是企业遵循的底线。企业的生存依赖于客户，企业从考虑客户关系的角度，可以在法律的基础上，以双方认为合理为标准，以客户满意为目标，与客户达成适当的投诉处理方案。

二、重大投诉处理技巧

(一) 情绪激动的客户

客户在情绪激动的情况下很难与其进行理性的面谈，同时也可能会做出一些不理智的事情。化解情绪激动客户的技巧如下。

1. 音量控制

客服人员要避免与投诉客户引发冲突，要注意讲话音量：声音小，客户会听不到；声音大，又会被认为态度不好。讲话音量以能清晰传递到客户耳中为宜，同时要语气亲切、平和。

2. 性别差异化

研究表明，差异化的性别服务效果最好。对男性客户，以女客服人员接待为佳；女性客户，则尽可能由男客服人员接待。在异性面前，人们更倾向于展示个性中积极的一面，更容易消除心理戒备，还之以礼，融洽配合。这一点，在男性客户身上表现得更为明显。

3. 及时换人

如果客户与某一名员工发生口角，应当及时换人。对商家来说，及时更换当事员工，并不意味着承认当事员工做得不对；而对客户，当争端发生时，客户已经无意识地将争端问题从投诉本身扩大到和他打交道的特定员工身上，因此，企业及时更换人员以后，客户会有一种心理上的获胜感，情绪得以舒缓，有利于投诉及时解决。

4. 及时转换情境

有的时候，客户会在投诉现场大吵大闹，引来众人围观，令商家生意没法做下去，还影响了企业的声誉，非常令人头疼。这类客户一般比较自我，对他人的控制欲强，表演欲强，有着不达目的不罢休的执著个性。他在商家大吵大闹，是知道商家不希望发生这种情况，而故意制造这种状况，以胁迫商家息事宁人地接受他的要求。吵闹喧哗就是他的筹码。这个时候，除了及时换人，更重要的是要巧妙地及时转换情境，变被动为主动。

(二) 醉翁之意不在酒的客户

消费投诉绝大多数是为了解决商品或服务的具体问题，如退货、修理、更换、重做或赔偿。但有些投诉者却另有诉求：拉广告、拉赞助、推销商品、推荐供应商甚至为了解决亲属的就业等问题。借投诉之名要挟企业签订“城下之盟”，是一种不道德的行为，企业对此非常反感，即便有的企业迫于压力稍做一时的妥协，适当时候也会“反弹”，客户的意图最终也不能得逞。奉劝投诉者自重自爱，不要“剑走偏锋”。

在这类投诉的处理过程中，尤其是投诉者的意图未明朗前，投诉人往往给投诉处理造成很大困扰和压力。因此我们有必要尽早地识别出这一类型的投诉，以便有针对性地予以回应。

1. 醉翁之意不在酒投诉的特点

① 夸大其词

借投诉另有所图的投诉者往往夸大投诉问题和该问题对企业的影响。一般来说，相当一部分的投诉者都会夸大投诉的问题，以期获得重视和及时处理。而另有所图的投诉者与一般投诉者的区别在于，不仅夸大问题，而且特别强调问题对企业的影响。比如会说，你们这个问题如果曝光，企业的声誉会受多大的影响；某某部门来查处，会停业整顿，企业有多少经济损失等。投诉者夸大问题影响的目的，在于为其随后的要求做铺垫。

② 要求企业负责人出面商谈投诉处理

一般的投诉人有时也会对投诉处理人说：我不和你谈，请你的领导来!但一般投诉人所说的领导是泛指的，指比投诉处理人层面高、有话语权的领导。而另有所图的投诉者往往直指企业负责人。另一个区别是，一般投诉人要求领导出面时，往往比较急躁，因为他不满意当前的投诉处理情况，请领导出面是他在无奈之中想到的、也许能尽快处理投诉问题的一个手段。而另有所图的投诉者在要求企业负责人出面时，往往气定神闲，因为他早有盘算啊。

③ 迟迟不提投诉要求

醉翁之意不在酒的投诉者往往在摆出投诉事实以后，夸夸其谈投诉问题对企业的影响，而不提投诉要求。如果投诉处理人员征求他的意见：您希望如何处理这个问题？他往往说：你们看着办。请你们企业的负责人某某来和我谈。

2. 处理技巧

处理好这类投诉有以下几个关键点：

① 最初接到投诉时不要被吓倒

企业经营过程中出现问题是正常的，只要不是原则问题，只要企业能有针对性地及时解决，对企业并不会构成致命的威胁，没有必要害怕。问题既然已经出现了，企业就须依法承担责任，既然这个责任由法律说了算，那还害怕什么？如果一接到投诉就被唬晕了，那正好让投诉者觉得有可乘之机。

② 先由秘书(或总经理办公室)出面，为企业负责人留下回旋的余地

秘书与投诉者谈判要态度积极，但在实质问题上能拖就拖。比如，可以约投诉者见面，而在见面时间上尽可能地与投诉者约晚一点，如三天以后或五天以后，视投诉者的接受限度而定。这个时间是让投诉者冷静下来的时间，也是消磨投诉者意志的时间。

③ 一定要让投诉者先提解决方案

企业方只表态，提宏观原则，如公司重视您的投诉，公司会合法合理妥善解决等。投诉者提出解决方案以后，视情况可以请投诉者提出书面的要求，理由当然冠冕堂皇：拿给领导批示。投诉者也不好拒绝。如果投诉者不同意提出书面的要求，也要把投诉者的要求记录下来，让他签字认可。很多时候，投诉者如果不愿意提出书面要求，也是不会签字的。没关系，他签不签字并不重要，用这招的目的是要让他知道自己的做法十分错误，进一步打击他的意志。

④ 从程序上争取主动

套出投诉者的真实意图以后，下一步就要争取程序上的主动。提出投诉问题与其他问题分开处理，先处理投诉问题；接着可以按企业正常的规定处理投诉赔偿等其他问题，处理结果(不要忘了有对处理结果满意的表态)一定要让投诉者签字认可。

⑤ 设置程序障碍，处理投诉者提出的非分要求

比如招工，那就按企业录用要求考试、面试；比如广告，那就按企业宣传计划进行斟选。

⑥ 视情况与投诉者的上级沟通

如汇报投诉者对企业的监督和支持，表示感谢；汇报企业对投诉者推荐的广告、商品的甄选情况，对本次不能合作表示遗憾，希望今后有适当机会合作等。

(三) 天价索赔

消费者开天价索赔，在投诉处理中并不稀罕，相关报道也不时出现在媒体中。这涉及一

个赔偿标准的问题。消费者开出天价，大多时候是等着企业还价的，那么企业自身对于赔偿标准必须要心中有数。赔偿标准的依据是法律规定的，我们分几个专题来讨论。

1. 赔偿标准总述

向消费者赔偿，是企业因为提供的商品或服务有瑕疵，而依法承担的一种民事法律责任。在处理具体赔偿投诉时，要注意把握以下要点。

① 企业赔偿首先是以消费者的实际损失为限度

消费者的实际损失必须是因为瑕疵商品或服务直接引起的，也就是法律术语所说，损失与瑕疵商品或服务具有“直接的因果关系”。有消费者投诉，因使用某种商品，造成家庭不和，最后夫妻离异，要求企业赔偿他因为夫妻离异造成的损失。商品与夫妻离异之间显然不具有“直接的因果关系”。

消费者的实际损失必须是客观现实的，而不是想象的。比如，购买了有质量隐患的商品，实际损失主要是购买商品的价款，而不是将来可能发生的质量事故遭受的损失。

消费者的实际损失除了直接购买商品或服务的价款、税费，还包括为购买、索赔所支付的合理费用，比如交通费用等，但不包括律师费。

消费者的实际损失应有相关的证据，口说无凭。如果不能提供发生费用的证据，原则上企业可以不纳入实际损失进行赔偿。

企业赔偿额要与企业的过错相适应。比如，在一个投诉中，确定消费者的实际损失为1万元，而造成这一损失是因为企业和消费者互有过错，如果确定责任为三七开(企业占70%，消费者占30%)，则企业应支付的赔偿额为7000元。

在上述大原则之下，各省的消费者权益保护条例或者《中华人民共和国消费者权益保护法》还有一些具体的细致规定，在与客户谈赔偿问题时，可以以这些规定为基础，制定适当的赔偿方案。

② 间接损失

某些消费者在投诉时，会要求赔偿间接损失，如因某个商品出问题，在某项商业活动中造成项目失败，要求赔偿项目损失费；因某商品或服务瑕疵，影响投诉者正常生活、工作，造成业务损失，要求赔偿业务损失费。

如前所述，企业对消费者的赔偿责任仅限于直接损失，间接损失不在法律保护之列。直接损失赔偿包括直接财产损失赔偿、人身伤亡赔偿和精神损害赔偿。后两项在下面专题讨论，这里我们先讲直接财产损失。直接财产损失赔偿主要涉及以下几个方面。

- 瑕疵商品或服务本身的价款。如果不退货，赔偿额还应扣除商品或服务本身的作价。
- 瑕疵商品或服务直接造成的其他财产损失或人身损害。如电热壶爆炸，炸坏了茶几，则一并赔偿茶几的损失。
- 因瑕疵商品或服务支付的必要费用，如修理费、交通费等，但不包括律师费。按我国有关法律规定，律师费是由消费者自行承担的。

③ 双倍赔偿

如果企业在提供商品或服务时，有欺诈行为，按照消费者权益保护法，须按照所涉商品或服务价格的双倍进行赔偿。但这一规定仅仅适用于“欺诈”的情况，不是普遍适用的。

④ 从企业违约的角度要求赔偿

谈赔偿问题，根据法律有关规定，可以选择从两个角度着手，一个是侵权，一个是违约。这两个角度只能选择其一，不能并行或叠加。在消费领域，除了双倍赔偿对消费者更有利以外，循着侵权或违约两条途径的结果基本一致。上面我们讲的直接损失范围和双倍赔偿，就是从侵权角度来说的。下面我们谈谈从违约角度企业应承担的违约责任。

- 按合同约定承担赔偿责任。如果企业在与消费者的合同中有特别约定，如约定“无效退款”等，则企业应当按照合同的约定承担赔偿责任。
- 按合同法的规定承担预期利益损失。根据合同法的规定，因违约给对方造成损失的，损失赔偿额应相当于因违约造成的损失，“包括合同履行后可以获得的利益，但不得超过违反合同一方订立合同时预见到或者应当预见到的因违反合同可能造成的损失”。在消费领域，企业方应当预见到的因违约可能给消费者造成的损失，实际上也就是商品或服务本身价款以及必要的其他费用，正是上面所说的直接损失的范围。
- 扣除因消费者未及时采取措施造成的扩大损失部分。如果因企业违约造成消费者损失的，消费者有义务避免损失的扩大；否则无权就扩大损失的部分要求赔偿。

2. 精神损害赔偿

现在越来越多的消费者喜欢提起“精神损害赔偿”，绝大多数都滥用了这个概念。目前我国法律是支持精神损害赔偿要求的，但有严格的范围。

① 未造成严重后果的精神损害赔偿要求，法院“一般不予支持”

根据2001年3月10日实施的《最高人民法院关于确定民事侵权精神损害赔偿责任若干问题的解释》，精神损害赔偿包括以下方式：残疾赔偿金、死亡赔偿金和其他损害情形的精神抚慰金。“其他损害情形的精神抚慰金”也就是通常消费者提到的“精神损害赔偿”，根据该解释的规定，“因侵权致人精神损害，但未造成严重后果，受害人请求赔偿精神损害的，一般不予支持，人民法院可以根据情形判令侵权人停止侵害、恢复名誉、消除影响、赔礼道歉”。

② 获赔精神损害赔偿，适用于特定的手段和情节

除了残疾赔偿金、死亡赔偿金以外，在消费领域，法院支持精神损害赔偿的情况主要是：消费者遭受殴打、搜身、限制人身自由等。例如，1999年8月30日实施的《广东省实施〈中华人民共和国消费者权益保护法〉办法》，虽规定了最低5万元的精神损害赔偿额，但明确适用于“经营者以暴力或者其他方法公然侮辱或者捏造事实诽谤消费者，搜查消费者的身体及其携带物品”的情形。又如，2003年2月1日实施的《云南省消费者权益保护条例》虽规定了最低1万元的精神损害赔偿额，但同样给出了限制，仅适用于“经营者以侮辱、诽谤、搜查、限制人身自由等手段”侵害消费者人身权利的情况，并且对情节有要求。

③ 精神损害赔偿数额受6个因素影响

《最高人民法院关于确定民事侵权精神损害赔偿责任若干问题的解释》第十条规定，精神损害的赔偿数额根据以下因素确定：

- 侵权人的过错程度，法律另有规定的除外。
- 侵害的手段、场合、行为方式等具体情节。
- 侵权行为所造成的后果。
- 侵权人的获利情况。
- 侵权人承担责任的经济能力。
- 受诉法院所在地平均生活水平。

法律、行政法规对残疾赔偿金、死亡赔偿金等有明确规定的，适用法律、行政法规的规定。

该解释第十一条还规定，受害人对损害事实和损害后果的发生有过错的，可以根据其过错程度减轻或者免除侵权人的精神损害赔偿责任。

3. 人身伤亡赔偿

《最高人民法院关于确定民事侵权精神损害赔偿责任若干问题的解释》将人身伤亡赔偿也纳入“精神损害赔偿”的范畴之列。消费者身体伤害的赔偿范围包括：医疗费、护理费、误工费、治疗期间的交通费，如造成残疾，应支付残疾者生活补助费、残疾用具费、残疾赔偿金以及由其扶养的人所必需的生活费。

造成死亡的赔偿范围包括：丧葬费、死亡赔偿金以及由死者生前扶养的人所必需的生活费。

这些费用的具体标准在各省的消费者权益保护条例或者实施《中华人民共和国消费者权益保护法》办法都有具体的规定，这里就不一一说明了。

4. 敲诈勒索问题

目前确实有人借投诉之名，行敲诈勒索之实。比如某啤酒厂的遭遇。某啤酒厂接到投诉，说在喝完啤酒以后，发现一个钉子，要求巨额赔偿，否则就起诉、在媒体上曝光等。啤酒厂与投诉者协商多次，投诉者仍索要天价。后来啤酒厂无奈报警，经过警方调查，原来是投诉者故意制造投诉事实，目的是讹一笔钱。结果投诉者被判犯有敲诈勒索罪。

《中华人民共和国刑法》第二百七十四条规定，敲诈勒索公私财物，数额较大的，处三年以下有期徒刑、拘役或者管制；数额巨大或者有其他严重情节的，处三年以上十年以下有期徒刑。根据权威的学术观点，敲诈勒索罪，是指以不法占有为目的，对他人实行威胁，索取数额较大的公私财物的行为。

在上面的例子中，投诉者故意捏造投诉事实，以起诉、传媒曝光相威胁，索要高额赔偿，显然构成敲诈勒索罪。那么，如果投诉事实是真实发生的，并非投诉者捏造，是否构成敲诈勒索罪呢？本书认为，如果按照投诉事实投诉人依法应当获得的赔偿金额，与投诉人索要赔偿金额相差很大，投诉人即已具有不法所有的主观故意，如果投诉人有明显的敲诈勒索行为，也能够构成敲诈勒索罪。当然，这里的投诉人索要的赔偿金额，是投诉人真实意图所期望的索赔金额，而不是一个简单的、投诉人报给企业的数额。因为，某些时候，为了谈判的需要，投诉人一开始可能会向企业报出一个高价，而在谈判过程中会逐渐回落至合理。

总之，赔偿投诉是比较复杂的问题，也是专业性比较强的问题。要成功处理赔偿投诉，不仅需要高超的化解投诉技巧，还需要掌握必要的法律知识。绝大多数投诉者提出天价索赔，除了意气，更多的是出于对法律的无知。

三、企业向消费者道歉技巧

企业经营过程中，向消费者道歉的情况经常出现。这是企业本着客户至上的精神而为，事实上，来自企业的一句“对不起”也使投诉处理容易了很多。但是有时客户对道歉有要求，如登报道歉、上门道歉，客服人员就必须把握道歉技巧、灵活运用道歉手段。

(一) 依法赔礼道歉的范畴

侵犯消费者的人身权利(而不是财产权利)，需要承担“赔礼道歉”的法律责任。根据《中华人民共和国民法通则》的规定，“公民的姓名权、肖像权、名誉权、荣誉权受到侵害的，有权要求停止侵害，恢复名誉，消除影响，赔礼道歉，并可以要求赔偿损失”。公民的姓名权、肖像权、名誉权、荣誉权统称为公民的人身权。在消费投诉中，涉及上述人身权的绝大多数是名誉权问题。需要注意的是，法律所说的侵犯名誉权与日常生活中人们的一般理解有所不同。根据最高人民法院《关于贯彻执行〈中华人民共和国民法通则〉若干问题的意见(试行)》，“以书面、口头等形式宣扬他人的隐私，或捏造事实公然丑化他人人格，以及用侮辱、诽谤等方式损害他人名誉，造成一定影响的，应当认定为侵害公民名誉权的行为”。也就是说，法律上的侵犯名誉权是指这里列出的几种行为。

此外，《中华人民共和国消费者权益保护法》还有相关的补充规定，“经营者不得对消费者进行侮辱、诽谤，不得搜查消费者的身体及其携带的物品，不得侵犯消费者的人身自由”。如果经营者违反了这一规定，“侵害消费者的人格尊严或者侵犯消费者人身自由的，应当停止侵害，恢复名誉，消除影响，赔礼道歉，并赔偿损失”。

综上所述，根据现行的法律规定，企业依法须承担“赔礼道歉”法律责任的情况如下：

- 对消费者进行侮辱、诽谤。
- 搜查消费者的身体及其携带物品。
- 侵犯消费者的人身自由。
- 捏造事实公然丑化消费者的人格。
- 以书面、口头等形式宣扬消费者的隐私。
- 侵犯消费者的姓名权、肖像权、荣誉权。

(二) 赔礼道歉的形式、技巧

赔礼道歉作为一种民事责任，是对侵犯人身权利的补救措施，因此，赔礼道歉的形式以能够达到对人身权利的补救目的而确定，在什么范围内侵犯了消费者的人身权利，就在什么范围内进行恢复。比如，通过公开发行的报刊侵犯了消费者的人身权利，那么就要在同样的报刊上、同样的版面向消费者公开道歉。但是，当消费者提出登报公开道歉的要求时，只要企业并非在报刊发行所及范围内侵犯消费者的人身权利，企业完全可以通过适当方式予以拒绝。

赔礼道歉的形式有以下几种。

1. 登报公开道歉

一般来说，除了企业发布传媒广告侵犯了他人的肖像权、姓名权，需要在同样范围内刊登致歉公告以外，企业不宜在媒体上公开书面道歉。主要出于两方面的考虑：一方面是企业形象很可能受影响；另一方面是出于法律后果的考虑，致歉公告一刊登出来，所有涉及的客户在理论上都可以拿着致歉公告向企业索赔。如果由于涉及客户众多，企业必须通过传媒通知客户并表示歉意的话，可以通过以下方式使公开认错软性化。

- 不以企业名义，而使用报道口吻，记者采访某问题，企业负责人向客户表示歉意等。
- 将焦点集中在问题的解决上，如问题是如何出现的，如何善后，今后如何避免等，顺带向客户表示歉意。

2. 上门道歉

对于客户意见很大、难以沟通的，以及客户地位尊贵的情况，上门道歉是一种比较好的投诉处理方式。

上门道歉的人员中应有一定级别的员工，如主管以上。上门道歉除了带齐与投诉有关的资料以外，还应准备一些企业的公务礼品。

由于上门道歉的成本比较高，企业应对上门道歉进行合理的控制，不要动辄就上门道歉，否则会降低上门道歉的质量。

3. 口头道歉

商品或服务有瑕疵或令客户误会，收到客户的投诉后，向客户口头表示歉意，这是商家工作人员常见的表现。这种认错在商家并不见得就是自认有错，更多的是传递客户至上的态度，而对于客户，企业认错使他们感到了受重视、受尊重。认错拉近了双方的距离，双方进一步的交流会顺畅很多。因此，口头认错基本上是百无禁忌的，需要注意的是，认错的态度要真诚，如果流于形式，也起不到认错的作用。

4. 书面道歉

书面道歉的一个主要后果是，客户拿着企业给出的东西，在下一步的升级投诉或诉讼中，企业无法对书面认错书里已经承认的问题再改口或否认；另外，客户还可能会将认错内容通过媒体公开，令企业很被动。

因此，除非客户要求，企业不主动向客户做书面认错(道歉)。但是，像某些企业规定，任何时候都不能向客户出具正常业务以外的任何书面文件，其实也大可不必。必要的书面认错也是需要的。当客户要求企业书面认错(道歉)时，客户对企业已经产生了一定程度的信任危机(非要一份书面的东西才放心)，如果企业方再坚持不给，那不就更让客户怀疑其中有鬼、更想弄个水落石出了？其实，实践表明，绝大多数客户索要书面认错并不是想用做诉讼证据或者提供给传媒，而是出于心理平衡和心理安慰的需要。

关键在于，企业给出的书面认错从形式上、内容上都要规范。从形式上，企业的书面认错应当以企业的名义，或者企业下属业务单位(如店面)的名义出具。即便曝光，也是一份规范的资料。特别应教育员工不要由员工个人歪歪扭扭写个纸条拿给客户。从内容上，企业的书面认错应客观表述所涉及的相关事实，不要拉扯到责任问题，致歉的表态也不要涉及法律责任。比如，银行错扣客户 2000 元，退给客户后，客户认为银行侵犯客户财产权，要求银行书面认错，那么银行的书面认错中，就不宜提到“侵犯客户财产权”的问题，而应客观地表述为：×年×月×日误扣客户 2000 元，于×年×月×日向客户退还 2000 元本金及利息×元。由此给客户造成不便，深表歉意。

为了确保书面认错(道歉)的形式、内容规范，企业应当建立相关的流程，认错书或致歉函要经过法律人员的审核通过。

四、群体性投诉的处理

群体性投诉对企业的影响就像一场强台风登陆，事发突然，破坏力强，即使最后成功平息，企业也往往被搞得焦头烂额、灰头土脸。前两年的东芝笔记本电脑事件、砸奔驰车事件就是例证。遭遇群体性投诉，企业应对要注意以下几个方面：

(一) 危机预警

接受投诉处理的一线人员，在接到比较频繁的同一类型投诉时，就要拉响群体性投诉的警报，为应对群体性投诉赢得宝贵的时间。然后，企业要紧急制定应对方案，包括调查商品或服务涉及的客户数量、预测可能出现的投诉量、客户可能提出的投诉要求、企业回应客户的投诉处理方案、企业回应客户的方式(一对一、传媒公开或兼而有之)。

(二) 取得政府、传媒和消协的支持

企业应对方案确定后，要立即取得政府和传媒的支持。政府方面主要是企业的主管部门和监管部门，要准备好报告书和相关资料，派出专人进行沟通。传媒方面要视情况召开新闻发布会，视情况确定是否请记者发稿。如果企业的掌控能力有限，不能确保所有媒体都不报道，最好准备统一的新闻通稿。在消协方面，要准备方便消协工作的资料，视情况需要可以在消协临时派驻企业代表。主动与政府、传媒、消协沟通，讲清情况，使他们工作更主动，取得他们的理解和同情，还可以从他们那里获得一些有益的建议。

(三) 监控事态发展

企业要安排专人对事态发展进行监控、报告，包括每日的投诉情况、各投诉个案的发展情况、媒体和公众的舆论动态。通过监控获得的信息，适当调整企业的应对方案。

(四) 各个击破

对已出现的投诉，要实行各个击破。如果投诉数量众多，可以按照投诉的类型、地域等

因素分成组群，分别处理。在对投诉进行各个击破时，特别要注意的是，企业要有整体的、统一的处理方案，以免投诉人互相攀比。如果确实需要有差别，比如，客户因装修问题而产生的投诉，因为投诉人的装修标准不同，对投诉人的补偿金不同，那么应与投诉人严格签订保密协议，协议中特别约定如果投诉人违反协议应当支付的违约金。

(五) 攻心为上，奖励配合

在企业统一的投诉处理方案基础上，可以根据情况制订奖励条款。比如，对于在某段时间内接受投诉处理方案的人，给予最高额的奖励；随后一段时间内，奖励略低；再后接受投诉处理的，没有奖励。在企业给出投诉处理方案时，投诉者一般倾向于观望，会觉得越到后面越能博得更大的补偿。企业提出奖励条款，有利于推动投诉者及早接受投诉处理。操作中需要注意的是，企业的奖励条款应及早提出，否则投诉者会认为这是企业在其处理方案无人响应的情况下被迫加码，会期望企业给出更高的条件。另外，企业的奖励至少应分两档，最高奖励的时间宜短、略低奖励的时间宜长。因为在企业给出最高奖励的阶段，观望的客户还在多数；而在随后的略低奖励阶段，客户看到企业确实不会加码、反而降低了奖励幅度，才会对企业的处理方案产生认同，绝大多数客户会在这个阶段配合解决投诉。

(六) 避免群体性事件

遇到群体性投诉，企业要注意避免投诉者闹事。如果投诉者现场聚集、集会、游行，那么群体性投诉已经演化成“群体性事件”，企业要在第一时间通知警方，由公安机关负责治安维护，企业应协助疏散。

五、重大投诉中的有关问题

(一) 法律顾问在投诉处理中的角色

有的投诉中，客户会不满地说：“你们都是法盲，让你的法律顾问和我谈!”于是，投诉处理人员请法律顾问出场。但实践证明，法律顾问出面并不一定有利于投诉的处理。

由法律顾问与客户谈投诉处理，客户往往会陡生戒心，处处防备，而且会有意无意地往打官司的路上想，谈判气氛会越来越紧张!其中的缘由在于法律顾问的身份对于客户起着很强的暗示作用。

其实很多时候，客户提出要法律顾问来谈，是表达了他与投诉处理人员在法律问题上的分歧，以及他希望能有法律专业人士发表一下对问题的看法。因此，当客户提出希望与法律顾问谈的时候，投诉处理人员不应将整个投诉踢给法律人员，而应妥善安排，请法律顾问解答某个问题，将回答传递给客户，或者请法律顾问仅就某个法律问题向客户进行解释，随后，还是应由投诉处理人员与客户继续谈判投诉处理。

如果某个投诉涉及较多的法律专业问题，那么也可以由法律顾问处理，但这时他向客户表明的身份就不再是法律顾问，而是一名投诉处理人员了。

(二) 企业高层什么时候出面

应该说，企业高层亲自处理投诉，对于投诉的及时处理，以及了解具体的业务情况，都有积极的作用。但是，从资源的合理分配以及从投诉处理的规律考虑，对企业高层亲自出面处理的投诉量，应当适当地加以控制。

对于一般投诉，企业高层不宜亲自出面处理，也没有必要。当然，高层检查和体验业务那是另外一回事。

对于社会地位较高的投诉者，出于对等原则及为企业营造良好的社会关系的目的，企业高层可以适当出面，如致电、拜会等。

对于其他投诉者的投诉，如果投诉者要求见企业高层，可先由秘书出面处理。对确实需要安排高层与客户会面的情况，高层应着重谈宏观原则，不宜深入投诉细节；同时高层可当着客户的面指定跟进人员，后续事务由该员工负责处理。这些安排的目的是为了给企业高层留下回旋余地，避免投诉僵局的发生。直接负责处理投诉的人员应注意及时向高层汇报处理情况，必要时，企业高层再亲自参与投诉的处理。

(三) 与消协合作

消费者协会是一个民间团体，没有行政权力，这是消协与政府监管部门的区别。消协的职能是代表消费者利益，对企业实施监督。但对企业来说，消协是一个合作的好伙伴。

消协每天受理大量的投诉，他们要帮助消费者向企业要一个说法。但另一面，消协实际上非常需要企业的配合，以便给消费者一个交代。这样，消协更像一个中间机构，连接着企业与消费者。消费者没有找企业(很多时候是找企业没有得到解决)而找消协，企业可能会感到一定的压力；但另一方面，企业通过消协与消费者协商，其实也增加了企业的谈判力量。并且消协有充分的投诉解决经验，能够给企业提出有益的解决建议。因此消协是企业需要很好维护、珍惜的合作伙伴。

对于消协转给企业的投诉，企业要优先处理，这对企业有利，也是对消协的支持。对于投诉，企业有不同的看法，也可充分讲出来，获得消协工作人员的认同。企业在预知会有相关投诉时，提前将情况向消协通报，取得消协的理解，消协还可以代为向客户解释、处理。除了业务上配合消协工作以外，企业还可以根据需要指定专人与消协保持经常的联系，甚至在企业建立消协的工作点。

『案例 7-3』 Presto Cleaner 公司客户投诉案例分析

为了提供快速准确的服务，Presto Cleaner 公司安装了一个新的电脑系统。不久，公司总裁赛维克立先生(J.W.Sewickley)就收到了一封客户寄来的投诉信。该客户一直对 Presto 的服务十分满意。但新的计算机系统却给他造成了很不愉快的经历。该客户投诉说，因为 Presto Cleaner 弄丢了他的订单，所以他不得不购买四件新的衬衣，用来替换丢失的订单。可是，几个星期后，订单又找到了，而且他还要再付一次钱！之后，他试图登记投诉，并希望获得衬衣和清理费用的赔偿，但过了很久，他才收到总部的答复——总算是收到了。在信件结尾处，该客户要求公司全额赔偿丢失订单清理费，以及四件新衬衫的费用，并做出令人满意的道歉。

为了进一步了解该事件，赛维克立先生找到了客户投诉经理保罗·霍夫纳(Paul Hoffner)。霍夫纳先生表示说，公司的确出了差错，但他们已经竭尽所能让该客户满意，其中包括在工厂内开展了两次搜寻工作。霍夫纳先生声称，该客户不停地打电话，以至于他还没来得及回复上一个电话，下一个电话又到了。而且，他认为该客户的要求太过分。为什么 Presto Cleaner 要因为客户的指责，向其提供过高的赔偿？最后，他提出，Presto Cleaner 是否有必要维持所有客户。

案例问题分析

在营销服务领域，4C 理论体现了以客户为核心来研究消费者和企业所提供产品和服务的关系。

Phillip Kotler 认为，企业所有部门为服务于客户利益而共同工作时，其结果就是整合营销。其意义就是强调各种要素之间的关联性，要求它们成为统一的有机体。具体地讲，整合营销更要求各种营销要素的作用力统一方向，形成合力，共同为企业的营销目标服务。4C——消费者(Consumer)、成本(Cost)、便利(Convenience)、沟通(Communication)的营销观念，强化了以消费者需求为中心的营销组合，其内涵与应用如下。

① Consumer，指消费者的需要和欲望(The needs and wants of consumer)。企业要把重视客户放在第一位，强调满足消费者的需求和欲望比产品功能更重要，不能仅仅卖企业制造的产品，而是要提供客户确实想买的产品。

② Cost，指消费者获得满足的成本(Cost and value to satisfy consumer needs and wants)，或是消费者为满足自己的需要和欲望肯付出的成本价格。消费者的成本，不仅指购物时的货币支出，还有时间耗费，体力和精力耗费以及风险承担。企业要想在消费者支持的价格限度内增加利润，就必须降低平均服务成本。

③ Convenience，指购买的方便性(Convenience to buy) 。企业要深入了解不同的消费者有哪些不同的购买方式和偏好，把便利原则贯穿于营销活动的全过程，售前做好服务，及时向消费者提供关于产品的性能、质量、价格、使用方法和效果的准确信息。售后应重视信息反馈和追踪调查，及时处理和答复客户意见，对有问题的商品主动退换，对使用故障积极提供维修服务。

④ Communication，指与用户沟通(Communication with consumer)。不能依靠加强单向劝导客户，要着眼于加强双向沟通，增进相互的理解，实现真正的适销对路，培养忠诚的客户。

下面我们运用 4C 理论来分析 Presto Cleaner 公司在流程、沟通、执行和服务理念等层面出现的问题。

一 公司在流程控制方面存在缺陷

1. 生产管理流程方面

本次投诉产生的起因是 Presto Cleaner 公司使用了一套新的计算机系统，原来旨在简化收取流程，缩短客户等待时间，但实际上客户在使用过程中，每次仍要排队，而且还需重新购买洗衣袋；前台人员需要输入每个订单项目，且操作缓慢；柜台人员仍习惯性地向客户索要收据；Mr.G.S 的干洗衣物遗失一个多月。显然，这套新的系统并不完善，而且，仅在一周之内就仓促推出，员工没有得到有效培训，导致操作步骤出现差错。

2. 投诉处理及索赔流程方面

公司处理客户投诉与索赔没有合理的流程与制度可依。当客户衣物丢失时，应有一套严密的确认及追偿程序与制度促使相关客服人员积极应对并解决客户的问题。我们并不质疑店面人员的服务态度和服务方式，但如果前台人员在洗衣店和洗衣车间都找不到所丢衣物的情况下马上知会 Hoffner，而 Hoffner 则根据相关规定主动联络 Mr.G.S，那么就不会发生 Mr.G.S. 屡次致电各个部门，在总是得不到答复的情况下感到沮丧，失望甚至愤怒的情形了。

二 公司存在沟通障碍和执行不到位的情况

在发生遗失客户衣服的情况后，店面没有及时向上级汇报；另外，公司政策要求所有事情都采用书面汇报，这个过程花费很多时间。而 Hoffner 在与客户通话后花费十天的时间检查店面和厂房去了解情况，接着选择等待。当客户已经取回遗失的衣服后，Hoffner 才从书面获知，并放弃与客户的进一步沟通。这反映了 Presto Cleaner 公司的店面和办公室之间、店面和厂房之间缺乏有效沟通，各自的责任和义务不明确。而作为客户投诉中心的唯一负责人，Hoffner 的窗体顶端窗体底端执行力明显不够，仅仅依靠客户的信誉去寻找遗失的衣服，没能认识到自己的职责。

1. 对客户服务的认识不到位，缺乏以客户为中心的服务理念

包括 Presto Cleaner 公司客户投诉经理 Hoffner、店面在内的人员在事件中表现出来的态度和处理方式都比较被动和消极，缺乏以客户为中心的服务理念。尤其是 Hoffner，不重视客户关系，忽略客户的感受，更不愿为此承担责任。

2. 对客户价值的判断模糊

Mr.G.S 一年在 Presto Cleaner 公司的消费额约 1 000 美元，这次索赔 235 美元。而 Hoffner 认为，Mr.G.S 的索赔额过高，建议放弃这个客户。可见，其对客户的价值判断模糊。客户资源是企业最重要的核心资源之一。对它的判断标准绝不仅仅停留在短期消费金额的大小上。正确地评估客户价值可以让企业明白谁是企业应该集中资源重点关注的客户。清楚地区分不同客户对于公司的不同价值，才能实施有力的客户关系管理。企业应当明白他们期待这些客户给它们的组织带来的长期收益是什么，并要有一个合理的投资报酬率的测算，从而投资于客户关系管理。

三 解决方案及建议

1. 关于 Mr.G.S 先生投诉的处理

通常，对于用户投诉，企业应该根据客户的价值和公司的服务战略，采取相应的处理对策。本案例中，客户 Mr.G.S 先生提出的赔偿要求是退回当次的洗衣费用和 4 件衣服的购置费，

共计235美元，同时要求Hoffner的书面致歉。

如果Presto Cleaner 公司经过分析认为该客户值得挽留，那么，公司总裁Mr.J.WSewickley首先要说服Hoffner转变观念和态度，并决定由Hoffner亲自致电Mr.G.S，同其商谈具体赔付事宜。公司的态度如下：① 全额退回当次的洗衣费用，作为公司对服务差错的补偿；② 向客户提供价值为200元的洗衣券，作为对GS先生长期以来对Presto Cleaner的支持的感谢，同时希望能够继续为他服务；③ 邀请Mr.G.S到附近的店铺，接受Hoffner的当面致歉；④ 在公司内部通告此事件处理方式，教育员工，同时针对此宗投诉所反映出的问题制定相应管理、服务等改进措施。

2. 优化系统，改进管理流程

针对新系统出现的种种问题，Presto Cleaner 公司要根据实际运作的经验和客户的反应进一步优化系统平台，使之能够更有效地运作。

针对此次投诉处理中所暴露出的问题，Presto Cleaner公司需要从以下几个方面来完善投诉处理机制：① 要对客户的投诉做出快速反应，重视并主动和客户保持沟通，不找任何理由推卸责任，避免事态扩大；② 分析客户投诉的真正原因及真正需求；③ 针对存在的问题向客户表示歉意，提出公平的解决方案并征求客户意见；④ 根据问题的性质和企业的相关制度，追究相关人员责任并通告此事件处理结果，以教育员工；⑤ 优化相应的管理、服务流程和制度。

建立和完善部门信息共享制度和相应的信息沟通平台。

3. 提升员工的技能和素质

加强对新系统的使用培训，使员工能尽快熟练掌握新系统，减少服务差错。

通过沟通技能方面的培训，改善公司员工和客户的沟通技巧。

4. 改善客户服务理念

通过日常管理，培训等方式，来引导转变员工服务观念，树立主动服务和承担个人责任的意识。

在企业内部营造一种欢迎投诉、方便投诉和奖励投诉的正确氛围，并贯彻执行。

5. 管理客户期望

通过客户满意调查、面谈等手段了解用户的需求，尤其是用户的潜在需求和期望，并根据企业实际情况，有效管理并超越用户的期望，这是服务营销成功的万能钥匙。通常，满足用户期望会带来满意的客户，但只有超越客户期望才能造就忠诚的客户。

通常，在不断提高服务水平的同时，也要避免给用户过高的承诺。对产品或服务利益的夸大往往会导致严重的客户不满，而将客户的期望拉回到企业能够给予的水平，持有保守的态度往往能够建立一种“说到做到”的信誉，会令客户对企业的兑现能力和信誉更有信心。

对于Presto Cleaner来说，在新系统投入使用之前，可以选择部分不同层面的用户作为试用客户，通过试用来进一步了解用户的需求和系统潜在的缺陷，并及时加以改进。另外，在使用新系统的初期，应向客户尽一些告知义务，让客户明白，短期内新系统的运行以及员工使用新系统的不熟练性可能带给客户暂时的不便，以期降低客户的期望值，并取得客户的配合。

6. 通过客户管理来捆绑和挽留客户

邀请部分对服务品质比较敏感的客户作为企业的服务监督员，并给予服务上的优惠。一方面，企业根据服务监督员的意见能不断地完善服务，使之更贴近客户的需求；另一方面，那些敏感客户也通过提供有价值的信息而有所收益，从而降低客户流失的可能。

针对那些消费额度高、长期使用的客户，引入消费积分计划，推出不同档次的优惠，从而进行忠诚客户的深度捆绑。

针对高端客户，提供个性化的专业服务。

7. 需要建立和明确客户价值评判的标准

本案例中，作为公司负责客户投诉处理的主管 Hoffner 所提出的问题：客户是否值得保留，公司应该如何划定赔偿和服务的底线？这些问题都集中反映出 Presto Cleaner 公司对客户价值的模糊认识。

企业的目标应该是“企业价值最大化”。不同客户对于企业的盈利贡献不同，因此，Presto Cleaner 公司需要树立客户分级的观念，学会从成本和利润的眼光去看待客户服务。

Presto Cleaner 公司可以将客户划分为最有价值客户、最具增长价值客户和一般客户等。然后对每个层次的客户提供相应的服务，使服务成本和潜在收入相匹配。Presto Cleaner 公司还需要明确公司只需要“发展并留住每一个给公司带来利润的客户”。

8. 建立和完善以客户为中心的组织架构和考评体系

Presto Cleaner 公司需要建立和完善以客户为中心的组织架构。明确公司内部各部门在对待客户服务工作的责任和义务，并从客户立场出发，完善相应的服务绩效评估机制。

同时，公司需要积极开展团队建设，打造更加积极主动、更加勇于承担责任的团队，以期减少部门协调的阻碍，提高客户服务的高效性。例如，Presto Cleaner 公司可以根据目前的情况，强化投诉处理团队，成立专门的服务质量监控团队等，来加强对客户投诉处理并及时在公司内部推动改进。

9. 打造一种服务导向的公司文化

本案例中所反映的问题，暴露出 Presto Cleaner 公司在服务理念和服务技能等方面存在的缺陷和不足。其实，服务导向的企业文化的建设，最终有助于提升团队整体的服务意识和能力。

Presto Cleaner 公司可以通过培训、领导者和管理者的以身作则以及和管理制度相结合的各种基础工作，最终建立一种客户导向、服务导向的公司文化。强大而有内聚力的文化能够使企业在竞争中处于领先地位，同时也是进行有效客户忠诚计划的基础。

(资料来源：李先国，曹献存. 客户服务实务. 北京：清华大学出版社，2006)

第六节 投诉带来的危机处理

一、认识危机

危机是一种使组织遭受严重损失或面临严重损失威胁的突发事件。危机具有6个基本特点。

(一) 突然性

危机是事物内在矛盾由量变到质变的飞跃过程，是通过一定的契机诱发的，而这个契机是偶然的，因此，突发事件发生的具体时间、实际规模、具体态势和影响深度，是难以完全预测的。

(二) 欲望性

除自然灾害导致的突发事件外，其他的突发事件，都有明确的目的性和欲望性，因为人们选择和行为的目标，都是为了满足某种需要。

(三) 聚众性

社会性突发事件，多是由少数人操纵，通过宣传鼓动而把一些群众卷到事件中来，自然性突发事件，也往往危及多数群众的财产生命安全，关系到一个地区工作的成败，使事件具有聚众性。

(四) 聚焦性

进入信息时代后，突发事件的信息传播比事件本身发展要快得多。信息传播渠道的多样化、时效的高速化、范围的全球化，使企业危机情境迅速公开化，成为公众聚焦的中心，成为各种媒体热炒的素材。同时作为突发事件的利益相关者，他们不仅仅关注事件本身的发展，更关注企业对突发事件处理的态度及采取的行动。而社会公众有关突发事件与危机的信息来源是各种形式的媒体，媒体对危机报道的内容和对危机报道的态度影响着公众对危机的看法和态度。有些企业在危机事件爆发后，由于不善于与媒体沟通，导致危机不断升级。

(五) 破坏性

由于危机常具有“出其不意，攻其不备”的特点，不论什么性质和规模的危机，都必然不同程度地给企业造成破坏、混乱和恐慌，而且由于决策的时间以及信息有限，往往会导致决策失误，从而带来无可估量的损失。危机往往具有连带效应，引发一系列的冲击，从而扩大事态。对于企业来说，危机不仅会破坏正常的经营秩序，更严重的是会破坏企业持续发展的基础，威胁企业的未来发展。

(六) 紧迫性

对组织来说，危机一旦爆发，其破坏性的能量就会被迅速释放，并呈快速蔓延之势，如果不能及时控制，危机会急剧恶化，使组织遭受更大损失。而且由于危机的连锁反应以及新闻的快速传播，如果给公众留下反应迟缓，漠视公众利益的印象，势必会失去公众的同情、理解和支持，损害组织的美誉度和忠诚度。因此对于危机处理，可供作出正确决策的时间是极其有限的，而这也正是对决策者最严峻的考验。

二、投诉可以引发危机

对企业来说，由产品(服务)的投诉引起媒体曝光是造成危机的重要因素。如本章案例 7-5，肯德基“秒杀门”事件就是典型的例证。

三、建立危机预警机制

“凡事预则立，不预则废”，危机预警机制的建立是危机公关的第一步。企业对可能发生的各种危机情况要能全面预测，有备无患。至少做到及时发现，迅速反应，制定危机公关的具体步骤和防范策略。

企业要针对自身的内、外部环境，预测可能出问题的环节，对症下药制定相应的公关措施；这些措施应该尽量具体、完善、富有操作性，使之制度化、标准化。可能引发消费者方面的问题如下：对于产品或服务消费者是否真正满意，如果不满意的话他们是否有投诉渠道，投诉后是否能得到圆满解决，他们是否会向外传播，传播的剧烈程度怎样？新闻传媒方面出现问题的可能如下：最近企业与传媒的联络是否正常，报道的口径如何，出现过什么程度的反面报道？社会公众方面可能出现的问题如下：企业与政府、社区、公众之间的关系是否融洽，企业有无伤害他们的地方？需要企业做出的相应对策如下：尽量做好自身产品与服务，出现问题的话就及时派专人与消费者沟通、协商解决；与媒体联系，防止不实、不利信息扩散；在企业内部查找问题产生的原因，对问题性质定论等。

更重要的是企业要有一套危机预警机制，在危机萌芽或发生初期，企业信息系统就会很快地感知到，及时反馈到管理层，及时应变。随着信息社会的到来，掌握信息的快慢将成为影响企业发展的重要因素，因而加强信息监测，保持企业内部沟通的顺畅、市场信息的及时把握就显得十分必要。

四、组建危机管理机构

成功应对传媒危机，企业一定要做好组织上的准备。由危机管理小组，制定或审核危机管理指南及危机处理预案，清理危机险情。一旦危机发生，及时遏止，减少危机对企业的危害。

(一) 拟定危机管理计划

在事前对可能发生的潜在危机，预先研究讨论，以发展出应变的行动准则。

(二) 对员工进行危机管理培训和演习

开展员工危机管理教育和培训，增强员工危机管理的意识和技能，一旦发生危机，员工应具备较强的心理承受能力。同时提高管理小组的快速反应能力，并可以检测危机管理计划是否切实可行。

(三) 建立新闻发言人制度

危机来临时，企业内部很容易陷入混乱的信息交杂状态，不利于形成有效的危机传播体系，因而形成一个统一的对外传播声音是形势要求的必然结果。新闻发言人专门负责与外界沟通，尤其是新闻媒体，及时、准确、口径一致地按照企业对外宣传的需要把公关信息发布出去，形成有效的对外沟通渠道。这样，就可以避免危机来临时对外宣传的无序、混乱以及由此可能产生的公众猜疑，便于企业驾驭危机公关。

五、危机监测

企业要注重投诉与传媒资讯的监测，随时掌握外界对企业的评论以及与企业相关的信息，抑制对企业不利的信息发布。控制不利信息的公开，是对企业传媒管理能力的充分考验。

企业的公关人员每天上班的第一件事，就是浏览媒体资讯。第一时间掌握外界对企业的评论。这是非常重要的，只有这样，才能第一时间对相关问题做出及时反应。及时地对外界给予适当的回应，不仅彰显企业高效的管理，更是解决棘手问题的第一要务。及时反应，本身就是一种积极的姿态，而久拖不决会使得简单的问题复杂化，复杂的问题陷入泥潭。

(一) 传媒资讯监测的范围

(1) 传统媒体，包括报纸、电视、广播。后两者主要是时事新闻和民生新闻。需要注意的是，不仅要监测本地媒体，还要包括省级媒体和中央级媒体。

(2) 网络媒体，主要有三类，一是新浪等影响力大的主要门户网站的新闻页面；二是主要的行业网站；三是企业客户经常光顾的论坛，包括传统媒体的网络版论坛等。

(二) 传媒资讯监测的信息类型

(1) 对企业的投诉信息和其他评论信息。

(2) 企业竞争对手的情报。

(3) 企业所处行业的动态，包括政策导向、行业新闻、行业分析预测、行业内重大事件和新技术新产品等。

(4) 宏观信息，包括与企业相关的政策法规信息、国内外市场动态等。

投诉危机监测的信息主要指的是对企业的投诉信息和其他评论信息。

(三) 传媒资讯监测的手段和方法

传媒资讯的监测应配备专人，视企业规模和工作需要专职或兼职跟进。必要时，对于信息的搜集和整理可以采取外包的方式，诸如慧聪国际、agent365 等著名的媒介监测公司，以及广告公司、公关公司等都可以提供相关服务。在每日监测的基础上，应当进行阶段性汇总分析，以便明了相关情况的发展脉络，预测其可能的趋向。此外，还可以考虑定期对企业自身和主要竞争对手在媒体上所做的市场宣传投放情况进行汇总分析，以及针对当前客户或潜在客户进行有关企业感知的调查。

六、危机处理的原则

危机处理应把握如下原则，即 5S 原则。

(1) 承担责任原则(Shouldering the Matter)：无论谁是谁非，都不要企图推卸责任。

(2) 真诚沟通原则(Sincerity)：企业应把自己所做、所想的，积极坦诚地与公众沟通。

(3) 速度第一原则(Speed)：危机发生后，能否首先控制住事态，使其不扩大、不升级、不蔓延，是处理危机的关键。

(4) 系统运行原则(System)：在逃避一种危险时，不要忽视另一种危险。在进行危机管理时必须系统运作，绝不可顾此失彼。

(5) 权威证实原则(Standard)：企业应尽力争取政府主管部门、独立的专家或机构、权威的媒体及消费者代表的支持，而不是自己去徒劳地解释或自吹自擂。

七、危机处理的三个阶段

(一) 回应，显示诚意

如果企业确实有问题，被曝光后，首先就要道歉。视问题的严重程度和影响大小，由适当级别的人道歉。在道歉的内容上，当问题没有完全查清时，要抽象地道歉，显示企业的诚意，并给出查实问题的时间表；随着问题的逐渐明朗，道歉的内容不断地具体。道歉的深刻程度要充分评估公众的感受，企业要做得比公众预期的还要深刻。

如果企业没有问题，流传的只是谣言，那么企业也要立刻表态，显示对事件的关注，强调企业持有与公众完全一致的立场。即便企业非常肯定是谣言，也不能表现出轻松的姿态，这会使公众感觉企业不重视这个问题，从而怀疑企业的诚意，那只能给谣言蔓延的理由。

(二) 采取措施

如果企业确实有问题，在危机公关的第二个阶段，企业对此问题就要采取措施。

如果企业没有问题，这个阶段企业必须拿出得力的证据，使公众充分信服，消除猜疑。例如可口可乐中毒事件的处理。

在此阶段不可忽视政府机构的作用，尤其是某些行业的管理部门，它们对于企业的评价往往具有起死回生的能力。事实上，某些时候挽救危机的一个关键是争取权威机构的鉴定支持，他们的结论往往是公正评判的最终依据。

另外，要积极与媒体沟通，赢得媒体的支持与配合，争取正面报道，减少负面报道。

(三) 重塑形象

危机公关的第三个阶段，企业要开展大规模的正面宣传，弥补因为这一波危机而使公众对企业品牌形象的疏远感，重塑企业良好形象，尤其是在危机影响的重灾区。

『案例 7-4』 肯德基“秒杀门”事件

一、肯德基“秒杀门”事件始末

2010年4月6日，中国肯德基推出“超值星期二”三轮秒杀活动，计划在10时、14时和16时这3个时段，相应发布上校鸡块、香辣鸡腿堡或劲脆鸡腿堡、外带全家桶3款半价产品。结果在上午第一轮秒杀活动开始后不久，一些城市的肯德基餐厅就出现了原本应该在下午4点出现的“外带全家桶”优惠券。当天下午1点半，肯德基向全国餐厅下发通知，临时叫停第二轮、第三轮秒杀促销，这一事件被称为“秒杀门”。活动取消后，导致大量消费者手持网上下载的优惠券到肯德基购买半价外带全家桶时被拒，事发后，肯德基连续两天在网站上发表声明，就事件原因进行解释。但大多网友对声明的内容并不满意，甚至称“秒杀门”秒杀了肯德基的信誉。有消费者以合同违约为由，将肯德基告上法庭。

二、肯德基公开向消费者致歉

4月12日，肯德基在公开信中“向广大消费者衷心致歉”。公开信称，“秒杀”活动考虑欠周详，未能充分预估到可能在社会上引起的广泛反响；同时，网络安全预防经验不足，没有预料到活动开始前就出现了大量非授权途径可下载的无效电子优惠券。临时取消该两轮活动后，应对不够及时、完善，对手持无效券前来餐厅的消费者处理不够妥当，甚至个别餐厅还出现了差别待遇，造成社会潜在不安全因素。

公开信中表示，在第一次声明中，将“非授权途径发出的无效券”称为“假券”，用词欠妥。

公开信称，事发后，中国肯德基反复考虑如何推出更好的替代活动。但经咨询多方意见、反复考量及论证后都苦无良策。肯德基方面将广泛寻求政府指导及公众意见，如有合适方案，将适时推出。

肯德基中国相关负责人表示，“致消费者公开信”是很谨慎的，想让消费者看到肯德基对待这件事情的真诚。

三、消费者的反响

“歉意是诚恳的，但缺少实质性内容”。消费者魏先生认为，事发时，顾客因不满肯德基的解释才滞留在店内，如肯德基真有诚意，应对这些顾客进行登记并给予货币或食物赔偿。“所谓‘咨询多方意见’，有没有咨询消费者的意见？”就临时终止“秒杀”活动起诉肯德基的北京市民刘先生，看了公开信后表示，肯德基道歉的态度值得肯定，但他对肯德基“咨询多方意见”的表述表示质疑。刘先生称，他起诉肯德基后，对方至今无人与他联系。

肯德基秒杀活动突然暂停之后，投诉肯德基的各类帖子开始在网络中盛行，网友对肯德基的这一行为纷纷表示不满。“谁动了我的全家桶？”、“KFC秒杀门，涉嫌欺诈消费者”成为网络热帖。有网友认为，肯德基之所以停止活动，是因为秒杀活动诱惑力之大导致销售异常火爆。

肯德基“秒杀门”一事在一定程度上影响了肯德基在市民心中的良好形象，这势必会对肯德基日后的正常营业带来严重的负面影响。目前，肯德基优惠网站的网页已经处于无法显示状态，可能由于网页流量过大导致，但怀疑是肯德基公司自己关掉网页说法也未尝不可。有律师认为，从让消费者明明白白消费的角度，商家最好明确解释或注明参加活动的产品内容，否则只能说明是“耍赖”，是愚弄消费者。

四、媒体的评论

原价64元的肯德基外带全家桶，凭超级特价“特别秒杀优惠券”只需32元就可以买到；香辣/劲脆鸡腿堡套餐，凭券买一赠一……大量手持优惠券的市民在肯德基要购买外带全家桶和汉堡时，却被告知，不接收这两种秒杀优惠券，并定义它们为“假券”。日前，几乎所有南京肯德基门店都聚满了前来“讨说法”的市民(据《扬子晚报》报道)。

不排除有个别网站为了赚取点击率而将第二轮、第三轮“秒杀”优惠券造假的可能，当然也不排除极个别竞争对手，恶意采取手段借以打击肯德基的可能。但从这起“秒杀”优惠券的处理来看，很显然的是，肯德基方面已经“乱了阵脚”。

肯德基方面并无充分的手段和依据来检测优惠券的真伪，就仓促间以关门闭店的方式来减少损失，或者公开宣布为假券以抵制，这种应急举措和手段是欠妥当的。无论怎样，消费者是基于对肯德基产品的喜欢和对肯德基经营者的信任，才从网上下载并打印优惠券的，况且，对于复印的优惠券也明文规定是认可的。那么，以闭店的方式来抵制假优惠券，一方面是对消费者权益的侵害，另一方面是对自身信誉、商家诚信理念的亵渎。

在针对日益复杂的商业竞争上，以及在面临着日益扩展的网络商业宣传上，肯德基方面的准备显然不足。肯德基的经营者，既未能真正懂得如何有效地利用网络提高影响力、创造利润，更不具备严格的识别和介入网络优惠宣传的能力。这是肯德基的悲哀，也是此次“秒杀”纠纷之所以产生的一个重要根源。最终“秒杀门”究竟怎样收场，尚不能准确预期，但无可置疑的是，此次“秒杀门”为肯德基以及其他快餐店很好地上了一课，也为类似的网络促销手段敲响了如何防范风险的警钟(据《中国质量报》报道)。

(资料来源：CD璐璐. 肯德基移沙门. 百度百科. http://baike.baidu.com)

『案例7-5』 丰田“钥匙门”事件的危机处理

东莞寮步东部4S店出售的一丰田威驰车的钥匙竟能打开丰田卡罗拉的车门和后备厢。“钥匙门”弄得车主心慌慌，索赔时竟被4S店经理出言恐吓，威胁车主不要搞事，否则“区区几万元就可把你老婆送进牢房”。“钥匙门”升级为“恐吓门”，4S店的负责人解释，“恐吓门”主角言语失当是因为老婆临产，压力大所致。

起因：丰田陷入“钥匙门”

2010年1月19日，在东莞工作的李先生花了十余万元从东部丰田4S店买了一部丰田卡罗拉。随后和朋友杨先生一起去做汽车装饰布置。无意之中，开丰田威驰的杨先生发现自己的汽车钥匙竟然也可以打开李先生丰田卡罗拉的车门和后备箱。

“如果车被人开走了，我们找谁啊？”感到不安全的李先生当即向4S店提出了换锁的要求，并要求赔偿。几经交涉后，4S店的陈经理同意换锁，但拒绝赔偿。

于是李先生向媒体报料了东部丰田“钥匙门”，有记者现场测试，确实能够用杨先生丰田威驰的钥匙打开李先生卡罗拉的车门和后备箱，却不能发动汽车，而且卡罗拉的警报器会响个不停。

“钥匙门”经媒体报道后，引起使用丰田品牌车主的警惕，“如果一钥能两开，那不是能偷车于无形中？”小李气愤地说。

进展：“钥匙门”升级为“恐吓门”

据车主李先生介绍，媒体曝光之后他再次致电东部丰田4S店的陈经理，希望4S店能够处理好汽车钥匙问题。但打电话却遭到4S店陈经理的恐吓。这些令人咋舌的谈话被李先生录下。

在录音中，陈经理屡次提醒小李：“你以后还想保养维护吗？把你们的名字列入黑名单。封杀你，全国4S店都封杀你，谁都不给你们保养维护。我们有专职律师啊。我们已经调查你们的底细了。”甚至把小李妻子从事的工作都准确无误报出来：“你们没有靠山，你老婆是做采购的，只要花区区几万元钱，就能把你老婆送到牢房里去。”

录音在3月15日一经报道和网络传播，当天各种视频网站的点击率超十万次。

结局：达成赔偿协议

昨日下午，杨先生和李先生带着两位律师，一同来到东部丰田4S店进行协商。该车行所属的广东大东汽车集团董事长叶帆亲自出面进行协商。

杨先生认为，事情发生之后，一方面4S店陈经理的恐吓让他们非常担心自己的人身安全，另一方面，近期他们经常往返广州找媒体沟通，进行一些维权行为，耗费了人力物力，加上他们两人近期每天接到许多媒体的电话，对他们的生活造成了很不好的影响，所以两人提出：希望车行能赔付他们近期的维权律师费、交通费以及心理上受到损害的弥补费3万元。叶帆董事长表示，不可否认，事件给车主造成了困扰，但是这种精神损失很难用金钱去衡量，3万元超出了车行的预期。陈经理言语失当是因为老婆临产，压力大而致。

最终，双方进一步协商之后达成一致：车行赔付1.5万元现金给杨先生和李先生，另外免费为汽车安装真皮座椅，还分别赠送每人两次免费保养。陈经理表示会亲自登门道歉，并设宴作为余下补偿。

叶帆还向媒体表示，会以公司内部规定对陈经理作出处罚。杨先生和李先生表示，昨日车行态度比较好，他们之前对因为恐吓所造成的种种担心基本上消除了。

当事方反馈

3月16日下午，自称东部丰田官方ID的账号开始在相关网页里致歉，致歉信内容如下。

对于近期我公司员工在丰田“钥匙门”处理事件中发表的言论，做出以下诚挚道歉。

(1) 我们对未能及时、合理处理好当事人的汽车质量问题，向当事人致歉。目前我们正在与两位车主进行进一步的沟通。

(2) 此事件中个别管理者不负责任的过激言论，并不代表东部丰田的立场和态度。但我们对此言论给当事人及公众带来的损害，深表歉意。我们会严肃处理此员工，并以此为戒，全面加强员工的服务意识、提升公司的服务水平。

(3) 东部丰田致力于为广大车主提供完善的购车和售后服务，在此也感谢新闻媒体和网民们对我们服务的舆论监督。我们再次真诚地道歉！

东莞东部丰田公司2010年3月16日备注，发布此帖的ID为东莞东部丰田在此论坛的唯一官方ID。

(资料来源：维权遭威胁，丰富“钥匙门”两车主终获赔付. 南方日报，2010-03-17)

小链接

平息顾客不满小测试

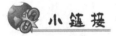

测试指南：以下是A、B、C三种情况，从给出的答案中根据得分说明选择合适的数字，最后将所选数字相加，即为总得分。

得分说明

1 = 从不这样，2 = 极少这样，3 = 有时这样，4 = 通常这样，5=总是这样

A. 我觉得我能够平息大多数顾客的不满　12345

B. 当我遇到一个不满的顾客时，我

1. 保持平静　12345
2. 不去打岔　12345
3. 专心于他或她所关心的事情　12345
4. 面对口头的人身攻击时不采取对抗姿态　12345
5. 减少文书工作和电话的干扰　12345
6. 体态专注　12345
7. 面部表情合适　12345
8. 与对方对视时眼神很自信　12345
9. 耐心地听完对方的全部叙述后再做出回答　12345
10. 适当做些记录　12345
11. 表现出对对方情感的理解　12345

12. 让他或她知道自己乐意给予帮助　1 2 3 4 5

13. 知道在什么时候请出自己的上司　1 2 3 4 5

14. 语调自信而殷勤　1 2 3 4 5

15. 不使用会给对方火上浇油的措辞　1 2 3 4 5

16. 避免指责自己的同事或公司以免引起麻烦　1 2 3 4 5

C. 不满的顾客走了之后，我

1. 能控制住自己的情绪　1 2 3 4 5

2. 不多次讲述所发生的事情　1 2 3 4 5

3. 分析一下自己哪儿做得很好，哪儿本应采取不同的做法　1 2 3 4 5

你的分数:

81～100 = 太好了!

61～80 = 良好

41～60 = 好好练练你的技能

21～40 = 你需要上司的帮助

1～20 = 彻底接受培训

第八章

处理客户服务压力的技巧

服务工作是一项与人打交道的工作，不同的客户对于服务有着不同的理解和看法，服务的宗旨又是令客户满意，所以，客户服务工作又会给服务人员带来不小的压力。要想成为一名优秀的客户服务人员，应该能够正确看待自己面临的工作压力，并分析形成压力的原因，从而找出正确的应对方法。

第一节　压力与压力的产生

一、压力与压力产生的原因

在日常工作中，经常听到有人抱怨：压力太大！那到底什么是压力，又是什么造成了压力？

压力是现代社会人们最普遍的心理和情绪上的体验。所谓“人生不如意十之八九”，谁的人生，都不可能总是一帆风顺，坎坷挫折时有发生，面对种种不如意时，人们常常会焦虑不安，内心体验到巨大的压力。压力存在于社会生活的各个方面，人人都经历过。例如第一次上台演讲、第一次求职面试、亲人患病或死亡、工作变动或丧失。承受压力是生活中不可避免的。但是过度的压力总是与紧张、焦虑、挫折联系在一起，久而久之会破坏人的身心平衡，造成情绪困扰，损害身心健康。

临床心理学家发现，溃疡病的主要起因就是心理压力。溃疡病患者往往具有同样的特点：努力拼命工作，总是担心工作不完美，担心自己能力不够，经常体验到无助感等。癌症和心脏病的发作也与心理压力有着密切关系。由此可见，心理压力对人的身心健康的影响是广泛而普遍的。

(一) 压力的概念

压力(Stress)也叫应激，这一概念最早于 1936 年由加拿大著名的生理心理学家汉斯·薛利(Hans Selye)提出。他认为压力是表现出某种特殊症状的一种状态，这种状态是由生理系统中因刺激所引发的非特定性变化所组成的。

关于压力的理解很多，其中有代表性的论述如下：

(1) 拉扎鲁斯(Lazarus)认为压力是个人与环境中的人、事、物的一种特别关系。他认为，环境只有被个体评价为对自己构成伤害、威胁或挑战时才构成压力。

(2) 艾利斯(Ellis)认为压力来自人类的内部认知系统，压力源与个人的认知系统和价值系统有关。

(3) 谢尔耶(Selye)认为压力是个体应对“外在需求”的一种特定的生理反应历程。

(4) 坎伯斯(Compas)提出压力源的三种类型：① 紧急压力源；② 长期慢性压力源；③ 人际互动压力源。

心理学上把压力定义为：个体在生理和心理上感受到威胁时的一种紧张状态。压力由压力因素和压力反应组成：压力因素是因人而异的，譬如对甲来说，考试不及格是种奇耻大辱，但对乙来说，他可能对此毫不在乎，照样我行我素。而压力反应则是每个人对压力因素采取的习惯性的反应模式，它是因人而异的，千姿百态的。

根据以上压力概念的理解，结合当代其他科学文献，我们认为压力至少有三种不同的含义。

第一种，压力指那些使人感到紧张的事件或环境刺激。如一份压力很大的工作。

第二种，压力指的是一种身心反应。比如有人说“我要参加演讲比赛，我觉得压力好大”，这里他就用压力来指代他的紧张状态，压力是他对演讲事件的反应。这种反应包括两个成分，一是心理成分，包括个人的行为、思维以及情绪等主观体验，也就是所谓的“觉得紧张”；另一个是生理成分，包括心跳加速、口干舌燥、胃部紧缩、手心出汗等身体反应。这些身心反应合起来称为压力状态。

最后一种，压力是一个过程。这个过程包括引起压力的刺激、压力状态以及情境。所谓情境是指人与环境相互影响的关系。根据这种说法，压力不只是刺激或反应，而是一个过程，在这个过程里，个人是一个能通过行为、认知、情绪的策略来改变刺激物带来的冲击的主动行动者。面对同样的事件，每个人经历的压力状态程度却可以有所不同，就是因为个人对事件的解释不同，应对方式也不同。

“水能载舟，亦能覆舟”是对压力很贴切的形容。适度的压力能给人前进的动力，能让人保持警觉，保持一个较好的状态。而过度的压力，犹如压力不足一样，也会影响个人表现，短期压力突然过大，能够将人击倒甚至崩溃。

每个要求进步、积极进取的人都会对自己有严格的要求，希望自己能将事情做得更好、自己的表现更优秀，因此一旦当某件事对他有难度，让他感觉做的不完美或自己似乎不能解决这个问题的时候，压力自然而然地就产生了；所以有压力不见得是坏事，可能是好事，是我们要求上进的一个基本表现，我们的目的就是要将压力的不利之处进行缓解，将它转化成前进的动力！

(二) 压力的症状

为了能有效地管理压力，我们还需要了解压力承受者在生理、情绪、行为、精神及心理方面出现的症状，压力的症状如下。

(1) 生理方面：心悸和胸部疼痛、头痛、掌心冰冷或出汗、消化系统问题(如胃部不适、腹泻等)、恶心或呕吐、免疫力降低等。

(2) 情绪方面：易怒、急躁、忧虑、紧张、冷漠、焦虑不安、崩溃等。

(3) 行为方面：失眠、过度吸烟喝酒、拖延事情、迟到缺勤、停止娱乐、嗜吃或厌食、吃镇静药等。

(4) 精神方面：注意力难以集中，表达能力、记忆力、判断力下降，持续性地对自己及周围环境持消极态度，优柔寡断等。

(5) 心理方面：消极、厌倦、不满、生气、冷淡、认命、健忘、幻想、心不在焉等。

如果对这些症状长期视而不见的话，它们会严重地危害我们的健康甚至危及生命。另外，还会影响我们工作的效率，从而影响到与老板、同事间的关系。如果只是出现其中一种症状，就没有必要太担心。但是如果多种症状同时出现，则说明健康已亮起了红灯，必须寻求帮助。可以找上级主管要求他们重新给我们安排工作、额外培训或多分配一些设备来帮助我们工作。另外，也可以去看一看医生。这时采用“鸵鸟政策”是不会解决问题的。

(三) 压力产生的原因

心理压力产生的原因是复杂的，我们将这些具有威胁性或伤害性并因此带来压力感受的事件或环境称为压力源。生活中的压力源可能存在于人们自身，也可能存在于环境中。但是，人类最主要的压力源是人，人际关系是造成压力的最主要来源。心理学家在研究中把造成压力的各种生活事件进行分析，提出了四种类型的压力源。

1. 躯体性压力源

躯体性压力源是指通过对人的躯体直接发生刺激作用而造成身心紧张状态的刺激物，包括物理的、化学的、生物的刺激物。如过高或过低的温度、微生物、变质食物、酸碱刺激等，这一类刺激是引起生理压力和压力的生理反应的主要原因。

2. 心理性压力源

心理性压力源是指来自人们头脑中的紧张性信息。例如心理冲突与挫折、不切实际的期望、不祥预感以及与工作责任有关的压力和紧张等。心理性压力源与其他类型压力源的显著不同之处在于它直接来自人们的头脑中，反映了心理方面的困难。生活中的压力事件处处可见，但为什么有的人无动于衷，有的人却耿耿于怀，区别常常源于人们内心对压力的认知。如果过分夸大压力的威胁，就会制造一种自我验证的预言：我会失败，我应付不了。长此下去，会产生所谓的长期性压力感，畏惧压力。

3. 社会性压力源

社会性压力源主要指造成个人生活方式上的变化，并要求人们对其做出调整和适应的情境与事件。社会性压力源包括个人生活中的变化，也包括社会生活中的重要事件。个人生活的改变常常会给人带来压力。心理学家霍曼和瑞希编制的生活改变与压力感量表(T.Holmes & R.Rahe，1967)，列出了43种大部分人都可能经历的生活事件。由400位不同职业、阶层、身份、年龄的人对这些事件产生的压力大小打分，发现其中24个项目直接与家庭内人际关系的变化有关。

4. 文化性压力源

文化性压力源最常见的是文化性迁移，即从一种语言环境或文化背景进入到另一种语言环境或文化背景中，使人面临全新的生活环境、陌生的风俗习惯和不同的生活方式，从而产生压力。若不改变原习惯，适应新的变化，常常会出现不良的心理反应，甚至积郁成疾。例如出国留学，如果缺乏对环境改变所应有的心理准备，没有一定的外语水平，在异域文化背景下就难以适应，无法交流，从而形成压力。

(四) 影响压力的因素

压力是由刺激引起的。不良的刺激会引起压力，愉悦的刺激也会带来压力。生活中压力是自然的、不可避免的，但每个人感受到的压力是不同的，即使是同样的刺激，不同的人压力感也不同。为了生存、成长和发展，我们必须学会有效地处理压力，以减轻过度压力给我们身心所带来的伤害。

不同的人感受到的压力有很大差异，主要原因可以归结为以下几个方面：

1. 经验

当面对同一事件或情境时，经验影响人们对压力的感受。对两组跳伞者的压力状况进行调查发现，有过100次跳伞经验的人不但恐惧感小，而且会自觉地控制情绪；而无经验的人在整个跳伞过程中恐惧感强，并且越接近起跳越害怕。同样的道理，一帆风顺的人一旦遇到打击就会惊慌失措，不知如何应付；而人生坎坷的人，同样的打击却不会引起重大伤害。可见，增加经验能增强抵抗压力的能力。

2. 准备状态

对即将面临的压力事件是否有心理准备也会影响压力的感受。心理学家曾对两组接受手术的患者做实验。对其中一组在手术前向他讲明手术的过程及后果，使患者对手术有了准备，对手术带来的痛苦视为正常现象并坦然接受；另一组不做特别介绍，患者对手术一无所知，对术后的痛苦过分担忧，对手术是否成功持怀疑态度，结果手术后有准备组比无准备组止痛药用得少，而且平均提前三天出院。因此，有应付压力的准备也是减轻伤害的重要因素。

3. 认知

认知评估在增加压力感和缓解压力中有着重要作用。同样的压力情境使有些人苦不堪言，而另一些人则平静地对待，这与认知因素有关。当一个人面对压力时，在没有任何实际的压力反应之前会先辨认压力和评价压力。如果把压力的威胁性估计过大，对自己应对压力的能力估计过低，那么压力反应也必然大。例如，你在安静的书房看书，忽然听到走廊里响起一串脚步声，如果认为是将要入室抢劫的坏人来了，就会惊慌恐惧，如果认为是朋友全家来拜访，就会轻松愉快。正如一位哲学家所说，“人类不是被问题本身所困扰，而是被他们对问题的看法所困扰”。

对压力的认知评估可以分为两个阶段。初步评估是评定压力来源的严重性，二级评估是评量处理压力的可能性。如果压力严重，又无可利用的应付压力的资源，必然产生一种持续性的紧张状态。

4. 性格

不同性格特征的人对压力的感受不同。那些竞争意识强、工作努力奋斗、争强好胜、缺乏耐心、成就动机高、说话办事讲求效率、时间紧迫感强、成天忙忙碌碌的A型性格特征的人，在面对压力时，性格中的不利因素就会显现出来，而且A型性格与冠心病有密切的关系。研究发现，A型性格者患心脏病的人数是B型性格者的2～3倍。B型性格的特征是个性随和，生活悠闲，对工作要求不高，对成败得失看得淡薄。

5. 环境

一个人的压力来源与他所处的小环境有直接关系，小环境主要指工作单位或学校及家庭。工作过度、角色不明、支持不足、沟通不良等都会使人产生压力感，家庭的压力常常来自于夫妻关系、子女教育、经济问题、家务劳动分配、邻里关系等。如果工作称心如意，家庭和睦美满，来自环境的压力必然小，则心情舒畅，身心健康。

二、客户服务中的压力

压力成为当今工作效率低下的罪魁祸首。由于受到各方面因素的影响，客户服务人员会时时感到压力的存在。美国的许多研究一致表明，客户服务是美国十大最具压力的职业之一。这是因为客服人员每天都要面对大量的客户并处理大量的问题，这些都要求发挥多种技能并且灵活应对。美国职业压力协会(American Institute of Stress)指出，客户服务人员仅次于航空管制官、城区高中教师、警察，是第四个最具压力的职业。而由耶鲁大学进行的另一项研究则把客户服务列为第八大最具压力的职业。

据美国职业压力协会估计，压力以及其所导致的缺勤、体力衰竭、神经健康问题，每年耗费美国企业界3 000多亿美元。在英国，由此造成的损失估计每年为220亿美元。目前在中国，虽然还没有专业机构对因职业压力为企业带来的损失进行统计，但北京易普斯企业咨询服务中心的调查发现，有超过20%的员工声称“工作压力很大或极大”。业内人士初步估计，中国每年因工作压力给企业带来的损失，至少有上亿元人民币。

压力与所有导致死亡的病因都有关，包括心脏病、癌症、肺病、意外事故以及自杀。解决压力是今天一个关乎健康的重要问题。所以，企业应该进行有效的压力管理，减少这方面给企业造成的损失。

小链接

压力的影响(美国职业压力协会资料)

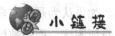

- 压力是美国的第一健康问题。
- 在成人中，有43%的人遭受由压力而导致的健康问题。
- 在所有基础护理师的病例中，有75%～90%都与压力有关。
- 所有排前几位的致死原因都与压力有关，包括心脏疾病、癌症、肺病、意外事故和自杀。
- 由一家权威公司所做的长达32年的研究显示：60%的员工旷工缺勤都是由因压力产生的心理问题导致的。
- 近一半的美国工人都有因不能承受强大的工作压力而产生过度疲劳的症状。
- 综合缺勤、工作低效、人事变动、医疗、法律和保险的费用，我们估算出工作压力每年要给美国工业带来3 000亿美元的损失。60%～80%的工伤事故由压力引起。
- 在20世纪80年代早期，给员工发放工作压力的补偿金是极为少见的一种做法，但是现在这种做法已迅速攀升，并且在美国的有些州已经威胁到破产保险制度。加州的一些公司仅对员工的医疗和法律费用就不得不支付近10亿美元。在有关工作压力的纠纷中近九成的诉讼案都胜诉，平均索赔额比一般的损伤索赔高4倍多。
- 据估计，40%的人事变动都因压力而起。施乐复印机(Xerox)公司估计，一家公司招一个新的高层主管需要花费约100万～150万美元，而员工的人事变动平均每人需花费0.2万～1.3万美元。
- 办公室暴力也十分猖獗。据报告，每年有近200万件凶杀、殴打、强奸或性骚扰案件发生。凶杀案是导致致命职业伤害的第二大原因，也是导致女性员工死亡的最重要原因。

三、导致压力产生的因素

从某种意义上讲，生活产生压力。工作中有许多因素会给人造成压力。下面我们将讨论其中的一些因素。

客户服务人员面临的压力主要有5个方面：客户因素、市场因素、公司因素、个人因素、环境因素。

(一) 客户因素

1. 客户期望值的提升

企业的服务水平已经比以前有了很大的提升，但是产品、服务的价格却随着行业竞争的加剧而不断下降。总之，客户得到的越来越多，但客户的满意度却没有提升，甚至是在下降。有人形容“现在的客户就像被惯坏的孩子”。其中的原因就是客户对于服务的期望值越来越高了，同时客户的自我保护意识也在加强。客户期望值的提高是与行业竞争的加剧分不开的。客户每天都被优质服务包围着，所以，客户对服务的要求也就越来越高了。

2. 服务失误导致的投诉

在客户投诉的处理上，可以通过一些技巧很好地化解客户的抱怨。但是，有些投诉是非常难解决的，像服务失误导致的投诉就属于这一类。比如飞机延误给顾客造成损失，尽管机场会按保险金额赔给顾客，但是顾客的实际损失却是机场不能弥补的。因服务失误而给顾客带来的损失无法解决，这个时候，服务人员就只剩下道歉这一条路了。但是，并不是所有的顾客都会接受致歉。所以，如何有效处理因为服务失误而导致的投诉给服务人员造成了巨大的压力。

3. 不合理的顾客需求

有时候顾客提出的不合理要求也会给服务人员造成很大的压力。公司不允许那么做，顾客却偏要那么做，满足了顾客，就违反了公司规定；遵守了公司规定，又得罪了顾客。所以，如何在遵守公司规定的前提下，让顾客接受自己的合理解释，就成了服务人员的一道难题。

(二) 市场因素

1. 同行业竞争加剧

这是一个鼓励竞争和允许充分竞争的年代，所以，没有哪个能赢利的企业会一直没有竞争对手出现。竞争导致的结果就是要做得越来越好，越来越优质，所以，企业对客户服务的重视程度提高、服务人员工作压力的增大也是必然的。

2. 服务需求波动

几乎所有的行业都会有服务的高峰期，当高峰期出现的时候，由于要服务的人数众多，服务人员的服务热情就很难维持，毕竟在频繁的服务中，体力、心力、智力都在消耗。但顾客不会理解这些，他们要求在高峰期的时候同样能享受到优质的服务，如果享受不到，就会表示不满，向服务人员施压。因此，如何在顾客服务的高峰期也能提供令顾客满意的服务是服务人员必须承受的压力。

(三) 公司因素

1. 不合理的工作目标

对于大多数公司来说，工作目标的完成情况是评估员工工作的一项重要指标。目标分为两种，个人目标和公司目标。员工的个人目标很有可能会使公司目标受到影响。

许多公司在制定工作目标时极少或根本不考虑员工的个人目标。如果公司制定了不切实际的业绩目标后，员工不能如期完成，公司则要把全部的责任归咎于员工。而且，有些公司还要将这些资料公布给公司上上下下所有部门。所有这些不得人心的做法会使员工心生怨恨、士气受挫。

2. 超负荷的工作

客户需求的变动会给服务人员带来超负荷工作的压力。现在很多公司的服务人员都在超负荷的工作压力之下，一个人干两个人的工作是很常见的。需求的变动使企业很难按照客户的最高峰的需求来安排自己的服务，所以如何调整心态、提升解决难题的能力，以更好地在超负荷的工作压力下提供好的服务，是服务人员面临的又一个挑战。

3. 工作不安全感

公司做出一些重大调整时，员工经常会在一段时间内有种不安全感。造成这种情况的原因，大部分是人的本性问题。公司管理层的失职也往往会造成员工的这种不安全感，因为他们没有与员工进行充分而有效的沟通。另外，一些不稳定的行业或人才市场也会造成这种情况。

4. 工作结构

有些公司的工作结构要求员工不停地变换工作或加班加点来完成任务。这样会给员工造成很大的压力，并且可能会给身体或精神带来副作用。同样，无论是实行等级制度的公司还是以团队为基础的公司，都会对员工产生一定的影响。

5. 会引发冲突的诉求

在当今竞争激烈的环境下，大多数员工都担负着多重责任。自然而然地，这些要求相互之间会发生冲突。尽管大多数员工能顺利地完成工作，但有时候会达不到自己的期望和要求。之所以发生这种情况，主要是员工工作中的需求和努力往往会受到政策、计划以及无法控制的因素的限制。另外，员工个人的要求也会与其工作发生冲突。

6. 重复性工作

许多岗位都要求员工整日做重复性的工作(例如，数据录入、产品的生产、出纳以及一些呼叫中心的工作)。这些工作缺少变化、枯燥乏味，而且很少或根本不能给员工提供发挥主动性的机会。这种情况往往会造成员工士气低下、消极怠工。

7. 权力受限

对客服人员和客户来说，最尴尬的场面莫过于服务人员权力受限，而导致不能及时作出决策或为客户提供帮助。这时候，员工会感到非常无奈。例如，一位客户打电话或找上门来要求退款，而你身为服务人员却又无权做主。这很容易导致你和客户之间发生冲突甚至可能会因此失去一大笔交易。

8. 缺少发展机会

员工缺少发展机会不但对员工不利，而且对公司发展来说也是一大障碍。它会挫伤员工的工作热情，扼杀他们的创造性和主动性。

(四) 个人因素

1. 服务技能不足

客户服务是一个充满压力的职业。它要求客服人员既要具有广博的知识又要掌握灵活处事的技能。如果不能掌握应付各种突发问题的技巧，不能了解客户的多样性，那将给自己和客户增加不同程度的压力。

服务工作看似简单，实际上却并不简单，尤其是在处理很棘手的顾客问题时，并不比攻克一个科研难关容易，比如说投诉。服务技能的不足使服务人员不能从工作中得到满足感，却常常有失望、沮丧感，这给服务人员造成了很大的心理压力。

2. 人际关系

人不可能在工作时与世隔绝。由于人际关系不和谐，工作环境中的人们相互之间缺乏信任、支持和理解，常常导致精神上的压力，而由此产生的矛盾与冲突也会引发工作压力。因此，保持良好的人际关系是减轻工作压力的办法之一。

3. 营养与身体状况

主要包括生理、心理健康。员工身体的营养状况与其感知能力、工作精力、应变能力都有很重要的关系。

4. 财政问题

一方面，收入低有生活压力；另一方面，收入高可能有请客、帮助他人等方面的压力。尤其是人们在收入上经常进行纵向个人历史比较和横向社会比较，使得经济收入成为导致员工压力的重要因素。如果客服人员终日被财政问题困扰，那么在为客户服务时，工作效率势必会下降。

5. 缺少自我空间

工作再忙，客服人员也要拥有属于自己的空间，这样才会有益于心理健康。有时工作的压力和家庭责任会让人喘不过气来。如果正好遇到了一个棘手的客户服务问题时，员工、公司和客户也许都会被殃及而产生问题。

6. 疲劳过度

由于工作的竞争、对工作安全感的忧虑、资金过分透支，许多公司的机构精简、裁员以及其他数不尽的各种因素，会使许多员工都把更多的时间投入到工作中，这样一来生活的其他方面势必受到影响。

(五) 环境因素

1. 人为因素

周围同事的行为方式、情绪状态、合作态度都可能会在一定程度上给我们造成压力。

2. 客观环境

工作环境中的噪声、气味、灯光的明暗、天气的冷暖都有可能带来较大影响，使客服人员无法高效率地工作。

上面我们介绍了服务人员面临的各种压力。对于一线的服务人员来说，如果不能很好地改善这些压力，就无法提供令顾客满意的优质服务。从另一个角度来讲，企业也无法获得真正的服务竞争优势。

四、工作压力对客户服务人员的影响

如此之多的压力，在没有得到有效调节的前提下，对客服人员会有哪些影响呢？

1. 失去工作热情

当工作压得人喘不过气的时候，相信任何人都无法保持工作热情，有的时候，甚至会对工作产生厌倦感。

2. 情绪波动大

当一个人被巨大的压力笼罩时，其他的任何小事都可能会导致他发脾气。所以，压力大的人常常被形容为“火药筒”——一点就着。

3. 身体受损

压力还会给人体带来损伤，常见的症状有心悸、胸部疼痛、头痛、掌心冰冷或出汗、消化系统问题 (如胃部不适、腹泻等)、恶心或呕吐、免疫力降低等。

4. 影响人际关系

许多人都说，不应该把工作带回家，尤其是工作中的压力。但是又有几个人能真正做到呢？所以，在工作中有压力的人，他的家人、朋友通常也要跟着承受这种压力。开始，大家会给予谅解和帮助，但是时间久了，人际关系就会变差。

第二节　处理压力的技巧

一、压力的诊断

(一) 期望误区诊断法

个人除了要兑现对单位的承诺以外， 对自己的职业发展也会有一个比较高的潜在期望值，单位也对员工有个期望值。但在实际工作中， 两个期望中只要有一个期望没有实现，就存在“压力”。针对这种情况，建议员工进入企业后，列个表单(见图 8-1)，将自己的期望、实现条件、实现时间等罗列出来，同时根据企业的要求(如工作分析、业绩指标等)也罗列一个表单(见图 8-2)。自己工作时经常地对照，如果发现其期望值的走势呈下坡趋势时应引起警惕，同时找出期望值没有实现的主客观原因，并诊断自己有无改进的可能。假如没有，应及早提出离职，否则，要么自己觉得不开心要么单位会找你“麻烦”。

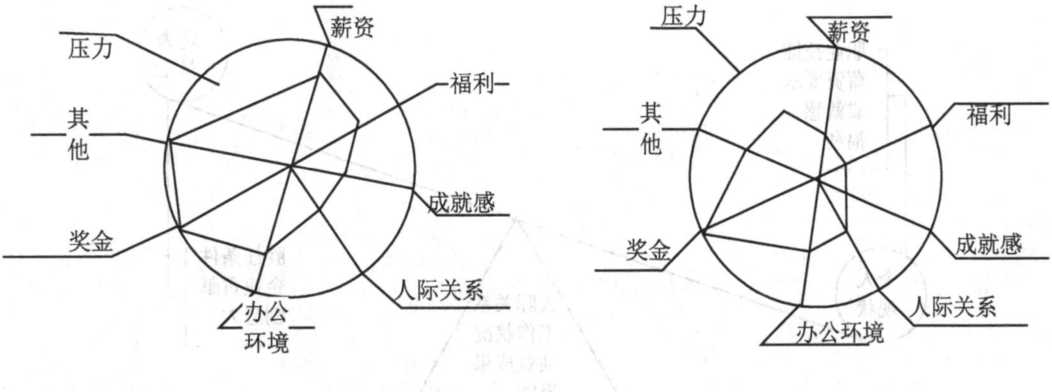

(内圈与外圈的空白部分为压力)　(内圈与外圈的空白部分为压力)

图 8-1　个人期望值

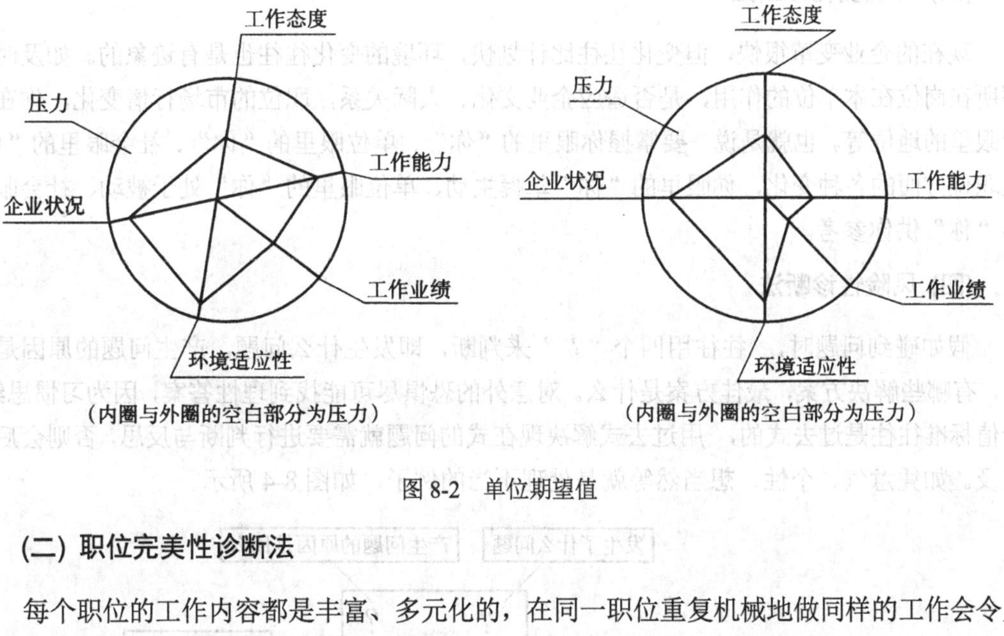

(内圈与外圈的空白部分为压力)　(内圈与外圈的空白部分为压力)

图 8-2　单位期望值

(二) 职位完美性诊断法

每个职位的工作内容都是丰富、多元化的，在同一职位重复机械地做同样的工作会令人觉得乏味，同样，企业要求员工尽可能地做到完美甚至不断提升业绩，这也是“面对挑战”、“压力管理”、“创新”等的由来。针对这些，建议客服人员也画两个圈(如图 8-3 所示)，第一个圈里填满自己的职业完美内容(如职业技能、薪资要求、成就感等)，另一个圈里填单位认为的优秀员工标准(如胜任条件、对企业的贡献等)，然后根据自己的实力来判断两者之间的可能性(如人际关系、工作技能、绩效成果等)，假如觉得是相当稳定或者呈上升阶段，说明你可以继续在单位的“战斗史”，否则建议提早离开。

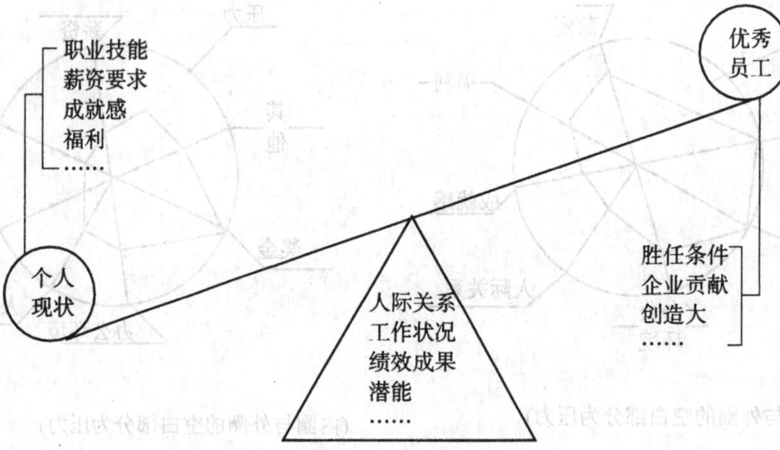

图 8-3 职位完美诊断

(三) 环境变化诊断法

现在的企业变革很快，但变化往往比计划快，环境的变化往往也是有迹象的。如及时了解所在岗位在本单位的作用，是否适应企业文化、人际关系，职位的市场行情变化，你在主管眼里的地位等。也就是说，要掌握你眼里的“你”、单位眼里的“你”、社会眼里的“你”在职位方面的各种变化，你眼里的“你”掌握主动、单位眼里的“你”处于被动、社会眼里的“你”供你参考。

(四) 风险性诊断法

假如碰到问题时， 往往用四个“？”来判断，即发生什么问题，产生问题的原因是什么，有哪些解决方案，最佳方案是什么。对意外的恐惧尽可能找到理性答案，因为习惯思维、价值标准往往是过去式的， 用过去式解决现在式的问题就需要进行判断与反思，否则会后悔莫及。如凭意气、个性、想当然等就是处理不当的例子，如图 8-4 所示。

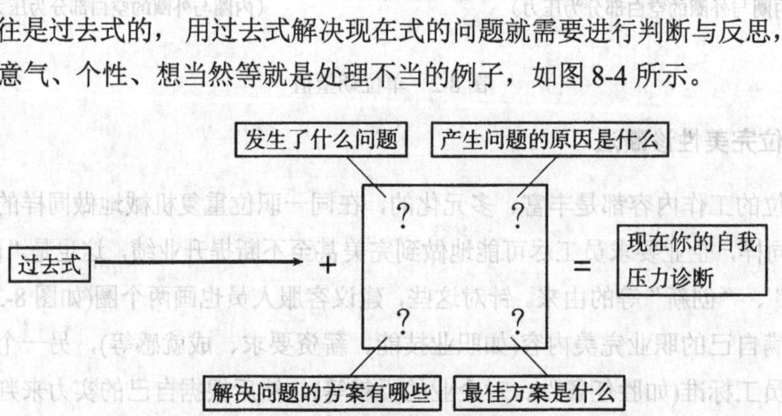

图 8-4 心态与意外诊断法

(五) 价值标准变迁诊断法

每个人的工作都是从生存开始的， 但不同的人在不同阶段其需求层次是潜移默化地往上递增的。同时其往往会受到“不明飞行物”的诱惑而使自己盲目。如别人的成就、攀比心理、假定自己做其他的也行、对自己不切实际的要求等，而忽略自己真正需要的本质的追求，往往导致自己疲于奔命、压力重重而事倍功半。

(六) 近期压力事件表

近期压力事件表是确定压力源的一项非常有效的技术，它可以帮助你认识到你可能正在承受的长期压力水平。

压力事件表的原则是考察你在过去一年里经历过的重要事件，并对每个事件进行评分。然后把这些分数相加，其总分就显示了你在过去一年里的主要压力值。总分越高，就越表明你可能会经历职业枯竭(burnout)，以及与压力相关的问题和疾病。

这种测量能够帮助你认识到你当前的压力水平。如果你的得分非常高，你就应该尽可能地使你的生活保持稳定，并维持在一种低压状态。否则，你就很可能受到压力相关疾病或职业枯竭的困扰，并因为高压力而导致烦躁、不悦、工作绩效降低等症状。

该事件表由 Thomas Holmes 博士等人在研究了患者的健康状况与他们近期经历的生活事件之间关系后提出。在该研究中，得分低于 150 的人在未来一段时间得病的可能性较低(30%)，而得分高于 300 的人得病的可能性很高(80%)。其他研究者进行的许多后续研究也支持了这一方法。但这一方法仍在不断的改善中，并得到越来越多的临床专家的使用。

近期压力事件表是一个包括日常生活中 42 个最重要压力事件的列表(如表 8-1 所示)。你可以使用该表来找出在过去的一年所承受的压力。在你填表的时候，请在“次数”一栏里填入一年来某个事件发生的次数。如果超过四次，就给 4 分。例如，如果你在去年很幸运地度过五次假，就在第 37 行填入“4”。在填入次数以后，把该次数与“平均值”一栏中的数值相乘，就得到这类事件的分数。把所有事件的分数相加，就得到总分。在上例中，如果你一年里度假 4 次，你就会得到 52 分。

不同的人有不同的压力应对风格，对同样的压力源感受到的压力水平也不尽相同。但如果你的得分超过 200，就表明你正承受着较高水平的长期压力。你可能面临职业枯竭的危险，长期的压力还可能影响你的健康。如果你的得分超过 300，你就应该特别关注你的压力问题了。

表 8-1　压力事件表

编号	事　　件	次数	平均值	分数
1	或多或少与老板产生矛盾		×23=	
2	睡眠习惯明显改变(睡眠增加、减少或入睡时间的改变)		×16=	
3	饮食习惯的明显改变(食量增加、减少，进食时间或环境的明显改变)		×15=	
4	个人习惯的改变(着装、态度、社交群体等)		×24=	
5	休闲娱乐方式或总量的明显变化		×19=	
6	社会活动的明显改变(例如，参加社团、跳舞、看电影、拜访他人等)		×18=	

(续表)

编号	事　件	次数	平均值	分数
7	礼拜活动的明显改变(比以前参加的更多或更少)		×19=	
8	家庭聚会次数的明显改变(比以前增加或减少)		×15=	
9	经济状况的明显改变(变好或变坏)		×38=	
10	与姻亲成员产生矛盾		×29=	
11	与配偶争论的次数发生改变(比以前更多或更少地对子女抚养、个人习惯等问题进行争论)		×35=	
12	性生活不协调		×39=	
13	较大的人身伤害或疾病		×53=	
14	家庭近亲成员的离世(非配偶)		×63=	
15	配偶死亡		×100=	
16	好友离世		×37=	
17	获得新的家庭成员(通过生育、收养、老人搬进等方式)		×39=	
18	家庭的健康行为发生明显的改变		×44=	
19	搬家		×20=	
20	被监狱或其他机构拘留		×63=	
21	较轻的违法行为(如驾车违规、扰乱秩序等)		×11=	
22	重大的商业调整(合并、重组、破产等)		×39=	
23	结婚		×50=	
24	离婚		×73=	
25	与配偶分居		×65=	
26	杰出的个人成就		×28=	
27	儿女离家(结婚、上大学等)		×29=	
28	退休		×45=	
29	工作时间或条件的明显改变		×20=	
30	工作职责的明显改变(升迁、降职或调任)		×29=	
31	被解雇		×47=	
32	生活条件的明显改变(搬进新房或房屋)		×25=	
33	配偶开始或停止工作		×26=	
34	通过抵押或贷款进行购置(买房、投资生意等)		×31=	
35	通过贷款购置稍小的物件(如汽车、电视、冰箱等)		×17=	
36	丧失抵押或贷款赎取权		×30=	
37	休假		×13=	
38	转学		×20=	

(续表)

编号	事 件	次数	平均值	分数
39	转行		×36=	
40	开始或终止正式的学校学习		×26=	
41	与配偶的婚姻和解		×45=	
42	怀孕		×40=	

(七) 压力日记

压力日记是了解短期压力的一项重要技术。它可以帮助你认识到自己的压力应对方式，以及你所能适应的压力水平。

压力日记建立在这样一个基本原则上：你会对正在经历的与压力有关的信息进行记录，因此你可以对这些压力进行分析与管理。这一点相当重要，因为你很可能常常忽略了这些压力，没有给它们足够的关注。

除了帮助你认识、分析生活中最主要的压力源之外，压力日记还可以帮助你理解：

更详细的压力源；

最有利于工作绩效的压力水平；

你的压力应对方式，以及该方式是否恰当、有效。

压力日记是一项非常有用的压力管理技术，它们可以定期有规律地收集信息，帮助你把日常压力和偶然出现的压力区分开来。

采用压力日记这种技术以后，在很短的时间内，你就可以感受到它的帮助。但是，如果你的生活方式发生改变，或是你在将来又一次承受到较大的压力，那就应该重新使用这种日记方法。你会发现你面临的压力可能已经改变。如果是这样的话，再使用压力日记这种方法将有助你开发出新的压力应对策略。

其实还有很多种办法对自己的压力管理进行诊断，一个人在职场中也应有“自知之明”，凡事预则立。自己的职业是要经营的，而不是顺其自然。

小链接

心理压力测试

请不要犹豫，看懂题意后马上做答，然后计分。

一、你是否感觉工作负担过重，常常感觉难以承受，或喘不过气来？

A. 经常　B. 有时候会　C. 从来不会

二、你是否感觉缺乏工作自主性，往往老板让做什么就做什么？

A. 经常　B. 有时候会　C. 从来不会

三、你是否认为自己基本上待遇微薄，付出没有得到应有的回报？

A. 经常　B. 有时候会　C. 从来不会

四、你有没有觉得组织待遇不公，常常有受委屈的感觉？

A. 经常　B. 有时候会　C. 从来不会

五、你是否会觉得工作上常常发生与上层不和的情况？

A. 经常　B. 有时候会　C. 从来不会

六、你是否觉得自己和同事相处不好，有各种各样的隔阂存在？

A. 经常　B. 有时候会　C. 从来不会

七、你是否经常在工作时感到困倦疲乏，想睡觉，做什么事儿都无精打采？

A. 经常　B. 有时候会　C. 从来不会

八、你是否以前都很上进，而现在却一心梦想着去度假？

A. 经常　B. 有时候会　C. 从来不会

九、你是否在工作上碰到一些麻烦事时急躁、易怒，甚至情绪失控？

A. 经常　B. 有时候会　C. 从来不会

十、你是否在工作餐时感觉没食欲，嘴巴发苦，对美食也失去兴趣？

A. 经常　B. 有时候会　C. 从来不会

十一、你是否对别人的指责无能为力，无动于衷或者消极抵抗？

A. 经常　B. 有时候会　C. 从来不会

十二、你是否觉得自己的工作不断重复而且单调乏味？

A. 经常　B. 有时候会　C. 从来不会

把各题得分相加一下，选A得5分，选B得3分，选C得1分。

12~20分，很幸运，你还没有患上职业倦怠症，你的工作状态不错，继续努力哦。21~40分，你已经开始出现了职业倦怠症的前期症状，要警惕，请尽快调整，你需要为自己的职业状况进行反思和规划，以提升你的职业竞争力。41~60分，你很危险，你对现在的工作几乎已经失去兴趣和信心，工作状态很不佳，长此以往极不利于个人的职业发展，最好尽快向职业规划方面的专家求助。

二、掌握有效的交往手段，避免压力的产生

礼貌待人，果敢自信而又不咄咄逼人，适当表达感情等方法都有助于有效避免压力的产生。

正如我们在其他章节中提到的，与客户进行积极有效的交往是客服工作制胜的关键。在与客户交往时，要倾听客户的心声，仔细捕捉客户的非语言暗示，并能适时地传递服务的信息。这样有助于客服人员与客户建立起稳固的关系，同时也为客服人员及客户减轻了压力。下面我们来讨论一些交流中需注意的问题。

1. 文明守礼

礼貌待人适用于生活中的许多场合，经常听到人说“嘴甜的人吃香”。所有这些归结于一点——尊重别人，方便自己。这在遇到闹情绪的客户时，尤为适用。如果把客户敬若上宾，客户就会安静下来，从而使你的压力减小。至少，他们会开始为自己的失态感到尴尬，并且

逐渐将自己的情绪稳定下来。

2. 适当反馈信息

当客户提出问题或发表看法时，员工仔细倾听并做出恰当的反应是至关重要的。如果未能做出适当的反应，很可能会惹恼客户，后果将一发不可收拾。

其实客户和你一样，也承受着压力。他们来找你或你的公司不是来接受劣质服务也不是来买残次品，更不是想为自己的生活增加压力；而是想满足自己的某些需要，使自己的生活更美好。他们不希望看到服务人员一副爱理不理的样子。如果你和你的公司使客户失望了，他们很可能被激怒或变得心烦意乱。一定要记住，无论客户的抱怨是否合理，都要认真听取并做出适当的反应，争取解决问题，使客户满意。

3. 说话果断自信

如果客户情绪很差，最好的办法是不做出任何反应，让其尽情发泄。这样做可以避免其他压力的产生。另外，说话时一定要吐字清晰、果断自信、镇定自若。避免让自己被他人激怒，情绪产生波动。因为这样做只会使局势更加紧张，无益于解决问题。

4. 使用“我”词汇

“我”这个词的使用会让人听起来很舒服。它意味着客服人员肯负责任，乐于与人合作共同解决问题。假设有一位客户，抱怨在你这儿购买的笔记本电脑性能不好，同时，他还一个劲儿地说他朋友或同事在这儿也有过类似经历。这时，如果你的回答是“不是这样的……”，将很可能使局势恶化。反之，如果你说“我不能保证，但是我相信如果您正确使用的话，那就一定没问题。请允许我向您演示一下正确的用法”，情况可能马上就会好转。这样既营造了一个和谐的气氛，又有利于问题的解决。同样如果用“请”这个词，会得到客户的认可，让其乐于与你合作。

5. 善于表达自己

如果不能对客户提出的问题做出反馈，或不能清楚地表达自己，那么就很容易给自己造成压力。如果某位客户给你带来了麻烦，你要考虑一下如何把问题讲出来，如何比较巧妙而专业地同他沟通，从而找到解决问题的方法。不要把不满都积攒下来，那样会破坏你与客户的关系，并容易产生疾病。著名的管理顾问、作家 Ken Blanchard 把这种情况叫做装麻布袋(Gunnysacking)，也就是指人们把平日里的不满情绪统统装进一个想象中的麻袋里，然后背在身上。这种做法是在积累怨恨。你会经常发牢骚(对自己)，“他那样做真讨厌”或“他还是死性不改，这几天我一定找机会跟他谈谈”。我们经常看到，在某些情况下，一件不起眼的小事会成为导火索，让你把平日积攒的所有不满与怨恨一股脑全发泄出来。你会劈头盖脸地向对方说，“我讨厌你那么做”或“你做的那件事，简直把我给气疯了”。而对方很可能会目瞪口呆，不知道发生了什么事情。这样做的结果是，你自己心里可能舒服了许多，可你们之间的关系很可能就因此葬送在你手里了。

处理这种问题的方法是保持冷静、用理性思考，而不是积累怨恨最终一起爆发。另外，对方也有可能爆发，那就一发不可收拾了。相反，如果对方做的某件事情给你造成了困扰，你应该及时(越快越好)做出反应。应该同对方商讨这种行为、它所产生的影响、你对它的看法。然后，你应该听取他或她的解释。另外，还可以建议一些适当的解决办法，并且告诉对方你很重视你们之间的友谊。不要小看这些简单的事情，做好这些有助于保持你与客户或他人的良好关系。

三、应对压力的基本原则

国际上比较流行的减压原则是“3R原则”：即放松(Relaxation)、缩减(Reduction)、重整(Reorientation)。换句话说，是将减少遭遇压力源的机会、放松自己、重新调整要求或期望值三者结合起来，在已有的正面压力、自发压力与过度的压力之间寻求一个平衡点。

而对客服人员来说除运用“3R原则”减压外，还可以从以下几个方面去把握：

1. 多从积极正面的角度考虑问题

悲观的人对着桌子上的半杯水，会难过地说：“还剩半杯水。”而乐观的人看到它，会快乐地说：“还有半杯水。”压力过度，大部分是自己造成的，尤其是受到自我的期望、价值观等的影响。也就是说，我们应当做自己情绪的主人，而不能被负面的想法牵着鼻子跑。

2. 时时把自己当人看

乍看起来好像天下没有人不把自己当人看的，但事实却并不尽然。有些人觉得自己是万能的，一刻不停地在奔走着，有些人不知道自己像个机器，全年无节假日地工作，有些人不知道自己必须适时地脱离电脑或网络，全天候地待在室内。人必须建立有规律的生活作息习惯：该睡的时候不要熬夜，也要控制饮食和体重；由于平时生活和工作多在狭隘的室内，因此一有闲暇时，应该多到户外，接近大自然，享受阳光洗礼，达到放松身心的目的。

3. 要有自己的社会支持系统

网络上曾经流传过关于“人生五个球”的文章，“我们每个人都像小丑，玩着5个球，这5个球分别代表你的工作、健康、家庭、朋友、灵魂，只有一个球是用橡胶做的，掉下去会弹起来，那就是工作。另外4个球都是玻璃做的，掉了就碎了”。这篇文章真的很耐人寻味，其主题就是告诉我们，工作不是全部，对于健康、朋友、家庭、灵魂，我们都该给予重视。

当每个人都有情绪沟通的渠道时，不论喜怒哀乐都有人与你分享或听你倾诉，就不会觉得心灵上孤独无助。

4. 培养自己的放松技巧

人可以经由训练而掌握放松的技巧，如通过自我催眠、瑜伽、腹式呼吸法，肌肉放松训练等来学习放松，有些人练练书法、浇花、养鱼，也可以达到放松的目的。不论其放松技巧如何，重点都在于经过一段时间的沉静，使自己有机会反思、整合、再充电。

放松训练的方法主要有以下几种。

① 呼吸松弛法：以简单的深呼吸或松弛练习学会如何处理压力所造成的肌肉紧张和焦虑心情。

② 意念松弛法：想象一些令人心情轻松的意境，也可在喧嚣的生活中获得片刻的宁静。

③ 在每天繁忙的生活中，小憩片刻，精神才会容易复原。

具体可以试试以下方法。

① 在桌上摆放一些自己喜欢的连环漫画和幽默笑话故事，随时翻阅能够提起精神。

② 一些香味可以引发令人放松的脑电波，起到镇静作用。不妨闻一闻熏衣草或绿苹果等。

③ 为了使颚部或颈部紧张的部位得到放松，可以嚼一嚼口香糖，吃些胡萝卜或苹果等。

④ 闭上双眼，让思绪飘向自己喜爱的地方——海滩、高山、森林……想象那暖和的阳光，轻拂的微风，摇曳的树叶，重温美丽的景色和惬意的感觉。当你再一次睁开双目时，一定会感到心旷神怡，格外轻松。

⑤ 走动要比吃一块糖果带来的能量多一倍，而进食或喝咖啡或许能暂时提供能量，但30分钟后会感到更紧张，致使精力下降。

⑥ 为了减轻压力，缓解紧张，总想独自一人待着。其实，如果有别人在场，特别是那些承受类似压力的人，你会发现自己能更好地应付压力。

⑦ 掌握一种放松的技巧，例如沉思、适当放松肌肉(从脚趾到头部依次收缩身体的每一个部位)、自我催眠术等。实验表明，每天做一套放松操，两个星期坚持下来必定效果显著——肌肉面对压力时能得到放松，导致压力增加的紧张型荷尔蒙的释放将会被遏制。

⑧ 摒除杂念，努力学会彻底放松。倘若发现自己满脑子装的都是失败，不妨幻想一下通往成功的那一刻精彩场景。

四、缓解工作压力的方法与措施

(一) 缓解工作压力的方法

1. 用积极的态度面对压力

在充满竞争的都市里，每个人都会或多或少地遇到各种压力。可是，压力可以是阻力，也可以变为动力，就看自己如何去面对。社会是在不断进步的，人在其中不进则退，所以当遇到压力时，明智的办法是采取一种比较积极的态度来面对。实在承受不了的时候，也不让自己陷入其中，可以通过看看书、涂涂画、听听音乐等，让心情慢慢放松下来，再重新去面对。到这时往往就会发现压力其实也没那么大。

有些人总喜欢把别人的压力放在自己身上。比如，看到别人升职、发财，就总会纳闷，为什么会这样呢？为什么不是自己呢？其实只要自己尽了力，做好自己的工作就得了，有些东西是急不来也想不来的。与其让自己无谓地烦恼，不如想一些开心的事，多学一些知识，让生活充满更多色彩。

2. 减压先要解开心结

有一则小寓言，说有一种小虫子很喜欢捡东西，在它所爬过的路上，只要是能碰到的东西，它都会捡起来放在背上，最后，小虫子被身上重物压死了。

人不是小虫子，但人在社会生活中的所作所为又像极了小虫子，只不过背上的东西变成了“名利权”。人总是贪求太多，把重负一件一件披挂在自己身上，舍不得扔掉。假如能学会取舍，学会轻装上阵，学会善待自己，凡事不跟自己较劲，甚至学会倾诉、发泄、释放自己，人还会被生活压趴下吗？

3. 注意转移

其原理是在大脑皮层产生一个新的兴奋中心，通过相互诱导、抵消或冲淡原来的优势兴奋中心(即原来的不良情绪中心)。当与人发生争吵时，马上离开这个环境，去打球或看电视；当悲伤、忧愁情绪发生时，先避开某种对象，不去想或遗忘掉，可以消忧解愁；在余怒未消时，可以通过运动、娱乐、散步等活动，使紧张情绪松弛下来；有意识地转移话题或做点别的事情来分散注意力，可使情绪得到缓解。例如，司马迁惨受宫刑而著“史家之绝唱，无韵之离骚”的《史记》，歌德因遭遇失恋才写出世界名著《少年维特之烦恼》。我们应该多接触令人愉快、使人欢笑的事物。避免和忘却一些不愉快的事。与其“不懈奋斗、孜孜以求”，最后“衣带渐宽”，面容憔悴，不如潇洒一些，干点快乐的事。

人们面对困境、情绪懊丧时，不妨从相反方向思考问题，这能使人的心理和情绪发生良性变化，得出完全相反的结论，使人战胜沮丧，从不良情绪中解脱出来。从前，有个老太太整天愁眉苦脸：天不下雨，她就挂念卖雨伞的大儿子没生意做；天下雨了，她又忧心开染房的二儿子不能晒布。后来，有个邻居对她说：“你怎么就不反过来想想呢？如果下雨了，大儿子的生意一定好；如果不下雨，二儿子就可以晒布。”老太太一听恍然大悟，从此不再愁眉不展。这个故事就是反向心理的极好诠释。

对于这个问题，英国文学家萧伯纳讲得更为明确。曾有一名记者问萧伯纳：“请问乐观主义者与悲观主义者的区别何在？”萧伯纳回答：“这很简单，假定桌上有一瓶只剩下一半的酒，看见这瓶酒的人如果说‘太好了，还有一半’，这就是乐观主义者。如果有人对这瓶酒叹息‘糟糕！只剩下一半’，那就是悲观主义者。”当我们遇到困难、挫折、逆境、厄运的时候，运用一下反向心理调节，从不幸中挖掘出好的方面，使情绪由“山穷水尽”转向“柳暗花明”，摆脱烦恼。

4. 用宣泄法释放压力

宣泄法是一种将内心的压力排泄出去，以促使身心免受打击和破坏的方法，通过宣泄内心的郁闷、愤怒和悲痛，可以减轻或消除心理压力，避免引起精神崩溃，恢复心理平衡。“喜怒不形于色”不仅会加重不良情绪的困扰，还会导致某些身心疾病。因此，对不良情绪的疏导与宣泄是自我调节的一种好办法。一位运动员受到教练训斥后很沮丧，不久引发了胃病，药物治疗也不见效。心理学家建议他在训练中把球当教练员的脸狠狠地打，采用此法后他的胃病果然好多了。这种不损害他人，又有利于排解不良情绪的自我宣泄法，可以借鉴。

不过这种宣泄应该是合理的。简单的打打砸砸，吼吼叫叫，迁怒于人，找替罪羊(丈夫、妻子、孩子、同事)，或发牢骚、说怪话等都是不可取的。宣泄应是文明、高雅、富有人情味的交流。有人说：“一份快乐由两个人分享会变成两份快乐；一份痛苦由两个人分担就只有半份痛苦。”如果把自己的烦恼、痛苦埋藏在心底里，只会加剧自己的苦恼，而如果把心中的忧愁、烦恼、痛苦、悲哀等，向你的亲朋好友倾诉出来，即使他无法替你解决，但是得到朋友的同情或安慰，你的烦恼或痛苦似乎就只有半个了，这时你就会感到舒畅，该哭的时候就痛痛快快地哭一场，释放积聚的能量，调整机体的平衡，大雨过后有晴空，心中的不良情绪会一扫而光。

5. 对压力心存感激

人生怎能没有压力？的确，想想并不曲折的人生道路，升学、就业、跳槽，从偏远的乡村走向繁华的都市，我们的每一个足迹都是在压力下走过的。没有压力，我们的生活也许会是另外一个模样。当我们尽情享受生活的乐趣的时候，都应该对当初让我们头疼不已的压力心存一份感激。

生活本来就是丰富的。任何人的生活都不会一成不变。我们需要一帆风顺的快乐，但也要接受挑战和压力带给我们的磨炼。这两者缺了任何一个，我们的生活都会显得有几分单调。

(二) 缓解压力的具体措施

(1) 了解产生压力的原因。到底是什么压垮了你？是工作？是家庭生活？还是人际关系？如果认识不到问题的根源，你就不可能解决问题。如果你自己在确定问题的根源方面有困难，那就求助于专业人士或者机构，比如心理医生。

(2) 分散压力。可能的话把工作进行分摊或是委派以减小工作强度。千万不要陷到一个可怕的泥潭当中：认为你是唯一能够做好这项工作的人。如果这样的话，你的同事和老板同样也会有那样的感觉，于是就会把工作尽可能都加到你的身上。这样你的工作强度就要大大增加了。

(3) 不要把工作当成一切。当你的大脑一天到晚都在想工作的时候，工作压力就形成了。一定要平衡一下生活。分出一些时间给家庭、朋友、嗜好等，最重要的是娱乐，娱乐是对付压力的良方。

(4) 暂时将压力抛开。一天中多做做深呼吸，呼吸一下新鲜空气，可以使你放松大脑，防止压力情绪的形成。千万不要放任压力情绪的发展，不能使这种情绪在一天工作结束时升级成为压倒你的工作压力，时不时地做做深呼吸缓释一下压力。

(5) 正确对待批评。不要把受到的批评个人化。当受到反面的评论时，你就把它当成是能够改进工作的建设性批评。但是，如果批评的语言是侮辱性的，比如你的老板对你说一些脏话，那你就需要向你的经理或是人力资源部门反映情况。这样的批评是不能接受的。

(6) 随它去。辨别一下你能控制和不能控制的事情，然后把这些事情归为两类，并列出清单。开始一天的工作时，首先给自己约定：不管是工作中的还是生活中的事情，只要是自己不能控制的就由它去，不要过多地考虑，给自己增添无谓的压力。

五、减轻压力的技巧

合理高效的安排时间、制定切实可行的工作计划、适当的休息等都可以减轻工作中的压力。

1. 自我心态的调整

要有一个平和的心态对待压力，同时要有能够承受压力的健康心态。即使一位客户或其他人做了某些事或说了某些话，令你恼怒或伤心，你也应该控制自己的情绪。“宰相肚里能撑船”，这是一句至理名言。这对于客户服务工作同样适用！因此万一发生了什么令人不快的事情，也应该微笑面对，不失风度。然后，尽快离开这个地方，去做一下深呼吸或想一些令人开心的事情。当心情平静下来时，可以再回来工作或请别人帮忙解决问题。

2. 不断提高自我能力

从多方面着手，提高产品知识、熟悉公司的运作、熟练使用各项业务流程，提高自己的服务水平，同样的任务，在高能力的状态下，压力会变小。

3. 合理高效地利用时间

时间的安排和利用是决定客户服务工作成功与否的关键。许多书籍、录音磁带、录像节目和研讨会都提供了这方面的方法和技巧。通过学习和训练， 掌握了这些技能，可以减轻工作压力。例如，先把一天中最令人挠头的“硬骨头”啃掉，那么在剩下的时间里不就很轻松了吗？尝试一下吧，会有意外的惊喜!

4. 避免拖沓

关注那些棘手的工作。如果总是把它往后推，心里会老惦记着它。如果一项工作把你压得喘不过气来，完全可以把它分解成小块儿，每次只做一部分。例如，你被分配去查阅去年一整年的通讯记录，找出客户经常不满或投诉的问题。你可以向上级征求一下意见，看能否每次只做一部分。如经允许的话，就可以把工作分成小块儿，每天只查阅3个月的通讯记录，一直到你完成整个工作。

5. 按优先顺序安排工作

如果你能把一天要完成的工作列出一张清单，并把它们按优先顺序排列，这样可以减轻工作中的压力。

6. 制定切实可行的计划

许多人喜欢给自己增加压力。他们往往制定一些超乎实际的目标，如果给自己定了一个比较合理的工作目标，会感觉一切都步入正轨，从而有条不紊地开展工作，而且当工作完成后，会获得很大的成就感。另外，别忘了奖赏一下自己！这时你可以休息一下，也可以去美美地饱餐一顿。

7. 适时休息

面对客户如果使你感到厌烦的话，那么你需要偶尔地逃离一下。这样会使你保持清醒的头脑，充满活力。如果再做一下身体锻炼，那会取得事半功倍的效果。另外，每天花些时间与同事在一起(例如，休息、吃午餐、与客户简短的聊天)，会增进你们之间的友谊，并且还可以互相交流思想和信息。所有这些对于你长期的身体健康以及事业的成功都是很有帮助的。吃午餐或休息时，可以顺便“溜”出去一会儿，去读点儿东西，呼吸一下新鲜空气、散散步，欣赏一下美丽的景致或会一下朋友等。然后，等你回来时，就会精神焕发，更好地投入工作。

8. 提高自身素质

这里主要强调一下身体素质，客户服务工作对耐力、体力其实都有很大的要求，而工作本身的运动量又很小，因此增强自己的体质，也是缓解压力的有效方法之一。对于工作和个人生活来说，一天的时间是有限的，但是每天都应该进行一些身体锻炼。这样做会令你获益匪浅。爬楼梯、步行去吃饭、饭前或饭后散步、骑自行车去便利店，这些都有利于你的身体健康。可以选择在一个较远的地方停车，这样就有机会多走走路。午饭后或晚上，可以在林荫道上散散步。

工作的时候也能锻炼身体。可以试着做一些简单的静态肌肉锻炼，也可以做些简单的伸展运动。

9. 不要含糊不清

很多压力都是由不确定性引起的。为了减少不确定性的产生，你要发现存在的问题，研究解决问题的方法，然后建立一个体系来处理发生在工作中或生活中的各种问题。例如，某个客户的问题总会定期出现，然而在政策或程序上却还没有解决的办法。或许你会查找一下其他从事客户服务的专业人员在碰到类似的情况时是如何处理的，然后可以给上级主管提出意见，那么公司就能实施一个标准的政策或程序。

10. 降低个人压力程度

工作不可能完全和个人生活切断联系。一旦生活中出现问题的话，就要花时间来处理生活问题。如果忽视这些问题就会阻碍你的工作。另外，在生活和工作中要保持平和的心态(不要除了休息就拼命地工作，可以有一些业余爱好，出去游玩，花时间陪伴朋友及家人，或放松自己的心情)。如果在工作或生活中花费太多的时间和精力，就会顾此失彼。

11. 积极的自我对话

不时地给自己说些鼓励的话，比如说，“我能处理好这些事情”，“我不能让这件事影响到我”，或“这仅仅是暂时性的。过了一年之后，就没什么大不了的”。人们经常容易陷入消极的自我对话，这对身心健康非常有害。他们会对自己说，“我做不了这些”，“无论我做什么都出错”或“为什么我不能更……呢”等。如果经常对自己说诸如此类没有信心的话，这些假设就有可能变成现实。原因是，一旦接受了消极的现实，进取心就会下降。这也就导致了压力的产生并且使人消沉。

12. 变更你的活动

你可能听说过这种说法："变化是生活的调味品。"为了防止过度疲劳，不断地对自己进行调整是至关紧要的。大脑需要新鲜的刺激和不断的挑战。如果工作很乏味，每天都是例行公事，那么你就没有很好的机会思考新的观点，寻求创新和突破，大脑就会停止进一步开发。在工作和生活中，要有独创精神。如果经常早晨6点半起床，那么尝试一下在6点起床，读读报纸，看看新闻，或出去散散步，骑自行车；如果经常在公司的自助餐厅用餐，试着尝试一下和其他人到外面的饭店吃饭；如果上下班经常走同一个路线，那么改变一下回家的路线。通过改变你习惯的做法，所看到的和体验到的新鲜感会使你获得新的灵感和想法。这也会降低压力，提高工作效率，并且增加老板对你工作的满意度。

13. 获得更多的睡眠

每个人所需要的睡眠量都有所不同。数年来，许多专家们都推荐人们每天至少要保证8个小时的充足睡眠。如果发现在周末比较困倦，比平时起床要晚，那么身体在向你透露着这样的信息：你在这周内休息得不够好。最好不要等着看晚间新闻而迟迟不睡，正确的做法是索性关掉电视，早点上床休息。如果真的想看电视节目的话，就把节目录下来以后有时间再看；或者在第二天一大早观看早间新闻。如果从事的是按班轮换的工作，或者经常值夜班，可以按照下述建议去做，就能获得充足的睡眠。

- 要确保卧室漆黑一片，非常安静。拉上厚厚的窗帘，以免光线射入房间。
- 要确保房间温度适宜，室内温度大约保持在20℃左右。
- 要确保床垫柔软舒适并且要有很强的支撑力。床垫要足够大，能让你自由变换睡觉的姿势，早点入睡。

14. 培养业余爱好

大多数人们喜欢沉溺于自己的爱好之中(例如，养花种草、制陶、绘画、舞蹈和业余摄影等)。他们认为业余爱好是一种精神娱乐、一种闲暇时的消遣。业余爱好能分散人们的注意力，让人们学会放松自己。不过，如果想培养业余爱好的话，就要看你有没有足够的时间以及是否拥有情趣和天分了。无论是选择在户外还是在室内进行活动，其中最关键的一点是，要做你喜欢做的事情。

15. 休息时幽默一下

试着读些、看些、听些幽默搞笑的故事。到了工作休息时间，与同事们一起分享一些你在应付客户的时候发生的令人捧腹大笑的经历。或许还能从别人身上学到一些新的客户服务方法。

16. 成为一位现实主义者

时刻要记住你不是超人，所以不要勉强去做自己办不到的事情。要知道，不可能把所有的事情都揽在自己身上，同时也不可能把握住所有到手的机会。如果你非要这么做的话，最终会心力交瘁。这不仅对健康有害，而且在应付不同的人和环境时，会影响到工作效率。因此，如果在工作中运用一些时间管理策略的话，可能会有助于改进工作方法，降低压力指数。

17. 精神畅游

闭上眼睛放松一会儿。此刻，想一些愉快的事情或风景优美的地方。在休息的时候，试着聆听一些让人感到轻松愉快的轻音乐，而不要听那些响亮刺耳的快节奏音乐。

18. 微笑

微笑有助于减轻压力，让人轻松愉快起来。

总之，要留意并试着发现一些让人觉得压抑的原因，这样做有助于找到消除压力的方法。如果想拥有健康的身体和心理，就要面对压力并试着缓解自身的压力。

六、从公司管理方面帮助员工减轻压力或预防压力

健康心态是成功的基础，企业的领导者和人力资源部门应该充分关心一线服务人员的压力现状，从组织层面拟定并实施各种压力减轻措施，有效管理、减轻员工压力。

1. 优化企业管理水平，减缓心理压力

企业管理者应充分了解企业员工的心理需要，加强研究，通过一定的管理机制加以合理满足，让员工感受到领导者对员工的关心和爱护，从心理上亲近领导者，减少畏惧感和逆反心理，形成企业内部良好的人际关系和宽松的工作环境。

2. 改善工作环境，减轻工作条件恶劣给服务人员带来的压力

应该力求创造一个高效的工作环境，如关注噪声、光线、舒适、整洁、装饰等方面，给一线服务人员一个赏心悦目的工作空间，这样有利于促进服务人员与环境的适应度，提高服务人员的安全感和舒适感，从而减轻压力。

保证服务人员拥有较好的工作用具，如及时更新旧的复印机、话筒等，避免这些物品成为制造麻烦的源头。

3. 加强员工心理素质的培养和训练，增强职工的心理承受能力

增强员工的心理素质，是从根本上解决问题的途径。通过加强心理知识的普及和宣传，让员工了解心理变化的规律以及调适方法，在遇到心理压力时就能恰当进行自我调适，通过情绪转移、自我宣泄、改变认识、寻求支持等方式将压力转化为动力，加强自我放松，提高承受能力。

4. 创设心理疏泄空间，使员工心理压力合理释放

心理压力与不良情绪需要宣泄或疏导，而不能“赌塞”。为此，企业可通过开设心理疏导宣泄空间来缓解员工心理压力。日本松下集团的创始人松下幸之助在企业管理中就有令人叫绝之举。他为减轻员工的精神压力，公司专门开辟了“出气室”。里面摆放公司大大小小行政人员与管理人员的橡皮塑像以及木棒、铁棍，员工对自己的某位主管不满、心有怨气的话，可随时对其塑像拳脚相加棒打一顿，以解心中积郁的闷气。企业还可通过开设员工活动

娱乐室，给员工健康娱乐场所，也能在一定程度上减缓员工的心理压力。

5. 引入心理引导机构，定期进行心理疏导

科学的心理引导，对心理的健康发展是必须的。员工的心理压力，有的可以通过自身的努力来得到缓解，有的却由于自身认识的局限，难以解决问题。心理引导机构的引入就能及时根据员工的心理状况加以适当的心理疏导，以减少心理焦虑的发生。在美国，减压行业日益走俏，有不少大公司、大企业，不惜花大把的钞票主动请减压公司上门为其雇员提供减压服务，并将这一措施作为劳保福利的一部分。企业还可建立心理咨询室、开辟心理热线、开设心理信箱等方式加强员工的心理引导，帮助其提高社会适应能力、缓解心理压力。

6. 鼓励并帮助服务人员提高心理保健能力，学会自我调节

企业可以订制有关心理健康的书籍、杂志，开设宣传专栏，普及心理健康知识，这也能体现企业对服务人员的关心，使服务人员感受到企业的关怀，从而有效调整他们的心态。

向服务人员提供保健或健康项目，鼓励服务人员养成良好、健康的生活方式。有些企业建立专门的保健室，让员工免费使用各种锻炼、放松器材，还有专门的人员指导大家锻炼，国外许多著名公司还会给员工发健身券。运动不仅保证了服务人员的身体健康，同时也很好地释放、宣泄了服务人员的心理压力。

小链接

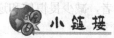

英国 UniPart 公司曾经花了 100 万英镑为其员工实施了预防保健计划，并开放了一个价值 50 万英镑的运动中心，包括壁球场、有氧健身房和保健医疗中心。此处设施名为 Lean Machine，可与最好的私人健身俱乐部相比。

UniPart 改革职业保健常规的方式被视为一种抵御压力、争取竞争优势的手段。该公司总裁指出，社会的飞速发展意味着员工要面临日益增长的压力，这种情况可能导致灾难性的后果。在 Lean Machine 健康中心，员工可以通过运动来应对压力，还能针对压力产生的问题进行心理治疗，并学会利用锻炼和治疗方法，避免问题，缓解压力。

有实力的企业可以开设压力管理的课程或请专家来做报告，通过这些途径告诉服务人员压力的后果、代价以及自我调节的方法，让服务人员筑起心理免疫的大坝，增强心理抗压能力。

7. 加强过程管理，减轻服务人员工作压力

在招聘中，选拔与工作要求相符合的人力资源，避免上岗后因为无法胜任工作而产生心理压力。

在人员配置中，做好人与事的搭配，并清楚定义岗位角色，可减轻因角色模糊、角色冲突引发的心理压力。

在人员培训中，进行技能的培训，使之能更快适应工作；进行时间管理的培训，消除时间压力源；进行沟通技巧的培训，消除人际关系压力源，等等。

在职业规划中，帮助服务人员树立切合实际的人生目标，减少因无法实现的落差给人造成的心理压力。

在企业关怀中，领导者应向服务人员提供组织的有关信息，并让服务人员参加一些与他们息息相关的决策制定，使服务人员知道企业发生了什么，从而增强可知感和可控感，减轻不确定性带来的压力；领导者还应该关心服务人员的生活，了解他们在工作中遇到的困难，这可以减轻各种困难给服务人员带来的不利影响和压力，并缩短与下属的心理距离。

在保障制度上，完善服务人员的保障制度，提供多种形式的保险，增强服务人员的安全感和稳定的就业心理，从而减轻压力。

通过压力管理，企业不仅能够有效地为服务人员减轻压力，更增加了他们的凝聚力、核心力，拉近了服务人员与企业间的距离，促进员工满意度和客户满意度的提高，有效地提升企业的服务水准，树立服务品牌。

以下部分企业对待员工压力的做法值得借鉴。

松下电器(中国)有限公司人力资源部部长陈恺认为保持一定程度的工作压力是必要的，推崇职工必须有压力，但是并不反对缓解职工压力。其具体的做法有变换工作岗位，根据具体情况安排个人力所能及的工作岗位、施加工作压力和互相协作、互相结合的工作方法。肯定职工工作中的业绩，促使职工增加信心，变压力为动力。开展多种形式的职工集体活动，建立紧张工作和轻松活动相结合的工作休息氛围，使职工既有紧张的工作又有轻松娱乐的回忆。

联想在缓解职工压力方面也有自己独到的做法。联想集团每周二的“C－Time”(Coffee time and Communication time)员工可以与公司总裁室成员一起沟通各方面问题并设有“进步信箱”，公司每一个员工都可以提出自己的意见、想法，与企业一起进步。

微软研究院则通过环境和活动的变化来帮助员工舒缓压力。每个月各研究组之间就要组织一次聚餐，每三个月全院就要有一次 Offsite；每六个月有一次全院的 Offsite，大家进行工作总结，第二天则会有半天像旅游一样的活动或培训。研究院每个月最后一个周末下午 3 点钟还有一小时的葡萄酒会，大家给该月过生日的员工庆祝，彼此问候、放松。微软研究院还在办公区域内设有专门的聊天室、厨房、游戏室。有时候，研究院还会通过安排参加国际性会议和讲座来帮助员工释放压力。

某大型 IT 企业 HR 总监刘先生认为，企业要想缓解员工压力，首先要找到压力的源头，然后对症下药，如因为工作环境不佳而引起员工压力，则可改善室内的光线、装修、物品的摆设等，给员工提供一个舒适、安全的环境，在企业文化层面上则要做好员工激励和员工引导工作，企业人力资源要进行合理配置，保证人尽其才，还要有合理的成长梯队，这也是很关键的。

七、用科学的方法对待压力

运用科学的方式方法对员工遇到的压力进行不间断的、有针对性的调节，使其在心理上总能保持与外部环境的良性适应。在具体做法上，要注意防治结合，既从客观上控制压力源，又要帮助员工从主观上提高适应压力的能力，同时对已产生压力问题的员工实施心理咨询。

1. 控制压力源

对企业来讲，生活压力源较难控制，但可控制工作压力源。消除或控制工作压力源的方法多种多样，其中工作再设计和改善环境不失为两种行之有效的方法。

工作再设计是指为了达到组织的目标，合理有效地处理人与工作岗位的关系，采取与满足工作者个人需要有关的工作内容、工作职能和人与人工作关系的设计。好的工作设计能够减少单调重复性工作的不良效应。它通过工作丰富化和工作中人事关系的调整以及使工作内容具有一定挑战性和刺激性来提高员工的工作兴趣和满意度，减少其退缩行为。富有兴趣的工作会使员工感到身心愉快，有助于消除工作疲劳感，从而提高其对环境的良性适应。因此，许多工作在设计时就应充分考虑产生不当压力的可能性。

环境是导致员工产生压力的另一个重要根源。企业一方面应致力于消除恶劣的工作条件，创造有利于减轻员工疲劳的工作环境。另一方面，企业应充分认识到员工有压力、有不满是十分正常的现象，因此有责任帮助他们调节情绪。弗洛伊德曾提出"宣泄理论"，其依据是：人有情绪，总得发泄，不是积极地发泄就是消极地发泄。人们只有将满腹的情绪发泄出来，心理才能达到平衡，情绪才能平稳。因此，企业管理者应该开发多种形式的情绪发泄渠道。如情绪发泄室等，以帮助员工改善和培养积极的情绪，并纳入企业正式的管理规则。

2. 提高员工心理承受力

心理承受力是指员工对压力的适应能力，即员工在压力面前免于行为和心理失常的能力，提高心理承受力，其实质是增强个人的免疫能力。管理心理学认为，承受力与绩效具有正相关性，即员工对压力的心理承受能力越强则企业的绩效越好。反之，越差。作为企业，应使员工有职业安全和经济保障，把员工和企业二者的命运紧密联系在一起，风险共担，共同承受压力，同时也就提高了员工对压力的承受能力。常言道，外因只有通过内因才能起作用。企业在创造外部环境的同时，还有责任提高员工的素质，一是提高员工的认知水平，帮助员工树立正确的压力观，要让他们认识到压力是工作和生活中的常见现象。这种认识有利于员工个人的成长和发展，有利于他们学会以建设性的方式去利用压力。尤其是新员工，企业对他们讲明工作的适应过程和可能遇到的困难，让他们有应付压力的心理准备，可以缩小个人期望与现实的反差，降低其挫折感，增强其适应能力。二是办好能力培训班，通过培育员工多方面的技能和能力，增强他们的自信心和进取心，提高其适应工作的能力。三是引导员工加强锻炼和自我保健。医学心理学认为，锻炼身体可以减轻压力并且可以抵消某些压力产生的有害的生理影响。为了这一目的，企业必须为员工制定健身计划，并提供教练指导和活动场所。另外，也可由企业出资并组织员工参与多种形式的集体活动，培养业余爱好，遇到压力时可以转移兴奋点，使心理活动趋于平坦。

3. 开展心理咨询活动

心理咨询是指咨询者通过语言、文字等媒介与咨询对象进行沟通，以矫正其心理偏差的一个过程。心理咨询的作用已受到人们的广泛关注，它可以促使咨询对象在认识、情感、态度等方面发生变化，较好地解决他们在学习、生活、工作、疾病康复、人际关系等方面出现的心理问题，从而更好地适应环境，保持身心健康，提高工作效率和生活质量。心理咨询的对象主要是正常人，以及能够接受心理咨询帮助的轻微的精神病患者。由此可见，企业中的所有员工都可能成为咨询对象，这就使得心理咨询在企业管理中的应用前景更为广泛。因此，企业管理者在实际工作中应将现代心理咨询方法引入人力资源管理中，开展多种形式的咨询活动，把有压力的员工看做是需要帮助的人，送以温暖，予以关心，从而正确有效地解决员工压力问题。

压力无所不在，我们必须认真对待心理压力问题，并及时地、适当地通过情绪调节来缓解心理压力，为它找个出口，它就不会给精神带来太大的伤害。希望上述方法能帮助你用稳定的情绪、健康的心理去直面纷繁复杂、瞬息万变、竞争激烈的社会。

『案例 8-1』 英国电信集团的压力管理

由于工作压力过重而导致员工缺勤，已成为企业的一大负担。在英国，由此造成的损失每年约为 220 亿美元。因此，如何识别员工压力过重的情况，并寻求解决良方，目前受到企业关注。

英国皇家人事和发展协会(CIPD)报告说，目前，与压力相关的疾病是导致非体力劳动者长期无法工作的主要原因。由于压力、轻度疾病或者背部疼痛而导致员工缺勤，已成为雇主的一大负担。员工经常抱怨背部疼痛，它特别影响体力劳动者。在英国，由此造成的损失估计每年为 116 亿英镑(合 220 亿美元)。

其他西欧国家的缺勤问题甚至更为严重。萨里大学(University of Surrey)研究人员从事的一项研究结果显示，葡萄牙、意大利和比利时的短期缺勤率最高。而荷兰、瑞典、葡萄牙和法国的长期缺勤现象最为严重。只有奥地利和爱尔兰的长期缺勤率明显低于英国。

目前，人们对因压力而导致的疾病也表示更多关注。英国政府下设的健康与安全管理局(HSE) 曾要求雇主进行风险评估，以帮助避免这一问题的发生。《人力资源》(*Human Resources*)杂志和一家名为 ASB 的律师事务所从事的一项研究表明，雇主做得仍然不够，而且可能会面临一轮针对工作压力的赔偿要求。

鉴于压力问题的复杂性，人力资源和职业健康专家建议采取一体化方式解决这一问题。英国电信集团已尝试了这种做法，并成效显著，大大节约了成本。2001 年该公司因疾病导致的缺勤率还超过英国企业的平均值，而去年已经降到平均值以下。

“目前，职业性健康状况不佳的案例(其中约 40%源于压力和精神性疾病)已经下降了 64%。这大大超过了 50%的原定目标，公司每年支付的病假工资成本已从原来的 8200 万英镑的基础上降低了 1.500 万英镑。”总医务官保罗·利奇菲尔德(Paul Litchfield)说。此外，该集团的保险费支出也有所减少。

2002 年底，英国电信集团采取了一项新的健康和安全策略。内容包括：如何平衡工作和生活的关系，开展针对管理人员的压力意识培训，以及聘请专家协助处理严重的与压力相关的问题等。

在寻找可能已无法应对工作压力的员工方面，英国电信集团付出了巨大的努力。该公司与其管理人员、工会和来自伦敦莫斯里医院(Maudsley Hospital)的一位精神病研究专家合作，设计了一种名为“Stream”的网上风险评估工具。员工回答包括个人健康状况、压力来源(含工作要求、工作控制和人际关系)在内的相关问题，以及所获得的支持。随后系统生成一份报告，显示员工个人的压力水平：红色为压力很大，琥珀色为有压力，绿色为心态平和。

该报告还可以显示哪种类型的压力会引发最严重的紧张感，并给出解决办法，及提供网络链接，找到 BT 内部网上的详细建议。

这种评估是自愿的，“否则人们会把它当作是例行公事”。迄今为止，英国电信集团在本土工作的近 9 万名雇员中，已有约 1.2 万使用了该评估工具。此外，员工还可以自己选择把报告提交给哪位管理人员查看，不过这位管理人员通常是该员工的直接上司。

利奇菲尔德博士说：“这点至关重要。工作中的危险而导致的伤害，是一个健康和安全问题。评估和控制这类风险的法律和道义责任，是各级管理部门的责任。将这类问题推诿给第三方，甚至‘专家’是错误的，而且根本解决不了问题。”

该系统对数据进行匿名处理，这样在分析数据时，公司就会以各个团队，而非个人为背景。“Stream”系统在英国电信集团的呼叫中心试行。呼叫中心的工作是出了名的压力繁重，使问题更加严重的是，英国电信集团将呼叫中心从 120 个缩减为约 30 个，这就要求呼叫中心的一些员工自愿离职或更换工作地点。

此次试点结果显示，某呼叫中心测试结果不佳与管理方式有关，但这一问题现在已经得到补救。自“Stream”系统启动以来，呼叫中心因工作压力导致的缺勤率下降了 24%，病假工资支出节约 50 万英镑。利奇菲尔德博士说：“所有数据来源都表明，在已实施该计划的部门，情况好转的速度都有所增加。”

管理人员是否有可能虚报数据？利奇菲尔德博士指出，英国电信集团采用的主要衡量标准是员工的患病次数，而非缺勤率。当然会存在一些隐瞒少报的情况，这在任何机构中都有可能发生。为此，利奇菲尔德博士计划启用内部稽核员进行数据核对。但他同时也补充说：“主要动力是运作方面的，是要按时、按预算开展工作并以顾客满意度为主旨。缺勤会给管理层的运作带来负面影响，因此管理人员更可能报告缺勤状况，而非不报。”

针对那些由于压力过大或患精神类疾病治愈后重返工作的员工，英国电信集团同时征集了他们的想法。结果明确显示，没有一个能够适合所有人的解决方案。

(资料来源：李先国，曹献存. 客户服务实务. 北京：清华大学出版社，2006)

第九章

网络时代的客户服务

今天，我们生活在一个高科技时代，信息科学技术的广泛应用已经彻底改变了整个营销世界。科技的进步不仅使大规模运用数据库成为可能，而且还在买卖双方之间建立了一种新的沟通方式。互联网、网络电视、掌上电脑、移动电话以及其他即将发明的科技设备成为并将要成为联系客户与企业的工具。在当今的电子商务环境下，企业面对电子商务带来的机遇与挑战必须做出转变，寻找适合网络时代的新型的客户服务管理模式。

第一节　网络客户服务基础

网络技术的应用给客户服务带来了巨大的机会。充分利用网络技术，实现客户服务的创新是很多企业所致力追求的。因此，了解常见的网络服务知识十分必要。

一、网络客户服务的内容与特点

（一）网络客户服务的内容与客户满意

服务是企业围绕客户需求提供的效用和利益，网络客户服务的本质就是让客户满意，客户满意是网络客户服务质量的唯一标准。要让客户满意就是要满足客户的需求，客户的需求一般是有层次的，如果企业能够提供满足客户更高层次需求的服务，则客户的满意程度越高。网络服务利用互联网的特性可以更好地满足客户不同层次的需求。

1. 了解产品信息

网络时代，客户需求呈现出个性化和差异化的特征，客户为满足自己个性化的需求，需要全面、详细地了解产品和服务信息，寻求最能满足自己个性化需求的产品和服务。

2. 解决问题

客户在购买产品或服务后，可能面临许多问题，需要企业提供服务以解决这些问题。客户面临的问题主要是产品安装、调试、试用和故障排除，以及有关产品的系统知识等。在企业网站上，许多企业的站点提供技术支持和产品服务，以及常见的问题释疑(FAQ)。有的还建有客户虚拟社区，客户可以通过互联网向其他客户寻求帮助，自己学习并解决问题。

3. 接触公司人员

对于某些比较难以解决的问题，或者客户难以通过网络营销站点获得解决方法的问题，客户也希望公司能提供直接支援和服务。这时，客户需要与公司人员直接接触，向公司人员寻求意见，得到直接答复或者反馈客户的意见。与客户进行接触的公司人员，在解决客户问题时，可以通过互联网获取公司对技术和产品服务的支持。

4. 了解服务过程

客户为满足个性化需求，不仅仅是通过掌握信息来选择产品和服务，还要直接参与产品的设计、制造、运送等整个过程。个性化服务是一种双向互动的企业与客户之间的密切关系。企业要实现个性化服务，就需要改造企业的业务流程，将企业的业务流程改造成按照客户需求来进行的产品设计、制造、改进、销售、配送和服务。客户了解并参与整个过程，意味着企业与客户需要建立一种“一对一”的关系。互联网可以帮助企业更好地改造业务流程以适应对客户“一对一”的营销服务。

上述几个层次的需求之间是一种相互促进的关系。只有低层次需求满足后才可能促进更高层次的需求，客户的需求越得到满足，企业与客户的关系也就越密切。

(二) 网络服务的特点

服务区别于有形产品的主要特点是不可触摸性、不可分离性、可变性和易消失性。同样，网络客户服务也具有上述特点，但其内涵却发生了很大变化，具体体现在以下几个方面。

1. 增强客户对服务的感性认识

其最大局限在于服务的无形性和不可触摸性，因此在进行服务时，经常需要对服务进行有形化处理，通过一些有形方式表现出来，以增强客户的体验和感受。

2. 突破时空不可分离性

服务的最大特点是生产和消费的同时性，因此服务往往受到时间和空间的限制。客户为寻求服务，往往需要花费大量时间去等待和奔波。基于互联网的远程服务则可以突破服务的时空限制，如现在的远程医疗、远程教育等。

3. 提供更高层次的服务

传统服务的不可分离性使客户在寻求服务时受到限制，互联网的出现突破了传统服务的限制。客户可以通过互联网得到更高层次的服务，客户不仅可以了解信息，还可以直接参与整个过程，最大限度地满足客户的个人需求。

4. 客户寻求服务的主动性增强

客户通过互联网可以直接向企业提出要求，企业必须针对客户的要求提供特定的“一对一”服务。而且企业也可以借助互联网的低成本来满足客户对“一对一”服务的需求，当然企业必须改变业务流程和管理方式，实现柔性化服务。

5. 服务效益提高

一方面，企业通过互联网实现远程服务，扩大服务市场范围，创造新的市场机会；另一方面，企业通过互联网提供服务，可以增强企业与客户之间的关系，培养客户忠诚度，减少企业的营销成本。因此，许多企业将网络服务作为企业在市场竞争中的重要手段。

二、网络客户服务过程

网络客户服务伴随着客户与产品接触的过程，包括售前服务、售中服务和售后服务。

1. 售前服务

售前服务是利用互联网把企业产品或服务的有关信息发送给目标客户。这些信息包括产品技术指标、主要性能、使用方法和价格等。

2. 售中服务

售中服务是为客户提供咨询、导购、订货、电子货币结算及送货等服务。对于某些可通过网络传输的信息类产品，还可以提供试听和试用。

3. 售后服务

售后服务的主要内容则是为用户解决产品使用过程中的问题，排除技术故障，提供技术支持，寄发产品改进或升级信息及获取客户对产品和服务的反馈。

三、网络客户服务的关键

在电子商务时代，要服务好网络客户，关键要做好以下几个方面。

1. 为客户提供准确的信息

网络是一个虚拟的空间，在这个空间里，企业与客户无须面对面地进行交流、沟通，便捷的网络使双方远距离交流成为可能。销售人员只需一个电话和一部电脑便可轻松地进行在线销售，客户也可以根据自己的喜好在网上购买自己需要的物品。

然而，在这个虚拟的空间里，企业也同样应该为客户提供充分的选择空间和准确的信息，以方便客户购买。对于提供复杂产品的公司，企业应该为客户提供适合客户需要、易于比较的网上信息。

2. 与客户进行有效的交流

网上交流是电子商务时代一种比较时尚的交流方式。除了这种方式之外，企业还应该为客户提供多种交流渠道，例如电话、面谈、信函等，让客户在任何时间、任何地点都可以与企业保持联系，充分地传达他需要的信息。

3. 真正解决客户的问题

与传统的客户服务管理一样，电子商务时代客户服务管理中，企业也应该以客户价值为中心，真正为客户着想，牢记客户至上的观念。企业也应该能够立即答复客户的问题、抱怨和反馈，让客户能够非常容易地购买到公司的产品，并且可以通过多种方式付款。

4. 保护所有客户交易的隐私和安全

网上客户最为担忧的可能是隐私被暴露和交易的安全性，企业要赢得长期的客户，必须尊重客户的隐私权，并保证交易的顺利达成。

5. 建立“无缝衔接”的客户关系

即在线客户可以自由穿梭于公司各个不同职能部门之间，而不受任何限制。

6. 比竞争对手更加聪明、更有进取性和前瞻性

要想吸引网上客户的目光，获得客户的忠诚，必须比竞争对手更加聪明、更有进取性和前瞻性。

7. 实现对客户的承诺

企业要履行对客户的承诺，不能对客户夸大其词而又无法兑现，要为客户的抱怨和问题提供完善的解决方案。

总之，只有以上客户的期待都得到满足以后，才能真正体现电子商务时代企业以客户的价值为中心。

四、网络客户服务的工具

网络客户服务工具主要是服务企业或制造业服务部门的网站。为满足客户不同层次的需求，一个功能比较完善的服务网站应具有以下一些功能。

- 提供产品分类信息和技术资料，方便客户获取所需的产品和技术资料。
- 提供产品相关知识和链接，方便客户深入了解产品，从其他网站获取帮助。
- FAQ，即常见问题解答，帮助客户直接从网上寻找问题的答案。
- 网上虚拟社区(BBS 和 Chat)，提供给客户发表评论和相互交流学习的园地。
- 客户邮件列表，客户可以自由登记和了解网站最新动态。

上述功能是一些基本功能，一方面企业可以向客户发布信息，另一方面企业也可以从客户那里接收反馈信息，同时企业与客户还可以直接进行沟通。为满足客户的一些特定需求，网站还可以提供一些特定服务，如联邦快递公司提供的网上包裹查询服务等。表 9-1 所示为有关网络服务手段的一个调查结果。

表 9-1　网络营销服务商的客户服务手段

	电话	电子邮件	QQ	MSN	FAQ	在线表单	留言板
服务商数量	159	160	21	1	27	26	7
所占百分比/%	39.65	39.90	5.24	0.25	6.73	6.48	1.75

说明：

①“即时信息”指各种实时聊天工具，如 QQ、MSN、LivePerson 等。

② 少数网站上的联系电子邮件采用的是免费邮箱，由于这种情况并非主流，并且通常是一些个人网站或者看起来不太专业的网站，因此在上述结果中并未区分免费邮箱和非免费邮箱。

③“留言板”包括各种形式的在线留言系统，无论叫什么名称，如 BBS、论坛等。

资料来源：时代营销网(www.emarketer.cn)，2003 年 9 月

概括起来，网络客户服务手段通常包括以下几种：

(一) 网上产品信息和相关知识发布

客户上网查询产品，是想全面了解产品各方面的信息，因此在设计提供产品信息时应遵循的标准是：客户看到这些产品信息后不必再通过其他方式来了解产品信息。需要注意的是，很多企业提供的服务往往是针对特定群体的，并不是针对网上的所有公众，因此为了保守商业秘密，可以采用路径保护的方法，让企业和客户都有安全感。

对于一些复杂产品，客户在选择和购买后使用时需要了解大量与产品有关的知识和信息，以减少对产品的陌生感。特别是一些高新技术产品，企业在详细介绍产品各方面信息的同时，还需要介绍一些相关知识，帮助客户更好地使用产品。

(二) 网上虚拟社区

企业设计网上虚拟社区就是让客户在购买后既可以发表对产品的评论，也可以提出针对产品的一些建议，并且与一些使用该产品的其他客户进行交流。营造一个与企业的服务或产品相关的网上虚拟社区，不但可以让客户自由参与，同时还可以吸引更多的潜在客户参与。网络社区作为互联网上特有的一种虚拟社区，主要通过把具有共同兴趣的访问者集中到一个虚拟空间，达到成员互相沟通的目的。网络社区是客户常用的服务之一，由于有众多客户的参与，因而已不仅仅具备交流的功能，实际上也成为一种服务营销场所。

1. 网络社区的主要形式和功能

① 电子论坛(BBS)：是虚拟网络社区的主要形式，大量的信息交流都是通过 BBS 完成的，会员通过张贴信息或者回复信息互相沟通。有些简易的社区甚至只有一个 BBS 系统。

② 聊天室(Chat Room)：在线会员可以实时交流，对某些话题有共同兴趣的网友通常可以利用聊天室进行深入交流。

③ 讨论组(Discussion Group)：如果一组成员需要对某些话题进行交流，通过基于电子邮

件的讨论组会觉得非常方便，而且有利于形成大社区中的专业小组。

论坛和聊天室是网络社区中最主要的两种表现形式，在网络营销中有着独到的应用。网络社区可以增进企业与访问者或客户之间的关系，也可能直接促进网上销售。

2. 网络社区的管理

一个成功的社区在管理时，需要在以下方面充分考虑会员的需要。

① 利益共享：这是网络社区的基本出发点，如果会员从中不能分享到自己期望的利益，也许就不会关注该社区。会员期望的利益既包括切实的物质利益，也包括了解有价值的信息、与志趣相投者的交流、获得心理满足等多方面的内容。

② 开放性：一个社区最活跃的是其核心成员，但仅有核心成员的参与是不够的，据估计，80%以上的社区成员通常不发表任何言论，但总会有新的成员不断加入进来，应该营造一种开放、平等的氛围，无论新老成员，都可以自由参与。

③ 潜在会员：由于互联网的社区很多，新用户在决定是否加入一个社区时，一般会先经过一段时间的考察和了解，对于还没有注册为正式会员的用户，应该给予了解社区的机会。

④ 会员忠诚：为会员提供附加价值会增进会员对社区的忠诚度和依赖性，例如特别的折扣、不定期的奖励措施等，必要时可利用网下的沟通机会增强会员与社区的关系。

⑤ 环境保护：不要让喧闹的广告出现在社区里，大量的广告会使会员觉得厌烦，也可以聘请主要成员参与社区管理，授权他们删除与主题无关的帖子，或者其他非法言论、恶意中伤等信息。

一个优秀的社区在网络服务中所起的作用不可低估。在可能的情况下，在规划和建设自己的网站时，应尽可能将网络社区建设作为一项基本内容。

(三) 电子邮件

电子邮件客户服务管理是指及时回复客户的电子邮件来达到提高服务水平并改善与客户关系的目的。电子邮件是企业与客户沟通的重要手段，也是客户服务的有效工具，在所有的在线客户服务手段中，电子邮件在网络营销服务商网站上出现的比例最高，说明电子邮件在网络营销服务中的重要性。

电子邮件是最便宜的沟通方式，客户一般比较反感滥发的电子邮件，但对与自己相关的电子邮件还是非常感兴趣的。企业建立电子邮件列表，可以让客户自由登记注册，然后定期向客户发布企业最新的信息，加强与客户的联系。

调查公司 Jupiter Media Metrix 的研究表明，客户对服务及时性的要求越来越高，期望的回复时间从两年前的 24 小时减少到 12 小时。近来，大多数客户希望在 6 小时内获得关于客户服务的回复，甚至为数不少的客户寻求获得即时满意的服务。但是目前只有 38%的企业可以做到这一点，33%的公司会在几天甚至更长的时间内回复客户的电子邮件，有些甚至根本不予回复，而且不回复客户邮件的现象还有上升的趋势。

以网站客户为基础的内部邮件列表在客户服务、客户关系、产品推广等方面具有极高的价值，但由于这种方式操作起来有一定的难度，因此一些规模较小的服务商难以有效利用这种方式。

(四) 在线表单

由于在线表单简单明了，与电子邮件一样具有在线联系功能，并且可以事先设定一些格式化的内容，如联系人姓名、单位、地址、问题类别等，通过在线表单提交的信息比一般的电子邮件更容易分类处理，因此在一些网站中得到应用。从功能上讲，在线表单和电子邮件这两种常用的在线联系方式都可以实现与客户沟通的目的，但从效果上来说却有着很大的区别，如果处理不当，在线表单可能会存在一些潜在的问题。

首先，由于在线表单限制了用户的个性化要求，有些信息可能无法正常表达；其次，当表单提交成功之后，用户也不了解信息提交到什么地方，多长时间可能得到回复，并且自己无法保留邮件副本，不便于日后查询。因此，有时会对采用在线表单的联系方式产生不信任感。另外，客户填写的电子邮件联系地址也有错误的可能，这样将无法通过电子邮件回复用户，甚至会给用户造成不满。在线表单自身的特点决定了其具有一定的局限性，因此只能作为电子邮件的辅助手段而不能完全替代。在网络营销服务商网站中，一个明显的特点就是，很少有服务商仅仅将在线表单作为客户服务手段，而是同时公布电子邮件地址，这也是专业服务商与一般企业相比的一个独到之处。

(五) FAQ

FAQ(Frequently Asked Questions)即常见问题解答。常见问题解答(FAQ)也是常用的在线服务手段之一，很多客户也是从 FAQ 开始了解有关服务的。如 Microsoft 公司的网站中有非常详尽的知识库(Knowledge Base)，对于客户提出的一般性问题，在网站中几乎都有解答。同时还提供了一套有效的检索系统，让人们在数量巨大的文档中快捷地查找到所需要的东西。设计一个容易使用的 FAQ 需要注意以下几点。

1. 保证 FAQ 的效用

要经常更新问题，回答客户提出的一些热点问题，要了解并掌握客户关心的一些问题。

2. 保证 FAQ 简单易用

首先提供搜索功能，客户通过输入关键字就可以直接找到有关问题的答案；其次是采用分层目录式的结构来组织问题；第三是将客户最经常问的问题放到前面。

3. 注意 FAQ 的内容和格式

目前，有效利用 FAQ 服务网站的还很少，部分开设了 FAQ 栏目的网站信息也不能满足客户服务的需求，主要表现在：要么信息数量很少，要么是一些通用性的网络营销基础知识，客户可以从专业的信息网站获取更多的此类信息，因此一般不需要以学习为目的来登录某个服务商的网站。客户真正关心的是有关本企业产品和服务的常见问题，其中的信息不仅对现有客户具有指导作用，对潜在客户的购买决策也有一定的影响。

(六) 即时信息

即时信息尚未成为常规在线客户服务手段。即时信息具有多种表现形式，除了前面提到的聊天室外，还包括从各种个人在线聊天工具(如 QQ、MSN、ICQ 等)到具有各种管理功能的专业在线服务系统(如 LivePerson)。即时信息是提高客户在线服务质量的一种重要工具，因为部分客户对于电子邮件咨询的回复需要几个小时甚至几天的时间感到不满，更希望采用实时交流的方式获得服务。有调查发现，只有少数网站的客户联系方式中公布了 QQ 和 MSN 等，而且其中主要是小型网站，对于规模较大(如产品线比较宽、证照齐全)的网站则很少看到即时信息联系方式，至于采用专业实时在线服务系统的网站尚无一个。由此可以说明，即时信息在网络营销服务企业中尚没有形成常规的在线客户服务手段。导致这种状况的原因主要在于实时客户服务对客户服务人员的专业水平要求较高，服务成本也相应较高。并且目前常用的免费实时聊天工具如 QQ、ICQ 等主要应用于个人交流，作为企业的客户服务手段，难免给人不够正规的感觉。此外，针对企业应用的即时信息系统并不普及，即使设置了这样的系统，暂时也发挥不了太大的作用。可见，企业对于实时客户服务尚缺乏必要的准备。

第二节　网络客户服务实施

一、解答客户常见问题

实施网络客户服务的较好入手点是回答客户常见问题(FAQ)。通过设计良好的 FAQ(Frequently Asked Questions，FAQ)，企业可以帮助客户解决相当一部分日常问题，提高解决问题的效率。

FAQ 是对公司基本情况的介绍，它既能够引发那些随意浏览者的兴趣，也能够帮助有目的的浏览者迅速找到他们所需要的信息。

(一) 建立 FAQ

1. 决定设置 FAQ 的内容

决定在网站上应该放置哪些 FAQ 内容可以询问客户服务部和负责公司热线服务的人员、一线销售人员。

① 公司里客户服务部的人员最了解这方面的情况。他们知道客户问得最多的问题是什么，也知道问题的答案，而且他们能够透过问题表面，知道客户真正想要问的是什么。若客户询问关于送货方面的问题，他们实际上还想知道让商品安装并投入使用得花多少时间；老客户询问关于保修方面的问题时，实际上还想知道该产品是否可靠。

② 负责公司热线的人员及一线的销售人员知道客户是如何提问的，这也是建立良好 FAQ 的关键，所以应花点时间与他们交流。

2. 了解 FAQ 的种类

FAQ 可以设置成两套：一套针对目标潜在客户和新客户；另一套则针对老客户，进入这一套 FAQ 需要进行登记。这样做，潜在客户会感受到公司对他们的支持和帮助，因而会更快地转变为现实客户，同时另一套只让老客户登记的 FAQ 让老客户觉得自己受到重视和特殊待遇，因为老客户在 FAQ 里可以获得许多一般客户无法获得的消息。

(二) FAQ 页面设计

FAQ 页面的组织与设计需要认真考虑。组织良好的 FAQ 页面能够为公司和客户节约许多花在热线上的时间。

为让客户能够在网站中轻易地找到 FAQ 页面，页面上的内容必须清晰易读，易于浏览。同时还必须达到客户的期望水平，避免他们花了大量的时间后失望而归。

(三) 保证 FAQ 的效用

FAQ 务必要保证有一定数量和深度，问题的回答必须详细到对绝大部分客户有所帮助。

(四) 使 FAQ 简单易寻

在主页上应设有一个突出的按钮指向 FAQ，进而在每一页的工具栏中都设有该按钮。FAQ 也应能够链接到网站的其他文件上去，这样客户就可以通过 FAQ 进入产品及其他信息。同时，在网站的产品和服务信息区域应该设立向 FAQ 的反向链接，客户可以在阅读产品信息时回到 FAQ 页面，发现与之相关的其他方面的问题。

(五) 选择合理的 FAQ 格式

站在客户的角度考虑这一问题，看看 FAQ 使客户对企业产生什么样的认识。常用的方法是按照主题划分成不同的区域，这些区域基本能够使客户清楚何处可以查询到所需的答案。

(六) 控制信息暴露度

FAQ 为客户提供了有关企业的重要信息。但不必把所有关于产品、服务和公司的情况都刊载上去。如果公司的 FAQ 中没有涉及任何实质性问题，那么它便毫无价值；但如果公司内部情况暴露太多，则会落入竞争对手和新闻界之手。只有在这两者之间寻找到合适的平衡点才能使网站成为公司的一份资产。

二、利用好电子邮件

电子邮件(E-mail)现已成为企业进行客户服务的强大工具。来自客户的电子邮件代表了客户的心声和需求。

1. 电子邮件的特点

① 没有时间上的限制

对客户而言，E-mail 的优点是没有任何时间上的限制。当客户的产品或服务产生问题时，他们不必等到第二天早上上班时间再给公司打电话，什么时候都可以与企业进行联系。而公司负责人也可以在方便的时间或地点查阅这些信件，通过简单地浏览决定哪些信件必须首先处理，哪些可以稍后处理，哪些应该转发给其他部门。

② 答复具有正式性

用电子邮件答复客户时具有正式性。如果公司采用口头方式对客户说“需要两三天”，客户会认为实际可能会需要三四天，并会较为耐心地等待；但如果在电子邮件中告诉客户同样的话，客户则会十分当真，如果在两三天内未得到答复，客户会感到十分不满。因此，企业必须认真对待在电子邮件中对客户所说的话。

③ 沟通的快速性

电子邮件是一种快捷的沟通方法。来自客户的信息反映在屏幕上，收件人在同一屏幕上进行答复，同时以光速传给客户，不需要装填打印纸盒，不需要粘贴信封。电子邮件能够提出比留言条或录音电话详细得多的信息，而且关于常见问题的答复能够存储在计算机中以供随时调用。

2. 电子邮件的回复

要安排好客户邮件的传送通路，使得这些邮件能够按照不同的类别有专人受理。

① 对客户可能提出的问题做好准备

可以走访那些负责客户技术热线的人员，与为客户提供售前服务的工程师和公司免费热线的接线员交谈，还可以利用在建立 FAQ 过程中积累的经验，对客户可能提出的问题做好准备。因为客户可能提出各种问题，企业必须清楚谁负责解决这些问题。同时，还必须对这些信件划分优先级。为每一类客户邮件分派专人仔细阅读。

② 给客户提供方便

提供给所有客户的电子邮件地址要统一，公司再派专人进行归类与转发。或在网页中设置不同类别的反馈区，由客户决定自己的问题属于哪一类，从而提高信件的收阅与答复效率。

③ 尊重客户来信

客户获得的重要信息越多，获得的途径越方便、越迅速，他们就会越满意。因而即使一封来信看上去有点傻，不值得花时间，或者其中满是牢骚，但它对客户而言却十分重要，因而同样应该花时间，仔细考虑答复。有时，一个好的答复未必是客户所期望的答复。但若的确是坏消息，就应该尽快通知客户，并提供临时性方案。如果告诉客户彻底解决问题的期限，则一定要履行承诺。

④ 实现自动答复

为了提高回复客户电子邮件的速度，可以考虑利用计算机自动答复。这种答复可以采用某种特定格式，如“本公司经理对您的建议很感兴趣，并十分感谢您为此花费了宝贵的时间……”

3. 让客户搜寻更容易

网上客户不但希望企业的网站能够解决他们的问题，而且希望它易于操作，能够使他们轻松自如地在各个页面和内容之间穿梭。如果网站做不到这一点，客户将逐渐远离公司。所以，客户搜寻信息所花的时间在网络客户服务中心起到关键作用。因而为吸引客户浏览企业网站，必须提供方便快捷的搜寻工具，搜寻工具根据用户提供的关键字在它的文件库里搜寻，并按照匹配程度进行排序。相形之下，收取一定费用的商业工具则更加有效。在选用搜寻工具时需要注意以下几点。

① 要适应网站的需求

在网站上最令客户生气的是费了九牛二虎之力却一无所获，尤其是当他曾在网上看见过他所要的内容的时候。因而企业网站的宽度、深度和复杂程度将决定应该采用多大“马力”的搜索器来满足客户搜索的需要。

② 站在客户的角度考虑问题

考虑搜索器的功能之后，要记住客户更关心如何迅速地找到正确的信息而不是更快地找到错误信息。一些有效的方法，可以在不使用复杂的搜索器的情况下，让客户迅速找到正确的信息。这需要企业能站在客户的角度考虑问题。

③ 分步搜索方式

这种方式可以帮助客户从众多的选择中迅速确定目标，而且可广泛适用于各种服务项目。

4. 主动为客户服务

客户服务不是坐等客户前来询问，而应该更主动，在客户提出问题以前帮助他们解决，并主动去了解他们需要什么服务。在这方面，电子邮件新闻是很好的工具。

三、利用公共电子论坛

互联网上有众多的布告栏(BBS)和新闻组(News groups)，参加讨论的人用电子邮件进行交流，发表对某一问题的看法，因此称为电子论坛。在电子论坛下又划分成不同的讨论区，每一个讨论区集中于某一特定的主题。

(一) 公共论坛与客户满意

在讨论区中，参加者可以看到所有人的信件，同时自己的信件也处于众多人的关注之下；在这里每个人都有平等的发表意见的机会，不会出现由少数几人左右讨论的局面；由于可以掩藏身份，每个人都敢于说出自己的真实想法；没有人种、年龄、贫富和地位的差别，是一个可以轻松自由地谈论与聊天的地方。

来自于客户之间的讨论与聊天用他们自己的语言反映了他们最朴实、最原始的感受。如果企业希望知道客户的实际感受如何，就必须鼓励公众讨论，在公共论坛中，会有许多客户谈他们对产品的良好印象，使用产品时的愉快经历，这无疑将会为企业带来美誉。但也会有人散布不利于企业的言论。这些人很喜欢在公众面前揭短。一旦某一天让他多等了些时候，或是不让他退货，他便会牢记在心，寻找机会在公众面前出口恶气。如果经常碰到这种情况，企业还是应该鼓励公众讨论。

只要管理得当，这些言论会成为企业提高产品与服务的宝贵的信息来源，讨论区会使客户形成一个相互帮助的群体，并向客户证明企业对他们意见的重视。因此，关注公共论坛的目的在于理解他们的真实想法，并在公众面前予以回应，以增进企业与客户之间的联系。

(二) 建立网站论坛

除了关注并介入公共论坛外，为了鼓励客户讨论，企业可以采取更加主动的措施，在本企业网站上建立论坛，亲自为客户创造讨论平台，这样企业也可以从客户、供应商和行业伙伴那里学到很多。为了便于讨论，可以设立不同的讨论组。划分的方法有多种，如可以按产品线进行划分；如果不同地区的客户需求不同，可按地区划分。但分组不能过多，否则客户将无从着手，而且每一个讨论组中缺乏足够的成员。要注意扩大论题范围，让人们去谈论整个行业，谈论竞争者。

(三) 对网站论坛实施控制

1. 对论坛管理的方式

对论坛有两种管理方式：一种是“打印机”式的管理，不论用户说些什么，都在论坛里原样不动；另一种是“编辑”式管理，对用户发来的信件进行筛选，而后刊登，也就是说企业不仅仅是为用户提供场所，还要为其中的内容负责。

2. 不要控制过头

如果控制过头，企业完全根据自己的好恶进行筛选，客户就会失去自由发表言论的权利，论坛中的内容就会失去真实性，论坛就会失去它的价值。企业在论坛中的“独裁”行为会激起公众的不满，他们会到公共论坛发布言论，他们会去告诉企业的竞争者，所以一定要把握好。

3. 论坛协调员的协调技巧

论坛协调员就是论坛的“编辑”。与普通编辑不同的是，他还必须作为一名成员加入讨论，激发思路，掌握方向。其工作的好坏会直接影响到论坛的运作效果。作为协调员，应该做到以下几点：

① 性格外向。

② 给予客户赞赏与表扬。

③ 要有耐心。

④ 控制好论题的数量，太多会使客户无所适从，太少会显得乏味。

⑤ 为拓宽参加者的思路，应鼓励他们多讨论本公司产品的优点。

4. 个别讨论

当碰到难以应付的客户时，或碰到敏感性问题时，可以与他们进行私下交流，这时可以使用名单服务软件。该软件能够把同一信息发给名单上的所有人，它能够让所有名单成员相互发送信件，或只允许协调员向各名单成员发送信件，名单中的成员不必进入新闻组查看就可以得到讨论信息。进入名单的成员出于自愿，同时退出名单也是很方便的。个别讨论名单还可以让客户觉得自己受到重视，向某些特定的客户询问他们的建议，他们会十分认真地对待这一任务。

四、其他客户服务支持工具

为了提高网上客户服务的水平，还可以运用很多与网站有关的创新工具来支持客户服务。

1. 建立个人网页

即允许客户在企业的网站建立自己的个人网页。这些页面可以用来记录客户的购买历史和喜好。利用客户的个人页面企业还可以将产品的信息及反馈卡等传送给客户。这样，不仅客户可以取得自己需要的信息，企业也可以积极地将相应的信息推给客户，即运用 Push＆Pull 技术来实现客户服务。

2. 建立客户数据库

建立客户数据库后，企业可以记录下客户的购买信息、出现的问题和客户的请求，并通过对这些信息的分析利用来更好地提高客户服务的水准。以前，用传统的手段如客户填写反馈卡来收集这些信息，一般要在交易后 1～3 个月才能完成，而网上可以实时或接近实时地完成，并且还可即时应答来追踪和分析这些信息，而且交易信息保存和处理也更为方便。

3. 帮助桌面和呼叫中心

电子商务时代的呼叫中心其实是一个复杂的客户服务实体，在该实体中，电子商务卖主可以通过不同的联系渠道进行通讯并处理客户服务中的问题，而且呼叫中心的功能已经从传统的电话扩充到了 E-mail 和网站交互，并集成为一个产品。

五、Web 上提供客户服务的形式

开展电子商务的企业，在 Web 上提供的客户服务可以有多种形式。一般来说，电子商务企业应在以下几个方面为客户提供服务：

1. 回答客户的询问

在购物阶段，客户能否在点击时打开感兴趣的内容并快速获得详细的信息与购物本身同样重要。为了留住老客户和吸引新的消费者，企业在建立 Web 站点时应充分考虑如何回答客户询问，让客户方便快捷地获得所要的信息。

2. 提供搜索引擎和可比较信息

电子商务实施中的一个主要问题是帮助消费者找到自己想要的产品。面对成千上万的网上商店，客户有时候根本不知道该到哪里去寻找自己想要的产品，而一旦发现了需要的产品(服务)信息，则通常希望能比较一下同类产品的价格。所以电子商务时代客户服务的一项重要工作是为客户提供搜索引擎以满足这种要求。

3. 提供技术和其他信息

为了吸引消费者在网上购物，电子商务企业可以说是花费了不少精力，而售后的服务工作对于提高客户的满意度来说，也是一个不可忽视的重要部分。为此许多企业在自己的 Web 站点上为客户提供了产品的详细技术和维护信息，而许多技术信息在网下寻找是很困难的。

4. 帮助客户了解账户和订单状态

客户要求能够很方便快捷地查找到自己的账户和订单的状态。如果客户这一要求满足不了，就容易对公司的服务可信度产生怀疑。

5. 允许客户在线定制

顾客的需求个性化很强，因此，企业应允许顾客在网上定制。顾客可以随意组合自己最满意的产品，以充分体现自己的意志。顾客还可以决定送货的日期等。

企业在线服务的内容很多，最主要的是要以顾客为中心，最大限度地满足顾客的个性化愿望。

六、如何解决在线销售存在的问题

企业进行在线销售，不仅要考虑网站的建设问题，还要解决许多其他层面的问题。

1. 了解市场及自身条件

一般来说，在网上从事经营活动的网站有两种：一种是在现实世界有商业原形的，例如百货零售商店的在线商店、网站；一种是现实中没有商业原形的，它必须和虚拟世界的对手抢市场。

就目前的情况来看，网络用户的数量相对比较少，市场相对狭小。因此，不能因为对网上市场的巨大发展空间的憧憬或者是在商业竞争中害怕被自己的对手甩在后面，就急切地进入网上销售的行列，这样容易失败。企业应当有选择地进入在线销售市场。

2. 制定长期发展战略

有时，企业为了当前的生存，就很难顾及长远的电子商务策略，致使很多企业的决策人往往在长期发展策略和短期的生存压力之间摇摆不定。要开展电子商务，就不能只顾及眼前利益，企业应该有长远的眼光，制定长期的发展战略，而且要有相应的投入。

3. 真正为客户着想

在线商店只有唯一的销售渠道——网络，而对于在网络上浏览的人来说，在线购物不过是采购物品众多方式中的一种，如果在线购物方式没有给他带来诸如节约金钱、节约时间、提供便利的服务等好处，那么，要想使他乐于在网上采购恐怕只是一厢情愿的事。因此，在线销售要从客户的角度出发，真正为客户着想，为客户提供便利的条件。

总之，在进入在线销售领域之前，必须考虑在线销售存在的问题。对于在线市场的开拓者来说，精通网络营销从某种角度来说只是掌握了一些解决具体问题的技术或技巧，而把握战略层次的问题则是赢得这个未来市场的关键，更大的挑战其实是市场如何开拓市场。

七、如何选择客户数据管理的方法

企业可以利用客户数据以改进在线支持和服务。可选用的客户关系管理解决方案有以下4种：

1. 根据忠诚度或重要性对客户分组

可以通过不同的标准将客户分为几个类型，例如根据客户的忠诚程度将客户分为超值忠诚客户、方便忠诚客户、潜在忠诚客户和不忠诚客户；根据客户对企业的重要程度分为非常重要客户、重要客户、一般重要客户、不重要客户等。

2. 根据客户特征对客户进行分类

在数据库管理中，也可以利用自己掌握的客户的信息和知识对客户进行细分，例如年龄、性别、生活方式、地理分布、个性特征等都可以作为对客户细分的标志，这样做的目的是方便查找，便于掌握客户的信息资料。

3. 根据与其他网站客户的差异，分析自己的客户

根据客户对网站的使用情况并对比其他网站用户，对客户进行分类。

4. 根据购买行为和需求的不同对客户进行细分

根据客户购买行为和需求对其进行细分。客户是出于什么目的、会采取什么样的购买行为，以及会有什么需求等都可以作为细分的条件。

总之，企业要根据自己的特点选择具体的数据管理方法。什么样的管理方法和管理模式更适用于自己，就选择什么。

八、如何充分利用数据挖掘客户

企业建立其数据库以后，就可以充分利用数据库来寻找潜在的客户。在线潜在客户搜寻的过程如下：

(1) 衡量和分析企业潜在客户搜索管理软件的有效性。

(2) 确立电子商务企业数据挖掘的首要目标和需求。确定企业最需要什么功能、要获得哪些好处和达到什么标准。

(3) 确定企业数据挖掘的范围、边界和限制。

(4) 优先列出企业的关键要素和绩效标准。

(5) 确定企业需要分析的内在关系。

(6) 企业的数据挖掘要求，在设计数据挖掘方案时，要对企业的限制条件有所了解。

(7) 将整个数据挖掘系统分成小型的独立子系统。

(8) 对于每一个独立的子系统，确定企业的绩效目标并决定如何对绩效进行监控。

(9) 跟踪潜在客户，以了解每个客户的特点，以便找出有价值的潜在客户。

利用数据寻找潜在客户对于企业来说可以开发很多的商机，但这并不是一件容易的事情。在取得效益之前，需要企业精心地组织和很大的投入。

企业在挖掘数据的过程中，要时时想到上面的问题，以便及时地对工作中的不足加以改进。

『案例 9-1』 戴尔公司客户管理

计算机公司的电子商务站点 www.dell.com 借鉴了戴尔已有的业务模式：将产品直接销售给最终用户；只有在获取订单之后才生产，保持最小的库存量。不仅如此，Dell.com 还扩展了这种直接业务模式，将自己的市场、销售、订货系统以及服务和支持能力接入顾客自己的互联网络。通过这种方式，戴尔公司获得了巨大的成功。

互联网的发展促进了电子商务时代的来临，戴尔公司的管理层很早就认识到电子商务将提供一个新的机会。通过互联网，公司可以更好地扩展自己的直销模式，可以帮助公司直接接触到更多的消费者并以低廉的价格提供更多的服务。于是，1995 年，戴尔公司建立了戴尔在线网站，网站致力于规划和实施公司的互联网行动，包括电子商务和在线技术支持。这一努力的成功是显而易见的。今天，戴尔公司四分之一的收入来自于戴尔在线。同时，网站为戴尔公司节约了大量成本，公司花费在客户服务方面的电话时间大量减少，大大节约了公司的运营费用。

戴尔在线的目的是最大限度地满足客户的需要，使公司更快捷、高效的运转，产生更大的效益，以下是公司网站的主要目标。

- 更准确快捷地了解客户需求，有计划地组织生产。
- 提供直销服务，网上查询和预定。
- 降低公司库存，根据客户订货组织生产。
- 提供客户个性化服务。
- 网上故障诊断和技术支持。
- 降低公司运营成本。

戴尔公司不断改进自己的网站，同时也获得了巨大的成功，以下将简要介绍公司的成功因素、网站功能，以及从中获得的经验教训。

1. 创新的经营理念

戴尔公司在创始之初就坚持其“黄金三原则”：第一，摒弃库存；第二，坚持直销；第三，让产品与服务贴近顾客。这三项原则极大地降低了公司的成本，产生了一种新的经营方式，一种不同于传统企业的生产模式。

2. 客户自定义服务

戴尔在线通过自助服务保持与客户的联系，网站创立之初就希望能够绕过在计算机工业中常见的大量中间销售环节，直接面对客户销售。因为这些环节只能增加计算机的成本而不能提高计算机的价值。戴尔公司将大部分注意力集中在针对最终用户的直接市场活动、直接销售和直接技术支持上。

戴尔公司让客户自己在网上获得信息，并进行交易，主要包括：

- 客户自助查询产品信息。
- 客户自助查询订货数据、支付或调整账单，以及获取服务。
- 客户根据自身情况，自由选择获取信息的通信工具(电话、传真、邮寄或 E-mail)。
- 网上故障诊断和技术支持。

戴尔公司建立了一个全面的知识数据库，里面包含戴尔公司提供的硬件和软件中可能出现的问题和解决方法，同时还有处理回信、交易和备份零件运输等的处理程序和系统。所有这些基础结构——用户数据库、产品信息和帮助知识数据库都在戴尔公司的网站上得到很好的运行。

3. 根据订货组织生产

戴尔公司的目标是实现“零库存”。通过精确迅速地获得客户需求信息，并且不断缩短生产线和客户家门口的时空距离的方式，戴尔公司在全球的平均库存天数不断下降。据调研数据表明，戴尔公司在全球的平均库存天数可以下降到 8 天之内。库存下降降低了公司的成本，同时能从一个高度价格竞争的行业中抢占大量的市场份额。因为在计算机行业中技术的快速变革意味着每一台库存的计算机从它被生产出来开始就可能过时了。如果只在得到订单的情况下才生产计算机，就可以避免在库存中保留过时计算机的风险。戴尔解释说：“在我们的行业里，如果你能让人们认识到库存是多么快地运动着，你就创造了真正的价值。为什么？因为如果我有十一天的库存而我的对手有八十天的，这时英特尔公司推出了新的四百五十兆赫兹处理器，那么我就能够领先六十九天打入市场。”

4. 个性化服务

戴尔公司允许客户自己设计其喜欢的产品，客户可以自由选择和配置计算机的各种功能、型号和参数，戴尔公司根据客户的要求进行生产，满足客户的个性化需求。戴尔公司能够根据客户特定的需求为他们量身定做，真正做到了“以客户为中心”。在为客户提供更好的服务的同时，公司也获得了更多的利润。

(资料来源：李先国，曹献存. 客户服务实务. 北京：清华大学出版社，2006)

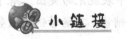

小链接

网络时代客户服务新规则

客户服务的传统思维已经发生变化，逼迫企业不得不认真考虑在网络时代客户服务中新的游戏规则。

从来没有任何一个时候，客户像今天一样能如此自由和轻易地获取和分享信息。互联网在带给他们信息的同时，也给了他们权力。当今的客户比以往任何时候更处于一种凌驾的地位。他们需要最好的服务、最低的价格，并要求在最短时间里得到利益。

与此同时，互联网也赋予商家这样一种能力，使他们能在网络时代利用信息技术全方位地了解客户，满足客户的需要，提高客户的满意度和忠诚度。

客户服务的传统思维已经发生变化。这种改变如此重大，不仅无法忽略，甚至逼迫企业不得不认真考虑在网络时代客户服务中新的游戏规则。目光敏锐的互联网领先企业开始把这些游戏规则融入它们的产品之中。

1. 实时沟通

提及互联网，我们首先想到的一个字就是“快”。现在的客户早已对传统商业模式中以天为单位的回应速度嗤之以鼻。他们要求的是在几分钟甚至几秒钟内，对他们的要求做出反馈。在他们的词典里，“及时”的意思就是“即时”、“随时”。

思科公司(Cisco)针对互联网商业采取的核心措施就是思科在线(CCO)的建立。进入思科在线订单状态的客户，可以使用售货订单号码或者购入订单号码查阅订单。思科公司甚至将这部分信息与联邦快递(Federal Express)的查询服务系统连接起来，使客户能够随时知道订单在实际操作中的进展。

订单服务为客户提供具体服务的信息，包括交易号和协议号码、程序日期、运输日期及运货方式和查询号码。报价单则为财会部门、主管部门和会计提供快速简便的在线报价追踪服务。如果客户愿意加入思科公司的内部网络，思科甚至可以和客户合作，将其服务器与客户已有的系统相连接并与CCO连接，形成一种更加紧密的合作关系。

2. 整体协作

在谈到互联网带来了前所未有的沟通速度时，另一著名电子商务解决方案供应商 SAP 广州公司总经理杨滨想到了另一个重要问题：“正因为互联网带来了前所未有的沟通速度，物流的速度也要加快，对企业内部管理的要求也要更高。比如说原来一星期订货，三个星期交货是允许的。但现在是一秒钟订货，那你再用三星期交货就显然不适合……你就会发现你内部的信息交换速度根本无法适应互联网和电子商务发展的要求。因此从这方面来讲，内部的管理系统必须与外部的顾客服务系统相一致。进入网络化客户服务并不意味着建立一个网页就足够了，整合整个公司的管理协作才是根本。”

杨滨的话体现了网络时代顾客服务的一个重要游戏规则：系统化。这点在声名卓著的互联网公司，甲骨文公司(ORACLE)提供的客户关系管理系统(CRM)中表现尤为突出。基于互联网技术的ORACLE CRM由5个“功能应用组件”构成，集成了销售、市场营销、服务、电子商务和电话中心等应用软件。

在 CRM 的具体实施中，各功能应用组件和各业务环节并非简单的一对一关系，而是相辅相成，共同组成完整的 CRM 系统，从而协调企业离散业务，帮助企业实现所有业务的自动化和改进流程。

在谈过企业内部的系统化问题后，杨滨接着说到了跨越企业界限的问题。他认为兼容性和可伸展性是当今影响客户抉择的新元素，“现在的客户看重的是你所提供的电子商务产品是否能和他本身的系统很好地结合在一起，同时能够不断延伸到他的业务流程的各个方面”。

SAP公司在互联网时代为企业量身订做的解决方案mySAP.com正力图创造一个开放式、协作化的架构，使企业能够和外界建立不同系统间无缝的集成。杨滨颇为自豪地认为mySAP.com最大的优势就是“侧重内外系统一致，也就是从整体系统方面来为客户服务。它具有作为可靠集成平台所必需的灵活性、可扩展性、高性能和强壮性，尤其是跨越了企业的边界线”。

3. 个性服务

互联网时代使得获取详细信息成为可能，这也造就了提高顾客忠诚度的另一样新法宝：个性化服务。互联网电子商务的蓬勃发展促进了客户与企业的动态交流，通过电子邮件和网络，顾客的所有信息历历在目，企业应该善用这份宝贵的资源。

以广受欢迎的网上书店Amazon.com(亚马逊网上书店)为例，当顾客对某一特定书名有兴趣时，亚马逊便会自动建议其他相关题材的书籍。如果你要求，亚马逊会以电子邮件的形式通知你某一本书的平装版何时到货，或者不断提供你选定的特定类型的新书的信息。这种个性化客户服务无疑提高了全球顾客所期望的服务水准。

Enterprise One to One: Tools for Competing in the Interactive Age(一对一企业)一书合著者之一Don Peppers(贝培思)进一步指出，“因人而异的待客之道并非只是一项可以随便掺进任何公司现有系统及营运模式的策略。相反，对企业而言，它代表全然独一无二的发展方向”。杨滨在谈到应用互联网满足顾客需求的关键因素时提及的三点除快速和兼容性，还有一点正是个性化。不难看出，当今著名的电子商务解决方案供应商都非常重视这一点。MySAP.com意识到没有完全相同的两个用户。因此，它允许客户根据个人喜好和组织角色来配置和定制，从而为每个角色中的用户提供不同的服务和信息。它甚至包括一系列的预置角色，可以被个性化的特殊企业用来做为建立新角色的基础。另外，客户通过裁制mySAP.com工作台来配置他们自己的工作环境，并可与他们经常使用的文件或重要的网上站点相连接。

4. 简单方便

互联网带来的一个后果，就是把顾客淹没在无限的信息和技术之中。什么互联网、内联网、外联网、旧系统、前台、后台、个人应用等不一而足，结果是用户把大量时间浪费在重复输入密码、整理大量无用数据和文件上。

mySAP.com解决这个问题的方法是使用“拖放”支持业务应用和网上站点的交叉。这一紧密方面的集成节省了访问网络、登录站点、重复进入等一系列繁琐的步骤，以及与之相关的在企业计算机环境内搜索的时间和重复寻找的过程。同时，mySAP.com体现简单易行的另一点是设备的易维护。它的工作台无需在客户的终端机做特殊安装，只需要装一个网上浏览器，运用互联网标准的开放式超文本语言(HTML)作为前端门户。MySAP.com在满足一般客户端要求的同时减少了维护成本。

思科公司体现的简单方便的方式可谓是别出心裁。他们推行的是“自助式”服务。在他们看来，没有人比客户自己更愿意帮助客户；同时，只要客户能够得到适当的工具，他们非常愿意自己帮助自己。思科建立的自动化客户服务体系大获成功，既提高了客户满意度，又降低了成本。思科最初建立网络是为了自由传播技术信息，客户对这一自我服务模式做出的积极回应为它节省了大笔开支。

CCO包括一个技术支持、软件库和开放论坛，使客户可以通过网络获得技术问题的答案、下载最新软件和使用思科公司的硬件。技术帮助包括提供检测故障的工具以及各种措施；软件库使客户能每天24小时下载最新软件；开放论坛则允许客户提出网络问题，到数据库中寻找答案或向各种网络专家请教。这样既解答了客户提出的问题，减少了客户对公司的要求，同时又使思科的专家能够有时间和精力处理其他问题。

根据思科公司提供的资料，目前，思科提供的绝大部分支持是通过网上实现的。越来越多的公司采纳了思科的自我帮助模式，而思科的客户满意率也逐年上升。调查显示，约60%的客户希望借助CCO来获取技术支持，而80%以上的客户也希望通过CCO来解决产品和市场问题。CCO的实施使98%的问题得到了及时、准确的解答或补救。从1995年起，它的客户满意率也上升了25%。

5. 安全可靠

伴随互联网出现的新名词是“Hacker(黑客)”。他们对互联网技术的了如指掌使得顾客时时担心自身利益被侵害。这其中包括：应用互联网进行支付时密码泄露以及随之而来的财产损失；重要机密和商业信息的暴露；系统遭到黑客的攻击而导致瘫痪，从而造成经济损失以及重要数据丢失或者被窃取。因此无论什么公司在利用互联网为顾客提供完善周到服务的同时，无不小心翼翼预防突如其来的破坏。杨滨就表示mySAP.com采用了防火墙等各种安全措施，并且将不断采用最新技术来完善这方面的保障。CCO的互联网产品中心在受理客户订单时也只允许那些被授权的直接客户才能通过密码使用这一程序。

但是，道高一尺，魔高一丈，在互联网时代保密与破坏将继续并存下去，安全性应该是所有客户永远警惕的一个问题，而在简单方便与安全可靠之间达到完美的平衡依然是网络时代公司的一个理想。

(资料来源：叶大萌，网络时代顾客服务新规则. 世界经理人网站.http//www.ceo onlme.com/)

参考文献

1. 制造业内训教程编委会. 客户服务管理. 广州：广东经济出版社，2006
2. 滕宝红，史立宣. 客户服务中心管理制度·表单·文本. 广州：广东经济出版社，2004
3. 黄国雄. 客户关系管理. 北京：中国劳动社会保障出版社，2006
4. 郝雨风，李朝霞. 客户 100 战. 北京：中国经济出版社，2006
5. 滕宝红. 客户管理实操细节. 广州：广东经济出版社，2006
6. 文锋. 轻松管客户. 广州：广东经济出版社，2005
7. 郑方华. 客户服务技能案例训练手册. 北京：机械工业出版社，2006
8. 陆丽明. 如何进行客户服务管理. 北京：北京大学出版社，2004
9. 王广宇. 客户关系管理方法论. 北京：清华大学出版社，2004
10. 博瑞森. 帮助你的客户成功. 北京：机械工业出版社，2006
11. 谭丽琴，张小艺. 客户服务管理职位工作手册. 北京：人民邮电出版社，2005
12. 张众宽，武亮. 客户服务人员的 100 个细节. 深圳：海天出版社，2006
13. 郭城，韩冰. 客户服务工具箱. 上海：上海远东出版社，2006
14. 陈巍. 客户至尊：金牌服务技巧. 北京：中国社会科学出版社，2003
15. 林健安. 大客户行销. 北京：北京工业大学出版社，2003
16. 张梅. 客户投诉管理. 北京：人民邮电出版社，2006
17. 朱立嗯，梁卫权. 投诉处理的理论与实务. 北京：中国标准出版社，2005
18. 杨莉惠. 客户关系管理实训. 北京：中国劳动社会保障出版社，2006
19. 丁兴良. 大客户战略服务. 北京：机械工业出版社，2008
20. 丁兴良. 大客户战略管理. 北京：机械工业出版社，2008
21. 影响力中央研究院专家组. 让客户回头。北京：电子工业出版社，2009
22. 徐文锋. 客户主管实务. 广州：广东经济出版社，2009
23. [美] 伊莱妮·哈里斯著. 苏悦译. 客户服务实务. 北京：中国人民大学出版社，2003
24. [英] 萨拉·库克著. 杨沐译，客户服务管理. 北京：经济管理出版社，2005
25. [美] 罗伯特·卢卡斯著. 朱迎紫，艾凤义译. 客户服务. 北京：企业管理出版社，2006
26. [澳] 尼维莱·雷克·克瑞斯汀·希蒂著. 童利忠等译. 客户服务手册. 北京：人民邮电出版社，2004
27. 彼得·菲斯克著. 夏金彪译. 客户天才. 北京：企业管理出版社，2010

附录A

客户服务职业资格考试大纲

目前，客户服务已经成为企业竞争制胜的法宝，并受到了各行业的普遍重视。而作为客户服务的执行者，客户服务人员的知识、素质、能力，直接影响到客户服务的效果。客户服务已成为目前最有潜力的就业领域之一，正吸引着大批有志之士的加入。

为方便客服人员就业、学习与资格认证，特制定本学习大纲以供参考。本大纲按照客户服务资格考试的五个层次分别制定，具有很强的针对性，其考核认证内容原则上不会超出大纲的范围，对于大纲以外的内容可根据个人兴趣与发展的需要进行提升学习。学习方式可采用自学或参加培训班学习。资格认证体系为：客户服务代表；高级客户服务代表；助理客户服务经理；客户服务经理；高级客户服务经理。

【客户服务代表】

一、职业定义

通过提供产品和服务满足客户的需要，完成交易，能够有效处理客户投诉、提升客户满意度与忠诚度的初级客户服务职业化人才。

从事的主要工作包括：

1. 企业客服中心服务代表。
2. 企业售后服务。
3. 企业营销部门业务代表。
4. 从事与客户服务相关的活动策划与组织工作等。

二、学员对象

企业销售及从事一线客户服务的员工；有志于客户服务的社会青年；中等职业技术学校在校生等。

三、考核方法

全国统一命题与考试，命题理论与技能相结合，理论占30%，技能占70%。

四、学习内容

学习内容主要根据全国客户服务职业资格认证培训教材《客户服务实务(第2版)》编写。详见下表。

客户服务实务		
章	节	内　容
第一章 客户服务基础	第一节　理解客户服务	● 服务 ● 客户的内涵 ● 客户分类 ● 客户服务 ● 客户服务人员 ● 客户服务的重要性
	第二节　客户服务的分类与内容	● 客户服务的分类 ● 客户服务的主要内容 ● 客户服务精髓
	第三节　客户服务人员的职业要求	● 服务质量 ● 优质客户服务的标准 ● 客户服务人员的基本素质 ● 决定客户服务质量的因素 ● 客户服务人员的技能要求
	第四节　客户服务意识	● 客户服务意识 ● 客户服务的几个误区
第二章 客户服务礼仪	第一节　客户服务礼仪基础	● 礼仪的原则 ● 礼仪包含的内容 ● 微笑 ● 礼仪与道德修养
	第二节　接待客户礼仪	● 接待客户的礼仪规范 ● 正确引见的礼仪 ● 馈赠礼仪
	第三节　客户电话服务礼仪	● 打电话的礼仪 ● 接电话的礼仪 ● 电话等待的礼仪 ● 电话转接的礼仪
	第四节　名片使用礼仪	● 名片的递送 ● 名片的接受 ● 交换名片的注意事项 ● 名片的其他用途

(续表)

章	节	内容
第三章 客户服务中的沟通技巧	第一节　客户沟通的基础知识	● 沟通的概念 ● 沟通的作用 ● 沟通的基本要素 ● 客户沟通的基本方式
	第二节　倾听技巧	● 理解倾听 ● 倾听的作用 ● 倾听的技巧 ● 如何成为好的聆听者
	第三节　提问的技巧	● 提问的作用 ● 提问的技巧
	第四节　掌握有效沟通的语言	● 客服人员的话语特点 ● 客服人员的声音 ● 客服人员的语言表达艺术 ● 与不同类型的客户进行有效沟通 ● 传达利益信息四要素 ● 赞美的技巧
	第五节　身体语言的运用	● 表情语 ● 手势语 ● 肢体动作语
	第六节　电话沟通技巧	● 电话交流的步骤 ● 电话交流的技巧
第四章 客户服务技巧	第一节　客户接待技巧	● 接待客户前的准备 ● 欢迎你的客户 ● 提供个性化的服务 ● 不同客户接待需不同技巧
	第二节　理解客户的技巧	● 理解期望 ● 期望的层次 ● 识别不合理期望 ● 找到客户的购买理由 ● 理解客户的技巧
	第三节　满足客户的期望	● 专业地介绍自己的产品 ● 提供信息与选择 ● 设定客户期望值 ● 超越客户期望的技巧 ● 拒绝客户的技巧 ● 捕捉客户成交信号 ● 达成协议的技巧

(续表)

章	节	内　容
第四章 客户服务技巧	第四节　留住客户的技巧	• 结束服务 • 留住客户的技巧
	第五节　及时服务	• 别让客户等得太久 • 不可浪费客户的时间 • 即时服务 • 只有好的过程，才会有更高的效率 • 弹性的服务时间 • 退款要及时 • 回应迅速及时
第五章 不同类型客户的服务技巧	第一节　普通客户的服务技巧	• 客户对象的多样性及对服务的影响 • 接待不同客户的基本要求 • 不同购买行为模式客户的服务技巧 • 常见典型客户的服务技巧
	第二节　棘手客户服务技巧	• 棘手客户 • 棘手客户服务技巧
第六章 客户服务创新	第一节　超值服务	• 超值服务
	第二节　顾问式服务	• 顾问式服务
	第三节　体验服务	• 体验服务
	第四节　个性化服务	• 个性化服务
	第五节　服务创新	• 服务创新
第七章 客户投诉的处理技巧	第一节　客户为什么会投诉	• 认识投诉 • 客户投诉的原因 • 客户投诉的心理状态分析 • 投诉客户的类型 • 失去客户的原因分析
	第二节　有效处理客户投诉的意义	• 不投诉不等于满意 • 客户不投诉的成本分析 • 有效处理客户投诉的意义 • 客户投诉内容 • 处理客户投诉的原则 • 处理客户投诉的步骤 • 处理客户投诉的误区
	第三节　一般投诉处理技巧	• 一般投诉的处理技巧 • 接待投诉客户技巧 • 回复客户的技巧 • 为客户投诉提供方便 • 处理客户抱怨时的“三换”与“三忌”

(续表)

章	节	内　容
第七章 客户投诉的处理技巧	第四节　不同投诉方式的服务技巧	● 客户投诉面谈技巧 ● 信函投诉处理技巧 ● 电话投诉处理技巧 ● 上门面谈处理客户投诉的技巧
第八章 处理客户服务压力的技巧	第一节　压力与压力的产生	● 压力 ● 压力的症状 ● 导致压力产生的因素 ● 工作压力对客户服务人员的影响
	第二节　处理压力的技巧	● 压力的诊断 ● 应对压力的基本原则 ● 缓解工作压力的方法与措施 ● 减轻压力的技巧 ● 从公司管理方面帮助员工减轻压力或预防压力 ● 用科学的方法对待压力
第九章 网络时代的客户服务	网络客户服务基础	● 网络客户服务的内容与特点 ● 网络客户服务过程 ● 网络客户服务的关键 ● 网络客户服务的工具

【高级客户服务代表】

一、职业定义

能够熟练运用服务、处理投诉等技巧建立和维持客户关系，并在此基础上进一步提高服务质量，能熟练运用现代服务技术，具有良好发展潜力的客户服务人才。

从事的主要工作包括：

1. 企业客服中心服务代表。
2. 企业售后服务。
3. 企业营销部门业务代表。
4. 从事与客户服务相关的活动策划与组织。
5. 服务一线班组的管理工作等。

二、学员对象

企业销售及从事一线客户服务的员工；已具有客户服务代表资格的服务人员；大专及大专以上学历的在校生。

三、考核方法

全国统一命题与考试，命题理论与技能相结合，理论占40%，技能占60%。

四、学习内容

学习内容主要根据全国客户服务职业资格认证培训教材《客户服务实务(第2版)》编写。详见下表：

客户服务实务		
章	节	内　容
第一章 客户服务基础	第一节　理解客户服务	● 服务 ● 客户的内涵 ● 客户分类 ● 客户服务 ● 客户服务人员 ● 客户服务的重要性
	第二节　客户服务的分类与内容	● 客户服务的分类 ● 客户服务的主要内容 ● 客户服务精髓
	第三节　客户服务人员的职业要求	● 服务质量 ● 优质客户服务的标准 ● 客户服务人员的基本素质 ● 决定客户服务质量的因素 ● 客户服务人员的技能要求
	第四节　客户服务意识	● 客户服务意识 ● 客户服务的几个误区
第二章 客户服务礼仪	第一节　客户服务礼仪基础	● 礼仪的原则 ● 礼仪包含的内容 ● 微笑 ● 礼仪与道德修养
	第二节　接待客户礼仪	● 接待客户的礼仪规范 ● 正确引见的礼仪 ● 馈赠礼仪
	第三节　客户电话服务礼仪	● 打电话的礼仪 ● 接电话的礼仪 ● 电话等待的礼仪 ● 电话转接的礼仪
	第四节　名片使用礼仪	● 名片的递送 ● 名片的接受 ● 交换名片的注意事项 ● 名片的其他用途

(续表)

章	节	内　容
第三章 客户服务中的沟通技巧	第一节　客户沟通的基础知识	● 沟通的概念 ● 沟通的作用 ● 沟通的基本要素 ● 客户沟通的基本方式
	第二节　倾听技巧	● 理解倾听 ● 倾听的作用 ● 倾听的技巧 ● 如何成为好的聆听者
	第三节　提问的技巧	● 提问的作用 ● 提问的技巧
	第四节　掌握有效沟通的语言	● 客服人员的话语特点 ● 客服人员的声音 ● 客服人员语言表达艺术 ● 与不同类型的客户进行有效沟通 ● 传达利益信息“四要”素赞美的技巧
	第五节　身体语言的运用	● 表情语 ● 手势语 ● 肢体动作语
	第六节　电话沟通技巧	● 电话交流的步骤 ● 电话交流的技巧
第四章 客户服务技巧	第一节　客户接待技巧	● 接待客户前的准备 ● 欢迎你的客户 ● 提供个性化的服务 ● 不同客户接待需不同技巧
	第二节　理解客户的技巧	● 理解期望 ● 期望的层次 ● 识别不合理期望 ● 找到客户的购买理由 ● 理解客户的技巧
	第三节　满足客户的期望	● 专业地介绍自己的产品 ● 提供信息与选择 ● 设定客户期望值 ● 超越客户期望的技巧 ● 拒绝客户的技巧 ● 捕捉客户成交信号 ● 达成协议的技巧

(续表)

章	节	内　容
第四章 客户服务技巧	第四节　留住客户的技巧	● 结束服务 ● 留住客户的技巧
	第五节　及时服务	● 别让客户等得太久 ● 不可浪费客户的时间 ● 即时服务 ● 只有好的过程，才会有更高的效率 ● 弹性的服务时间 ● 退款要及时 ● 回应迅速及时
第五章 不同类型客户的服务技巧	第一节　不同类型客户的服务技巧	● 客户对象的多样性及对服务的影响 ● 接待不同客户的基本要求 ● 不同购买行为模式客户的服务技巧 ● 常见典型客户的服务技巧
	第二节　棘手客户服务技巧	● 棘手客户 ● 棘手客户服务技巧
第六章 客户服务创新	第一节　超值服务	● 超值服务
	第二节　顾问式服务	● 顾问式服务
	第三节　体验服务	● 体验服务
	第四节　个性化服务	● 个性化服务
	第五节　服务创新	● 服务创新
第七章 客户投诉的处理技巧	第一节　客户为什么会投诉	● 认识投诉 ● 客户投诉的原因 ● 客户投诉的心理状态分析 ● 投诉客户的类型 ● 失去客户的原因分析
	第二节　有效处理客户投诉的意义	● 不投诉不等于满意 ● 客户不投诉的成本分析 ● 有效处理客户投诉的意义 ● 客户投诉内容 ● 处理客户投诉的原则 ● 处理客户投诉的步骤 ● 处理客户投诉的误区
	第三节　一般投诉处理技巧	● 一般投诉的处理技巧 ● 接待投诉客户技巧 ● 回复客户的技巧 ● 为客户投诉提供方便 ● 处理客户抱怨时的“三换”与“三忌”

(续表)

章	节	内容
第七章 客户投诉的处理技巧	第四节　不同投诉方式的服务技巧	● 客户投诉面谈技巧 ● 信函投诉处理技巧 ● 电话投诉处理技巧 ● 上门面谈处理客户投诉的技巧
	第五节　重大投诉处理技巧	● 重大投诉的识别和处理原则 ● 重大投诉处理技巧 ● 企业向消费者道歉技巧 ● 群体性投诉的处理 ● 重大投诉中的有关问题
第八章 处理客户服务压力的技巧	第一节　压力与压力的产生	● 压力 ● 压力的症状 ● 导致压力产生的因素 ● 工作压力对客户服务人员的影响
	第二节　处理压力的技巧	● 压力的诊断 ● 应对压力的基本原则 ● 缓解工作压力的方法 ● 减轻压力的技巧 ● 从公司管理方面帮助员工减轻压力或预防压力 ● 用科学的方法对待压力
第九章 网络时代的客户服务	第一节　网络客户服务基础	● 网络客户服务的内容与特点 ● 网络客户服务过程 ● 网络客户服务的关键 ● 网络客户服务的工具
	第二节　网络客户服务实施	● 解答客户常见问题 ● 利用好电子邮件 ● 利用公共电子论坛 ● 其他客户服务支持工具

【助理客户服务经理】

一、职业定义

能够熟练提供各种客户服务，独立解决一线客户服务中的问题，协助客服经理进行日常客户服务管理工作的客户服务职业化人才。

从事的主要工作包括：

1. 从事与客户服务相关的活动策划与组织。
2. 服务一线班组的管理工作。
3. 日常客户服务管理工作。
4. 从事客户服务代表所做的其他工作。

二、学员对象

企业销售及从事一线客户服务的员工；已具有高级客户服务代表资格的服务人员；本科在校生。

三、考核方法

全国统一命题与考试，命题理论与技能相结合，即理论占50%，技能占50%。

四、学习内容

学习内容主要根据全国客户服务职业资格认证培训教材《客户服务实务(第2版)》、《客户服务管理(第2版)》编写。详见下表：

第一部分 客户服务实务		
章	节	内容
第一章 客户服务基础	第一节 理解客户服务	● 服务 ● 客户的内涵 ● 客户分类 ● 客户服务 ● 客户服务人员 ● 客户服务的重要性
	第二节 客户服务的分类与内容	● 客户服务的分类 ● 客户服务的主要内容 ● 客户服务精髓
	第三节 客户服务人员的职业要求	● 服务质量 ● 优质客户服务的标准 ● 客户服务人员的基本素质 ● 决定客户服务质量的因素 ● 客户服务人员的技能要求
	第四节 客户服务意识	● 客户服务意识 ● 客户服务的几个误区

(续表)

章	节	内　容
第二章 客户服务礼仪	第一节　客户服务礼仪基础	● 礼仪的原则 ● 礼仪包含的内容 ● 微笑 ● 礼仪与道德修养
	第二节　接待客户礼仪	● 接待客户的礼仪规范 ● 正确引见的礼仪 ● 馈赠礼仪
	第三节　客户电话服务礼仪	● 打电话的礼仪 ● 接电话的礼仪 ● 电话等待的礼仪 ● 电话转接的礼仪
	第四节　名片使用礼仪	● 名片的递送 ● 名片的接受 ● 交换名片的注意事项 ● 名片的其他用途
第三章 客户服务中的沟通技巧	第一节　客户沟通的基础知识	● 沟通的概念 ● 沟通的作用 ● 沟通的基本要素 ● 客户沟通的基本方式
	第二节　倾听技巧	● 理解倾听 ● 倾听的作用 ● 倾听的技巧 ● 如何成为好的聆听者
	第三节　提问的技巧	● 提问的作用 ● 提问的技巧
	第四节　掌握有效沟通的语言	● 客服人员的话语特点 ● 客服人员的声音 ● 客服人员语言表达艺术 ● 与不同类型的客户进行有效沟通 ● 传达利益信息“四要”素 ● 赞美的技巧
	第五节　身体语言的运用	● 表情语 ● 手势语 ● 肢体动作语
	第六节　电话沟通技巧	● 电话交流的步骤 ● 电话交流的技巧

(续表)

章	节	内容
第四章 客户服务技巧	第一节 客户接待技巧	● 接待客户前的准备 ● 欢迎你的客户 ● 提供个性化的服务 ● 不同客户接待需不同技巧
	第二节 理解客户的技巧	● 理解期望 ● 期望的层次 ● 识别不合理期望 ● 找到客户的购买理由 ● 理解客户的技巧
	第三节 满足客户的期望	● 专业地介绍自己的产品 ● 提供信息与选择 ● 设定客户期望值 ● 超越客户期望的技巧 ● 拒绝客户的技巧 ● 捕捉客户成交信号 ● 达成协议的技巧
	第四节 留住客户的技巧	● 结束服务 ● 留住客户的技巧
	第五节 及时服务	● 别让客户等得太久 ● 不可浪费客户的时间 ● 即时服务 ● 只有好的过程，才会有更高的效率 ● 弹性的服务时间 ● 退款要及时 ● 回应迅速及时
第五章 不同类型客户的服务技巧	第一节 不同类型客户的服务技巧	● 客户对象的多样性及对服务的影响 ● 接待不同客户的基本要求 ● 不同购买行为模式客户的服务技巧 ● 常见典型客户的服务技巧
	第二节 棘手客户服务技巧	● 棘手客户 ● 棘手客户服务技巧
第六章 客户服务创新	第一节 超值服务	● 超值服务
	第二节 顾问式服务	● 顾问式服务
	第三节 体验服务	● 体验服务
	第四节 个性化服务	● 个性化服务
	第五节 服务创新	● 服务创新

(续表)

章	节	内　容
第七章 客户投诉的处理技巧	第一节　客户为什么会投诉	● 认识投诉 ● 客户投诉的原因 ● 客户投诉的心理状态分析 ● 投诉客户的类型 ● 失去客户的原因分析
	第二节　有效处理客户投诉的意义	● 不投诉不等于满意 ● 客户不投诉的成本分析 ● 有效处理客户投诉的意义 ● 客户投诉内容 ● 处理客户投诉的原则 ● 处理客户投诉的步骤 ● 处理客户投诉的误区
	第三节　一般投诉处理技巧	● 一般投诉的处理技巧 ● 接待投诉客户技巧 ● 回复客户的技巧 ● 为客户投诉提供方便 ● 处理客户抱怨时的“三换”与“三忌”
	第四节　不同投诉方式的服务技巧	● 客户投诉面谈技巧 ● 信函投诉处理技巧 ● 电话投诉处理技巧 ● 上门面谈处理客户投诉的技巧
	第五节　重大投诉处理技巧	● 重大投诉的识别和处理原则 ● 重大投诉处理技巧 ● 企业向消费者道歉技巧 ● 群体性投诉的处理 ● 重大投诉中的有关问题
第八章 处理客户服务压力的技巧	第一节　压力与压力的产生	● 压力 ● 压力的症状 ● 导致压力产生的因素 ● 工作压力对客户服务人员的影响
	第二节　处理压力的技巧	● 压力的诊断 ● 应对压力的基本原则 ● 缓解工作压力的方法与措施 ● 减轻压力的技巧 ● 从公司管理方面帮助员工减轻压力或预防压力 ● 用科学的方法对待压力

(续表)

章	节	内　容
第九章 网络时代的客户服务	第一节　网络客户服务基础	● 网络客户服务的内容与特点 ● 网络客户服务过程 ● 网络客户服务的关键 ● 网络客户服务的工具
	第二节　网络客户服务实施	● 解答客户常见问题 ● 利用好电子邮件 ● 利用公共电子论坛 ● 其他客户服务支持工具

第二部分 客户服务管理		
章	节	内　容
第一章 客户服务管理规划	第一节　客户服务的组织结构	● 客户服务部组织结构的设置 ● 客户服务的目标 ● 客户服务部职能
	第二节　客户服务质量管理	● 服务质量的内涵 ● 服务质量的评价标准 ● 服务质量测定 ● 服务质量差距分析 ● 提高服务质量 ● 提高服务质量的策略 ● 服务到最小细节 ● 倡导服务理念，推行服务营销
第二章 客服人员管理	第一节　客服团队与人员管理	● 客户团队的目标管理 ● 客户服务人员的管理 ● 提升客服人员素质 ● 培养全员客服意识 ● 提高客服质量
	第二节　客服人员的岗位职责与素质要求	● 客服人员的岗位职责 ● 客服人员的素质要求 ● 客户信息调查员的基本素质 ● 售后服务人员品质素养
	第三节　客户服务人员的招聘与培训	● 选拔优秀的客户服务人员 ● 客户服务培训前的准备 ● 客户服务人员培训的原则 ● 培训的内容与方法

(续表)

章	节	内　容
第二章 客服人员管理	第四节　客服人员的激励	● 激励的含义和基本原则 ● 激励理论 ● 激励方式 ● 激励的技巧 ● 客户服务人员的激励 ● 提高员工的士气的技巧
第三章 客户信息管理	第一节　客户信息收集	● 客户信息的内容 ● 客户信息来源 ● 客户信息收集的步骤 ● 信息收集方法 ● 客户信息调查问卷的设计 ● 客户信息收集技巧
	第二节　客户信息管理	● 客户信息管理的作用 ● 客户信息的分类 ● 建立客户资料信息卡 ● 客户名册 ● 客户信息库整理及利用
第四章 大客户服务管理	第一节　客户服务分级	● 客户服务分级的必要性 ● 客户服务分级的作用 ● 客户服务分级的主要理论
	第二节　大客户服务管理	● 大客户管理 ● 大客户管理的步骤 ● 建立完善大客户基础资料 ● 发掘大客户价值 ● 服务大客户 ● 维护大客户关系的关键因素 ● 客户接待技巧
	第三节　提高大客户忠诚度的策略	● 优先保证大客户的货源充足 ● 充分调动大客户中的一切与销售相关的因素 ● 新产品的试销应首先在大客户之间进行 ● 充分关注大客户的一切公关及促销活动、商业动态，并及时给予支援或协助 ● 安排企业高层主管对大客户的拜访工作 ● 根据大客户的不同情况，和每个大客户一起设计促销方案 ● 经常性地征求大客户对营销人员的意见，及时调整营销人员，保证渠道畅通 ● 对大客户制定适当的奖励政策

(续表)

章	节	内　容
第五章 客户满意度与 忠诚度管理	第一节　客户满意度管理	● 客户满意度 ● 客户满意的分类 ● 影响客户满意度的因素 ● 客户满意度的衡量指标 ● 客户满意度测试 ● 提高客户满意度的方法 ● 服务补救 ● 提高客户满意度的技巧
	第二节　客户忠诚度管理	● 客户满意不等于客户忠诚 ● 理解客户忠诚 ● 客户忠诚的类型 ● 客户忠诚的价值 ● 提高客户忠诚度的途径 ● 提高客户忠诚度的技巧
	第三节　预防客户流失管理	● 分析客户流失的原因 ● 制定解决方案
第六章 客户关系的建立与维系	第一节　客户关系的建立	● 发现客户线索 ● 与客户进行有效沟通 ● 把握客户的心理与需求 ● 制定有效的客户进入策略 ● 获得客户承诺 ● 售前支持
	第二节　客户维护	● 客户维护的价值 ● 维护客户关系的原则 ● 维护客户关系的步骤 ● 制定客户维护计划 ● 客户维护方法
	第三节　客户挽留	● 挽留忠诚的客户 ● 挽留濒临流失的客户 ● 挽留高价值客户 ● 挽留满意度不高的客户 ● 建立客户流失预警体系
	第四节　制定客户关怀计划，扩大客户关系	● 制定扩大客户关系的工作目标 ● 选择扩大客户关系的工作内容 ● 将客户关怀与业务拓展紧密结合 ● 制定扩大客户关怀计划 ● 客户关怀的评估

(续表)

章	节	内容
第七章 客户关系管理	第一节　客户关系与客户关系管理	● 客户关系的类型 ● 客户关系类型的选择 ● 客户关系管理的定义 ● 客户关系管理的作用 ● 客户关系管理的功能
	第二节　CRM 系统介绍	● 客户关系管理(CRM) ● 使用客户关系管理系统的好处 ● CRM 应用系统的分类 ● CRM 系统的体系结构 ● CRM 软件的逻辑功能 ● CRM 软件的物理模块划分 ● CRM 的五大关键内容
第八章 呼叫中心管理	第一节　呼叫中心的特征与功能	● 理解呼叫中心
	第二节　呼叫中心的建设与运营	● 呼叫中心的分类 ● 呼叫中心呼叫内容
	第三节　呼叫中心的管理	● 呼叫中心管理工作流程 ● 呼叫中心管理工作表单 ● 呼叫中心管理制度

【客户服务经理】

一、职业定义

掌握系统的客户服务管理知识架构，能够建立有效的客户服务管理体系、客户服务管理监督机制；掌握客服人员的选拔与管理、员工激励与沟通的原则和方法；具备一定的战略思想，从更高的层次上掌握现代客户服务技术应用的中级客户服务管理人才。

从事的主要工作包括：

1. 从事客户服务活动的设计、组织和实施管理。
2. 日常客户服务管理工作。
3. 客服人员的培训与选拔。
4. 承担营销管理或区域经理工作。
5. 大客户管理或大客户经理。

6. 担任客服中心经理或售后服务经理等工作。

二、学员对象

企业在职客户服务经理或同级别的管理人员；已具有助理客户服务经理资格的服务管理人员；本科及以上学历的在校生。

三、考核方法

全国统一命题与考试，命题理论与技能相结合，理论占60%，技能占40%。

四、学习内容

学习内容主要根据全国客户服务职业资格认证培训教材《客户服务实务(第2版)》、《客户服务管理(第2版)》编写。详见下表：

第一部分 客户服务实务		
章	节	内容
第一章 客户服务基础	第一节 理解客户服务	● 服务 ● 客户的内涵 ● 客户分类 ● 客户服务 ● 客户服务人员 ● 客户服务的重要性
	第二节 客户服务的分类与内容	● 客户服务的分类 ● 客户服务的主要内容 ● 客户服务精髓
	第三节 客户服务人员的职业要求	● 服务质量 ● 优质客户服务的标准 ● 客户服务人员的基本素质 ● 决定客户服务质量的因素 ● 客户服务人员的技能要求
	第四节 客户服务意识	● 客户服务意识 ● 客户服务的几个误区
第二章 客户服务礼仪	第一节 客户服务礼仪基础	● 礼仪的原则 ● 礼仪包含的内容 ● 微笑 ● 礼仪与道德修养
	第二节 接待客户礼仪	● 接待客户的礼仪规范 ● 正确引见的礼仪 ● 馈赠礼仪

(续表)

章	节	内　容
第二章 客户服务礼仪	第三节　客户电话服务礼仪	• 打电话的礼仪 • 接电话的礼仪 • 电话等待的礼仪 • 电话转接的礼仪
	第四节　名片使用礼仪	• 名片的递送 • 名片的接受 • 交换名片的注意事项 • 名片的其他用途
第三章 客户服务中的沟通技巧	第一节　客户沟通的基础知识	• 沟通的概念 • 沟通的作用 • 沟通的基本要素 • 客户沟通的基本方式
	第二节　倾听技巧	• 理解倾听 • 倾听的作用 • 倾听的技巧 • 如何成为好的聆听者
	第三节　提问的技巧	• 提问的作用 • 提问的技巧
	第四节　掌握有效沟通的语言	• 客服人员的话语特点 • 客服人员的声音 • 客服人员语言表达艺术 • 与不同类型的客户进行有效沟通 • 传达利益信息“四要”素 • 赞美的技巧
	第五节　身体语言的运用	• 表情语 • 手势语 • 肢体动作语
	第六节　电话沟通技巧	• 电话交流的步骤 • 电话交流的技巧
第四章 客户服务技巧	第一节　客户接待技巧	• 接待客户前的准备 • 欢迎你的客户 • 提供个性化的服务 • 不同客户接待需不同技巧

(续表)

章	节	内容
第四章 客户服务技巧	第二节 理解客户的技巧	● 理解期望 ● 期望的层次 ● 识别不合理期望 ● 找到客户的购买理由 ● 理解客户的技巧
	第三节 满足客户的期望	● 专业地介绍自己的产品 ● 提供信息与选择 ● 设定客户期望值 ● 超越客户期望的技巧 ● 拒绝客户的技巧 ● 捕捉客户成交信号 ● 达成协议的技巧
	第四节 留住客户的技巧	● 结束服务 ● 留住客户的技巧
	第五节 及时服务	● 别让客户等得太久 ● 不可浪费客户的时间 ● 即时服务 ● 只有好的过程，才会有更高的效率 ● 弹性的服务时间 ● 退款要及时 ● 回应迅速及时
第五章 不同类型客户的 服务技巧	第一节 不同类型客户的服务技巧	● 客户对象的多样性及对服务的影响 ● 接待不同客户的基本要求 ● 不同购买行为模式客户的服务技巧 ● 常见典型客户的服务技巧
	第二节 棘手客户服务技巧	● 棘手客户 ● 棘手客户服务技巧
第六章 客户服务创新	第一节 超值服务	● 超值服务
	第二节 顾问式服务	● 顾问式服务
	第三节 体验服务	● 体验服务
	第四节 个性化服务	● 个性化服务
	第五节 服务创新	● 服务创新

(续表)

章	节	内容
第七章 客户投诉的处理技巧	第一节 客户为什么会投诉	● 认识投诉 ● 客户投诉的原因 ● 客户投诉的心理状态分析 ● 投诉客户的类型 ● 失去客户的原因分析
	第二节 有效处理客户投诉的意义	● 不投诉不等于满意 ● 客户不投诉的成本分析 ● 有效处理客户投诉的意义 ● 客户投诉内容 ● 处理客户投诉的原则 ● 处理客户投诉的步骤 ● 处理客户投诉的误区
	第三节 一般投诉处理技巧	● 一般投诉的处理技巧 ● 接待投诉客户技巧 ● 回复客户的技巧 ● 为客户投诉提供方便 ● 处理客户抱怨时的“三换”与“三忌”
	第四节 不同投诉方式的服务技巧	● 客户投诉面谈技巧 ● 信函投诉处理技巧 ● 电话投诉处理技巧 ● 上门面谈处理客户投诉的技巧
	第五节 重大投诉处理技巧	● 重大投诉的识别和处理原则 ● 重大投诉处理技巧 ● 企业向消费者道歉技巧 ● 群体性投诉的处理 ● 重大投诉中的有关问题
第八章 处理客户服务压力的技巧	第一节 压力与压力的产生	● 压力 ● 压力的症状 ● 导致压力产生的因素 ● 工作压力对客户服务人员的影响
	第二节 处理压力的技巧	● 压力的诊断 ● 应对压力的基本原则 ● 缓解工作压力的方法与措施 ● 减轻压力的技巧 ● 从公司管理方面帮助员工减轻压力或预防压力 ● 用科学的方法对待压力

(续表)

章	节	内　容
第九章 网络时代的客户服务	第一节　网络客户服务基础	● 网络客户服务的内容与特点 ● 网络客户服务过程 ● 网络客户服务的关键 ● 网络客户服务的工具
	第二节　网络客户服务实施	● 解答客户常见问题 ● 利用好电子邮件 ● 利用公共电子论坛 ● 其他客户服务支持工具

第二部分 客户服务管理		
章	节	内　容
第一章 客户服务管理 规划	第一节　客户服务的组织结构	● 客户服务涵盖的部门 ● 客户服务部组织结构的设置 ● 客户服务的目标 ● 客户服务部职能
	第二节　客户服务部职责	● 制定客户服务工作制度 ● 制定客户服务标准
	第三节　客户服务管理规划	● 确定客户服务理念 ● 规划客户服务管理体系 ● 客户服务管理的内容 ● 建立客户服务行为标准 ● 服务等级管理 ● 设计完善服务流程
	第四节　客户服务质量管理	● 服务质量的内涵 ● 服务质量的评价标准 ● 服务质量测定 ● 服务质量差距分析 ● 提高服务质量 ● 提高服务质量的策略 ● 服务到最小细节 ● 塑造客户服务的“共同愿景” ● 倡导服务理念，推行服务营销

(续表)

章	节	内　容
第二章 客服人员管理	第一节　客服团队与人员管理	● 组建高效客服团队 ● 客户服务团队的组织设计 ● 客户团队的目标管理 ● 客户服务人员的管理 ● 发挥客户经理的作用 ● 提升客服人员素质 ● 培养全员客服意识 ● 提高客服质量
	第二节　客服人员的岗位职责与素质要求	● 客服人员的岗位职责 ● 客服人员的素质要求 ● 客户信息调查员的基本素质 ● 售后服务人员的品质素养
	第三节　客户服务人员的招聘与培训	● 选拔优秀的客户服务人员 ● 建立完善的客服人员培训系统 ● 客户服务培训前的准备 ● 客户服务人员培训的原则 ● 培训的内容与方法 ● 不同客服人员的培训 ● 培训跟进
	第四节　客服人员的激励	● 激励的含义和基本原则 ● 激励理论 ● 激励方式 ● 激励的技巧 ● 客户服务人员的激励 ● 授权 ● 客户服务中的领袖精神 ● 创建客户服务文化 ● 提高员工的士气的技巧 ● 如何最大限度地发挥员工的潜力
	第五节　客户服务人员的绩效评估	● 绩效评估的含义 ● 绩效评估的目的和作用 ● 绩效评估的基础 ● 服务绩效标准 ● 服务绩效评估方法

(续表)

章	节	内　　容
第三章 客户信息管理	第一节　客户信息收集	● 客户信息的内容 ● 客户信息来源 ● 客户信息收集的步骤 ● 信息收集方法 ● 客户信息调查问卷的设计 ● 客户信息收集技巧
	第二节　客户信息管理	● 客户信息管理的作用 ● 客户信息的分类 ● 建立客户资料信息卡 ● 客户名册 ● 客户信息库整理及利用
	第三节　客户信用管理与资信评估	● 客户信用管理 ● 客户资信评估工具 ● 客户资信调查 ● 客户财务情况分析 ● 客户资信分级管理
第四章 大客户服务管理	第一节　客户服务分级	● 客户服务分级的必要性 ● 客户服务分级的作用 ● 客户服务分级的主要理论 ● 客户金字塔
	第二节　大客户服务管理	● 大客户管理 ● 大客户管理的步骤 ● 建立完善大客户基础资料 ● 发掘大客户价值 ● 服务大客户 ● 维护大客户关系的关键因素 ● 客户接待技巧
	第三节　提高大客户忠诚的策略	● 影响大客户忠诚度的因素 ● 提高大客户忠诚的策略
第五章 客户满意度与忠诚度管理	第一节　客户满意度管理	● 客户满意度 ● 影响客户满意度的因素 ● 客户满意度的衡量指标 ● 客户满意度测量 ● 建立客户服务满意体系 ● 提高客户满意度的方法 ● 服务补救 ● 提高客户满意度的技巧

(续表)

章	节	内　容
第五章 客户满意度与 忠诚度管理	第二节　客户忠诚度管理	● 客户满意不等于客户忠诚 ● 理解客户忠诚 ● 客户忠诚的类型 ● 客户忠诚的价值 ● 制定客户忠诚计划 ● 客户忠诚度的测量 ● 建立客户互动关系 ● 提高客户忠诚度的途径
	第三节　预防客户流失管理	● 分析客户流失的原因 ● 制定解决方案
第六章 客户关系的 建立与维系	第一节　客户关系的建立	● 制定客户发展计划 ● 客户开发的工作内容 ● 发现客户线索 ● 与客户进行有效沟通 ● 把握客户的心理与需求 ● 制定有效的客户进入策略 ● 获得客户承诺 ● 售前支持 ● 如何提高公司在客户中的价值
	第二节　客户维护	● 客户维护的价值 ● 维护客户关系的原则 ● 维护客户关系的步骤 ● 制定客户维护计划 ● 客户维护方法 ● 制定客户回访的制度
	第三节　客户挽留	● 挽留忠诚的客户 ● 挽留濒临流失的客户 ● 挽留高价值客户 ● 挽留满意度不高的客户 ● 建立客户流失预警体系
	第四节　制定客户关怀计划，扩大客户关系	● 制定扩大客户关系的工作目标 ● 选择扩大客户关系的工作内容 ● 将客户关怀与业务拓展紧密结合 ● 制定扩大客户关怀计划 ● 客户关怀的评估

(续表)

章	节	内　容
第七章 客户关系管理	第一节　客户关系与客户关系管理	● 客户关系的类型 ● 客户关系类型的选择 ● 客户关系管理的定义 ● 客户关系管理的作用 ● 客户关系管理的功能
	第二节　CRM 系统介绍	● 客户关系管理(CRM) ● 使用客户关系管理系统的好处 ● CRM 应用系统的分类 ● CRM 系统的体系结构 ● CRM 软件的逻辑功能 ● CRM 软件的物理模块划分 ● CRM 的五大关键内容
	第三节　CRM 系统功能模块介绍	● 销售自动化 ● 营销自动化 ● 客户服务自动化 ● 商业智能 ● 其他模块
	第四节　CRM 系统的实施	● CRM 的实施原则 ● CRM 实施步骤 ● CRM 使用
第八章 呼叫中心管理	第一节　呼叫中心的特征与功能	● 理解呼叫中心 ● 呼叫中心的特征 ● 呼叫中心的发展过程 ● 呼叫中心的基本构成 ● 呼叫中心的关键技术模块 ● 建立呼叫中心的意义 ● 企业呼叫中心的特殊功能
	第二节　呼叫中心的建设与运营	● 呼叫中心的分类 ● 呼叫中心的建设 ● 呼叫中心运营流程设计步骤 ● 呼叫中心呼叫内容 ● 利用呼叫中心同客户进行远距离的沟通

(续表)

章	节	内容
第八章 呼叫中心管理	第三节 呼叫中心的管理	● 提高呼叫中心的客户服务满意度 ● 呼叫中心话术设计 ● 克服呼叫中心沟通障碍的方法 ● 呼叫中心管理工作流程 ● 呼叫中心管理工作表单 ● 呼叫中心管理制度

【高级客户服务经理】

一、职业定义

掌握客户开发管理及客户关系管理、客户服务质量管理、客户服务信息系统、服务营销等全面的客户服务知识与技能；具备很强的外语交际能力、信息处理能力、独立分析和解决问题的能力以及创新能力等；深刻理解客户服务在企业中的地位和作用，能够从战略的高度建立客户服务管理体系和高效客服团队的高级客户服务管理人才。

从事的主要工作包括：

1. 从事客户服务活动的设计、组织和实施管理。
2. 企业客户服务战略规划。
3. 客户服务中心的建设。
4. 参与企业高层决策。
5. 担任企业高层正、副职。

二、学员对象

客户服务经理；销售经理；区域经理；大客户经理；具有客户服务经理资格的管理人员；企业其他中高级管理人员。

三、考核方法

全国统一命题与考试，命题理论与技能相结合，理论占40%，技能占40%，知识拓展约占20%，重点考核《客户服务管理(第2版)》，试题难度比客户服务经理增加20%。

四、学习内容

参照客户服务经理级别。

附录B

客户服务考试样卷

客户服务代表考试样卷

一、填空题(每空 1 分，满分 10 分。)

1. 优质的客户服务离不开____________，只有建立合理科学的客户管理机构，系统规划客户服务程序，建立高效的服务团队，才能满足企业客户服务与管理的需要。

2. 无论是开发新客户，还是巩固老客户，____________是最基础、最重要的工作。

3. 服务的价值完全取决于____________的需要。

4. 企业的客户服务工作必须讲究礼仪，首先要求客户服务人员要有____________。

5. 根据马斯洛的____________理论，客户的需求是不断发展变化的，随着较低层次需求的满足，就会追求更高层次的需求。

6. 对企业贡献度最高的客户是____________。

7.____________提问限定了客户的答案，客户只能在有限的答案中进行选择。

8. ____________就是向消费者提供超越其心理期待的满意服务。

9. 个体在生理和心理上感受到威胁时的一种紧张状态是____________。

10. ____________是服务质量的核心内容。

二、单项选择题(每题 1 分，满分 10 分。请将正确答案前的相应字母填入括号中)

1. 根据谈判双方的输、赢，可将谈判分为四种模式：赢—赢、赢—输、输—赢和输—输。现在在商务谈判中都提倡用(   )。

A. 赢—赢　　B. 赢—输　　C. 输—赢　　D. 输—输

2. 时间就是金钱，浪费客户的时间会影响客户的情绪，客户在这方面的期望值是非常高的。这句话反映了客户对服务要求的(　)。

A. 可靠度　　B. 同理度　　C. 响应度　　D. 有形度

3. (　)是赢得客户良好印象的直接因素，也是拉近彼此间距离的有效手段，在客户服务中，它是客服人员必备的一项基本素质，也是赢得客户的前提条件和最好的语言。

A. 仪表　　B. 提问　　C. 倾听　　D. 微笑

4. 在所有的在线客户服务手段中，(　)在网络营销服务商网站上出现的比例往往最高。

A. FAQ　　B. 网上虚拟社区　C. 电子邮件　　D. 在线表单

5. 社会性突发事件，大多是由少数人操纵的，通过宣传鼓动而把一些群众卷到事件中来。自然性突发事件，也往往危及多数群众的生命财产，关系到一个地区工作的成败，使事件具有(　)。

A. 突发性　　B. 欲望性　　C. 聚焦性　　D. 聚众性

6. 客户服务好比一座冰山，几乎(　)的山体是隐藏在水面下的。

A. 2/3　　B. 90%　　C. 80%　　D. 1/2

7. 客户在投诉过程中，一般都努力向商家证实他的投诉是对的和有道理的，希望获得商家的认同。这种投诉时的心理状态是(　)。

A. 发泄的心理　B. 补救的心理　C. 认同心理　　D. 表现心理

8. 直接、方便、清楚、易于交流是以下哪种沟通方式的优势。(　)

A. 书面沟通　　B. 网络沟通　　C. 非语言沟通　D. 口头沟通

9. 销售人员不断联系客户，提供有关改进产品用途的建议以及新产品的信息。它反映了企业与客户的关系属于(　)。

A. 基本型　　B. 负责型　　C. 能动型　　D. 伙伴型

10. 消极、厌倦、生气、冷淡、幻想等压力症状属于(　)。

A. 精神方面　B. 心理方面　C. 情绪方面　D. 行为方面

三、多项选择题(每题 1.5 分，共 15 分，请将正确答案前的相应字母填入括号中)

1. 中间商满意度测试的内容包括(　)。

A. 商品品质　　B. 交货期　　C. 品牌形象　　D. 买卖条件　　E. 经销支援

2. 关于体验服务，下列说法正确的是(　)。

A. 体验服务为客户创造人性化的服务设施

B. 体验服务过程是与客户倾心交谈、让客户感觉十分亲切的享受过程

C. 体验服务的目的是实现与客户的直接互动

D. 体验服务为客户营造亲切的服务环境

E. 体验服务的出发点是树立客户的忠诚度

3. 回复客户的技巧有(　)。

A. 立即答复　　B. 延期答复　　C. 不予答复　　D. 转移答复　　E. 迂回答复

4. 根据客户的行为模式可以把客户分为(　)。

A. 要求型　　B. 影响型　　C. 稳定型　　D. 暴躁型　　E. 恭顺型

5. 下列(　)不是女性客户的消费心理。

A. 自尊心强　　B. 追求时尚　　C. 重实用

D. 购物精打细算　E. 怕麻烦，力求方便

6. 下列(　)不属于客户投诉的心理。

A. 发泄心理　　B. 认同心理　　C. 补偿心理

D. 找茬心理　　E. 表现心理

7. 危机处理的原则有(　)。

A. 承担责任　　B. 真诚沟通　　C. 速度第一

D. 系统运行　　E. 权威证实

8. 赔礼道歉的形式有(　)。

A. 登报公开道歉　B. 上门道歉　　C. 口头道歉　　D. 书面道歉　　E. 经济赔偿

9. 倾听的要求包括(　)。

A. 不能发表意见　B. 不有意打断客户　　C. 适时反馈

D. 保持微笑　　E. 集中注意力

10. E-mail作为客户服务的工具之一，(　)不是它的特点。

A. 没有时间上的限制　　B. 答复具有正式性　　C. 没有表情，具有匿名性

D. 沟通快速　　E. 经济安全

四、判断题(每题1分，共10分，判断对错，在每题后面的括号内划"√"或"×")

1. 个性化客户是指对反复比较后再选购不感兴趣，方便是吸引他们的重要因素。(　)

2. 一些拉美国家，在约会时人们甚至会期望你晚到以示尊重。(　)

3. 在影响型客户的言谈中，其爱好溢于言表。(　)

4. 信息是由发送者或接收者要分享的思想和情感组成的。(　)

5. 沟通不是过程而是行为。(　)

6. 客服人员要尽可能地站在客户的立场上提问，不要仅仅围绕着自己的销售目的与客户沟通。(　)

7. 见人先递烟，生人变熟人。(　)

8. 若客户投诉是出于误解，这就可以归为客户的错误。(　)

9. 对于一般投诉，企业高层不宜亲自出面处理，也没有必要。(　)

10. 压力反应是每个人对压力因素采取的习惯性的反应模式，它是因人而异的。(　)

五、名词解释(共10分，每题2分)

1. 客户　2. 一对一服务　3. 客户投诉

4. 危机　5. 网络沟通

六、简答题(共10分，每题5分)

1. 如何接待博学型客户？

2. 沟通的基本要素。

七、技能应用题(共15分，每题5分)

1. 小张大学毕业后到一度假村客户服务部上班，其主要任务是：电话回访老客户，进行客情关系的维护；对业务部业务员每天拜访的新客户进行回访，对业务员实施监督。令小张头疼的是电话打通后怎样与客户沟通。请你帮小张出出主意。

2. 如果你被招聘作为坐席代表，首先经历“听试”这样一个过程。在我们自己的听试设计中，我们会对声音、理解力、概述能力、情绪控制力及快速反应能力等作一系列的测试。你之所以能入选，声音的优美度应该高于普通人群的平均值。即便如此，你的改进空间依然很大。声音缺乏阴阳顿锉常常是一大问题。不少呼叫中心的服务就像典型的呼台或查号台，坐席代表们保持单一的声调，让人无法从这一接触点感到企业对每个客户的欢迎与重视。当然，你作为坐席代表有一定的原因：

(1) 不断重复。你面对的客户太多，常常又要说同样的话，你说着说着就丧失了热情。

(2) 你有给定的脚本，照本宣科常常使你变得很机械。

(3) 当然因为不是面对面，对方表情反馈的缺乏也会导致你的茫然。

请问：如果你是坐席代表，应如何克服以上困难？

3. 客户小李购买了贵公司的小轿车，现在车出了问题，到公司投诉，由你负责接待，请你设计并填写一张投诉处理卡。

八、案例分析题(共20分，每题10分)

1. 李先生使用某品牌手机，其手机卡号为该地区某通信运营商所有。刚使用一段时间，实施手机转移呼叫操作，发现该功能无法实现。李先生开始以为是自己操作不正确，便仔细研读说明书，最终还是不能成功操作。

于是，李先生致电该运营商服务中心，询问该中心服务人员，网络是否具有呼叫转移功能，并告之目前不能呼叫转移的状况。该运营商服务中心的服务人员肯定网络具有呼叫功能，而且告诉客户，可能是客户的手机有质量问题，要求客户去找手机店解决问题。

李先生致电手机厂家服务中心，厂家告之该款手机具有呼叫转移功能，目前状况肯定是运营商网络内部设置或芯片有问题，并告之换张同类芯片试试即可知道。

李先生找来同类的手机卡测试，发现不是手机的问题，于是再次致电运营商服务中心，服务中心还是认为是手机的问题，经客户解释并告之手机厂商的说法，该中心服务人员又说是转移操作问题，在电话中不厌其烦地教客户怎么做。前后3天，客户致电无数次，都无法解决问题。

客户非常生气，跑到营业中心要求检测修复，营业中心自取卡检测到恢复功能前后不到10分钟，问其原因，说是芯片问题。

其实内行都知道，这纯粹是托词。客户为解决手机呼叫转移问题，前后致电无数次，花费不少时间和精力，尤其是大老远跑到营业中心，的确是十分懊恼，后又多次就该问题进行投诉，也音信全无。

问题：

(1) 本案例中，运营商的服务人员有哪些不妥的地方？

(2) 服务企业或服务人员有“借口”或“托词”的真实原因是什么？

(3) 面对客户此类问题，运营商的服务人员如何服务才是正确的呢？

2. 黄女士决定买一辆车，而且还想买一辆好车，最初，她定下的目标是一辆 A 品牌轿车，因为她听朋友说该品牌车质量较好。在跑了大半个北京城、看了很多售车点并进行反复地比较后，她却走进了她家附近一个新开的B品牌汽车特约销售点。接待她的是一个姓段的客户服务员。一声亲切的“您好”，接着是规范地请坐、递茶，让黄女士感觉相当热情。仔细听完黄女士的想法和要求后，段先生陪她参观并详细地介绍了不同型号轿车的性能，有时还上车进行示范，请黄女士体验。对于黄女士提出的各种各样的问题，段先生都耐心、形象、深入浅出地给予回答，并根据黄女士的情况与她商讨最佳购车方案。黄女士特别注意到，在去停车场看车、试车的路上，天上正下着雨，段先生熟练地撑起雨伞为黄女士挡雨，却把自己淋在雨里。在整个过程中，黄女士不仅加深了对B品牌轿车的了解，还知道了该品牌轿车的服务理念及单层次直接销售的好处，她很快就改变了想法，决定买一辆B品牌的轿车。

约定提车的那一天，正好是中秋节。黄女士按时前来，但她又提出了新的问题：她自己开车从来没有上过马路，况且又是新车，不知如何是好。段先生想了想，说：“我给您开回去。”由于是中秋节，又已经接近下班时间，大家都赶着回家，路上特别堵。短短的一段路上，竟走了近两个小时，到黄女士家时已经是晚上六点半了。在车上，黄女士问：“这也是你们销售服务中规定的吗？”段先生说：“我们的销售服务没有规定必须这么做，但是我们的宗旨是要让客户满意。”黄女士在聊天当中得知段先生还要赶往女朋友家吃饭，所以到家后塞给他一点钱，让他赶紧打车走。段先生怎么也不肯收，嘴里说着“没事，没事”，一会儿就不见踪影了。

一段时间后，黄女士发现汽车的油耗远大于段先生的介绍，每百公里超过了 15 升。她又找到了段先生询问原因，段先生再一次仔细讲解了B品牌轿车的驾驶要领，并告诉她节油的窍门，还亲自坐在黄女士旁边，耐心地指导她如何操作。一圈兜下来，油量表指示，百公里油耗才11升。

后来，黄女士和其他B品牌车主一样，与段先生成了熟悉的朋友。她经常会接到段先生打来询问车辆的状况和提供咨询的电话。黄女士逢人便说：“B品牌车好，销售服务更好！”

问题：段先生是如何成功地把新客户变成忠诚的老客户的？

参考答案

一、填空题

1. 科学的管理 2. 客户信息的管理 3. 客户 4. 高尚的品德 5. 需求层次

6. 头顶客户 7. 封闭型 8. 超值服务 9. 压 10. 职能质量

二、单项选择题

1. A 2. C 3. D 4. C 5. D
6. B 7. C 8. D 9. C 10. B

三、多项选择题

1. ABCDE 2. BCE 3. BC 4. ABCE 5. AE
6. CD 7. ABCDE 8. BCD 9. BCDE 10. CE

四、判断题

1. (×) 2. (√) 3. (×) 4. (√) 5. (×)
6. (√) 7. (×) 8. (×) 9. (√) 10. (√)

五、名词解释

1. 客户：客户是指接受产品或服务的组织或个人。如消费者、委托人、最终使用者、零售商、受益者和采购方等。

2. 一对一服务：一对一服务是指针对个别客户开展个别服务，是为客户提供更加快捷、更具针对性的产品和服务。

3. 客户投诉：客户投诉是指客户对产品或服务的不满或责难，有时又称抱怨。企业不可能满足所有顾客的需求，抱怨是必然的。

4. 危机：危机是一种使组织遭受严重损失或面临严重损失威胁的突发事件。

5. 网络沟通：指企业通过基于信息技术(IT)的计算机网络来实现企业内部的沟通和企业与外部沟通的活动。

六、简答题

1. 答：如果遇到真才实学的人，客服人员不妨从理论上谈起，引经据典，纵横交错，使谈话富于哲理色彩，言词含蓄文雅，既不以饱学者自居，又给人留下谦虚好学的印象。甚至可以把自己要解决的问题作为一项请求向客户提出，请他指点迷津，把他当作良师益友，就会取得他的支持。

2. 答：沟通是一个双向、互动的过程。整个沟通过程包括七个基本要素：①发起者；②信息接收者；③目标；④信息；⑤背景；⑥媒体(介)；⑦反馈。

七、技能应用题

1. 选择适当的时间；重要的第一声；要有良好的心情；清晰明亮的声音；电话交谈时应注意交谈的内容。

2. ①想象对方是坐在你对面的一个具体形象。②适当安排工作程序。特别是你既要打呼出又要接呼入时，可以将呼出穿插进行，减少大量重复的机会。③认准一些关键词适当提高语调以表示强调。④如果你的给定脚本写得很差劲，可以向你的主管提一些改进建议。很多企业的脚本不是由具备专业经验的人员来写的，写出的东西自然是一些不够生动的文字的堆积。

3. 必须写成投诉处理卡，投诉处理卡应包含下面七项内容：①发生了什么事件？②事件是何时发生的?③有关的商品是什么?价格是多少?设计如何?④客户真正不满的原因何在?⑤客户希望以何种方式解决?⑥客户是否通情达理?⑦这位客户是否为企业的老主顾?

八、案例分析题

1. 答：(1) 本案例中，运营商的服务人员不妥的地方有：不能主动解决客户问题；不能及时改变服务方式；找“借口”或“托词”推卸责任。

(2) 服务企业或服务人员有“借口”或“托词”的真实原因是：客服意识不强；责任心不够。

(3) 在客户服务中，如何高效解决客户的问题，并给客户圆满的答复与解释，的确是十分关键的技巧。

首先要了解清楚客户的关键问题所在与相关情况，迅速判断问题的原因，寻求合理有效的途径与方法，并给予客户圆满的解释。但千万不要有“借口”，更不能有不负责任的“托词”。

对客户的“借口”、“托词”，其实是把服务问题推向客户，变相减轻自己的服务责任。这是不负责的做法，会直接导致客户更加不满，让客户失去对服务企业的信任。

2. 答：段先生用自己的行动把黄女士这个原本打算买一辆 A 品牌轿车的新客户变成了忠实于 B 品牌轿车的老客户。

首先，接待新客户方面，段先生做到了让客户感觉温馨、亲切，为接下来与客户建立关系奠定了基础。其次，切实为客户着想，哪怕是牺牲自己的时间也要帮助客户解决难题，使客户满意。再次，客户遇到任何麻烦，都能耐心细致地给客户讲解。最后，要与客户保持沟通，询问产品的使用情况。

高级客户服务代表考试样卷

一、填空题(每题 1 分，共 10 分)

1. 美国市场营销协会(AMA)最先给服务下的定义为：“用于出售或者是同产品连在一起进行出售的活动、________或满足感。”

2. 常规客户又称为__________。这类客户是企业与客户关系的最主要部分，可以直接决定企业短期的现实收益。

3. 通常情况下，客户在选择企业的时候，他最看重的是________，这是首选要素。

4. 客户需求中最难预测的是________。

5. 在服务接触的整个过程当中，最后一个阶段是__________。

6. __________要求客户服务人员在为客户提供优质服务的时候，不只是重点考虑服务的内容，也要重视服务的时间。

7. 面对一个投诉，企业是否有过错，是否应当承担责任，承担责任的范围，都应当以__________的规定为依据。

8. __________是目前国际上公认的着装原则。

9. 复述技巧包括两个方面，一方面是复述事实，另一方面是复述________。

10. __________的客户具有易合作、友好、赞同、有耐心、放松等特点。跟这类顾客沟通要放慢语速，以友好、放松的方式进行。

二、单项选择题(本题共 10 小题，每题 1 分，满分 10 分。请将正确答案前的相应字母填入括号中)

1. 沟通过程中，将听取的信息进行屏蔽的行为属于(　)。

A. 过滤　B. 编码　C. 反馈　D. 解码

2. 客户需求中，(　)是最难预测的需求。

A. 信息需求　B. 环境需求　C. 便利需求　D. 情感需求

3. 对待(　)客户，应简明扼要阐述自己的观点。

A. 漫听型　B. 浅听型　C. 技术型　D. 积极型

4. 对企业的贡献度最高的客户是(　)。

A. 常规客户　B. 潜力客户　C. 头顶客户　D. 临时客户

5. 服务流程管理的关键点包括服务接触环节和(　)。

A. 服务设计环节　B. 服务评价环节　C. 服务监控环节　D. 服务传递环节

6. VIP 投诉者主要包括社会名流、政府官员和(　)。

A. 影视明星　B. 传媒记者　C. 公务员　D. 教师

7. 在服务质量的评价标准中，(　)往往被客户认为是最重要的核心内容。

A. 可感知性　B. 可靠性　C. 反应性　D. 保证性

8. 打电话遇到某些情况时，客户需要等待，在客户等待过程中，客服人员不能(　)。

A. 告诉客户等待原因　B. 给客户一个等待时限

C. 与客户适当谈论相关话题　D. 始终保持沉默

9. 一般来讲，服务一开始的时候，服务人员应多使用(　)。

A. 开放式问题　B. 封闭式问题　C. 选择式问题　D. 自问自答问题

10. 最为常见的客户流失性质是(　)。

A. 自然流失　B. 恶意流失　C. 竞争流失　D. 过失流失

三、多项选择题(本题共 10 小题，每题 1.5 分，满分 15 分。请将正确答案前的相应字母填入括号中，少选、多选均不得分)

1. 超越客户期望的方法有(　)。

A. 熟悉你的客户　B. 不要轻易承诺　C. 询问客户期望

D. 兑现诺言　E. 保持一致性

2. 对待喋喋不休型客户，应该(　)。

A. 真诚付出　　B. 不胆怯　　C. 适时恭维

D. 严格限制交谈时间　E. 用沉默对待

3. 网络客户服务的手段有(　)。

A. 广告　　B. E-mail　　C. FAQ　　D. 网上虚拟社区　　E. 在线表单

4. 客户对某品牌的忠诚度，可以用(　)来测量。

A. 重复购买次数　　B. 对产品质量的承受能力　　C. 对价格的敏感程度

D. 对竞争产品的敏感程度　　E. 购买挑选的地点

5. 在处理客户投诉时，可以通过(　)技巧把握客户的真实意图。

A. 注意客户反复重复的话　　B. 注意客户的反应　　C. 注意客户的提问

D. 注意记录客户反映的信息　E. 注意客户的建议和反问

6. 下列(　)处理投诉的方式会激化矛盾，甚至造成投诉升级。

A. 不与客户争辩　　B. 留档　　C. 质问客户

D. 做出承诺却没有兑现　　E. 只道歉，没有进一步行动

7. 情商包括(　)方面的能力。

A. 了解自我　　B. 管理自我　　C. 自我激励

D. 识别他人情绪　　E. 处理人际关系

8. 以下(　)不是危机处理的原则。

A. 回避问题原则　　B. 承担责任原则　　C. 系统运行原则

D. 利益第一原则　　E. 权威证实原则

9. 国际流行的3R减压原则是(　)。

A. 放松　　B. 缩减　　C. 重整

D. 乐观　　E. 修复

10. 网络社区的主要形式有(　)。

A. 交友网站　　B. BBS　　C. 博客　　D. 聊天室　　E. 讨论组

四、判断题(本题共10小题，每题1分，共10分，判断对错，在每题后面的括号内划“√”或“×”)

1. 不投诉就表示客户是满意的。(　)

2. 女性的消费心理表现之一是购买目标模糊。(　)

3. 危机是一种使组织遭受严重损失或面临严重损失威胁的事件。(　)

4. 在CRM系统和ERP系统中的两种数据是不能相互复制的。(　)

5. 服务流程的改进优化方法包括即时自查、满意度调查、竞争对手对比、问题分析、讨论改进方案，尝试改进执行，检测改进结果。(　)

6. 企业的服务品牌是指客户对于企业服务的了解程度。(　)

7. 客户服务活动，是从推销自己开始的，而后再推销产品和推销企业。(　)

8. 企业进行营销决策的主要依据是每一类客户的行为特征、需求价值取向和成本收益。 ( )

9. 通常说的客户投诉的根源，是指企业提供的产品和服务未能取得客户的期望效果。( )

10. 倾听就是认真的听，仔细听清对方的谈话。 ( )

五、简答题(本题共3小题，每题5分，共15分)

1. 优质客户服务的标准有哪些？
2. 客户投诉的原因有哪些？
3. 如何从公司管理方面帮助员工减轻压力？

六、技能应用题(本题共2小题，每题10分，共20分)

1. 请运用所学知识接待下列不同工作情境中的客户

(1) 客户：我已经来回跑了好几次了，你们总是找借口相互推脱。

(2) 客户：我刚才跟那个年轻人说，我订购的饰有珠宝的狗项圈有些问题，他却对我很无礼。

(3) 客户：我一直以为贵公司允许退货，哪知道你们并没有这样的承诺。但是事前并没有人告诉我这一点啊。

(4) 客户：我第一次给你们打电话时，你们表示10天内我就能够收到目录，可是到现在为止，我已经等了五个星期了。

(5) 客户：我已经退休了，收入很有限。你们的价格对我来说太高了！

(6) 客户：我定制的公文包已经收到，但是上面的字母组合拼错了。

(7) 客户：账单上说我的急诊室费用是7000元，可是我在那儿只呆了一个小时啊！

(8) 客户：我想要退回这个软件，因为我的计算机硬盘空间不够了。

2. 请分析下面的对话中客服人员的错误之处。

客户：“你好！是电信公司吗？”

客户服务人员：“是的，什么事？”

客户：“我想查一下我的电话清单，您在听吗？”

客户服务人员：“是的。”

客户：“账单上的余额比我算的余额少，你们是不是算错了？”

客户服务人员：“你的账号呢？”

客户：“3721。”

客户服务人员：“我这里显示余额是46元。”

客户：“我算的是68元，你再查一下吧！”

客户服务人员：“对不起，我只能看到电脑上的数字，可能是你算错了，你应该好好保存你过去所有的账单。”

客户：“什么！是你们自己把账目搞乱的，还怪我！现在，我要和你们领导说话！”

七、案例分析题(共 20 分，每题 10 分)

1. 黄女士决定买一辆车，而且还想买一辆好车，最初，她定下的目标是A品牌轿车，因为她听朋友说A车质量较好。

在跑了大半个北京城、看了很多售车点并进行反复的比较后，她却走进了她家附近一个新开的上海通用汽车特约销售点。接待她是一个姓段的客户服务员。一声亲切的“你好”，接着是规范地请坐、递茶，让黄女士感觉相当热情。仔细听完黄女士的想法和要求后，段先生陪她参观并仔细地介绍了不同型号B品牌轿车的性能，有时还上车进行示范，请黄女士体验。对于黄女士提出的各种各样的问题，段先生都耐心、形象、深入浅出地给予回答，并根据黄女士的情况与她商讨最佳购车方案。

黄女士特别注意到，在去停车场的看车、试车的路上，天上正下着雨，段先生熟练地撑起雨伞为黄女士挡雨，却把自己淋在雨里。在这一看车、试车的过程中，黄女士不仅加深了对B轿车的了解，还知道了B轿车的服务理念及单层次直接销售的好处，她很快就改变了想法，决定买一辆B轿车。

约定提车的那一天，正好是中秋节。黄女士按时前来，但她又提出了新的问题：她自己开车从来没有上过马路，况且又是新车，不知如何是好。段先生想了想，说：“我给您开回去。”由于是中秋节，又已经接近下班时间，大家都赶着回家，路上特别堵。短短的一段路上，竟走了近两个小时，到黄女士家时已经是晚上六点半了。在车上，黄女士问：“这也是你们B轿车销售服务中规定的吗？”段先生说：“我们的销售服务没有规定必须这么做，但是我们的宗旨是要客户满意。”黄女士在聊天当中得知段先生还要赶往颐和园附近的女朋友家吃饭，所以到家后塞给他一点钱，让他赶紧打车走。段先生怎么也不肯收，嘴里说着“没事，没事”，一会就不见踪影了。

一段时间后，黄女士发现汽车的油耗远大于段先生的介绍，每百公里超过了 15 升。他又找到了段先生询问原因，段先生再一次仔细讲解了B轿车的驾驶要领，并告诉她节油的“窍门”，还亲自坐在黄女士旁边，耐心地指导她如何操作。一圈兜下了，油量表指示，百公里油耗才 11 升。

后来，黄女士和其他B轿车车主一样，与段先生成了熟悉的朋友。她经常会接到段先生打来询问车辆的状况和提供咨询的电话，和B公司按时寄来的季刊《B轿车车主》。黄女士逢人便说：B轿车车好，销售服务更好！

问题：请分析段先生如何用自己的行动把黄女士这个原本打算买一辆A品牌轿车的新客户变成了忠实于B品牌汽车的老客户？

2. 有一家以加工鸡肉为主的肉类加工企业的经理，最近收到很多客户的来信，有的对企业提供的产品表示基本满意，并说如果以后厂家在加工的时候再多听一下他们的意见就更好了；也有几封来信把厂家的产品贬得一文不值，指责厂家怎么生产出如此糟糕的产品，简直是在浪费资源。经理看完信以后，心里很不是滋味。他很发愁，客户的口味真是难调，他准备召开技术部门和市场营销部门的联合会议，讨论怎样答复这些客户的要求。综合各方面的情况，在众多的来信中，他们归纳出四种类型的客户，并做成了如下一张表格。现在，请您浏览一下表格，给这位经理提出一些建议。

客户代表类型	购买情况	反映情况
A. 以一家鸡肉罐头厂为代表的购买大户	每年要从公司订购大量鸡肉，是公司的大客户，销售额占到50%	产品基本符合他们的要求，希望在加工鸡肉的时候再精细一些，以减少他们的劳动投入。另外，希望在价格上给予一定的优惠
B. 以一家饭店为代表的餐饮业	每年从公司订购的产品占到销售额的30%	要求产品进一步加强保鲜，对肉味提出了许多具体要求
C. 一些散户	购买不固定，厂家打折的时候购买得多，占销售额的15%	要求价格低，对鸡的来源也提出了非常明确的要求
D. 少量挑剔客户	偶尔购买，占销售额5%左右	对产品极不满意，指责鸡肉不合他们的口味，要求鸡肉加工出来以后，肥瘦分部要均匀，花费的烹调时间要短

参考答案

一、填空题

1. 利益　2. 一般客户　3. 可靠度　4. 情感需求　5. 留住客户
6. 即时服务　7. 法律　8. TPO原则　9. 情感　10. 和蔼型

二、单项选择题

1. A　2. D　3. B　4. C　5. D
6. B　7. B　8. D　9. A　10. C

三、多项选择题

1. ACDE　2. BCD　3. BCDE　4. ABCD　5. ABE
6. CDE　7. ABCDE　8. AD　9. ABC　10. BDE

四、判断题

1. (×)　2. (√)　3. (×)　4. (×)　5. (√)
6. (×)　7. (√)　8. (√)　9. (×)　10. (×)

五、简答题

1. 答：对客户表示热情、尊重和关注；帮助客户解决问题；迅速响应客户需求；始终以客户为中心；持续提供优质服务；设身处地为客户着想；提供个性化服务。

2. 答：企业方面的原因有：产品质量存在缺陷、服务质量不够好、宣传误导、企业管理不善。消费者方面原因有：客户的经济承受能力与投诉的关系，客户的闲暇时间充裕程度与投诉的关系，客户的个性特征与投诉的关系，消费者自我保护意识增强。政府监管和社会原因有：政府监管的原因，法制不健全，社会信用缺失。

3. 答：优化企业管理水平，减缓管理心理压力；改善工作环境，减轻工作条件恶劣给服务人员带来的压力感；加强职工心理素质的培养和训练，增强职工的心理承受能力；创设心理疏泄空间，使职工心理压力合理释放；引入心理引导机构，定期进行心理疏导；鼓励并帮助服务人员提高心理保健能力，学会自我调节；加强过程管理，减轻服务人员工作压力。

六、技能应用题

1. 答：评分标准：只要态度、意思对即可。

(1) 我知道您现在很烦恼，那么我能为您做些什么呢？

(2) 非常抱歉，您受到这样的对待，我能够理解您为什么如此生气。

(3) 我知道您很生气，现在看看我们怎么来解决这个问题。

(4) 很抱歉，目录在中途拖延这么长时间，我知道这给您造成了很大的不便。

(5) 您需要节省一些，这一点我当然能够理解。

(6) 哦，天哪！我为这个错误感到很抱歉。

(7) 我懂您的想法，医疗费用通常都是很高的。

(8) 那肯定令你很失望。

2. 答：第一，违背了“站在客户的立场上思考问题”的法则，人为地把自己和客户放进两个对立的阵营中；第二，客服人员在表达上没有使用有助于改善客户关系的积极交流用语；第三，客服人员在倾听环节上，使客户感觉很冷漠，没有主动引导客户谈话；第四，客服人员在电话应答环节上，不应该让客户先说话。

七、案例分析题

1. 答：首先，接待新客户方面，段先生做到了让客户感觉温馨、亲切，为接下来与客户建立关系奠定了基础；其次，切实为客户着想，哪怕是牺牲自己的时间也要帮助客户解决难题，使客户满意；再次，客户遇到任何麻烦，都能耐心细致地给客户讲解；最后，要与客户保持沟通，询问产品的使用情况。

2. 答：分析结果如下表所示。

客户代表类型	对　策	态　度
A	屈从	满足他们的要求，对产品进一步深加工，使其满意，请他们派人来考察，对产品的加工提出具体的意见。厂家的目标是要赢得他们对企业的忠诚

(续表)

客户代表类型	对　策	态　度
B	关怀	跟踪追查，保持联系，对他们提出的要求，尽可能地满足
C	适应	他们随时都在寻求低价格的同类产品，对产品的质量要求不如价格要求，企业不必为他们花费太多的精力，只要简单的维护就可以了
D	冷漠	淘汰他们，企业不必为他们浪费资源，可以采取冷漠的态度

助理客户服务经理考试样卷

一、单项选择题(每题1分，满分10分。请将正确答案前的相应字母填入括号中)

1. 客户在投诉过程中，一般都努力向商家证实他的投诉是对的和有道理的，希望获得商家的认同。这种投诉时的心理状态是(　)。

A. 发泄的心理　B. 补救的心理　C. 认同心理　D. 表现心理

2. 消极、厌倦、生气、冷淡、幻想等压力症状属于(　)。

A. 精神方面　B. 心理方面　C. 情绪方面　D. 行为方面

3. 在客户关怀培训中，如果您的目标是迅速完成最初项目，您会选择(　)。

A. 大规模的客户关怀培训　B. 小规模的客户关怀培训

C. 业务骨干客户关怀培训　D. 适度规模的客户关怀培训

4. 相对于内部的培训教师，外部的咨询人员（　）。

A. 经验不多　B. 可能有更高的声誉　C. 高学历　D. 具有客观性

5. 如果将每年的客户关系保持率增加5个百分点，可能使企业利润增长(　)。

A. 15%　B. 25 %　C. 85%　D. 60%

6. 公务接待中，双排座轿车应让客户坐在(　)。

A. 副驾驶位置　B. 司机后排对角线位置

C. 司机身后后排位置　D. 后排中间座位

7. 通过(　)可以了解更多服务失败的原因，发现经营管理的漏洞，及时采取改进措施，防止其他客户流失。

A. 客户主动反馈信息　B. 客户流失分析

C. 新客户调查　D. 发放调查问卷

8. 服务人员可以用“您看还有什么需要我为您做的吗？”(　)。

A. 管理客户期望　B. 在服务结束时检查客户对服务是否满意

C. 同客户建立关系　D. 向客户表示感谢

9. 影响客户忠诚的因素主要有(　)、交易成本、各种关系利益人的互动和社会情感承诺。

A. 产品和服务的内在价值　　B. 媒体报道

C. 网点的服务态度　　D. 成本最小

10. 下列客户满意横向层面的各种满意因素中，属于企业理念满意的是(　)。

A. 经营哲学　B. 行为规范　C. 企业标识　D. 企业规模

二、多项选择题(每题 1 分，满分 10 分。请将正确答案前的相应字母填入括号中，少选、多选均不得分)

1. 客户服务在现代企业市场营销中的重要性表现在(　)。

A. 全面满足客户的需求　B. 扩大产品销售　C. 提高竞争能力

D. 提高企业的经济效益　E. 提高企业的社会效益

2. 根据客户的行为模式可以把客户分为(　)。

A. 要求型　B. 影响型　C. 稳定型　D. 恭顺型　E. 暴躁性

3. 使雇员发挥出最大的能量的动力“3R”指的是(　)。

A. 责任　B. 承认　C. 奖励　D. 授权　E. 领袖

4. 客户满意度测评的方法有(　)。

A. 问卷调查测试　B. 样本测试　C. 专职调查测试

D. 试用测试　E. 焦点人群法测试

5. 客户服务人员须具备的专业知识为(　)。

A. 产品知识　B. 服务项目　C. 业务规则　D. 流行事件　E. 积极热情

6. 下列说法正确的是(　)。

A. 服务人员的态度、服务方式不会直接影响服务品质

B. 服务品质提升须靠企业各部门通力合作

C. 服务品质的好坏是“客户服务部门”的事

D. 客户服务要成功实施必须对服务人员进行全面教育培训

E. 服务提供者一定要满足客户对时效性的需求

7. 评定客户服务团队的服务质量的主要评价系统是(　)。

A. 服务审核　B. 客户反馈系统

C. 员工反馈系统　D. 建立全过程客户服务满意体系

E. 社会公益服务

8. 接受名片时，应注意(　)。

A. 必须起身接收名片　B. 应用双手接收

C. 接收的名片可以当场在上面作标记或写字　D. 接收名片时要认真地看一遍

E. 接收后可以放在裤兜里

9. 高效利用客户资料的具体做法有(　)。

A. 编上代码　B. 接转电话　C. 锁定目标

D. 共享信息　E. 准确可靠

10. 对于不满意的客户，可以采取的策略有( )。

A. 倾听　　B. 保持专业化

C. 不要寻找借口　　D. 富有同情心

E. 尊重客户

三、判断题(每题1分，共10分，判断对错，在每题后面的括号内划“√”或“×”)

1. 客户的满意度就是通过客户预期的服务和实际感知的服务的差值来衡量、体现。( )

2. 电话通话完毕，顾客或者客服人员谁先挂电话都可以。( )

3. 当产品和服务的购买者与使用者不一致时，客户满意的监测对象是使用者。( )

4. 留住客户的实质是使客户满意。( )

5. 通常所说的客户投诉的根源，是指企业提供的产品和服务未能取得客户的期望效果。( )

6. 为了促进服务的生产和消费，为了鼓励提前付款、大量购买或淡季消费，可以采取价格折扣的做法来刺激客户消费。( )

7. 压力反应是每个人对压力因素采取的习惯性的反应模式，它是因人而异的。( )

8. 对于大多数客户信息调查，最常见的方式是单项选择，单项选择问题易于理解和回答，也易于分析。( )

9. 一般的客户都想买到物美价廉的产品或服务，所以价格越低，客户越欢迎。( )

10. 呼入型呼叫中心的主要应用是技术支持、市场营销、产品咨询等。( )

四、名词解释(每题3分，共15分)

1. 客户

2. 体验服务

3. 情商

4. 客户关系管理

5. 呼叫中心

五、简答题(每题5分，共15分)

1. 客服人员可从哪几个方面了解客户购买商品的理由？

2. 客户投诉时的心理状态主要有哪些？

3. 提高客户满意度的方法有哪些？

六、技能应用题(每题10分，共20分)

1. 某假日酒店最近老客户流失非常严重，老板把客户服务部吴经理狠批了一顿，令其拿出解决问题的办法。你说吴经理该怎么办？

2. 有一位客户，所购产品出了一些问题，他开头是这样说的“喂，叫你们老板来听电话，你们这些混蛋到底会不会做生意”。客服人员应如何应对。

七、案例分析题(共20分，每题10分)

1. 某日，甲至健身房健身，预约时间是晚上八点，因交通顺畅提前于七点三十分抵达，甲心想，既然提早到场，不如直接先进场使用，也可以早点回家。

"我是预约八点的，我要先进场。"

"先生，不好意思，请问您贵姓大名，我帮您确认一下预约时间。"

"先生，不好意思让您久等了，您预约的时间确实是八点，因为我们的会员很多，而且又刚好是下班时段，这个场次已经额满了，为了让每一个时段的会员都能充分使用到器材，还是要麻烦您稍候一下。"

"为什么不行，反正我都到了，不要浪费我的时间嘛。"

"先生，非常抱歉，其实我们也很想让您先进场使用，但是如果我们没有管制的话，相信里面就会相当拥挤，那么也失去了预约时间进场的意义，同样的，当先生在预约时间想用器材的时候，却因为没有管制进场人数而无法使用，这才是真正影响到先生您的会员权益，真的不好意思，我帮您倒杯水，请您休息一下。"

问题：

(1) 上面的过程中，服务员做了哪几件事？

(2) 拒绝客户的技巧有哪些？

2. 花店经理的客服技巧

美国某花店经理接到一位顾客的电话，说她订购的 20 支玫瑰送到她家的时间迟了一个半小时，而且花已经不那么鲜艳了。第二天，那位夫人接到了这样一封信：

亲爱的凯慈夫人：

感谢您告知我们那些玫瑰在很差的情况下已经到达您家的消息。在此信的附件里，请查收一张偿还您购买这些玫瑰所用的全部金额的支票。

由于我们送货车中途修理的意外耽搁，加之昨天不正常的高温，所以您的玫瑰我们未能按时、保质交货，为此，请接受我们的歉意和保证。

我们保证将采取有效措施以防止这类事情的再次发生。

在过去的两年里，我们总是把您看作一个尊敬的顾客，并一直为此感到荣幸。顾客的满意乃是我们努力争取的目标。

请让我们了解怎样更好地为您服务。

您真诚的霍华德·佩雷斯

(经理签名)

问题：请运用客户服务与客户管理的有关知识对本案例进行点评。

参考答案

一、单项选择题

1. C　2. B　3. A　4. B　5. C　6. B　7. B　8. B　9. A　10. A

二、多项选择题

1. ABCDE 2. ABCD 3. ABC 4. ABCD 5. ABCD
6. BDE 7. ABC 8. ABD 9. ABCD 10. ACD

三、判断题

1. (√) 2. (×) 3. (×) 4. (√) 5. (×)
6. (√) 7. (√) 8. (×) 9. (×) 10. (×)

四、名词解释

1. 客户：是接受产品或服务的组织或个人。如：消费者、委托人、最终使用者、零售商、受益者和采购方等。

2. 体验服务：是让客户对产品或公司全面体验的过程，它以提高客户整体体验为出发点，注重与客户的每一次接触，通过协调、整合售前、售中和售后等各个阶段，各种客户接触点，或接触渠道，有目的、无缝隙地向客户传递目标信息，创造匹配品牌承诺的正面感觉，以实现良性互动，而创造差异化的客户感知价值，实现客户的忠诚。

3. 情商：是指人对自己的情感、情绪的控制管理能力和在社会人际关系中的交往、调节能力，相对于智商而言，它更能决定人的成功和命运。

4. 客户关系管理：是企业为提高核心竞争力，达到竞争制胜、快速成长的目的，开展的判断、选择、争取、发展和保持客户需要的全部商业过程。

5. 呼叫中心：是以高科技电脑电话集成技术(CTI)系统为基础，将计算机的信息处理功能、数字程控交换机的电话接入和智能分配、自动语音处理技术、Internet 技术、网络通信技术、商业智能技术与业务系统紧密结合在一起，将公司的通讯系统、计算机处理系统、人工业务代表、信息等资源整合成统一、高效的服务工作平台。

五、简答题

1. 答：①商品的整体印象；②成长欲、成功欲；③安全、安心；④人际关系；⑤系统化；⑥兴趣、嗜好；⑦价格；⑧服务。

2. 答：客户投诉时的心理状态主要有以下六种：①发泄的心理；②尊重的心理；③补救的心理；④认同心理；⑤表现心理；⑥报复心理。

3. 答：提高客户满意度，赢得客户的忠诚是一个复杂的系统工程，常用的使客户满意的方法如下：①贴近客户；②关注细节；③让客户感动；④聘用客户喜欢的服务人员；⑤与客户有意接触并发现他们的需求；⑥满足客户需要；⑦补救并创造声誉。

六、技能应用题

1. 答：弄清客户流失的原因，可采用一定的调查方法，如电话调查、走访客户等；针对客户流失的原因，采取相应的措施。如提高产品或服务质量、建立健全客户档案、加强客户维护等。

2. 答：该客户属于愤怒的客户。在客户服务中，往往会有一些不冷静、易发怒的客户，与愤怒的客户相处需要一定的谨慎。因为如果处理不当，事态扩大，则可能给客服人员和企业带来非常严重的影响。所以对待愤怒的客户，你应该关心他，就如他是一个病人等待你这个心理医生治疗一样。愤怒的程度越高，你越要委婉曲折，让他的心情能够慢慢平静下来。你须超越情感的层次去挖掘客户愤怒的根源，以便采取正确的策略。

客服人员应该这样做：认识到客户的情绪或愤怒之情；积极地聆听，让客户知道你理解他；确定原因，清楚客户的要求；根据客户的期望找出一条解决问题的途径；磋商解决方法；保持客观的态度；减少挫折；进行后续工作。

七、案例分析题

1. 答：(1)“不好意思，请问您贵姓大名”，这样就知道在和谁讲话，如果下次某先生再来，我们可以大声称呼“某先生您好”，这个客户大概就不会离开我们了。

“不好意思让您久等了”——对客户的等候表达歉意。

“我帮您确认一下预约时间”“您预约的时间确实是八点”——确认客户陈述。

“我们的会员很多”——帮公司打广告。

“为了让每一个时段的会员都能充分使用到器材”——说明原因。

“要麻烦您稍候一下”——期望客户配合。

“我们也很想让您先进场使用”——同理心。

“失去了预约时间进场的意义”——为什么要预约。

“这才是真正影响到某先生的会员权益”——我们是在保障某先生的权益。

“真的不好意思”——再次表达歉意。

“我帮您倒杯水，请您休息一下”——某先生真的请您先休息一下吧!

(2) 拒绝客户的技巧有：①用肯定的口气拒绝；②用恭维的口气拒绝；③用商量的口气拒绝；④用同情的口气拒绝；⑤用委婉的口气拒绝。

2. 答：首先该经理用投诉(或抱怨)回函的方式来解决客户抱怨；通过对客户的尊重或赞美来留住客户；提高客户满意度，让客户感动。

客户服务经理考试样卷

一、单项选择题(本题共 10 小题，每题 1 分，满分 10 分。请将正确答案前相应字母填入括号中)

1. 时间就是金钱，浪费客户的时间会影响客户的情绪，客户在这方面的期望值是非常高的。这句话反映了客户对服务要求的(　)。

A. 可靠度　　B. 同理度　　C. 响应度　　D. 有形度

2. 提出“情商”(Emotional Quotient，简称EQ)概念的是( )。

A. 约翰·迈耶　B. 彼得·萨洛韦　C. 丹尼尔·戈尔曼　D. 菲利浦·科特勒

3. 认为压力来自人类的内部认知系统，压力源与个人的认知系统和价值系统有关的学者是( )。

A. 艾利斯　B. 拉扎鲁斯　C. 谢尔耶　D. 坎伯斯

4. 最为常见的客户流失性质是( )。

A. 自然流失　B. 竞争流失　C. 恶意流失　D. 过失流失

5. 客户服务主要包括四个阶段：接待客户、( )和挽留客户。

A. 理解客户和帮助客户　B. 欢迎客户和帮助客户

C. 欢迎客户和理解客户　D. 分析客户和理解客户

6. 以下符合著名经济学的20:80原理的是( )。

A. 企业80%的销售额来自于20%的新客户

B. 企业有80%的新客户和20%的老客户

C. 企业80%的员工为20%的老客户服务

D. 企业的80%的利润来自于20%的老客户

7. 一般来讲，服务一开始的时候，服务人员应多使用( )。

A. 开放式问题　B. 封闭式问题　C. 选择式问题　D. 自问自答问题

8. 信息是指事物的运动状态和状态的变化方式，它的主要形式是( )。

A. 数据描述　B. 数据和非数据描述

C. 图形描述　D. 文字描述

9. 下面哪个选项不是实施个性化服务所必须的条件( )。

A. 拥有完善的基本服务　B. 良好的品牌形象

C. 良好的企业盈利率　D. 完善的数据库系统

10. 对于企业来说，达到( )是基本任务，而获得( )是参与竞争取胜的保证。

A. 客户忠诚，客户满意　B. 客户价值，客户忠诚

C. 客户满意，客户价值　D. 客户满意，客户忠诚

二、多项选择题(本题共10小题，每题1.5分，满分15分。请将正确答案前的相应字母填入括号中，少选、多选均不得分)

1. 高效利用客户资料的具体做法有( )。

A. 编上代码　B. 接转电话　C. 锁定目标　D. 共享信息　E. 准确可靠

2. 冰山型客户的消费心理表现在( )。

A. 犹豫不决　B. 外冷内热　C. 自我定型的“极冷”　D. 里外不一　E. 外热内冷

3. 网络沟通的主要形式有( )。

A. 电子邮件　B. 网络电话　C. 网络传真

D. 网络新闻发布　E. 图表、视听、影像沟通

4. 对于客服人员来说，有效倾听在实际沟通过程中的具体作用有( )。

A. 体现对客户的尊重和关心 B. 获得相关信息 C. 解决客户问题，提高客户满意度

D. 能够找到对付客户的方法 E. 迅速达成交易

5. 促进潜在客户转化可以采取( )策略。

A. 吸引注意力 B. 漏斗式销售策略

C. 对潜在客户的中间商进行商业推广 D. 参加展览会和博览会

E. 间接的促进与转化策略

6. 客户投诉的权益主张表现在( )。

A. 损害赔偿 B. 打击企业 C. 非财产损害赔偿

D. 通过“媒体炒作”提高知名度 E. 修理、更换、重做

7. 对核心客户资料卡的管理应做到( )。

A. 编上代码 B. 动态管理 C. 灵活机动 D. 专人负责 E. 放眼未来

8. 客户满意度的衡量指标通常包括( )。

A. 美誉度 B. 知名度 C. 回头率 D. 抱怨率 E. 销售力

9. 客户满意度的测评方法有( )。

A. 问卷调查测试 B. 样本测试 C. 专职调查测试

D. 试用测试 E. 焦点人群测试

10. 以下哪些可能导致客户不满( )。

A. 商品本身品质不良 B. 售后服务人员讲话不得体

C. 服务员对商品的知识和技术掌握不够 D. 送货送错了或晚了

E. 对客户第一次产生的不满处理不当

三、判断题(本题共 10 小题，每题 1 分，共 10 分，判断对错，在每题后面的括号内划“√”或“×”)

1. 消费者是分层次的，不同层次的客户需要企业采取不同的客户策略，而客户可看成一个整体，并不需要进行严格区分。 ( )

2. 客户服务活动是从推销企业开始的，然后再推销产品。 ( )

3. 客户服务人员推销自我始于良好的客户服务礼仪和自身修养。 ( )

4. 个性化客户是指对反复比较后再选购不感兴趣，方便是吸引他们的重要因素。 ( )

5. 为了实行差异化服务，我们必须懂得正确区分客户类型，并为高端客户和低端客户提供不同的服务手段。 ( )

6. 真正的倾听是要听两方面的内容，事实和情感。 ( )

7. 供应商不属于企业的外部客户，因此他不属于客户服务人员的沟通对象。 ( )

8. 企业市场营销的宗旨是从追求各方利益最大化转向追求每笔交易的利润最大化。( )

9. 传真服务器是呼叫中心的数据中心，存放呼叫中心的各种管理配置统计数据。 ( )

10. 向顾客传送超凡的价值无疑可以带来经营上的成功，因此只要实现“所有客户 100%

的满意”就一定能为企业带来利润。 （ ）

四、名词解释(本题共5小题，每题3分，共15分)

1. 电子论坛(BBS)
2. 绩效评估
3. 体验服务
4. 情商
5. 客户关系管理(CRM)

五、简答题(本题共2小题，每题5分，共10分)

1. 工作压力对客户服务人员有什么影响？应对压力又有哪些基本原则？
2. 简述如何对一线员工进行培训？

六、技能应用题(本题共2小题，每小题10分，共20分。请按要求作答)

1. 假如你是一位营业员，需要记录客户的个人资料。客户资料一般分为两部分：一部分为基本资料，另一部分为特别资料。简述基本资料和特别资料分别有哪些内容。

2. 某公司推出“年终奖”计划，本意是希望通过这个来调动员工工作的积极性，但没有起到预期的效果，员工的积极性没有调动起来，反而产生了平均主义。请分析其中原因。

七、案例分析题(本题共2小题，每小题10分，共20分。请按要求作答)

1. 一位珠海的顾客去某商场购买了一台彩电，因为急着回去(已预定好了车票)，买了电视机后，顾客要求营业员快速给他交货，而营业员也答应五分钟之内把电视机送到出口。此时，顾客想五分钟的时间已来不及购买其他物品，就在出口等。等了五分钟后没有见人过来，顾客耐着性子又等了五分钟，两个五分钟过去了，还是不见营业员的踪影，半小时又过去了，仍不见送货员出现，顾客火了，直冲前台投诉……

经核实，原来家电部的出货程序是这样的，商品出货首先要当班管理人员签字后拿单去仓库调拨，需经防损员检查、签字后才可送到出口，在这个程序中，若有一个人不在，时间就会拉长很多。

问题：请指出该案例中营业员的服务哪些地方不到位？应如何改进？管理人员有没有需要改进的地方？

2. 一天，新客户张先生来银行开立一个新账户。据张先生描述，原先在另一家银行存入人民币50万元，由于该行的服务质量有问题，所以取出所有的储蓄，想存到你所在的银行。这时，你的老客户孙小姐也来到你的柜台前。当你看见她时，马上露出微笑，不住地向她点头问好，加上手指的动作，皆显示出你对她的殷切之情。她也报以微笑，坐到了等候区。当你刚刚为张先生填好登记表格时，他的儿子突然来到他的身旁。张先生的儿子是个学生，正在一家企业暑期打工，他把刚赚到的1000元钱放到你的柜台并询问开户的手续；由于他只有二十几分钟的午餐时间，所以想尽快办理相关手续。这时候，你注意到孙小姐不时看表，并频繁地朝着你观望。不一会儿，她断然离去了……

当你第二天上班时，你的上司把你叫到办公室，说收到一封来自孙小姐的投诉信，抱怨你缺乏客户服务精神，对客户不重视。

问题：

(1) 你对孙小姐的投诉有什么看法？请说明理由。

(2) 孙小姐是否误解了你的肢体语言而提起投诉？请说明理由。

参考答案

一、单项选择题

1. C　2. C　3. A　4. B　5. A　6. D　7. A　8. B　9. C　10. C

二、多项选择题

1. ABCD　2. BCD　3. ABCD　4. ABC　5. ABCDE
6. ACE　7. ABCDE　8. ABCDE　9. ABCD　10. ABCDE

三、判断题

1. (×)　2. (×)　3. (√)　4. (×)　5. (√)
6. (√)　7. (√)　8. (×)　9. (×)　10. (×)

四、名词解释

1. 电子论坛(BBS): 是虚拟网络社区的主要形式，大量的信息交流都是通过BBS完成的，会员通过张贴信息或者回复信息达到互相沟通的目的。

2. 绩效评估：是工作行为的测量过程，即用过去制定的标准来比较工作绩效的记录以及将绩效评估结果反馈给员工的过程。这个过程可起到检查及控制的作用。

3. 体验服务：是让客户对产品或公司全面体验的过程，它以提高客户整体体验为出发点，注重与客户的每一次接触，通过协调、整合售前、售中和售后等各个阶段，各种客户接触点或接触渠道，有目的、无缝隙地向客户传递目标信息，创造匹配品牌承诺的正面感觉，以实现良性互动，而创造差异化的客户感知价值，实现客户的忠诚。

4. 情商：是指人对自己的情感、情绪的控制管理能力和在社会人际关系中的交往、调节能力，相对于智商而言，它更能决定人的成功和命运。

5. 客户关系管理(CRM)：就是利用信息技术，以客户为中心，通过对客户的追踪、管理和服务，留住老客户，吸引新客户，提高客户满意度，从而提高企业的竞争力。它不仅仅是一套先进的计算机软件系统，同时还是一种先进的管理模式。

五、简答题

1. 答：影响有：失去工作热情；情绪波动大；身体受损；影响人际关系。

国际上比较流行的减压原则是“3R 原则”：即放松(relaxation)、缩减(reduction)及重整(reorientation)。而对客服人员来说除运用“3R 原则”减压外，还可以从以下几个方面去把握：多从积极正面的角度考虑问题；时时把自己当人看；要有自己的社会支持系统；培养自己的放松技巧。

2. 答：在客户服务培训中，应当把目光集中在那些一直暴露在客户面前的员工，即一线员工身上。因为一线员工是直接与客户进行接触的人，所以他们的任何行为都会在客户眼中成为企业服务水平的代名词。由于一线员工在客户服务中的这种前沿性和重要性，要使他们能够灵活地应付一切突发事件，就必须对他们进行培训。具体方法如下：学会帮助顾客；学会承认客户；培训员工处理突发事件的技巧；教会员工如何进行人际交往。

六、技能应用题

1. 答：基本资料包括：姓名、地址、电话、职业、嗜好、收集活动以及其他影响购买内容的兴趣。

特别资料如：

- 首次购买的商品种类，首次购买商品的日期或联系的日期。客户来买什么？他或她买东西了没有？
- 爱好或者规格。客户选择不同品牌或不同种类的商品时，是否有尺寸大小的改变？喜欢哪些颜色或式样？有没有比较喜欢的品牌？

特别要考虑之处包括：客户是否会对某些纤维品有过敏的反应？是否经常旅行？是否喜欢送货服务、安装服务、常规地提供服务或其他特殊服务？

2. 答：该公司只是制定了激励制度，但并没有辅以科学系统的评估标准，没有根据员工的业绩实施激励，干好干坏一个样，激励也就变得不公平，会大大挫伤员工的积极性，企业的经营效率也不见得提高。最好的办法是通过准确的评估再有针对性地进行激励，才能收到实效。激励与职务设计相对应，并建立在一套评估标准基础上。对每个岗位的职责、义务、奖惩要做出明确的规定，特别是对于责任的划分和界定要进行细致的说明。

七、案例分析题

1. 答：(1) 作为营业员应根据实际情况给予顾客较为准确的答复而不是“信口开河”。

(2) 如果在承诺的时间内不能兑现，应同相关人员确认还需等候的时间后及时告知顾客。因为流程方面的一些问题需要顾客多等一会儿，要同顾客讲清楚也许会得到谅解，但若一直没有反应，也就难免让顾客生气了。

(3) 管理人员应注意：在工作中假如有事情要离开岗位(如带班管理人员有事情需离开卖场)，必须给其他工作人员交代清楚自己去了哪里，以便迅速找到他。

2. 答：(1)孙小姐的投诉是“合情又合理”的，因为：①她根据“先来后到”的事实应享有的办事“优先权”被剥夺了，当然不满意；当她“不时看表，并频繁地朝着你观望”时，表明她在用肢体语言向你表示不满或抱怨，你却不予理会。因而，她很失望地离去并投诉是合理的。②她“被侵权”的当时，没有得到张先生及银行的歉意表示，事后同样没有收到上述两方请求给予谅解的信息。因而，她后来提起投诉是合情的。

(2) 没有误解。当她来到银行时，你马上露出微笑，不住地向她点头问好，加上手指的动作，是在殷勤地告诉她“我快好了，一会儿就帮你办理”。而孙小姐“也报以微笑，坐到了等候区”，是在满意地回复你“我明白了”。表明当时双方的编码和译码所表达的意思相通。问题在于，张先生的儿子出现后，有过错的双方没有丝毫的非语言或者语言的歉意表示，才使她失望离去并投诉。

高级客户服务经理考试样题

一、单项选择题(每小题1分，共10分。请将正确答案前相应字母填入括号中)

1. ( )提问限定了客户的答案，客户只能在有限的答案中进行选择。

A. 开放性　B. 封闭性　C. 问卷性　D. 是非性

2. 没有满意的员工，就没有满意的客户，把你的员工当作是( )来对待，让他们从你身上学习对待客户的方法。

A. 雇员　B. 朋友　C. 下级　D. 客户

3. 在马斯洛的需求层次理论中，( )是人类生存所必需的一种基本需求。

A. 安全需要　B. 生理需要　C. 自我实现需要　D. 社会需要

4. 下列问句运用了封闭式提问技巧的是( )。

A. 有什么我能够帮助你的吗?

B. 我能否留下产品的相关资料呢?

C. 你哪里不舒服?

D. 你什么时间有空?

5. ( )又称合适客户。他们希望从与企业的联系中增加价值，从而获得附加的财务利益和社会利益。这类客户通常会与企业建立起一种伙伴关系或者“战略联盟”，他们是企业与客户关系的核心，是合适客户中的关键部分。

A. 潜力客户　B. 常规客户

C. 临时客户　D. 头等客户

6. 提出双因素理论的学者是( )。

A. 马斯洛　B. 赫茨伯格　C. 佛隆　D. 亚当斯

7. 危机事件发生后，应该尽快控制住事态，使其不扩大、不升级、不蔓延。这体现了处理危机的( )。

A. 承担责任原则　B. 系统运行原则　C. 速度第一原则　D. 真诚沟通原则

8. 消极、厌倦、生气、冷淡、幻想等压力症状属于( )。

A. 精神方面　B. 心理方面　C. 情绪方面　D. 行为方面

9. 直接、方便、清楚、易于交流是以下哪种沟通方式的优势( )。

A. 书面沟通 B. 网络沟通 C. 非语言沟通 D. 口头沟通

10. 互联网时代使得获取详细信息成为可能，这也造就了提高顾客忠诚度的另一样新法宝( )。

A. 整体协作 B. 安全可靠 C. 实时沟通 D. 个性服务

二、多项选择题(每小题2分，共20分。请将正确答案前的相应字母填入括号中，少选、多选均不得分)

1. 服务决策必须在客户意见、本企业提供的服务质量和竞争者所提供的服务质量相比较的基础上做出。一般要做好( )。

A. 服务对象决策 B. 服务形式决策

C. 服务水平决策 D. 服务事项决策

2. 恶性投诉的处理步骤包括( )。

A. 采取淡化处理 B. 始终保持冷静 C. 进行正向引导 D. 进行合理解释

3. 客户需求包括( )。

A. 时间需求 B. 服务需求 C. 环境需求 D. 情感需求

4. 帮助客户的原则是( )。

A. 满足客户的所有要求 B. 安慰客户的情感需求

C. 以解决问题为核心 D. 解决问题的主动性

5. 服务流程的服务环境设计应该从有形度、同理度、反应度的角度出发对( )等环境要素进行设计。

A. 光线质量 B. 服务设施 C. 空气质量 D. 装修风格

6. 有形度是企业和员工通过( )带给客户的感知。

A. 听觉 B. 视觉 C. 感觉 D. 嗅觉

7. 在所有的在线客户服务手段中，( )在网络营销服务商网站上出现的比例往往最高。

A. FAQ B. 网上虚拟社区 C. 电子邮件 D. 在线表单

8. 客户服务的硬件构成包括( )。

A. 服务设施 B. 服务环境 C. 服务产品 D. 服务人员

9. 消费量小但影响力大的客户也属于VIP。这种VIP主要包括( )。

A. 银行 B. 教师 C. 传媒记者 D. 政府官员

10. 压力的市场因素有( )。

A. 不合理的顾客需求 B. 同行业竞争加剧

C. 服务需求波动 D. 客户期望值的提升

三、判断题(每题1分，满分10分。判断对错，在每题后面的括号内划“√”或“×”)

1. 职业化的服务形象包括服务用语、职业微笑、品格素质。 ( )

2. 服务管理的难点源自客户期望值不断提升的压力。 ( )

3. 信息是由发送者或接收者要分享的思想和情感组成的。 ( )

4. 售后服务人员的品质素养体现了企业的形象，同时反映了企业的文化。 ( )

5. 服务管理的特性在于服务产品是无形的，客户参与服务的全过程，因此服务管理的质量监控是服务的难点。 ( )

6. 信用“5P”标准包括人的因素、目的因素、还款因素、保障因素技术因素。 ( )

7. 大客户战略联盟是指企业眼前的战略目标。 ( )

8. 客户满意度是指客户满意的程度，是客户期望值与最终获得值之间的匹配程度。用公式来表示为: 客户满意度=实际产品－理想产品。 ( )

9. 客户服务管理体系是确保整个服务工作规范化的基础保障系统。 ( )

10. 1960 年，美国市场营销协会(AMA)最先给服务下的定义为：“用于出售或者是同产品连在一起进行出售的活动、利益或满足感。” ( )

四、简答题(每小题 5 分，共 20 分)

1. 简述应对压力的基本原则。

2. 如何利用数据挖掘客户。

3. 简述客户关系管理的功能。

4. 客户信息管理的作用是什么？

五、技能应用题(每题 10 分，共 20 分)

1. 上海市百货一店摄像机柜台的营业员小李，是一位“服务明星”，其服务特点之一是比较灵活，有自创性。一次，一位顾客想买一种能连续使用 12 小时的 NPF950 锂电池，以用于家庭拍摄。小李知道后，劝他说：“NPF950 锂电池的价格是 1300 元，家庭拍摄没有必要买这么贵的电池。只要买价格 700 元的普通电池，再加上摄像机原配电池，可连续拍摄 6 小时，足够应付家庭全天的拍摄。”顾客听完连连点头，采纳了他的建议。

你认为营业员小李的这种自创性服务会给企业带来什么连锁反应。

2. 某汽车集团的客服中心工程要求实现系统集成和服务实施的紧密结合。该客服中心要求提供的服务类型包括：人员输出、培训输出、管理输出、顾问咨询、电话调研、数据挖掘、电话营销等。请为该汽车集团客服中心做出解决方案。

六、案例分析题(20 分)

案例一　关于“晨光酸牛奶中有苍蝇”的顾客投诉处理案例

2001 年某日，在某购物广场，顾客服务中心接到一起顾客投诉，顾客说从商场购买的“晨光”酸牛奶中喝出了苍蝇。投诉的内容大致是：顾客李小姐从该商场购买了晨光酸牛奶后，马上去一家餐馆吃饭，吃完饭李小姐随手拿出酸牛奶让自己的孩子喝，自己则在一边跟朋友聊天，突然听见孩子大叫：“妈妈，这里有苍蝇。”李小姐寻声望去，看见小孩喝的酸牛奶盒里(当时酸奶盒已被孩子用手撕开)有只苍蝇。李小姐当时火冒三丈，带着小孩来商场投诉。

正在这时，有位值班经理看见便走过来说："你既然说有问题，那就带小孩去医院，有问题我们负责！"顾客听到后，更是火上加油，大声喊："你负责？好，现在我让你去吃10只苍蝇，我带你去医院检查，我来负责好不好？"边说边在商场里大喊大叫，并口口声声说要去"消协"投诉，引起了许多顾客围观。

该购物广场顾客服务中心负责人听到后马上前来处理，赶快让那位值班经理离开，又把顾客请到办公室交谈，一边道歉一边耐心地询问了事情的经过。询问重点如下：

1. 发现苍蝇的地点(确定餐厅卫生情况)；

2. 确认当时酸牛奶的盒子是撕开状态而不是只插了吸管的封闭状态；

3. 确认当时是小孩先发现苍蝇的，大人不在场；

4. 询问以前购买"晨光"牛奶有无相似情况。在了解了情况后，商场提出了处理建议，但由于顾客对值班经理"有问题去医院检查，我们负责"的话一直耿耿于怀，不愿接受对方的道歉与建议，使交谈僵持了两个多小时之久依然没有结果，最后商场负责人只好让顾客留下联系电话，提出换个时间再与其进行协商。

第二天，商场负责人给顾客打了电话，告诉顾客：我商场已与"晨光"牛奶公司取得联系，希望能邀请顾客去"晨光"牛奶厂参观了解(晨光牛奶的流水生产线：生产——包装——检验全过程都是在无菌封闭的操作间进行的)，并提出，本着商场对顾客负责的态度，如果顾客要求，我们可以联系相关检验部门对苍蝇的死亡时间进行鉴定与确认。由于顾客接到电话时已经过了气头，冷静下来了，而且也感觉到商场负责人对此事的处理很认真严谨，顾客的态度一下缓和了许多。这时商场又对值班经理的讲话做了道歉，并对当时顾客发现苍蝇的地点——并非是环境很干净的饭店，时间——大人不在现场、酸奶盒没封闭，已被孩子撕开等情况做了分析，让顾客知道这一系列情况都不排除是苍蝇落入(而非牛奶本身带有)酸奶的因素。

通过商场负责人的不断沟通，顾客终于不再生气了，最后告诉商场负责人：她们其实最生气的是那位值班经理说的话，既然商场对这件事这么重视并认真负责处理，她们也不会再追究了，她们相信苍蝇有可能是小孩喝牛奶时从空中掉进去的。顾客说："既然你们这么认真地处理这件事，我们也不会再计较，现在就可以把购物小票撕掉，你们放心，我们会说到做到的，不会对这件小事再纠缠了！"

问题：请分析在这起顾客投诉处理事件中值得反思与借鉴的地方。

案例二

丽兹-卡尔顿饭店集团(Ritz Carlton Hotel)作为世界一流饭店和国际服务业著名的马尔考姆-巴德利奇质量奖(Malcolm Baldrige Quality Award)获得者，使用信息技术向客人提供高度个性化的服务。饭店训练和要求每一个员工记录客人的喜好和厌恶，并将有关资料输入电脑里的顾客档案库。饭店已经拥有关于24万多名回头客的个人偏好的档案资料，支持更多的个性化服务。饭店的目标不是简单地满足客人的期望，而是使客人觉得丽兹-卡尔顿饭店的服务令人终身难忘。当饭店的回头客用电话与饭店食宿预定部门联系时，预定部门的人员可以从电脑中找出这位客人的个人信息，并将信息通过电子邮件发往客人预订的那家饭店。那家饭店将信息以常客认定和偏好报告的形式传给服务人员。服务人员了解信息后可以在饭店登记处非常个性化地接待那位回头客，使回头客感到自己的需要和偏好一定能在饭店得到关注和满足。根据独立调查公司的调查结果，丽兹－卡尔顿饭店中92%~97%的客人在离开时对该饭店的服务表示满意。盖洛普的一项调查表明，丽兹－卡尔顿饭店是过去两年里游客的首选，顾客满意率达到95%，而最接近的竞争对手的满意率只有57%。《汽车旅行杂志》指出，在四星或五星级饭店中，丽兹－卡尔顿饭店保持着客房率超过排名靠近的对手10%的竞争力。

问题：

(1) 丽兹－卡尔顿饭店怎样估计回头客的期望？

(2) 丽兹－卡尔顿饭店的回头客信息系统中，最关键的环节在哪里？

(3) 你认为丽兹－卡尔顿饭店的经验在其他服务行业能推广吗？

参考答案

一、单项选择题

1. B　2. D　3. B　4. B　5. A　6. B　7. C　8. D　9. D　10. D

二、多项选择题

1. BCD　2. ABCD　3. BCD　4. CD　5. ABCD
6. ABD　7. BCD　8. ABC　9. ACD　10. BC

三、判断题

1. (×)　2. (×)　3. (×)　4. (√)　5. (√)
6. (×)　7. (×)　8. (×)　9. (√)　10. (√)

四、简答题

1. 答：国际上比较流行的减压原则是“3R原则”：即放松、缩减、重整，而对客户服务人员来说除运用“3R原则”减压外，还可以从以下几个方面去把握：①多从积极正面的角度考虑问题；②时时把自己当人看；③要有自己的社会支持系统；④培养自己的放松技巧。

2. 答：企业建立其数据库以后，就可以充分利用数据库来寻找潜在的客户。在线潜在客户搜寻的过程如下：①衡量和分析企业潜在客户搜索管理软件的有效性。②确立电子商务企业数据挖掘的首要目标和需求。确定企业最需要什么功能，要获得哪些好处和达到什么标准。③确定企业数据挖掘的范围、边界和限制。④优先列出企业的关键要素和绩效标准。⑤确定企业所需要分析的内在关系。⑥在设计数据挖掘方案时，要对企业的限制条件有所了解。⑦将整个数据挖掘系统分成小型的独立子系统。⑧对于每一个独立的子系统，确定企业的绩效目标并决定如何对绩效进行监控。⑨跟踪潜在客户，以了解每个客户的特点，以便找出有价值的潜在客户。

利用数据寻找潜在客户对于企业来说可以开发很多的商机，但这并不是一件容易的事情。在取得效益之前，需要企业精心地组织以及大量的投入。

3. 答：客户关系管理具有四大功能：①客户的信息管理；②市场营销管理；③销售管理；④服务管理和客户关怀。

4. 答：①有助于客户沟通，帮助客服人员了解客户的基本信息，能够对客户有一个相对明晰的描述。

②有助于客户分析与分类，帮助客服人员了解客户的经营情况、竞争情况、采购情况和交易情况，帮助客服人员制定沟通策略。

③有助于客户关系的管理，帮助企业管理者了解客服人员的工作现状以及帮助客服人员进行客户维护。其中的信息记录着客服人员的沟通计划、沟通过程及沟通结果。

④有助于客户关系管理的分析，帮助企业管理者分析客户管理的效率与瓶颈，以便指导客服人员的工作。

五、技能应用题

1. 答：这里，这位服务明星不是呆板地按照顾客的需要提供服务，而是灵活地、自创性地提供实实在在的服务。顾客从小李的建议中能够感知这家店的服务人员在人品上的美。因此，虽然商店在这次交易中少赚了几百元钱，但这位顾客今后很可能成为商店的忠实顾客，而且还可能通过宣传为商店带来良好的口碑，这些价值远远不是几百元所能换来的。

2. 解决方案：可以由润迅公司为该客户构建整个客服中心系统平台，并负责系统的调测；润迅负责客服中心客服代表的招聘、培训及管理工作，并提供管理输出服务，全面负责客服中心的日常运作管理；凭借润迅独具优势的运营管理、客户服务和电话营销经验，为该客户提供全面的顾问咨询服务。

双赢结果：润迅在呼叫中心运营和管理的领域有着深厚的实践与理论积累，为该客户提供涵盖系统集成、坐席运营管理、客户服务顾问咨询业务等全方位的呼叫中心外包服务。润迅能为客户公司在最短的时间内，以最快的速度和最佳的价格，构建成具备领先水平的专业的客服中心，润迅“一站式”的外包服务成为该客户的明智之选，润迅提供的专业的呼叫中心运营管理服务更是得到了该客户的高度评价。

六、案例分析题

1. 答：处理顾客投诉是非常需要技巧的工作，处理人当时的态度、行为、说话方式等都会对事件的处理有着至关重要的作用，有时不经意的一句话都会对事情的发展起到导火索的作用。我们对待顾客投诉的原则是：软化矛盾而不是激化矛盾，这需要我们投诉处理的负责人不断提高自身的综合素质，强化对于顾客投诉的认识与理解，尽量避免因自己的失误而造成的不良后果。

该投诉事件的负责人在此处理过程中有许多值得我们借鉴与学习之处。

①沉着：在矛盾进一步激化时，先撤换当事人，改换处理场地，再更换谈判时间。

②老练：先倾听顾客叙述事情经过，从中寻找有利于商场的有力证据，待顾客平静后对

其进行客观的分析。

③耐心：在谈判僵持后，不急不躁，站在顾客角度去解决问题，且非常有诚意，处理方式严谨认真。

(注：只要言之成理即可酌情给分)

2. 答：(1) 建立客户档案，记录客人的喜好和厌恶。

(2) 饭店已经拥有有关24万多名回头客的个人偏好的档案资料，支持更多的个性化服务。

(3) 行业不一样但服务是一样，要满足个性化需求，更好地提供服务建立健全客户档案是一条重要的途径。

附录C 提升训练题

一、填空题

1. ________是服务质量的核心内容。

2. 要提高服务质量，做到优质服务，________是关键。

3. 在客服人员的品格素质当中，________的素质是最为重要的。

4. 人和社会根据对时间概念的不同经常被分为两种模式：________及________。

5. 骄傲型客户的消费心理可以分为三类：________、________、________。

6. 网络沟通不同于传统沟通，最主要的特点就是凭借着全新的媒介工具——________，进行企业的内外部沟通。

7. ________是一个双向、互动的过程。

8. 沟通的客体，也称为________。

9. 图表、视听、________又可称之为视觉支持。

10. ________又常常被人们称为“身体语言”、“体态语言”或者“动作语言”和“肢体语言”等。

11. 手势语有两大作用：一是能________；二是能________。

12. 客户不满的直接原因在于________和服务的实际感知之间的差异。

13. 谈赔偿问题，根据法律有关规定，可以选择从两个角度着手，一个是________，一个是________。

14. ________机制的建立是危机公关的第一步。

15. 客户不投诉有两种情况：一是________，二是对商品虽不满但决定不投诉。

16. 心理学上把压力定义为：个体在生理和心理上感受到威胁时的一种________。

17. 压力由________和压力反应组成。

18. ________成为当今造成工作效率下降的罪魁祸首。

19. 国际上比较流行的减压原则是“3R 原则”：即放松、缩减、及________。

20. ______是一个人重要的生存能力，是一种发掘情感潜能、运用情感能力影响生活各个层面和人生未来的关键品质因素。

21. ______是对整个企业的组织结构及经营活动的良好写照，它包括服务业务流程和服务信息流程。

22. 客户通常从技术和职能两个层面来感受服务质量，从而服务质量也就包含技术质量和______两项内容。

23. 对客户服务人员的管理主要包括客户服务人员档案管理、客户服务人员工作管理、客户服务人员任务管理和______。

24. 客户挽留管理的要素包括：客户流失原因或流失意向原因、______、挽留时间、挽留结果。

25. 客户服务团队组织设计方法：①以效率为主，以结构为辅的设计方法；②______。

26. 优秀的服务监督管理者，必须具有两方面的能力：一要培养对自己下属特别是一线员工的信任感，给他们独立处理问题的权力；二要学会______。

27. 客户信息的收集一般都要包括四个方面的内容：______；客户的特征；客户业务状况及交易现状。

28. 企业的内部资料，是调查人员可以最先最容易获取的资料，其来源有：______、______。

29. 为了提高服务效率、促进服务工作更顺利地进行，客户服务部应将企业拥有的客户信息进行科学划分。常用的有______和______两种划分方法。

30. 客户信用管理由客户授信、账户管理和______等几个部分组成。

31. “5C”评估法，是指重点分析影响信用的5个方面的一种方法。这5个方面是：品德(character)、能力(capacity)、资本(capital)、______。

32. 编写客户信用调查报告的方式主要有______、______和______三种。

33. 调查问卷可分为______与______两种，有时二者结合使用。

34. 观察客户的非语言行为应注意眼神、手势和______。

35. 客户满意的内容分______和______两个层次。

36. 客户忠诚往往通过______、______和______表现出来。

37. 基于客户流失的原因，我们可以将客户流失分为四种类型：自然流失、恶意流失、______和______。

38. 客户的质量主要从三个方面来进行衡量，它们分别是：______、______和______。

39. CRM的核心思想是以“______为中心”，提高顾客满意度，改善客户关系，从而提高企业的竞争力。

40. 目前市场上流行的CRM应用系统的分类是功能分类方法，由美国的一家调研机构把CRM分为______、______和______三类。

41. 协作型CRM主要由呼叫中心、客户多渠道联络中心、帮助台(Help Desk)以及自助服务帮助导航等功能模块组成，具有多渠道整合能力的______是今后协作型CRM的主要发展趋势。

42. 通常情况下，呼叫中心自动外拨系统主要分为两大单元：①______②______。

43. 服务区别于有形产品的主要特点是不可触摸性、不可分离性、可变性和______。

44. 网络客户服务伴随着客户与产品接触的过程，包括______、______和______。

二、判断题(在其后面的括号内打√或×)

1. 客户是产品或服务的最终接受者。 ( )

2. 个性化客户是指对反复比较后再选购不感兴趣，方便是吸引他们的重要因素。 ( )

3. 客户服务人员推销自我恰始于良好的客户服务礼仪形态和自身修养。 ( )

4. 客户服务是售后的事，因此叫做售后服务。 ( )

5. 熟人区在46厘米到1.2米之间，适用于朋友和熟人之间，可拉家常说知心话、握手等。( )

6. 顾客就是客户。 ( )

7. 见人先递烟，生人变熟人。 ( )

8. 为了男人，女人应打扮得漂亮点儿。 ( )

9. 一些拉美国家，在约会时人们甚至会期望你晚到以示尊重。 ( )

10. 在影响型客户的言谈中，其爱好溢于言表。 ( )

11. 与客户沟通的过程是一个双向的、互动的过程。 ( )

12. 信息是由发送者或接收者要分享的思想和情感组成的。 ( )

13. 沟通不是过程而是行为。 ( )

14. 客户沟通过程中，客户是被动地接受劝说、解释和聆听介绍。 ( )

15. 谈话必须有来有往，所以可以打断对方谈话，适时地表达自己的意见，这才是正确的谈话方式。 ( )

16. 客服人员要尽可能地站在客户的立场上提问，不要仅仅围绕着自己的销售目的与客户沟通。 ( )

17. 赞美女性要多赞美细节和她身上的一些饰物。 ( )

18. 若客户投诉是出于误解，这就可以归为客户的错误。 ( )

19. 所有客户来寻求投诉都希望获得关注和对他所遭遇问题的重视，以达到心理上被尊重的感受。 ( )

20. 受害人对损害事实和损害后果的发生有过错的，可以根据其过错程度减轻或者免除侵权人的精神损害赔偿责任。 ( )

21. 对于一般投诉，企业高层不宜亲自出面处理，也没有必要。 ( )

22. 压力反应是每个人对压力因素采取的习惯性的反应模式，它是因人而异的。 ( )

23. 在客户服务部组织规模一定的情况下，如果不考虑其他因素，则客户服务部的管理幅度越大，管理层次就越少，否则管理层次就越多。 ( )

24. 只有给客户“可靠的关怀”与“贴心的服务”，把客户当作朋友，他们才可能频繁购买。 ( )

25. 非一线员工不直接面对客户，所以培训的重点应该放在技能培训方面。　(　　)

26. 非一线员工也是服务系统的提供者。　(　　)

27. 企业的经营活动都要从客户的需要出发，所以要让非一线员工学会如何从容不迫地支持一线员工。　(　　)

28. 公平理论的基本思想是：员工对所得报酬是否满意不仅仅在于报酬的绝对数额，更重要的在于报酬的相对数。　(　　)

29. 客户调查人员可与外部信息机构及其中有关工作人员保持密切联系，通过他们取得客户信用资料。　(　　)

30. 非正式调查，主要是做好正式调查的准备工作，是正式调查的前奏。　(　　)

31. 人员走访调查的效果直接受到客户调查人员的访问技巧和应变能力的影响。　(　　)

32. 对于大多数客户信息调查，最常见的方式是单项选择，单项选择问题易于理解和回答，也易于分析。　(　　)

33. 随着竞争变得越来越激烈，价格因素已成为影响大客户忠诚度的重要因素。　(　　)

34. 企业市场营销的宗旨从追求各方利益最大化转向追求每笔交易的利润最大化。(　　)

35. 当关系双方的利益有冲突时，企业要合并实质利益，以换取宝贵的关系利益。(　　)

36. 双赢策略必须建立一个反馈的循环。　(　　)

37. 满意的客户就是忠诚的客户。　(　　)

38. 客户的满意度和他们的实际购买行为之间不一定有直接的联系，满意的客户不一定能保证他们始终会对企业忠诚，产生重复购买的行为。　(　　)

39. 一般的客户都想买到物美价廉的产品或服务，所以价格越低，客户越欢迎。　(　　)

40. 为了促进服务的生产和消费，为了鼓励提前付款、大量购买或淡季消费，可以采取价格折扣的做法来刺激客户消费。　(　　)

41. 透过销售推力和市场与品牌的强势拉力，与客户互动沟通，培育客户观念，建立企业品牌形象，是扩大客户关系的唯一途径。　(　　)

42. 如果产品或服务的边际利润水平很低，客户数量极其庞大，那么企业会倾向于采用“能动型”的客户关系，否则它可能因为售后服务的较高成本而出现亏损。　(　　)

43. 如果企业在面对少量客户时，提供的产品或服务边际利润水平相当高，那么，它应当采用“伙伴型”的客户关系，力争实现客户成功的同时，自己也获得丰富的回报。　(　　)

44. 呼叫中心(call center)，又称客户服务中心。　(　　)

三、简答题

1. 服务质量的构成要素有哪些？
2. 客户服务礼仪的具体要求是什么？
3. 客户服务人员应具备的基本素质是什么？
4. 客服人员的应具备什么样的职业形象?
5. 客服人员可从哪几个方面了解客户购买商品的理由？

6. 对于客服人员来说，有效倾听在实际沟通过程中的具体作用是什么？

7. 客户服务中应避免使用的肢体语言有哪些？

8. 客服人员与客户沟通时，应做到的“七不问”是什么？

9. 客户投诉的内容有哪些？

10. 处理客户投诉的原则是什么？

11. 客户投诉时的心理状态主要有哪些？

12. 接待投诉客户的技巧有哪些？

13. 群体性投诉的处理方法是什么？

14. 危机处理的原则是什么？

15. 处理客户投诉的误区有哪些？

16. 你会如何减轻工作中的压力？

17. 工作压力对客户服务人员的影响有哪些？

18. 如何提高服务质量？

19. 客户回访信息管理包括哪些内容？

20. 假设你的企业要开展一项培训，你怎样使培训达到预期的效果，你在培训之前要注意哪些问题?

21. 客户服务团队职务设计的内容有哪些？

22. 客户团队目标的设定原则是什么？

23. 如何最大限度地发挥员工的潜力？

24. 企业型的客户名册应包括哪些内容？

25. 客户信用分析的步骤有哪些？

26. 如果要利用外部机构来调查客户信用，你能列举出有哪些途径吗？

27. 在实地调查客户信用情况时，如何对其管理人员进行评估?

28. 核心客户管理的步骤是什么？

29. 影响大客户忠诚度的因素有哪些？

30. 一个优秀的大客户经理应该具备哪些素质？

31. 处理客户投诉有哪些步骤？

32. 影响客户满意度的因素有哪些？

33. 提高客户满意度的方法有哪些？

34. 建立与客户的互动关系应遵循的原则是什么?

35. 客户流失的原因有哪些？

36. 维护客户关系的方式有哪些？

37. 回访客户的技巧有哪些？

38. 扩大客户关系的行动有哪些？

39. CRM 的五大关键内容是什么？

40. 呼叫中心的关键性技术有哪些？

41. 呼叫中心的呼叫内容有哪些?

42. 网络客户服务手段通常包括什么?

四、技能应用题

1. 有时候,客户提出了过分的要求或者你满足不了客户所要求的服务,应该予以拒绝。你会怎样拒绝客户?

2. 在服务接触的整个过程当中,继接待客户、理解客户、帮助客户之后,就是最后一个阶段——留住客户。你如何留住客户,圆满结束本次服务呢?

3. 如何成功地打造引人入胜的开场白?

4. 在客户服务中,往往会有一些不冷静、易发怒的客户,与愤怒的客户相处需要一定的谨慎。因为如果处理不当,事态扩大,则可能给客服人员和企业带来非常严重的影响。所以对待愤怒的客户,你应该关心他,就如他是一个病人等待你这个心理医生治疗一样。愤怒的程度越高,你越要委婉曲折,让他的心情能够慢慢平静下来。你须超越情感的层次去挖掘客户愤怒的根源,以便采取正确的策略。当你遇到愤怒的客户会怎么办?

5. 告诉你科室新来的小张,怎样才能成为一个好的倾听者?

6. 你会赞美客户吗?

7. 你会进行电话沟通吗?

8. 客户小李购买了贵公司的小轿车,现在车出了问题,到公司投诉,由你负责接待,请你设计并填写一张投诉处理卡。

9. 客户张建来函投诉贵公司的空调制冷效果差,维修人员服务态度差,经理让你写投诉回函。

10. 假如你的公司要开展一项培训,请制定一个培训策略。

11. 请绘制一个服务流程图。

12. 请描述胜任你的企业的客户服务人员岗位的理想员工。

13. 在一个企业中,新上任的张经理发现下属员工李明上班之前先去拜访了一位客户,却没有及时打电话告知他的去向。张经理就问他为什么不告诉他去向。李明反驳说:“我在这儿工作了好几年了,在好几个经理手下干过,哪一次不是随叫随到?我每隔几天到某客户哪儿,是去看看有没有新情况,同他们谈谈心。对于别的任何一个经理,我从来都没有必要汇报自己的一举一动,搞不懂您为什么要我这么做?”

请问,张经理的做法对吗,为什么?

14. 小王有时要做核对报表一类的工作,但每次她收集的数据都被拿给别人做分析,所以她非常希望自己能掌握一些统计原理或是研究方法一类的知识以便自己也能尝试作一些分析。当她向经理表达这一愿望时,经理却说:“这工作你一年做不了几次,没有人会对你有过高的要求。再说,我们刚招了几个研究人员,你只要确定数字对得上就行了。分析的工作就让别人来做吧。”

请分析一下,这位经理说的话是否合理?为什么?如果是你,你会怎么说?

15. 某公司推出了“年终奖”的计划，本意是希望通过这个调动企业员工工作的积极性，但没有起到预期的效果，员工的积极性非但没有调动起来，反而导致了“平均主义”。请分析其中的原因。

16. 请设计一份企业客户资料卡。

17. 假如你是一位售后服务代表，请根据学的内容，创建一份客户资料卡。

18. 请建立一份核心客户资料卡

19. 举例说明当你面对一位果断型的客户时，应怎样接待。

20. 如何做好服务补救？请举例说明。

21. 一天中午，王先生来到某家银行。他告知客户服务人员：他来领取前几天重新申请的信用卡。但王先生是在其他网点申请的，而且他也没有带齐手续，只带了他的身份证。由于工作原因，他只有中午有时间来银行领取他的信用卡。如果你是服务人员，该如何使他满意呢?

22. 如何编写客户计划?

23. 请制定一个客户回访计划。

五、案例分析

1. 地瓜洗衣机

海尔的维修服务人员接到顾客的抱怨，说他们的洗衣机不经用，刚用没多长时间就坏了。维修人员上门一看，原来北方的农民用洗衣机洗地瓜，地瓜的泥土太多，堵塞了排水口。维修人员并没有指责客户使用不当，而是维修好洗衣机后，表示会把顾客的意见反馈给公司。公司员工就想，如何才能满足北方农民洗地瓜的需求呢?于是公司马上开始研发了一种既能使北方农民洗地瓜又可以洗衣服的洗衣机。请分析海尔做法的好处。

2. 某电力公司的客户管理

美国一家电力公司为其前 350 家公司的客户配备了 6 名服务代表；为次一级的 700 名客户也配备了 6 名服务代表；再次一级的 3 万客户则由 2 名服务代表负责；处于客户群最底层的 30 万名居民客户都交给一个 800 电话号码。请分析其管理方法的原理。

3. 很多企业不喜欢客户的抱怨，认为很多客户的抱怨是吹毛求疵，是胡闹。一家电脑制造商的客户，给厂家打电话反映他们生产的某型号的电脑在使用的时候，噪音太大，尤其是在晚上，简直就像一台电风扇在工作。厂家未置可否。后来别的客户也向经销商反映同样的问题。最后，经销商把情况汇总到厂家，厂家认为用户吹毛求疵，电脑又没有安装消声器，怎么会没有噪音?没有噪音的电脑永远也生产不出来。请问厂家的做法对吗?

4. 客户分级管理

一家以加工鸡肉为主的肉类加工企业的经理，最近收到很多客户的来信，有的对企业提供的产品表示基本满意，并说如果以后厂家在加工的时候再多听一下他们的意见就更好了；也有几封来信把厂家的产品贬得一文不值，指责厂家怎么生产出如此糟糕的产品，简直是在浪费资源。经理看完信以后，心里感到不是滋味。他很发愁，客户的口味真是难调。他准备召开技术部门和市场营销部门的联合会议，讨论怎样答复这些客户的要求。综合各方面的情况，他们在众多的来信中归纳出四种类型的客户，并做成了如下一张表格。现在，请你浏览一下表格，给这位经理提出一些建议。

客户代表类型	购 买 情 况	反 映 情 况
A. 以一家鸡肉罐头厂为代表的购买大户	每年要从公司购买大量鸡肉，是公司的大客户，销售额占50%	产品基本符合他们的要求，希望在加工鸡肉的时候再精细一点，以减少他们的劳动投入。另外，在价格上能否给予一定的优惠
B. 以一家饭店为代表的餐饮业	每年从公司订购的产品占到销售额的30%	要求产品进一步加强保鲜，对肉味提出了许多具体的要求
C. 一些散户	购买不固定，厂家打折的时候购买的多，占销售额的15%	要求价格低，对鸡的来源地提出了非常明确的要求
D. 少数挑剔客户	偶尔购买，占销售额的5%	对产品极不满意，指责鸡肉不合他们口味，要求鸡肉加工出来以后，肥瘦分布要均匀，花费烹调的时间要短

5. 7-11的客户服务

7-11是世界级的24小时便利商店。顾客到那里去买东西时，售货员会不断地往电脑网络中输入资料。这些资料并不是关于顾客买的商品，而是关于顾客的各项情况，如顾客的年龄、性别、身份、婚姻等。它会对这些资料进行分析，以了解自己的顾客到底是什么人，他们会在什么时候、什么情况下买什么东西。然后它再有的放矢地满足这些顾客的需要。请分析7-11做法的作用。

6. 及时满足客户需求

一位名叫赫兹的商人，当他开始从事机场的汽车服务时，他的注意力放在培训司机为客户服务方面，如怎样帮客户搬运行李，怎样准确报站等，司机们也做得很好。但是，赫兹开始没有意识到客户的一个最主要的需求：对客户来说，最主要的是两班车之间的间隔时间要短。这一服务上的缺陷也引起了不少客户的抱怨，尽管事实上客户的平均等车时间为7～10分钟。为此，赫兹投资巨款购买了汽车、雇用司机，把两班车之间的标准间隔时间定为最长5分钟，有时两班车之间间隔仅2～3分钟，最终使客户满意。赫兹公司另一项业务是租车给乘飞机来该市的客户，待他们回来乘飞机时再将车还回。由于租车的客户大多数是商人，因此，对他们来说最重要的是速度。赫兹也认真地处理了这些租车客户的抱怨，尽管租车时的服务速度很快，但还车时的速度太慢，客户没有时间在柜台前排队等着还车。赫兹想了一个办法，能使客户即刻还车。这个办法是：当客户将车开到赫兹的停车场时，服务人员就将汽车上的号码(车的挡风玻璃上设有车的编号牌)输入到计算机里，这些计算机与主机相连，等到客户到柜台前时，服务人员能叫出其姓名，整个手续也只需再问两个问题：里程数和是否加过油，然后就能把票据打印出来。这样一来，原来需要10分钟的服务时间缩短到只需1

分钟，客户十分满意，从此之后，生意十分兴隆。

问题：

(1) 评说正视客户不满意的意义。

(2) 赫兹公司是如何提供及时服务的。

7. 赢得客户忠诚度

英国裤袜国际连锁公司的主人米尔曼开始只经营男士领带，且营业额不大。后来她发现不仅是男士，而且妇女也要求购物方便、快捷，她们往往不愿为购买一双长筒袜而挤进百货商场，而愿意只花几分钟在一家小店购得。米尔曼对顾客的这种心理摸得很清楚，十分注重经营速度、方便顾客和周到服务。尽管价格上略高于百货商场，但周到的服务足以弥补价格较高的不利因素，而且还绰绰有余。米尔曼 1983 年 4 月在伦敦一个地铁车站创建第一家袜子商店时，资金不足 10 万美元，经过几年的经营，现已成为世界上最大的妇女裤袜零售专业连锁公司，在英国已有上百家分店，在欧美其他国家有 30 多家分店。销售额已近亿美元。米尔曼的公司的发展，靠的就是向顾客提供快捷、方便和周到的服务。

在美国得克萨斯州利昂时装店有一名叫塞西尔·萨特怀特的女销售员，已经 67 岁了，她一年销售的鞋子价值 60 万美元，她自己的年收入达 10 万美元。由于她的出色服务而被称为传奇人物。顾客总是慕名而来，也满意而去。走进这家商店，经常看到不少妇女在等她，在她的顾客中，有政府女职员，有在公司工作的女职员，也有女律师、女医生，还有政府官员和企业界的巨头的夫人。她们不仅每隔一定时间就到塞西尔那里去买鞋，而且当准备出差或旅行时也去她那里，以觅一双舒适美观的鞋。妇女们喜欢去她那里买鞋并非那里的鞋特别时髦，也不是店里的设施特别讲究，而是塞西尔给予她们的那种特殊的、情意绵绵的关注和服务，当她接待顾客时，会使顾客感到好像她生活中除你之外再没有任何人似的。如果这双鞋你穿着不合适，她是不会让你买的，如果另一双鞋穿在你脚上不好看，她也决不会卖给你，她进库房为你拿出来挑选的鞋，有时可多达 300 双。每次你试穿一双，她都陪你照镜子，而且，她有时会跪在你脚下，帮你穿上脱下。塞西尔这样做，自有她的服务观念，人们都希望生活中有些令人高兴的事，而大部分妇女，所需要的正是热情周到的服务。这种服务观念像一块强大的磁石，吸引了众多忠实的顾客。

问题：

上述忠诚客户各属于哪种类型？

8. 案例实况

某顾客致电某服务中心，因无人接听处在自动转接当中，等得不耐烦的时候，终于有服务员接听。

服务员：“您好!我是 77 号，竭诚为您服务，我有什么可以帮助您的?”

顾客答：“你能不能让我少等会儿?”

服务员：“哦，今天电话特别多，一下忙不过来，您有什么事?”

顾客答：“你们为什么不增加客服人员?”

服务员：“那是我们领导的事，我也想人多点呀!”

顾客答："那你们领导真蠢，总是让我们花大量时间等，难道顾客的时间就不值钱吗?"

问题：

(1) 客服人员在受理过程中，有哪些不妥之处?

(2) 客服人员如此礼貌与客气，顾客为什么还是不满意呢?

(3) 如果你是客服人员，你觉得怎样做才能让客户更满意?

9. 客户的感动就是我们不懈的追求

在以金钱至上的社会中，还有什么能够让平凡大众感动的呢？然而，北京现代汽车湖北长江店的员工们却通过他们细心、真诚的问候和果敢的行动赢得市场的同时更赢得客户由衷的感动。这不正是"服务营销"所要做的吗？

七月的武汉正是一年中多雨、闷热的季节。走在宽阔的马路上，扑面而来的滚滚热浪令人窒息。每逢此时，医院也是排起了长龙，大病也许没有，但是因为暑气而导致的头痛脑热、食欲减退、肠胃疾病却成为时下最"流行"的症状。

"喂，您好，是A公司的张先生吗？我是长江店的——，什么，您在打点滴，阑尾炎！哦，真对不起，打搅您了，再见。"小心翼翼地放下话筒，长江店客户关系部的小刘不由长嘘了一口气。

"小刘，刚才听说有个客户生病了？"负责客户关系部工作的郭先生立刻警觉起来。

"客户说正在打点滴，不方便讲话，我也就没再多问。"

"快，查一下这位客户的资料！"

……

一会儿工夫，生病的客户资料就摆放在案头。

"小刘，一会儿我们订束花给客户送去。"

"对，要抓紧时间。另外，通知售车给这位客户的销售顾问一道去。"客户关系部活动策划贾先生建议道。

"好，就这么定了。小刘，再给这位张先生打个电话，询问他目前的位置在哪儿。"郭先生伸手拿起电话拨通了订花公司的热线。

"喂，您好，请问是某某花卉中心吗？我是长江汽车的郭先生。对，请马上扎一束鲜花，是送病人的……十分钟以后我们去取，好，那就多谢了！再见。"

雨中，一辆白色的北京现代索纳塔售后服务车疾驰在武汉的马路上。

"这几天可真热，还好，要不是下这场雨呀，恐怕又成烤全鸡了，哈哈哈……"长江汽车展厅销售顾问张先生风趣地说道。

"不管是天再热、雨再大，客户的感动就是我们不懈的追求……"透过车窗外不断后撤的景色，我们似乎看到郭先生的眼神里满含着坚定、执着，而这些东西却又是目前社会上最为缺乏同时又是最需要的。

"什么，你说客户离开医院了！宝丰路友谊大厦？好，马上赶过去。"坐在后排的贾先生抱着刚刚扎好的花束接听电话。

火红的玫瑰、散发着淡淡幽香的百合、粉色的丝带以及矗立其中的"问候语"，"狭窄"

的车厢内弥漫着浓浓的温情、关怀和感动。此时此刻，武汉正在接受大雨的“洗礼”，然而，我们可爱的长江员工正在将自己对每一位客户的“诚挚关怀和感动”演绎为“实实在在的行动”，他们也是我们最可爱的人呀！

“真不好意思，让你们跑这么远来。快请坐！”A公司宽大、厚实的沙发上缓缓站起来一位瘦小的年轻人，看样子，病得不轻。

坚定有力的握手让长江与客户紧紧连在一起。稍为细心点的人都会发现，病痛中的张先生眼眶中满含着泪水。临走之际，祖籍广东潮州并在汉口参过军的张先生特意为我们准备了一份厚重的礼物：一副塑有炎黄二帝像的铜盘。双手接过这份礼物，长江人的内心是不平静的，因为，它代表了一万多位北京现代车主对长江店的信任，对长江发自内心关怀的感谢。同样，长江人清楚地明白，“水能载舟亦能覆舟”这句流传万代的格言对今天的警示。长江人不以今天取得的成绩而自满，不以今天的成绩而骄傲，相反，他们正以百倍的精神、勤奋的脚步实践着心中的诺言：无论何时、无论何地、无论何种方式，您的感动是我们不懈的追求。

问题：请运用客户服务与客户管理的有关知识对本案例进行点评。

10. 授权给客服人员

旅店的所有员工都知道每位旅客平均每年在这里住20个晚上，他们清楚，一位顾客的终身价值达到成百上千英镑，他们也知道每时每刻都有被旅客投诉的危险。

如果一位顾客有问题，旅店希望第一位接待反映问题的旅客的员工就能把问题解决掉。

每位一线员工都有2000英镑的预算。他们可以提供任何形式的补偿(免费住宿一晚、餐饮、房屋出租等)，在这个限制内尽量满足顾客。

如果他们需要更高的补偿，就会有另一位一线员工加入，他们联合起来，总预算达到4000英镑。如果不够的话，他们还可以争取其他员工的加入，如此类推，当然这些都不需要找主管介入处理。

问题：结合本案例谈谈授权在客户服务工作中的意义及授权的方法。

11. 别冷落小客户

张小姐到银行存款，见两个窗口前一个排着长队，另一个仅有两三个客户。排长队的通道入口处立着一块客户提示牌：存款20万元以下客户请在此排队；客户较少的通道口的提示牌写着：存款20万元以上客户请在此排队。

张小姐知道自己存款不到20万，就自觉地站到长队末尾。不久，发现办理“20万元以上”业务的窗口没有客户，就前去存款。

张小姐：“这边没客户，请帮我办一下。”

柜员：“小姐，您的存款余额达到20万元了吗?”

张小姐：“没有，我看这边没人啊。”

柜员：“这边是大客户服务专用窗口，你请到那边排队吧，马上就有大客户来了。”

张小姐：“为什么要这样?”

柜员：“我们为了做好分层次服务，优先服务好20%的大客户，使他们感到受尊重啊。”

张小姐：“……”

问题：如果你是柜员你会怎么办？

12. 马格丽特是亚特兰大某饭店咖啡厅的领位员。咖啡厅最近比较繁忙。这天午饭期间，马格丽特刚带几位客人入座回来，就见一位先生走了进来。

“中午好，先生。请问您贵姓？”马格丽特微笑着问道。

“你好，小姐。你不必知道我的名字，我就住在你们饭店。”这位先生漫不经心地回答。

“欢迎您光顾这里。不知您愿意坐在吸烟区还是非吸烟区？” 马格丽特礼貌地问道。

“我不吸烟。不知你们这里的头盘和大盆菜有些什么？”先生问道。

“我们的头盘有一些沙拉、肉碟、熏鱼等，大盆菜有猪排、牛扒、鸡、鸭、海鲜等。您要感兴趣可以坐下看看菜单。您现在是否准备入座了？如果准备好了，请跟我去找一个餐位。”马格丽特说道。

这位先生看着马格丽特的倩影和整洁、漂亮的衣饰，欣然同意，跟随她走向餐桌。

“不，不，我不想坐在这里。我想坐在靠窗的座位，这样可以欣赏街景。”先生指着窗口的座位对马格丽特说。

“请您先在这里坐一下。等窗口有空位了我再请您过去，好吗？” 马格丽特在征求他的意见。

在征得这位先生的同意后，马格丽特又问他要不要些开胃品。这位先生点头表示赞同。马格丽特对一位服务员交代了几句，便离开了这里。

当马格丽特再次出现在先生面前告诉他窗口有空位时，先生正与同桌的一位年轻女士聊得热火朝天，并示意不换座位，要赶紧点菜。马格丽特微笑着走开了。

问题：

(1) 从案例中领位员服务的过程，分析领位服务应具体做到什么。

(2) 从案例中总结应该如何培养服务意识。

13. 汽车服务

铃声响起……

客服代表：您好我是于秀凤，我能为您做些什么？

只听见对方用沙哑的嗓音说：小姐，我是内蒙古的宝来用户,今天一早从内蒙古开车到北京办事，半路发现车子出现异常，到北京汽修一厂检测，说是点火线圈坏了,但目前服务站没有备件，让我回内蒙古等，可我是开了十多个小时的车才到北京的呀，又人生地不熟的，又被交警罚了很多钱，现在身上所剩无几，希望能帮帮我啊……!

客服代表：先生您先别急，虽然点火线圈备件资源非常紧张，但我会马上帮您沟通协调，一有结果会马上通知您。您看这样可以吗……？

(客服代表马上与服务站及备件专家取得联系，为用户解决备件问题)

客服代表：(10 分钟后，为了怕用户着急，给用户回复了一个电话)请您不要着急，我们正在全力的帮助您……(用户听完感动地哭了)

客服代表：(40 分钟后，确认备件已到位，回访用户)先生您订的备件到货了吗？您的车维修的如何了？

客户：养一台车实在不容易，从内蒙古到北京要 1000 多公里，我实在没办法了，本来只想抱着试试看的态度打你们的电话，没想到马上就帮助我解决问题了，我现在正等着安装，实在太感谢你们了。

客服代表：不用客气，这是我们应该做的，以后有什么问题可以随时与我们联系，一汽——大众客户服务中心永远会帮您解决难题，祝您的车子早日修复。

问题：

(1) 案例体现了服务的哪些理论？

(2) 点评案例中客服代表的服务。

14. 每月的下旬，广西工行梧州河西支行领取养老金、交纳电费的老年客户接踵而至，整个营业大厅人山人海。为做好老年客户的服务工作，树立工行的良好服务形象，该行要求全体员工换位思考，站在客户的角度，提高服务意识，用“五颗心”做好老年客户服务工作。

关心。为有效缓解客户排队等候办理业务过程中的焦躁情绪，该行用心布置网点。用舒适温暖的皮质椅子替代冰冷的木椅，供客户休息等候。此外，该行在等候区的墙壁上，挂上宽屏液晶彩电，在宣传工行产品服务的同时，穿插播放精彩的节目，供客户打发等候的时间，缓解等待的焦躁心情。

诚心。该行要求大堂经理热情接待到网点办理业务的老年客户，主动帮助行动不方便的客户取号，引导客户到前台办理业务。需要办理填单业务时，为老年客户填写相应的资料。该行规定大堂经理要不定时在网点巡视，为遇到问题的老年客户提供相关咨询和帮助。在客户办理完业务时，友好欢送客户走出网点，并提示客户保管好自己的存折和现金。

耐心。一是耐心指导老年客户办理业务。部分老年客户办理业务的时候动作缓慢，存在输入密码迟缓、写字签名缓慢，或者耳背听不清楚、眼花看不清楚等各种问题。这就要求柜员在遇到这种情况的时候，不急不躁，必要时站立起来，提高声音，放慢语速，细心指点。二是耐心对待老年客户的抱怨。遇到老年客户抱怨的时候，要控制自己的情绪，站在顾客的角度，耐心地向老年客户做好解释工作。

虚心。部分老年客户在办理业务的时候，会将遇到的问题或者想到的建议热心地反馈给网点。网点员工应以认真重视的态度，虚心地听取老年客户的建议。针对业务方面的问题，认真分析客户的建议，将可行性的建议向上级机构反映，促进业务流程的优化；针对服务方面的问题，根据实际情况做出相应的改善，促进服务质量的提升。

将心比心。哪个老人不曾年轻过，哪个年轻人不会变老？该行要求每个员工，上至领导负责人，下至普通柜员，在给客户办理业务，提供服务的时候，站在客户的角度，想客户之所想，急客户之所急。时刻保持“客户的事再小也是大事”，“客户的事就是自己的事”的观念，不能因为是老年客户，办理的是小额业务而有所怠慢。用换位思考的思想，将心比心，以诚相待，在做好客户服务工作的同时，树立工商银行的良好形象。

问题：

(1) 结合案例谈谈客户服务的核心是什么？

(2) 工商银行的这种做法体现了哪些理念，有什么具体作用？

15. 关于华帝炉具燃爆引发的顾客投诉

2001 年 7 月在惠州人人乐购物广场，顾客华某购买了一台价值约 1100 多元的华帝双盘式煤气炉。不久后的某日，华某的母亲在厨房做饭时煤气炉发生了爆炸，炉具表面的玻璃钢全部炸裂，喷出的火焰不仅烧伤了华母的头发、脸面，而且使华母全身多处也大面积烧伤(当时是夏天，华母身穿遇火易燃的薄丝面料衣服)。事故发生后，华某马上把母亲送入医院，并让家人用照相机、摄影机对事故现场进行了拍摄，随后华某打电话到商场顾客服务中心投诉，要求商场对事故发生做出合理解释并给予患者 20 万元的经济赔偿。

商场顾客服务中心接到投诉电话后，马上与华帝炉具的厂家取得联系，迅速协同厂家代表去医院看望，与此同时又立刻通知市有关质量监督部门、华帝厂家技术部门前往出事地点进行现场鉴定与调查。

在医院，商场负责处理此事的工作人员一边安抚患者家属，一边通过患者的口述对事故的整个过程进行了全面详细的了解，并做了笔录，且让患者家属确认后在笔录上签了字。与此同时，市质量检查监督局及华帝炉具技术人员对火灾现场也进行了检查与鉴定，并由市质量检查监督局出具了有效的质检报告，在报告中对引发事故的责任做了明确的划分。通过质检报告得知：由惠州人人乐购物广场销售的价值 1100 多元的华帝煤气炉并无质量问题，引发该起事故的主要原因是由于顾客华某的母亲在使用炉具前没有仔细看该产品的使用说明书，操作时使用不当造成。事发当天，华母用华帝煤气炉烧开水，由于当时煮沸的开水温度过高而在取壶时将壶整个打翻，壶里的开水大量地泼洒到正在燃烧的左侧炉面和右侧未打开的炉面上，由于左、右侧炉面一个处于开启状态，一个处于冷却状态，在大量开水喷溅时里面受热温度不均匀而引发了了煤气炉爆炸。

由于商场工作人员及时通知相关质量检查部门对事故现场进行了检查鉴定，并对鉴定结果出具了有效的质检报告，明确该事故并非产品质量问题，因此对华某提出的索要 20 万元的赔偿可以不予接受。处于对商场消费者和华帝炉具消费者——患者本人及家属的慰问和人道主义的关怀与帮助，经商场和华帝炉具最后协商决定，由华帝炉具厂家提供 3000 元的慰问金(但需声明不是赔偿金)给予患者及其家属协助治病。

面对这一突发的顾客投诉事件的处理，惠州购物广场负责此事件的处理人在紧急的情况下进行了迅速而冷静的处理，具体步骤如下：

(1) 接到顾客投诉电话后保持冷静，先聆听事情的经过，倾听完毕马上打电话通知厂家与商场相关负责人去医院探望病人，做好病人家属的安抚工作，避免事情传播扩大而造成负面影响。

(2) 待患者家属情绪稍趋平稳后，请病人家属出示在商场购买该商品的电脑小票及销售小票，核实确认患者使用的产品确系该商场出售的商品。

(3) 迅速通知当地权威质量检查部门和厂家技术部门去事故现场进行实地考察鉴定，了解事发原因，由权威检查部门出具有效的质检报告，明确事故的责任人。

(4) 在医院探望病人的过程中听取事故现场目击者对事故发生的详细讲解并及时做好笔

录，记录完毕后请患者家属确认并亲自签字；

(5) 及时听取质量检查部门的现场鉴定反馈，迅速了解事故的原因调查，并让质量检查部门在现场检测后出具有效的质检报告，明确事故责任人。

(6) 根据事情的轻重缓急，与厂家协商达成共识给予消费者一定的慰问金。

在这起顾客投诉事件的处理过程中有哪些是值得我们借鉴与学习的？

16. 中国拥有总里程超过 5 万公里的铁路线，是世界上最大的铁路运输网之一。而铁路客运服务在其中又占用非常重要的地位。其中有 5000 多个车站承办客运业务，日开列车 2000 多列。为了在日益加剧的客户运输服务竞争中确保优势，改善铁路客户的服务质量，铁道部门一直在努力寻找提高竞争力、改善服务的新途径。

中国铁路客票发售和预订系统就是在数据库技术的基础上建立起来的。目前该系统在全国建立起 23 个地区客票中心和铁道部客票中心，有几万个窗口联网售票，每年客运量超过 10 亿人次，平均每天售票 300 万张，高峰期达 420 万~460 万张。

问题：

(1) 本案例中采用了哪些管理客户服务信息的技术、手段和方法？

(2) 你有何进一步提高、修改和完善本案例中现有系统的建议？

17. A为拨打热线的客户

B 为客户服务人员

B：喂！你好。

A：你好，我是××的一个用户……

B：我知道，请讲!

A：是这样，我的手机这两天一接电话就断线……

B：那你是不是在地下室，所以信号接收不好呀。

A：不是，我在大街上都断线，好多次了……

B：那是不是你的手机有问题呀？我们不可能出现这种问题！

A：我的手机才买了三个月，不可能出问题呀。

B：那可不一定，有的杂牌机刚买几天就不行了。

A：我的手机是爱立信的，不可能有质量问题……

B：那你在哪买的，就去哪看看吧，肯定是手机的问题！

A：不可能!如果是手机有问题，那我用×××的卡怎么就不断线呀？

B：是吗？那我就不清楚了。

A：那我的问题怎么办呀，我的手机天天断线，你给我交费呀！

B：你这叫什么话呀，凭什么我交费呀，你有问题，在哪买的你就去修呗！

A：你这叫什么服务态度呀，我要投诉你！……

B：挂断……

问题：请找出客服人员的错误之处并指出正确方法。

18. 用倾听来化解客户的抱怨

这是德第蒙德尼龙公司创始人德第蒙德先生亲身经历的一件事，他的公司后来成了世界服装行业最大的毛料供应公司。

有一个早上，一位怒气冲冲的客户闯进了德第蒙德先生的办公室，因为德第蒙德公司信用部接连给他发了好几封催款函，要求他归还拖欠的15美元。尽管他不承认有这笔欠款，但德第蒙德公司知道确实是他错了，所以坚持要他还款。

在收到最后一封催款函之后，这位客户来到了芝加哥，怒气冲冲地闯进德第蒙德先生的办公室。下面就是他们的对话：

德第蒙德："你好，汉尼，你怎么来了？"

客户："太过分了!我不但不会支付那笔钱，而且今后再也不会订购你们公司的任何货物。"

德第蒙德先生见对方的火气很大，就没有说话，而是面带微笑地静听着对方要说什么。

"我和你们做了这么多年的生意，竟然还会欠你们15美元……我可不是一个喜欢赖账不还的人。"

在客户发牢骚的过程中，德第蒙德先生虽然有好几次都想打断对方来为自己解释，但是他知道那样做并不能解决问题，所以他就干脆让对方尽情地发泄。

当客户最后怒气消尽，能够静下心来听取别人的意见时，德第蒙德先生才开始平静地对他说："你到芝加哥来告诉我这件事，我应该向你表示感谢。你帮了我一个大忙，因为我们信用部如果让您感到不愉快的话，那么他们同样也可能会使别的顾客不高兴，那对我们来说可真是太不幸了，一定是我们的工作方式出了问题。所以，你一定要相信我，我比你更想听到这件事。"

对方可能怎么也没有料到德第蒙德先生会这样说，他可能还会有一点失望，因为他到芝加哥来，本来是想和德第蒙德先生大吵一番的，可是德第蒙德先生不仅没有和他争吵，反而还向他表示了感谢，这当然大大出乎了他的意料。

德第蒙德先生明白地告诉客户说："我们要勾销那笔15美元的账，并忘掉这件事。因为你是一个很细心的人，而且只是涉及这一份账目；而我们的员工却要负责几千份账目，所以和我们的员工相比，你更不会出错。"

听他这么一说，客户就更不知如何回答德第蒙德先生了。

德第蒙德先生又告诉客户："我十分清楚你的感受，如果我处在你的位置，我也会和你一样的。既然你以后不想再买我们的产品了，我就再给你推荐其他几家公司如何？"

客户感到更不好意思了，就没说什么话。

以前每当这位客户来芝加哥时，德第蒙德先生总是要请他吃饭，所以那天他照例请这位客户吃午餐。客户也勉强答应了。但是当德第蒙德回到办公室的时候，为了回报德第蒙德先生的宽厚对待，这位客户却订购了比以前多出许多倍的货物，然后平心静气地回去了。

返回后，这位客户又特意检查了一遍他的账单，结果他却找到了那张15美元的账单，原来是自己弄错了，而且还因此跑到对方那里大吵大闹，想到这里他的心里感到羞愧不已，而且此时他更感受到了德第蒙德先生的善解人意和宽厚的胸怀。于是，他立即给德第蒙德公司寄来了一张15美元的支票，并向德第蒙德先生表达了他的歉意。

从此以后，这位客户就成了德第蒙德先生的朋友和忠诚客户，直到22年以后去世为止。

后来，这位客户生了一个男孩，他就为儿子取名叫德第蒙德。

问题：该案例对你有何启示？

19. 补救客户也是在补救自己

某日，某食品厂接到代理店的电话，说有人投诉该厂的食品卫生不好，吃了后上吐下泻，人已经送去医院治疗。

食品厂接到电话后，主管们紧急磋商，赶紧安排客户部经理带人赶往医院。原来，在工厂工作的颜先生，中午回家路过小食品店买了该厂小袋食品给小孩子吃，其小孩吃后不到3小时，即发生呕吐和腹泻。颜先生一看不妙立即送往医院，经医生诊断为急性肠胃炎，估计是食物不洁所引起的，于是，颜先生投诉食品店要求承担相应责任。

了解到以上情况，服务部经理赶紧将情况汇报给厂领导，在领导的支持下，先垫付医疗费，厂领导带水果与补品前往看望孩子，并聘请一名专职护理人员精心照看孩子，同时向医院申请最好的专家给予治疗。经过医院精心治疗和护理，孩子很快康复出院，厂里派出专人接小孩出院。

到了孩子家里，服务部经理特意送上一笔补偿金。颜先生有感于食品厂负责的态度和良好的补救方法，也没有再提出过分的其他补偿要求，并主动交出医院化验单，承诺此事到此为止，不再对外扩大影响或再追究厂方的责任。

至此，一场危机事件终于在真诚补救中得以化解。

问题：

(1) 该投诉危机事件的化解，给你什么样的启示？

(2) 为什么该企业能够很好化解这场危机，关键要领是什么？

(3) 为什么颜先生会满意厂方的做法，而放弃继续追究的机会呢？

(4) 如果厂方没有给予及时有力的解决，会产生什么样的后果呢？

20. 满足机构利益与个人利益

A公司的营销人员与客户同时上下班，客户每天早上9点钟上班，营销人员在客户一上班就去拜访客户，下午6点钟客户下班，营销人员跟着客户下班。

B公司的营销人员不坐班，可以11点钟起床，中午去公司吃顿饭，下午去拜访客户。而且一定是四五点钟去拜访，因为这个时候客户刚好就要下班了。下班的时候与客户一起去吃顿晚饭，吃完饭到了八九点钟，再去茶馆喝喝茶，谈谈心，所以他们的营销时间是从中午12点，到晚上大概10点钟，然后把客户送回家。

C公司的营销人员上班时间更晚，就在B公司的营销人员把客户送回家的时候，他们正在客户的门口候着。他们大概上午十一二点钟才起床，到公司已经三四点钟了，然后打几个电话，晚上请客户去吃饭，再把客户送回家。随后他就到更重要客户的家门口等着，等别的营销人员把客户送回家时，这个公司的人再把客户拉出来吃饭、喝酒、唱卡拉OK、蒸桑拿，到了凌晨两点多钟把客户送回家。

以上案例可以看出：A公司白天8个小时的销售，是满足客户机构的利益；B公司是下午和晚上销售，既满足客户机构利益，又满足客户的个人利益，但是两个“方向”又不是特别强；C 公司是从晚上 6 点钟营销到凌晨两点钟。据了解，戴尔公司是从白天到夜晚分别安排营销人员与客户进行联络，使得客户的机构利益和个人利益同时得到满足，而且两手都抓得很牢，每一项工作做得都很扎实，几乎有 80%的胜利。

问题：

(1) 你如何看待三个公司的做法。

(2) 满足企业和个人需求的主要表现有哪些？

(3) 根据对企业和个人需求的满足情况，业务员可分为那几种类型？并对其进行简单的介绍。

21. IBM 通过优质服务赢得顾客忠诚

“IBM 就是服务!” 这是 IBM 公司一句响彻全球的口号，是 IBM 成功的三大基石，也是 IBM 质量文化的精髓所在。

IBM 从客户的要求出发，在销售产品的同时，帮助用户安装调试、排除故障、定期检修、培养技术人员，及时解答他们提出的各种技术问题，提供产品说明书和维修保养的技术资料，听取使用产品后的评价意见等。通过多种多样的全方位服务，使用户达到 100%的满意，从而建立起企业有口皆碑的信誉，营造出独特的 IBM 质量文化。

为了保持与顾客的经常性联系，IBM 每月定期评估顾客的满意程度，其评估结果对员工及资深主管的报酬和职位升降具有相当大的影响，并且每隔 90 天，他们还要做一次员工服务态度调查。此外，IBM 总部的高级主管也要按公司规定拜访客户。IBM 认为，一个人如果不了解客户的需要和想法，就根本不可能制定出受客户欢迎的服务策略。

IBM 还提出了“增值销售和延伸销售”的概念。增值销售和延伸销售是指产品售出后为客户提供专家咨询，不断改进产品性能，为客户提供最新的科技成果和情报资料，不断开拓售出产品的应用范围等，从而延伸销售增值链。IBM 宣称，他们每接受一位客户(不论生意大小)，都要为这个客户提供高品质的服务，使客户从中受益。

IBM 反对以各种方式向客户提供过分昂贵或不适合客户的产品。即使客户提出要购买某些产品，如果 IBM 经调查确认这些产品不适合客户需求，它也会冒着失去这笔生意的危险向客户提出建议，劝其购买更适宜的产品。IBM 认为，只有这样才能保证公司上下真正为客户着想，才能保证与客户保持最良好的关系，从而提高公司的声誉和形象，促进产品的销售。

大多数人似乎都有一种错觉，认为 IBM 生产的是世界上技术最先进的机器，其实这只是 IBM 公司质量文化，特别是优质服务带来的光环晕轮效应。公正地说，IBM 在技术上仅是跟上时代发展和消费需求而已。专家们一致认为，至少在过去 10 年里，IBM 并非工业技术方面的领导者。IBM 的成功全靠它那无懈可击的服务策略，以及由此凝结成强大的向心力、凝聚力、责任感和使命感的质量精神、质量文化。

一位客户介绍了他为什么会选中 IBM 产品的感受。他说：“要论技术，有好多家公司都比 IBM 公司的花样多，他们的软件用起来也确实更容易些。不过只有 IBM 公司肯下工夫来了解我们，他们与我们上上下下全都面谈过。他们的要价比其他公司足足高出 25%，可是他们所保证的可靠性和提供的服务却是其他公司无法可及的。他们提供的意见都恰到好处，他们的一切都让人感到放心，万无一失。尽管我们的预算很紧，但是我们却轻而易举地做出了买谁家(IBM公司)货的决定。”这是对IBM公司通过最佳服务赢得顾客忠诚的真实写照。

问题：

试分析IBM是怎样实现客户忠诚价值的?

22. 挽回客户流失

现改名为美国第一银行的原M银行是一家信用卡公司，在20世纪80年代初期，该公司的客户流失相当严重。为了扭转这一危机，公司通过开展客户满意服务以维系客户忠诚度。为此，M银行开始针对流失的客户进行询问调查，这些问题包括他们为何离开?他们的问题何在?他们对信用卡公司有何要求等。通过调查了解到客户的需求，认识到客户离开他们的原因就是未能满足其需求。M银行将收集到的信息整调后，制定行动方案并开始执行，他们经常检讨产品和服务，以期符合客户日益变化的需求。结果，M银行的客户流失迅速下降，并成为同行业中客户流失率最低的公司。

问题：

M银行是怎样进行客户流失管理的?

23. 某酒店的服务人员选拔与培训

这家酒店完全了解顾客需要些什么，它之所以知道，是因为他们就此向顾客征询过——并且常常都是如此。

来这里的顾客们希望得到“客人”般的接待：他们希望感到这是一个熟悉的，他们曾经到过的地方，这里的人都认识他们——那些常常光顾的顾客更是如此。不过，就算是第一次来的人也希望在此得到别处没有的个性化服务。要实现顾客的这些期望可不是一件容易的事情，要经过特别的努力。

首先从人员的选拔开始。对此，酒店有相当详尽而严格的一套选拔标准。例如其中的一项就是“关系扩展能力”，这表示该员工要非常善于记住客人的名字——大量的名字(这可是要经过考试的)。只有拥有像百科全书一样的记人名的本领，不会把这些名字张冠李戴的人才可能得到这里的工作。

第二个要关注的是服务过程。服务生要帮助客人从车中把行李取出来，并在客人到达之前把行李送到酒店前台。这样的话，前台的接待人员就可以通过行李上的标签来确定顾客的身份，并由此在计算机系统内查询相应的客户信息。这个系统内包含各种各样的客户资料，事实上，客人每次到酒店提出了什么要求，在这里都被清楚地记录下来了。这意味着当客人来到前台时，接待人员可以说出下面这样的话：“欢迎再次光临酒店。希望您在纽约过得愉快。我们给您准备了一间顶楼的房间，从那里可以欣赏花园的景色。您要的那种牌子的水已经放在房间的冰箱里了。”入住登记卡上各种必要的信息在客人到来之前就已经填好了，客人只需要在上面签字即可。

接下来是培训。不管是问候、查询电脑、提供信息、处理客户要求都有严格的规定和说明。接待人员要针对上述各项进行一系列的培训。培训不仅仅包括他们要做的工作，而是包括一切与服务水平相关的内容。他们要掌握各自层次的技能，直到主管认为他们已经达到可以接受考核的水平。考核意味着这些员工必须完全清楚自己的行为要求，他们的表现将置于严格的观察之中。经过多次测试，行为表现符合酒店要求的人才能够得到上岗许可。这就是为什么每一次客人来到这家酒店都有宾至如归的感觉。

问题：

结合案例分析如何进行员工的选拔、培训和考核。

24. 奖励制度

“月度员工”奖励制度是花费了很长时间建立起来的。最开始并没有注意到这样一个问题：每次只有一个员工得到奖赏，同时有很多员工得不到——尽管他们同样干得很好，也理应得到奖励。这样就产生了一名幸运的员工和一群对幸运员工和评选流程十分不满的员工。

事实上，月度员工的评选应首先由员工和管理者共同提名，提名必须具有事实的支撑，作出最终评选结果的评委小组也应该是值得信赖的。这样整个评选过程才具有挑战性、可信性并能真正带来回报。“月度员工”这一奖项在每月的典礼上颁发，与奥斯卡颁奖典礼具有同样的流程(只是时间要短很多，也没有Billy Crystal或者Whoopi Goldberg出席)。

公司最近提出了“选择性违抗”的概念，指在创建非常水准的服务时，必要情况下可以打破原有的规则。

这个月，一名并没有被提名为“月度员工”的员工被叫到台上。他目瞪口呆，与典礼毫不相关的，居然喊出他的名字。是做了什么惊天动地的事情，还是犯了不可宽恕的错误？他宁愿是后者。

总裁严厉地看着他。“让我帮助你回顾一下上周二发生的事情”，他以一种检察官的口吻说，“那天，一位顾客来购买一件我们一直在出售的商品，但当时却缺货。”一丝顿悟的神情在这位员工的脸上闪过。

总裁继续说：“你让顾客等一会儿，然后你从货架上取走了一件具有同等价值的商品——没有经过允许——穿过马路，在我们的竞争对手那里与其交换了顾客想要购买的那件商品。你达成了交易——仍然没有经过允许——你把交换后的商品卖给了顾客。”

这名员工看起来好像一只在聚光灯下被抓住的兔子。

“我希望这里每个人都要彻底明白”，总裁大声宣布，“这正是我们所说的选择性违抗。今天晚上Jason将获得首次颁发的‘选择性违抗奖’。”

这晚Jason永远不会忘记，也是每个人都牢记在心的一课。

问题：

(1) 分析“月度员工”奖励制度的优缺点。

(2) 如何奖励才能达到预期的效果？

25. 选拔——缺乏问题

艾伦喜欢把所有的工作都安排得井井有条。他习惯将每天要做的事情列成一张表，以便充分把握时间。除了不得不接电话外，他的手指从不离开键盘，眼睛也没从电脑屏幕上移开过。

艾伦也是他所在部门工作热情最高最有效率的一个。他了解整个系统，他知道几乎每个问题的答案。他表现得如此出色，所以公司着力提拔了他。艾伦现在成了处理顾客问询的负责人。

第一个星期过去了，有些事情好像开始不对劲了。艾伦不仅仅是怀疑自己不喜欢这份工作，而且他清楚自己简直就是憎恨这份工作。顾客们总提出一些没有条理的问题，他们一点也不理解他的话，有些时候还会对他无缘无故地发脾气。

第二个星期刚过了一半，艾伦的老板收到了一位顾客的投诉。到第三个星期结束的时候，投诉人数上升到了20个。

第四个星期末尾，艾伦被调换了工作。不是在原来的部门——他原来的工作已经有人干了，而是公司的一个新部门。不过，在那里的艾伦再也没有干得像以前那样出色了。

问题：(1) 公司对艾伦的激励选拔存在什么问题？如何更好地激励艾伦？

(2) 你认为该如何用人？

26. 某银行的大客户管理

在竞争年代，争取大客户，就意味着能够极大地提升自身的业绩，强化自身的影响力和核心竞争力，掌握市场的主动权。

×银行为了提高客户业绩，制定了大客户发展和管理策略，并要求业务部门在规定时间内，改善客户结构，提高大客户的比例。

小李是×银行业务部的客户经理，通过关系极力争取×大型百货集团。为了开发该客户，不给竞争对手留下丝毫机会，小李对百货集团的苛刻条件都给予完全支持，向该客户提供结算、刷卡等一揽子服务，并定时提供大量现金，对相应的服务费用进行打折，还给客户加装了免费的管理系统。

该集团被小李的真诚及强大服务支持所感动，于是与该银行建立相应的合作关系。在这个期间该集团交易量很大，极大提高了小李的业绩。但由于服务透支，造成服务成本大幅度上涨，使银行在该客户身上的成本长期超出正常水平，银行没有获得应有的收益，整体项目出现负收益。

问题：

(1) 你是如何定义大客户的？

(2) 请评价该大客户关系的建立，对银行有什么价值与意义？

(3) 面对大客户的要价和苛刻的条件，如何应对比较妥善？

(4) 在什么情况下，大客户才是你的合适客户或好客户呢？

27. 在某工厂车间工作的小兰，经过几个月的省吃俭用，花了2000多元，买了一款自己心爱的彩屏手机。

有一天，小兰在行走中不小心摔倒，手机也因此掉到旁边的水沟里。小兰赶紧把手机从沟中捞起，用布擦，用电风扇吹，但手机始终无法开机。小兰心疼至极，不知如何是好。

小兰病急乱投医，跑到街道上的手机维修店要求维修，但对方要价很高，至少需要500元维修费，还不包括手机配件费。小兰舍不得花高额的维修费，后经同事指点，致电该手机服务中心。

由于小兰担心维修费过高，不敢承认手机进过水，希望通过抱怨投诉得到免费维修，所以总是抱怨手机质量不好，感觉手机很潮湿，但又说不清手机故障的原因。

服务人员感觉到可能是个人原因所致，极力劝说她拿到维修中心维修，并承诺不换配件不收费，如果配件不是人为损坏，即使换配件也不会额外收费，只收取相应的成本费。

经过该服务中心专业维修人员检查，并拆机烘干，手机完好如初，没有更换新配件，而且没有收取小兰任何服务费用。小兰非常开心。逢人便夸奖服务人员的好。

问题：

(1) 该服务案例给您什么样的启发?

(2) 在该服务案例中，服务人员成功服务的关键是什么?

(3) 结合自己的服务情况，总结一下“留给客户希望”的服务技巧。

28. 先安抚情绪后解决客户问题

某空调服务中心来了一位中年家庭妇女姚女士，怒气冲冲地追问总台的服务人员，空调安装的韩师傅哪里去了。服务台洪小姐忙问有什么事情可以帮忙。姚女士说，韩师傅早上安装的空调质量太差，要求退货。

面对怒气冲冲的姚女士，洪小姐没有急于询问是什么原因，而是把姚女士让到接待室，端来一杯茶水先安慰对方不要着急，有什么问题一定会得到解决，决不会不负责任等等。

面对微笑着的礼貌的服务人员，姚女士不好再怒气凌人。原来早上刚刚安装的空调，中午刚开机不久就停止运转，无论怎么遥控，也无法启动，于是姚女士觉得空调质量不好，要求退货。

面对姚女士的要求，洪小姐没有强辩，而是与姚女士商量，先派师傅随其前往，检查一下空调，如果确实是空调质量问题，保证调换新的空调或者退货。对于合理合情的安排，姚女士无法表示不同的意见。

于是，空调师傅立即前往姚女士家，经过检查发现是空调专用的电源开关保险丝容量过小，导致超过负载而熔断。空调师傅重新换上大号的保险丝后，空调运转正常。

面对良好服务的姚女士，顿感自身行为的不妥，不仅向空调师傅致谢，还特意打电话到服务中心向洪小姐表示歉意。

问题：

(1) 洪小姐良好的服务技巧给你什么样的启发?

(2) 洪小姐如果没有安抚好客户情绪，能够解决好客户问题吗?为什么?

(3) 结合自己的实际工作情况，说说如何才能平息客户的怒气。

参考答案

一、填空

1. 职能质量　　2. 客户服务人员的素质　　3. 服务导向

4. 单一时间模式 多元实践模式　　5. 自傲型 掩盖内心空虚型 自我显示型

6. 计算机网络　7. 沟通　8. 信宿　9. 影像沟通　10. 非语言
11. 表示形象　表达感情　12. 客户的期望值　13. 侵权　违约
14. 危机预警　15. 对商品满意　16. 紧张状态
17. 压力因素　18. 压力　19. 重整
20. 情商　21. 服务流程　22. 职能质量
23. 业绩考核　24. 挽留成本
25. 以工作为主，层次为辅的设计方法　26. 有效授权
27. 客户基础资料　28. 企业档案　调查人员自有资料
29. 横向划分　纵向分类　30. 商账催收
31. 抵押品(collateral)　经济状况(condition)　32. 日常报告　紧急报告　定期报告
33. 开放式问卷　封闭式问卷　34. 坐姿
35. 横向层面　纵向层面　36. 再购买意向、实际再购买行为、从属行为
37. 竞争流失　过失流失　38. 客户的素质、客户的结构、客户的忠诚度
39. 客户　40. 操作型、分析型、协作型
41. 客户联络中心　42. 活动管理　外拨处理
43. 易消失性　44. 售前服务、售中服务、售后服务

二、判断题

1. (×)　2. (×)　3. (√)　4. (×)　5. (√)　6. (×)　7. (×)　8. (×)
9. (√)　10. (×)　11. (√)　12. (√)　13. (×)　14. (×)　15. (×)　16. (√)
17. (√)　18. (×)　19. (√)　20. (√)　21. (√)　22. (√)　23. (√)　24. (√)
25. (×)　26. (√)　27. (√)　28. (√)　29. (√)　30. (×)　31. (√)　32. (×)
33. (×)　34. (×)　35. (√)　36. (√)　37. (×)　38. (√)　39. (×)　40. (√)
41. (×)　42. (×)　43. (√)　44. (√)

三、简答题

1. 答：服务质量的构成要素有：形象质量、职能质量、真实瞬间。在服务质量的这三个构成要素中，职能质量起着举足轻重的作用。

2. 答：客户服务礼仪的具体要求是充满爱心；相互谅解；品德高尚；吸取经验。

3. 答：客户服务人员应具备的基本素质有：客服人员的职业形象；客服人员的品格素质；扎实的专业知识；客户服务人员的工作素质要求。

4. 答：客服人员的应具备：① 标准的职业形象；② 标准的服务用语；③ 专业的服务技巧；④ 标准的礼仪形态。

5. 答：客服人员可从以下几个方面了解客户购买商品的理由：① 商品的整体印象；② 成长欲、成功欲；③ 安全、安心；④ 人际关系；⑤ 系统化；⑥ 兴趣、嗜好；⑦ 价格；⑧ 服务。

6. 答：对于客服人员来说，有效倾听在实际沟通过程中的具体作用是：

(1) 体现对客户的尊重和关心；

(2) 获得相关信息；

(3) 解决客户问题，提高客户满意度。

7. 答：避免使用的肢体语言有：① 懒散的体态；② 居高临下；③ 侵占空间；④ 面无表情；⑤ 威胁性的手势；⑥ 没有手势；⑦ 交叉双臂。

8. 答：客服人员与客户沟通时，应做到的"七不问"是：① 不问年龄；② 不问婚姻；③不问收入；④ 不问地址；⑤ 不问经历；⑥ 不问信仰；⑦ 不问身体。

9. 答：因为销售的各个环节均有可能出现问题，所以客户投诉也可能包括产品及服务等各个方面，主要可以归纳为以下几个方面：① 购销合同投诉；② 产品质量投诉；③ 货物运输投诉；④ 服务投诉。

10. 答：处理客户投诉的原则如下：① 客户始终正确；② 不与客户争辩；③ 耐心倾听顾客的抱怨；④ 要站在顾客立场上将心比心；⑤ 迅速采取行动；⑥ 留档分析。

11. 答：客户投诉时的心理状态主要有以下六种：

(1) 发泄的心理；

(2) 尊重的心理；

(3) 补救的心理；

(4) 认同心理；

(5) 表现心理；

(6) 报复心理。

12. 答：作为一名优秀的客户服务人员，只有了解、掌握并灵活运用多种应对的技巧，才能在处理客户投诉中得心应手，常用的技巧包括以下几种：

(1) 平抑怒气法；

(2) 委婉否认法；

(3) 转化法；

(4) 承认错误法；

(5) 转移法；

(6) 幽默感。

13. 答：群体性投诉对企业的影响就像一场强台风登陆，事发突然，破坏力强，即使最后成功平息，企业也往往被搞得焦头烂额、灰头土脸。前两年的东芝笔记本电脑事件、砸奔驰车事件就是例证。遭遇群体性投诉，企业应对要注意以下几方面：

(1) 危机预警；

(2) 取得政府、传媒和消协的支持；

(3) 监控事态发展；

(4) 各个击破；

(5) 攻心为上，奖励配合；

(6) 避免群体性事件。

14. 答：危机处理应把握如下原则：

(1) 承担责任原则(Shouldering The Matter)：无论谁是谁非，都不要企图推卸责任。

(2) 真诚沟通原则(Sincerity)：企业应把自己所做、所想的，积极坦诚地与公众沟通。

(3) 速度第一原则(Speed)：危机发生后，能否首先控制住事态，使其不扩大、不升级、不蔓延，是处理危机的关键。

(4) 系统运行原则(System)：在逃避一种危险时，不要忽视另一种危险。在进行危机管理时必须系统运作，绝不可顾此失彼。

(5) 权威证实原则(Standard)：企业应尽力争取政府主管部门、独立的专家或机构、权威的媒体及消费者代表的支持，而不是自己去徒劳地解释或自吹自擂。

15. 答：处理客户投诉的误区有：

(1) 只有道歉，没有进一步行动；

(2) 把错误归咎在客户身上；

(3) 做出承诺却没有实现；

(4) 完全没有反应；

(5) 粗鲁无礼；

(6) 逃避个人责任；

(7) 非言语的排斥；

(8) 质问客户。

16. 答：合理高效的安排时间、制定切实可行的工作计划、适当的休息等都可以减轻工作中的压力。具体可从以下几个方面来做：

(1) 自我心态的调整；

(2) 不断提高自我能力；

(3) 合理高效地利用时间；

(4) 避免拖沓；

(5) 按优先顺序安排工作；

(6) 制定切实可行的计划；

(7) 适时休息；

(8) 提高自身素质；

(9) 不要含糊不清；

(10) 降低个人压力程度；

(11) 积极的自我对话；

(12) 变更你的活动；

(13) 获得更多的睡眠

(14) 培养业余爱好；

(15) 休息时幽默一下；

(16) 成为一位现实主义者；

(17) 精神畅游；

(18) 微笑。

17. 答：工作压力对客户服务人员的影响有：① 失去工作热情；② 情绪波动大；③ 身体受损；④ 影响人际关系。

18. 答：提高服务质量要比有形产品复杂的多，需要进行系统的规划，从多个层面同时启动，主要包括：

(1) 树立正确的服务观念；

(2) 保持良好的服务态度；

(3) 提供独特的服务；

(4) 有效评估与推进服务质量管理部门的工作；

(5) 培养客户服务执行者；

(6) 客户满意度调查；

(7) 客户反馈的跟踪处理；

(8) 服务规范核查；

(9) 现场突击审核；

(10) 服务机构/人员商业道德的控制；

(11) 异常维修单的管理；

(12) 建立信息系统的支持。

19. 答：客户回访信息管理包括以下内容：

(1) 回访的客户：本次回访的客户。

(2) 回访时间：本次回访的发生时间。

(3) 回访人：进行本次回访的员工信息。

(4) 回访方式：进行本次回访的方式。

(5) 回访内容：本次回访的内容。

(6) 回访结果：在本次回访中得到的客户对员工、业务、服务的意见，以及客户其他的意见和要求。

(7) 回访的成本：进行本次回访的费用和物资消耗。

20. 答：首先有一个明确的目的，然后确定培训对象，让他们明白培训要达到什么效果，企业希望他们通过培训学到什么东西，能给他们带来哪些收益，怎样把这些内容付诸实施。

21. 答：客户服务团队职务设计内容有：

(1) 工作内容：确定工作的一般性质问题。

(2) 工作职能：指每件工作的基本要求和方法。

(3) 工作关系：指个人在工作中所发生的人与人的关系。

(4) 工作结果；工作成绩与效果和工作者的满意度。

(5) 工作结果的反馈：工作本身的反馈与外部评价。

22. 答：客户团队目标的设定原则是① 切合实际：目标设定须务实，不可太高，也不要太低。太高会有挫折感甚至放弃；太低没有激励作用，甚至会觉得被轻视；② 明确：力求清楚、简明、不含糊。③ 具体：对目标做正确具体的描述。④ 可衡量或观察的：每一目标均明确指出完成该目标的行动区域，对数量或期限都有特定水平的完成要求。⑤ 可达成：目标设定虽然必须具有挑战性，但也应在个人能力可及范围内。⑥ 有时间性的：完成的期限必须明确，对于较长期的目标也应有阶段性目标，每一个阶段性目标达成都是一种激励。⑦ 有挑战性的：尽可能做到有兴趣、有激励作用及具有挑战性。

23. 答：如何使雇员发挥出最大的能量一直被工商业界人士和管理顾问视为难解之谜。可以从三个角度来挖掘雇员的潜力即责任(responsibility)、承认(recognition)和奖励(reward)，简称动力“3R”：① 赋予员工责任；② 肯定员工的成绩；③ 适当给予奖励。

24. 答：由于客户类型不同，所整理的客户名册内容也有所不同。企业型的客户名册则包括下述几项内容：

(1) 客户的基本信息；

(2) 客户经营观念、经营方针的特征；

(3) 管理能力，企业在行业的声誉、信用状况；

(4) 客户与本企业的业务状况；

(5) 客户的联系方式；

(6) 客户与本企业的关系。

25. 答：企业的信用分析是一个程式化的、劳动密集型的工作过程，它至少要包括以下几个步骤：

(1) 客户提出赊销申请，企业从分析客户需要这笔赊销的原因或用途开始信用分析过程；

(2) 对企业的资产负债表及损益表进行详细的分析，以发现该企业在各阶段的发展状况以及业务的波动情况；

(3) 对试算表进行分析；

(4) 对账目进行调整使之符合企业用于趋势分析与推测的标准格式；

(5) 根据估测的现金流量分析客户的偿付能力，并确定第一退出途径和第二退出途径；

(6) 确定较松和较严的假设前提，并进行敏感性分析；

(7) 分析客户所在行业的市场结构，特别是正在出现的发展趋势和企业在行业中的地位及监管活动的潜在影响；

(8) 对企业管理高层及现行战略进行评价，同时对负责生产、库存、定价和销售系统的部门经理也要进行评价；

(9) 决定客户的风险等级和给予客户的信用条件，签署有关合同或文件。

26. 答：主要途径有：

(1) 通过金融机构(银行)进行调查；

(2) 利用专业调查机构进行调查；

(3) 通过客户或行业组织进行调查。

27. 答：对管理人员进行评估的主要内容有：

(1) 管理人员素质：包括人品、领导能力、健康状况、年龄和经营理念。

(2) 管理人员个人条件：包括家庭是否美满；是否有花边新闻；人品是否很坏；是否爱好赌博；是否有很多兴趣、嗜好等；

(3) 管理人员的声誉：包括在商场上的声誉；受员工的尊敬程度；是否有犯罪的丑闻；

(4) 管理人员的经营能力：经营手腕；经营业绩；指导部署才能；是否费心地培育后继人才；客户或主要银行的评语。

28. 答：核心客户管理的步骤是：

(1) 识别20%的核心客户；

(2) 向核心客户提供特别的服务；

(3) 针对核心客户来发展新服务或新产品，特别为他们量身定做；

(4) 留住核心客户。

29. 答：随着竞争变得越来越激烈，非价格因素取代价格因素成为影响大客户忠诚度的重要因素。具体有：

(1) 完美的采购经历；

(2) 理念；

(3) 真正的互动；

(4) 优质的服务；

(5) 客户的参与决策权；

(6) 关系质量；

(7) 产品差异化。

30. 答：一个优秀的大客户经理应该具备以下素质：

(1) 产品技术知识；

(2) 指导和建议能力；

(3) 较高的亲和度；

(4) 多样性及不确定性能力；

(5) 文化和语言能力；

(6) 变革与创新的能力；

(7) 项目管理能力；

(8) 改善服务团队成员态度的能力；

(9) 沟通协作能力；

(10) 财务知识。

31. 答：通常包括以下步骤：

(1) 记录投诉内容；

(2) 判定投诉是否成立；

(3) 确定投诉处理责任；

(4) 调查分析投诉原因；

(5) 提出处理方案；

(6) 提交主管领导批示；

(7) 通知客户，实施处理方案；

(8) 总结评价。

32. 答：影响客户满意度的因素有：

(1) 核心产品或者服务；

(2) 服务和系统支持；

(3) 技术表现；

(4) 客户互动的要素；

(5) 情感因素；

(6) 环境因素。

33. 答：提高客户满意度，赢得客户的忠诚是一个复杂的系统工程，常用的使客户满意的方法如下：① 贴近客户；② 关注细节；③ 让客户感动；④ 聘用客户喜欢的服务人员；⑤ 与客户有意接触并发现他们的需求；⑥ 满足客户需要；⑦ 补救并创造声誉。

34. 答：建立与客户的互动关系应遵循以下原则：

(1) 持续地赢得客户；

(2) 联系的线不可断；

(3) 计划共同的体验；

(4) 举办活动；

(5) 给予一些小恩小惠；

(6) 以信息吸引；

(7) 保持积极；

(8) 不断学习。

35. 答：客户需求不能得到切实有效的满足往往是导致企业客户流失的关键因素，一般表现在以下几个方面：

(1) 质量不稳定；

(2) 缺乏创新；

(3) 市场监控不力，销售渠道不畅；

(4) 员工跳槽带走客户；

(5) 客户遭遇新的诱惑；

(6) 短期行为作梗。

36. 答：维护客户关系的方式有：① 信函；② 电话；③ 拜访；④ 展会；⑤ 技术交流；⑥ 商务活动；⑦ 参观考察。

37. 答：回访客户的技巧有：

(1) 正式开始前要有一个开场白，主动递上名片，介绍自己和回访目的；

(2) 简短的题外话有迅速拉近彼此的距离，形成融洽、亲切的谈话氛围；

(3) 要注意控制回访时间，一般不超过或少于原定回访时间的四分之一；

(4) 要注意控制对方话题，防止对方漫无边际地泛谈，可在对方稍微停顿时用总结对方观点的方法打断对方，并将话题拉回来；

(5) 对某些典型事例要深入了解，弄清人名、地名、时间、具体内容、准确的相关数据；

(6) 不要生硬地否定对方的观点，也不要随口附和对方的观点，对明显荒唐的观点可以委婉质疑；

(7) 对重要性总问题可阶段性间隔后重复提问，以验证对方观点；

(8) 对每一个回访对象，要求他们留下对方的联系方式。

38. 答：扩大客户关系的行动：

(1) 亲情服务；

(2) 产品推荐；

(3) 客户俱乐部；

(4) 优惠推荐；

(5) 个性化的服务措施；

(6) 针对群体的活动形式；

(7) 联合推广；

(8) 公关活动。

39. 答：CRM 的五大关键内容是：① 客户服务；② 销售；③ 市场营销；④ 共享的客户资料库；⑤ 分析能力。

40. 答：呼叫中心关键性技术有：

(1) 自动呼叫分配系统；

(2) 计算机电话集成技术(CTI)；

(3) 呼叫管理系统(CMS)；

(4) 自动语音应答系统(IVR)；

(5) 自动外拨系统；

(6) 数据库服务器；

(7) 传真服务器；

(8) T1/E1。

41. 答：呼叫中心呼叫内容有呼入内容和呼出内容。

呼入服务的应用包括：

(1) 受理查询、登记预约、账务查询和受理订单；

(2) 报名登记受理、货品跟踪和电话目录直销；

(3) 客户服务热线、支持热线和投诉热线等。

呼出的主要业务内容包括：

(1) 收集市场信息、挖掘潜在客户及服务满意度回访完成后编写综合信息报告及效果分析报告。

(2) 电话调查。通过客户数据库按照一定的条件筛选出合适的呼出对象，在选定的时段通过合适的方式就消费者形态、产品使用情况等进行定向调查。

(3) 电话营销。呼叫中心座席员通过电话方式，采用有效的营销及沟通技巧，向目标客户进行产品和服务的推介及促销，完成后向企业提交综合销售报告。

(4) 确认客户资料，管理数据库。呼叫中心坐席员主动联系目标客户确认或更新资料。

(5) 客户关系。呼叫中心坐席员致电客户表示欢迎购买产品及选用服务，或每周年致电感谢客户选用。服务目标是加强客户关系管理和提升企业形象。

(6) 预约服务。呼叫中心坐席员联系目标客户预约服务或产品的推介会面时间。

(7) 催缴服务。通过呼叫中心坐席员联系客户催缴服务费用。

(8) 服务升级管理。呼叫中心坐席员向目标客户进行服务升级优惠推介，提升企业形象，强化客户关系管理。

42. 答：① 网上产品信息和相关知识发布；② 网上虚拟社区；③ 电子邮件；④ 在线表单；⑤ FAQ；⑥ 即时信息。

四、技能应用题(只是答案要点，必须进行相应的转换)

1. 答：(1) 用肯定的口气拒绝。在肯定对方观点和意见的基础上拒绝对方，例如，“好主意，不过恐怕我们一时还不能实行”。用肯定的态度表示拒绝，可以避免伤害对方的感情。

(2) 用恭维的口气拒绝。拒绝的最好做法是先恭维对方。例如当客户喜欢你的商品又想压价的时候，你可以婉转地对他说：“你真有眼光，这是地道的××货，由于进价太高，我很遗憾不能给你让价。”这样就不会让对方觉得不快。

(3) 用商量的口气拒绝。如果有人邀请你参加集会，而你偏偏有事缠身无法接受邀请，你可以这样说：“太对不起了，我今天实在太忙了，改天行吗?”这句话要比直接拒绝好得多。

(4) 用同情的口气拒绝。最难拒绝的人是那些只向你暗示和唉声叹气的人。但是，你若必须拒绝，用同情的口气效果可能会好一些。

(5) 用委婉的口气拒绝。拒绝客户，不要咄咄逼人，有时可以采用委婉的语气拒绝他，这样不至于使双方都很尴尬。

2. 答：① 检查顾客的满意度；② 向客户表示感谢；③ 与客户建立联系；④ 与客户保持联系。

3. 答：要想引起客户注意，唤起客户兴趣，适时地开始谈话是成功的前提条件。一个积极的谈话开端可以分为五个阶段：① 友好的问候；② 对客户作出的各种姿态给予接受；③ 郑重交换名片；④ 使用尊称；⑤ 寻找共同的话题。

4. 答：① 认识到客户的情绪或愤怒之情；② 积极地聆听；③ 让客户知道你理解他；④ 确定原因；⑤ 清楚客户的要求；⑥ 根据客户的期望找出一条解决问题的途径；⑦ 磋商解决方法；⑧ 保持客观的态度；⑨ 减少挫折；⑩ 进行后续工作。

5. 答：① 不要忙着说话，多听；② 不要急着下结论；③ 注意“言外之意”；④ 提出问题；⑤ 避免外界干扰；⑥ 保持心胸开阔；⑦ 利用你的智慧；⑧ 做出反应；⑨ 引导和鼓励客户开口说话；⑩ 改变不良的倾听习惯。

6. 答：赞美绝不是简单的“拍马屁”，赞美有四大原则：

(1) 语调要热诚生动，不要像背书稿一样；

(2) 语言要简要、流利顺畅；

(3) 要有找准穴位，要有创意，赞美别人赞美不到的地方；

(4) 要溶入客户的公司和家庭。

7. 答：电话是企业与客户联系的一个重要媒介，企业也越来越重视电话营销。因此，掌握适当的电话沟通技巧非常重要。

(1) 礼貌而专业地接听电话；

(2) 不要让对方等待；

(3) 恰当地转、传电话；

(4) 使用电话录音；

(5) 做好电话记录；

(6) 控制对话时间；

(7) 挂断电话前向客户致谢；

(8) 让客户先挂电话。

8. 答：投诉处理卡应包含以下内容：

(1) 发生了什么事件。

(2) 事件是何时发生的。

(3) 有关的商品是什么，价格是多少，设计如何。

(4) 客户真正不满的原因何在。

(5) 客户希望以何种方式解决。

(6) 客户是否通情达理。

(7) 这位客户是否是企业的老主顾。

9. 答：客户投诉回函至少要包括以下内容：

(1) 承认自己的错误，并向客户道歉；

(2) 提出解决问题的方法；

(3) 尊重客户的抱怨，承认客户是对的；

(4) 引起客户愉快的回忆，或者描绘美好的未来；

(5) 向客户致谢，感谢客户的抱怨。

(必须写成函)

10. 答：培训策略应考虑的重点是：6W1H。

- Who——谁需培训?
- What——培训的内容、侧重点及其深浅。
- Why——培训的目的、要达到的效果。

- When——培训时间。
- Which——培训以什么层级为核心。
- Where——培训的地点选择。
- How——培训的模式选择、培训密度安排等。

(要写成策划书)

11. 答：(见教材相关内容)

12. 答：描述中心须包括以下内容：① 岗位名称；② 需要具备的知识；③ 需要的技能；④ 需要的行为品质；⑤ 技能/行为标准；⑥ 期望的结果。

13. 答：张经理在不了解员工的长处与短处的前提下，用同样的方式对待所有的员工是错误的。大多数人在具有一定自主权时能将工作做得最好，对于他们就用不着过多的指导和要求。缺乏自我管理技巧的员工，才需要更多的教导。作为经理，目标之一就是培养自己的工作群体，使之最终不再需要一个“施力者”。

14. 答：不合理，这位经理的错误在于：如果小王已经是一名比较出色的员工，进一步的提高可以使她发挥出更大的价值；如果限制了她的提高，她将不思进取，而且会对已经熟练的工作失去兴趣。

最好的办法是：尊重员工的合理要求。当员工要求更新鲜、更有吸引力的工作时，就应鼓励员工们找出一条提高技能的途径，使他们成为公司的骨干人才。

15. 答：该公司只是制定了激励制度，但并没有辅以科学系统的评估标准，没有根据员工的业绩实施激励，干好干坏一个样，激励也就变得不公平，会大大挫伤员工的积极性，企业的经营效率也不见得会提高。最好的办法是通过准确的评估再有针对性地进行激励，才能收到实效。激励与职务设计相对应，并建立在一套评估标准基础上。对每个岗位的职责、义务、奖惩要做出明确的规定，特别是对于责任的划分和界定要进行细致的说明。

16. 答：参考下图。

<table>
<tr><td>客户姓名</td><td colspan="2"></td><td>地址</td><td colspan="6"></td></tr>
<tr><td>电话</td><td colspan="2"></td><td>邮政编码</td><td colspan="2"></td><td>传真</td><td colspan="3"></td></tr>
<tr><td>性质</td><td colspan="9">A. 个体 B. 媒体 C. 合伙 D. 国营 E. 股份公司 F. 其他</td></tr>
<tr><td>类别</td><td colspan="9">A. 代理商 B. 一级批发商 C. 二级批发商 D. 重要零售商 E. 其他</td></tr>
<tr><td>等级</td><td colspan="9">A 级 B 级 C 级</td></tr>
<tr><td>人员</td><td>姓名</td><td>性别</td><td>出生年月</td><td>民族</td><td>职务</td><td>婚否</td><td>电话</td><td>住址</td><td>文化程度</td></tr>
<tr><td>负责人</td><td></td><td></td><td></td><td></td><td></td><td></td><td></td><td></td><td></td></tr>
<tr><td>影响人</td><td></td><td></td><td></td><td></td><td></td><td></td><td></td><td></td><td></td></tr>
<tr><td>采购人</td><td></td><td></td><td></td><td></td><td></td><td></td><td></td><td></td><td></td></tr>
<tr><td>售货人</td><td></td><td></td><td></td><td></td><td></td><td></td><td></td><td></td><td></td></tr>
</table>

17. 答：客户资料卡(作成表格)应包括以下内容：客户名称；客户地址；负责人；主要经

营项目；主要联络人；资本额；交易额；与本公司的业务往来状况；备注。

18. 答：核心客户资料卡主要包括以下几个方面的内容：① 基础资料；② 特征记录；③ 业绩分析；④ 交易现状；⑤ 满意程度。

19. 答：这类客户很自信，知道将要购买什么。不要给这些客户太长的销售解释，只给必要的细节，要严格忠于事实。

20. 答：遇到的情况不同，补救策略也各不相同，基本原则如下：① 真诚的道歉；② 迅速纠正错误；③ 授予一线客服人员解决问题的权力；④ 确保客户服务人员都知道如何处理这类事件；⑤ 防止将来再出错。

21. 答：我会面带微笑地提出：

(1) 请问我能帮您做什么？

(2) 您有什么看法？

(3) 我们漏掉或忘掉什么了吗？

(4) 您能否提供更多的情况？

(5) 您能把您的想法写下来吗？

(6) 请详细地说明您的观点。

(7) 请您稍候，我跟对方网点协商一下。

(8) 我很愿意为您做……

(9) 我从来没遇到过这样的问题，请讲得尽量详细一些，以便我能找到帮助您的方法。

22. 答：客户计划参考下图。

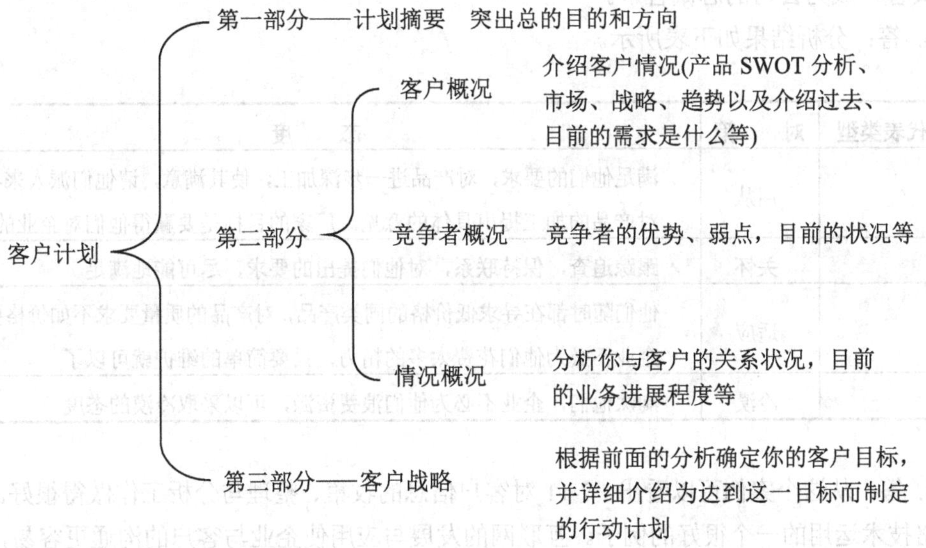

23. 答：回访计划应包括：

(1) 与被访客户有关人员的联系情况；

(2) 有关资料，包括新产品宣传资料、客户信息表、客户发展近况、客户人员出差动向、客户的意见和建议；

(3) 回访目的；

(4) 回访步骤；

(5) 回访记录表等。

五、案例分析

1. 答：不满意的顾客会给企业提供创新和改进的机会，也会使企业流失客户。企业通过满足顾客的需求而赢得利润，从而才能生存和发展。从海尔的例子可知，顾客不满意的根源在于他们的需求没有得到满足。如果公司认为抱怨的顾客是爱挑剔而难以讨好的人，是不识货又不会使用产品(服务)的人，那么这样的公司在市场上是无法长久立足的。而海尔的做法不仅开拓了新的市场，还为之赢得一些忠诚顾客。

2. 答：这符合“二八法则”——80%的利润来自 20%的客户。企业管理者须分清重要的少数与琐碎的多数。企业绝对没有必要留住所有的顾客，但应不遗余力地挽留住具有较高价值的顾客，它关系到公司在未来一个时期内的利润水平。所以对企业的客户进行分级管理，坚持效益优先的原则，将更多的资金和精力放在重要的客户身上。

3. 答：厂家的做法当然不对。客户的抱怨反映了企业产品或是服务中的不足，这正是企业进一步完善自己、增强产品竞争力的好机会，客户的这些抱怨恰恰是给企业的免费建议!如果企业能够妥善地解决客户的抱怨，将客户的这种不满转变为满意，企业就将赢得这个客户!因为，客户从这里得到的不仅仅是问题的答案，更重要的是尊重和关怀，这些恰恰最能打动客户的心!公司在品质和服务方面建立了良好的声誉，会使许多客户在不知不觉中成为公司的回头客，成为公司的忠诚客户。

4. 答：分析结果如下表所示。

客户代表类型	对　策	态　度
A	屈从	满足他们的要求，对产品进一步深加工，使其满意，请他们派人来考察，对产品的加工提出具体的意见。厂家的目标是要赢得他们对企业的忠诚
B	关怀	跟踪追查，保持联系，对他们提出的要求，尽可能地满足
C	适应	他们随时都在寻求低价格的同类产品，对产品的质量要求不如价格要求，企业不必为他们花费太多的精力，只要简单的维护就可以了
D	冷漠	淘汰他们，企业不必为他们浪费资源，可以采取冷漠的态度

5. 答：从这个案例可以看出，7-11 对客户信息的收集、整理与分析工作做得很好。这也是网络技术运用的一个很好的例子。互联网的发展与应用使企业与客户的沟通更容易，所以应妥善运用，不断地改进和完善自己的产品和服务，增强市场的竞争力。

6. 答：(1) 客户投诉至少可以对企业产生如下四个方面的积极意义：客户抱怨有利于企业进步；客户投诉是企业维护老客户的契机；客户投诉是企业建立忠诚的契机；投诉隐藏着无限的商机。

(2) 当代生活是快节奏的，时间对于每一个人来说都是十分珍贵的，时间就是金钱。企业在为客户提供优质服务的时候，不只是重点考虑服务的内容，也要重视服务的时间，即能否满足客户对及时有效地为其提供服务这一时间上的要求。

7. 答：第一个案例中的属于方便忠诚；第二个案例中的属于超值忠诚。

8. 答：(1) “哦，今天电话特别多，一下忙不过来，您有什么事?”这句话有错，客服人员应向客户道歉，而不是为自己找借口。“那是我们领导的事，我也想人多点呀!”这句话有错，客服人员是要解决问题的，要当企业的消防员，而不是把责任推卸给单位或领导，这样做只会更进一步激怒客户。

(2) 对客户的礼貌与客气，这是服务的最基本要求，但光是礼貌和客气是远远不够的。只凭借礼貌与客气，满足不了客户的需求，也解决不了客户的服务问题。

(3) 客户有情绪或个性比较特别的情况下，需要实施针对性服务。案例中的客户显然属于愤怒的客户，对愤怒的客户，客服人员应保持冷静并提供专业的服务，具体如下：认识到客户的情绪或愤怒之情；积极地聆听；让客户知道你理解他；确定原因；清楚客户的要求；找出一条解决问题的途径；磋商解决办法；保持客观态度；减少挫折；进行后续工作。

9. 答：客户服务方面：产品销售出去并不是服务的结束，相反是服务的开始，良好的售后服务不仅可以赢得老客户还可以通过口碑的传播吸引新客户。客户管理方面：正确的客服理念；建立客户档案；加强客户维护；让客户感动；制定客户关怀计划。(要有分析)

10. 答：现在各个企业都在竭力保持老客户、吸引新客户，这就对管理提出了新的要求：管理不能仅局限于传统的方法和手段。在客户服务中能发挥相当大作用的一种新途径就是授权。

在客户服务领域，授权是指允许客户服务人员独立地做出决策，以便更好地为客户服务。客户服务人员经常会遇到一些不在公司现有政策范围之内、对客服人员来说又是没有处理经验的问题，通过授权，客户服务人员就被赋予了自主权，能够自己做出决策，进一步为客户提供更好的服务。

授权意味着一线员工被给予更多的自由、控制力和决策权。授权使客户服务人员能够自主地决定是否同意客户的要求。当一个客户打电话到公司进行询问时，他们通常都会很详细地向接电话的人解释自己的问题。如果客户服务人员得到了授权，他们就能决定怎样来解决这个问题，当然，这也是有限制的。如果客户服务人员不得不让客户挂线或等候，再把问题向上级解释一遍，这样对任何一方都没有好处。客户不得不等待，或者把问题再重复一遍，客户服务人员也不得不先抛开自己的工作，而上级也不得不匆忙地听完问题的解释。通过授权就可以避免这样的情况。

授权是一种真正的机会。与大量客户打交道的客户服务人员通常都知道怎样解决出现频率最高的那些问题。如果他们能被授权处理一些常规的事情，就有更多的时间来解决更复杂的问题，从而为所有的客户提供优质服务。授权也能把上级解放出来，提高他们的工作效率。

授权给客户服务人员的方法：

授权是有一定条件的，它是公司集中精力确立指导性方针、对员工进行培训、承担责任并对取得的积极成绩进行庆祝的结果。

在组织制定授权计划时，有以下建议：就你希望达成的目标勾画出蓝图。这幅“图”能提醒你组织想要完成什么，以及组织中的每一个成员将会得到什么样的益处；让员工自己决定是否被授权。当出现错误的时候不要惩罚他们，而是要重新培训。如果员工惧怕后果，就会放弃被授权的机会；对授权取得积极效果的事例进行奖励和推广，向组织展示你是提倡授权的；做好长期的准备。授权不会在一夜之间就能取得积极的效果，但它绝对是值得去做的。

11. 答：按客户在银行的所有“消费”额(即存款、贷款、基金、保险等)划分客户等级，在营业厅设置大客户服务区，在该区内开设大客户专用窗口。大客户服务区应独立，且避开普通客户服务窗口。这样，既可保证大客户的私密性，享受优先待遇，又可与普通客户相区分，也不会让张小姐这样的普通客户觉得受冷落和尴尬，而失去对银行的忠诚度。除了在环境上做区分外，在对待大客户和普通客户的态度上，他们都是我们的客户，无论他是大客户，还是小客户，我们都是一样需要用心对待的。

“因为人的生命，不在乎家道丰富”，大小客户身份也不是一成不变的。

12. 答：(1) 领位程序由主动接触客人、引客入座两部分组成。两者相辅相成，相互呼应。这种服务需要具备较高的职业道德。

(2) 这种职业思想反映在程序中的具体规范就是礼貌服务、友好服务、超值服务等。①礼貌服务。领位中的礼貌服务，表现在服务的语言和行为上，而礼貌服务的基础则是职业道德意识。没有良好的职业道德意识，没有体现现代文明发展的文化素质与修养，在服务中就难以做到礼貌服务。②友好服务。友好服务也应体现在领位服务的全过程中。③超值服务。在领位服务中，往往会遇到客人在超过营业时间、客满或未预订的时候到来的情况。此时，服务程序中一般没有硬性规定领位员要再尽义务，在这种情况下需要采取的服务形式就是超值服务。

13. 答：(1) 超值服务、客户满意与忠诚。

(2) 在整个服务过程中客服人员不断与用户取得联系，了解处理进程，直至车子彻底维修完毕。用户打来电话期望的只是提供备件将车修好，但案例中的客服代表不仅满足了他所期望的，而且还从交流、跟踪服务、回访用户等方面为他提供了更高层次的服务，超越了用户的满意度，直至使用户感到惊喜。这正是客户服务中心所追求的目标。

14. 答：(1) 吸引、服务和留住顾客。

(2) 体现了“以人为本、服务至上、全员服务、真诚服务、精细服务”的现代服务思想。主要作用是提高客户的满意度。通过换位思考，深化服务内涵。在实际服务工作中，注重细节，除了做好基本的服务规范工作外，还要深化服务的内涵，注重客户的感受，着重提高客户的满意度。

15. 答：(1) 对于突发事件的投诉处理首先要学会冷静聆听，在倾听的过程中一方面了解事情的紧急程度及大致出事原因(千万不要由于事件的急迫慌了手脚，轻易地做出盲目的承诺与答复)；一方面在聆听的时间里可以冷静思考需要马上进行的处理步骤。

(2) 对投诉人及时进行安抚，避免因事情进一步扩大而引发的负面影响。

(3) 及时明确事故的紧迫性，对于顾客提出的任何要求先不做盲目答复和反应，马上通知相关部门或机构出面解决与协助，请权威检查机构调查事故原因并出具有效书面报告，分析事故的起因、明确事故责任人。

(4) 根据有效调查报告明确事故的责任人并将报告结果告之投诉者，再根据报告结果确定处理方案。

16. 答：(1) 主要采用了计算机网络技术、数据库技术以及专门开发的计算机软件和硬件的应用系统：铁路客票发售和预订系统；

(2) 可以在本案例的系统中加入CRM系统，以便进一步提高该系统为旅客服务的水平，同时该系统还可以建立与互联网的连接，以方便旅客在网上查询有关信息，甚至在网上订票。

17. 答：错误之处：(1) 服务用语不够规范。“喂，您好!”这是很普通的接听电话的礼仪，而作为客户服务电话的接听，应比这个礼仪要更近一步，应该报出自己的工号和单位。

(2) 投诉的处理过程当中，都在不断打断客户的谈话，违背了倾听的原则。客户需要一个倾诉机会，需要有一个倾听者，能够理解他，同情他，帮助他，客户服务人员没有做到。开始时客户还是比较理智的，应该说这个客户属于“分析型客户”。

(3) 客户服务人员在接待他的时候，没有给客户一个倾诉不满的机会，而是推卸自己的责任，把手机故障归咎于产品而不归咎于网络。

正确方法：分析型的客户往往注重事实、细节和逻辑，强调问题的合理性、客观性。对此，您要与客户有目光接触，但偶尔也要转移目光；语速适中，声音柔和；不用生硬的语气和言语；向他征求建议和意见；不要在逻辑上反对他的想法；鼓励他讲出任何疑惑或担心；避免给他施加过大的压力来让他做出决定；在所有目标、行动计划和完成日期方面彼此达成一致。

18. 答：德第蒙德先生给所有的推销员上了非常生动的一课：即使你能肯定客户百分之百是错的，但是一旦客户坚持他们没有错时，那么你就不妨耐心地去倾听，给他们发泄和抱怨的机会，等他们平静下来后，再推心置腹地给予同情和合理的答复，就像德第蒙德先生那样去做，这不但可以消除客户的抱怨，还能赢得客户，使他们最终成为你的忠诚客户。

19. 答：(1) 补救客户也是在补救自己。重大的客户投诉事件，通常都会涉及损失补偿、服务补救。

面对客户损失，企业要勇于承担自身的责任，弥补客户损失。同时，也要补救自身的服务影响，维护企业的良好形象，体现出真诚负责的服务道德。

出现服务补偿或补救问题，服务人员要及时反馈相关情况，深入跟踪服务问题，要督促投诉问题快速、有力地得到解决，也要注意平复客户情绪，避免不良问题和影响的扩大化。

(2) 企业有危机意识，补救及时。

(3) 企业的真诚负责赢得了客户。

(4) 如果厂方没有给予及时有力的解决，会引发客户投诉，引起媒体报道(危机的聚焦性)，使问题和影响扩大化，进而影响企业的声誉和形象。

注：案例19题以后不再附答案，供练习用。